헬리콥터 부모가 자녀를 망친다

자녀를 진정한 성인으로 키우는 법

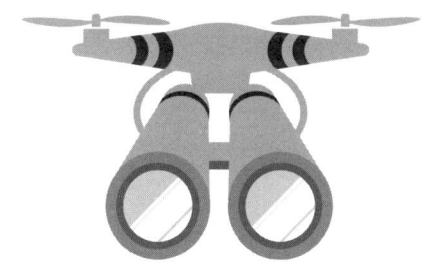

늘 곁에서 함께해 주는 댄에게

그리고

곧 어른이 되는 우리의 두 아이, 소여와 애버리에게

HOW TO RAISE AN ADULT
: Break Free Of The Overparenting Trap And Prepare Your Kid For Success
by Julie Lythcott-Haims

헬리콥터 부모가 자녀를 망친다

자녀를 진정한 성인으로 키우는 법

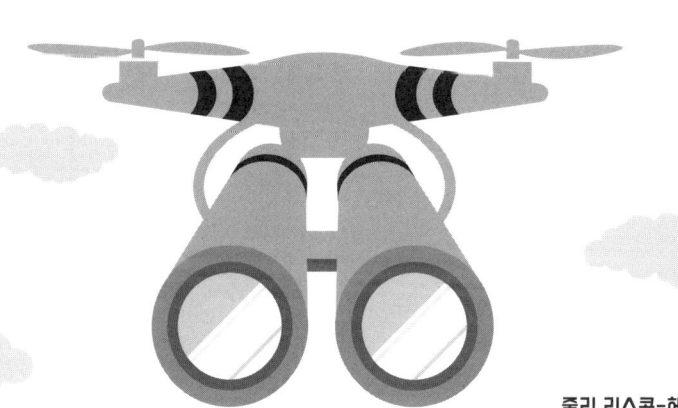

줄리 리스콧-헤임스 지음
홍수원 옮김

두레

차례

머리말

이 책은 자녀의 삶에 지나치게 관여하는 부모들의 여러 가지 문제점을 다루고 있다. 또한 부모의 지나친 간섭 이면에 깔린 사랑과 근심에 주목하고, 그런 개입이 자녀에게 어떤 해악을 끼치는지도 살펴본다. 더 나아가 종전과 다른 부모 역할을 통해 상기직인 측면에서 더 나은 결과를 이뤄 낼 수 있는—또 자녀들이 더욱 큰 성공을 거두도록 도움을 줄—방법을 찾아보고자 한다.

나도 여느 부모와 마찬가지로 자식들을 마음속 깊이 사랑한다. 또한 온갖 부모 노릇의 밑바탕에 사랑이 깔려 있다는 점도 잘 안다. 그러나 이 책을 쓰기 위해 여러 해 동안 자료를 찾고 수집하다가, 자녀를 대하는 우리의 행태 중 많은 부분이 이런저런 근심에서 비롯된 것임을 알게 되었다. 그중 제일 두드러진 것이 우리 자녀가 이 세상에서 성공을 거두지 못할 것이라는 걱정일 법하다. 물론 부모는 당연히 자식의 성공을 바라겠지만 자료 조사와 100여 명과 나눈 인터뷰 결과, 그리고 내 자신의 경험에 비춰 볼 때 이런 결론을 내리게 되었다. 즉 사람들이 성공을 너무 제한적으로 규정하고 있다는 것이다. 더욱 고약한 것은, 성공을 이처럼 그릇되고 한정적으로 규정함에 따라 부모가 스스로 젊은 세대, 곧 자녀들에게 해를 끼치고 있다는 점이다.

나는 스탠퍼드 대학에서 신입생 담당 학생과장으로 10년간 근무하면서, 막 성년이 된 학생들의 문제를 파악하고 그에 관심을 기울이면서 걱정스러운 마음으로 지켜보았다. 나는 그 직책에 보람을 느꼈고, 나의 자녀들 외에 다른 가정의 18~22살 연령의 자녀들이 자신이 되고자 하는 성년으로 성장하는 과정을 지켜볼 수 있는 대단한 특권을 누렸다. 나는 학생들 때문에 웃기도 하고 울기도 했지만 그런 일에 개의치 않고 이들을 뒷받침하고 응원했다. 이 책은 이들이나, 1980년 이후에 태어나 밀레니얼 세대 Millennials로 불리는 이들 세대를 고발하려는 것이 아니다. 그러나 이들의 부모―아니, 나도 부모 중 한 사람이니까, 우리 부모들이라고 표현해야 옳을 것이다―는 다르다.

이 자리에서 내 의도를 그냥 모두 밝히고자 한다. 나는 스탠퍼드 대학의 학생과장을 지내기만 한 것이 아니라 스탠퍼드 대학 출신으로 하버드 대학 로스쿨도 나왔다. 내가 이 책을 쓰는 것은 그런 행운이 따랐기 때문도, 또는 그런 행운에도 불구하고가 아니다. 나의 특권과 경험이 이 책의 분석 내용에 도움이 되고 동시에 장애도 된다는 점에 계속 유념하면서 그런 행운으로 많은 것을 알았기 때문이다. 앞서 밝힌 것처럼 나도 자식을 둔 부모다. 남편과 나는 두 살 터울의 10대 남매를 키운다. 우리가 사는 곳은 실리콘밸리의 중심지인 팔로 알토로, 이곳의 역동성은 세계 어디서나 쉽게 찾아볼 수 있는 자녀 과잉보호의 중심지로도 손색이 없다. 과거 높은 평가를 받는 대학의 학생과장으로 재직하면서 자녀들의 일에 지나치게 개입하는 부모들의 행태에 혀를 찼지만 여러 해 동안 이 문제를 곰곰이 생각해 보니, 내 자신이 내가 질책했던 학부모들과 별로 다르지 않다는 사실을 서서히 깨닫게 되었다. 나는 이 책에서 문제가 있는 부모들을 다루는데, 여러 면에서 바로 나도 그런 부모이다.

아버지(와 어머니)가 가장 잘 안다

생명이 잉태되면 부모의 사랑은 배꼽과 심장박동, 신체를 통해 전달되고, 태어나면 다시 안아 주는 팔과 입맞춤, 젖을 물리는 행동으로 표시된다. 아늑한 집으로 데려온 뒤 몇 주일이 지나 알아보기라도 하듯이 아기와 처음으로 눈을 맞추면 부모는 좋아서 어쩔 줄 몰라 한다. 부모는 아기의 옹알이를 잘 가르쳐 처음으로 몇 마디 말을 하게 만들고, 또 몸을 굴리거나 앉거나 길 정도로 힘이 생기면 칭찬을 아끼지 않는다. 부모는 21세기의 지평을 면밀하게 살펴 날이 갈수록 상호연관성이 깊어지고 경쟁이 심해지는 현실을 파악하지만, 이런 현실이 어떤 때는 친숙해 보이고 어떤 때는 아주 낯설어 보이기도 한다. 부모는 귀하디귀한 어린 자식들을 지그시 굽어보면서 이들이 앞으로 남은 기나긴 인생을 잘 꾸려 나갈 수 있도록 온힘을 다해 도와줄 것임을 다짐한다. 그러나 부모가 아무리 열심히 노력하더라도, 준비가 안 된 상태에서는 자녀들이 일어서거나 걷도록 가르칠 수는 없다. 그런데도 부모는 그러한 진전을 보기 위해 열을 올린다.

부모는 자녀들이 별도의 인격체임을 거의 곧바로 알아챈다. 그런데도 부모는 자신이 멈춘 지점에서 자녀들이 시작해 부모의 어깨를 딛고 올라서고, 부모가 잘 알고 제공할 수 있는 것으로부터 이득을 얻기를 바란다. 부모는 자녀들이 배우고 성장하는 데 도움이 될 만한 체험과 생각, 사람, 장소로 이들을 이끈다. 또 아이들이 어떤 어려움이나 기회를 만나더라도 자신의 잠재능력과 가능성을 극대화하여 목표를 이루고 더욱 뻗어 나가기를 바란다. 부모는 오늘과 같은 현실 속에서 성공하려면 무엇이 필요한지를 알기 때문에 자식들을 보호하고 이끄는 데 대단한 열성을 보이고, 또한 어떤 어려움이 있더라도 언제나 그들에게 도움이 되고자 준비하고 있다.

많은 사람들의 기억 속에는 부모들이 유년 시절의 아이들에게 비교적 덜 간섭했던 시기가 있었다. 주중 오후가 되면 부모(주로 어머니)는 문을 활짝 열고 우리에게 이렇게 말하곤 했다. "나가서 놀다가 저녁때 들어오렴." 이때 부모들은 우리가 어디서 무엇을 하면서 노는지 몰랐다. 그때는 휴대 전화나 GPS 장치가 없어 연락을 하거나 위치를 알아낼 방법이 없었다. 집 밖으로 나서면 우리는 자주 동네의 후미진 곳이나 이웃 동네, 도심지, 공터, 공원, 시장통으로 달려갔다. 아니면 가끔씩 책을 한 권 살짝 꺼내 들고 뒤쪽 계단에 앉아 읽기도 했다. 이처럼 우리의 유년 시절은 오늘날과는 달라 보인다. 하지만 많은 젊은 부모들은 그런 식으로 겪은 어린 시절을 오늘과 연관시키지 않는다.

아버지와 어머니가 변했다

자녀 양육과 유년 시절은 언제, 무슨 이유로, 또 어떻게 바뀌었을까? 대강 살펴보더라도 변화의 모습은 많이 눈에 띈다. 여러 가지 두드러진 변화는 1980년대 중반께에 일어났다.

1983년, 어린이 유괴 사건에 대한 우려가 커지면서 한 가지 변화가 나타났다. 1981년에 애덤 월시라는 어린이가 납치되어 살해당한 비극적인 사건이 〈애덤Adam〉이라는 제목의 텔레비전 영화로 제작되어 거의 기록적인 3800만 명이 시청했다. 그 뒤 곧바로 우유팩 뒷면에 실종 어린이들의 사진이 실리면서 이들이 아침 식탁에서 사람들을 빤히 쳐다보기 시작했다. 애덤의 아버지 존 월시는 1984년 실종·피착취어린이구출전국센터를 만들고 〈아메리카 1급 수배자America's Most Wanted〉라는 텔레비전 방송 프로그램을 만들기 위해 의회 로비활동에 나섰는데, 이 방송은 1988년 폭스 채널에서 방영되기 시작했다.

아이들의 학업 성과나 숙제가 충분하지 않다는 식의 두 번째 변화는 1983년『위험해진 나라A Nation at Risk』가 발표되면서 나타났다. 이 보고서는 미국 어린이들이 전 세계 같은 또래와 학업 면에서 제대로 경쟁을 하지 못한다고 지적하면서 숙제를 늘려야 한다고 주장했다. 그 이후 '뒤처지는 어린이 없이 모두 1등을 향해 경쟁하자' 같은 연방정부 차원의 여러 교육 정책이 성취 문화를 조장했다. 이런 성취 문화는 싱가포르와 중국, 한국 학생들의 경쟁력 강화를 배경으로 시험에 기계적 암기 학습을 강조했는데, 이런 나라들은 기계적 암기가 일반적인 학습방식이다. 이런 교육방침에 따라 미국 어린이들은 곧바로 늘어난 숙제 부담에 시달리고, 학교에서 살아남기 위해 온갖 수단을 농원하기 시작했다. 이런 상황은 2003년 스탠퍼드 대학 교육대학원 강사인 데니스 포프Denice Pope가 펴낸 저서『학업: 우리는 스트레스에 시달리고 물질주의적이며 그릇된 교육을 받은 학생 세대를 어떻게 만들어 내고 있나Doing School: How We Are Creating a Generation of Stressed Out, Materialistic, and Miseducated Students』와 2010년 개봉된 다큐멘터리 영화 〈목표 없는 경쟁Race to Nowhere〉에 잘 표현되어 있다.

세 번째 변화는 자존自尊, self-esteem 운동이 시작되면서 나타났다. 이는 1980년대 미국에서 인기를 끌었던 철학인데, 사람들은 성과보다는 개성을 존중하면 자녀들이 인생에서 성공하는 데 도움을 줄 수 있다고 주장했다. 아만다 리플리Amanda Ripley는 2013년에 출간해 베스트셀러가 된 저서『세상에서 가장 똑똑한 아이들: 그들은 어떻게 그렇게 되었나The Smartest Kids in the World: And How They Got That Way』에서 자존 운동은 미국에서만 볼 수 있는 독특한 현상이라고 지적했다.

네 번째 변화는 플레이데이트playdate의 등장인데, 1984년께에 일어났다.

플레이데이트는 어머니들의 취업이 기록적인 수준으로 늘어나면서 그들의 하루 일정을 조정하는 현실적인 도구로 등장했다. 어머니들의 취업과 데이케어 의존이 늘어나면서 방과 후 집으로 돌아가는 아이들이 줄어들자 아이들이 놀 시간과 장소를 찾기도 한층 어려워졌다. 그러자 어머니들이 아이들의 놀이 시간에 맞춰 시간을 조정하기 시작하면서 아이들의 놀이 장면을 지켜보게 되었고, 다시 그런 놀이에 끼어들게 되었다. 이처럼 아이들의 놀이 시간에 참여하는 부모들의 숫자가 일정 수준에 이르자, 어른이 지켜보지 않는 가운데 아이들이 집에서 혼자 노는 것은 금기처럼 되었다. 나이 어린 학생들을 낮 시간에 돌보는 일은 나이가 좀 더 많은 학생들의 방과 후 활동으로 조직되었다. 한편, 1990년대로 넘어갈 즈음에는 공설 어린이 놀이터에서 다치는 아이들이 많고 그에 따른 소송이 잇따르면서, 이런 놀이 시설에 대한 보수공사가 미국 전역에서 대대적으로 벌어졌다. 자라는 어린이의 삶에서 근원적인 요소가 되는 놀이도 그 성격 자체가 변하기 시작했다.

자녀발달 연구가인 포스터 클라인Foster Cline과 짐 페이Jim Fay는 이 같은 여러 가지 변화에 주목하는 가운데 1990년 '헬리콥터 부모'라는 신조어를 내놓았다. 독립심을 길러 주는 방향으로 양육해야 하는 부모의 책임과는 반대되는 형태로 자녀 곁에 붙어 있는 부모를 빗댄 말이다. 클라인과 페이는 어린 자녀들을 둔 부모에 초점을 맞춰 여러 가지 충고를 하면서 지난 10년간 자녀 양육 문제와 연관돼서 나타난 여러 가지 중요한 변화를 짚었다. 20년이 지난 오늘날에는 이런 변화가 일상적인 것이 되었다. 즉 헬리콥터 부모의 보호를 받은 세대 중 제일 나이 많은 사람들은 2010년경에 30살이 된 것이다. 이들은 흔히 'Y 세대' 또는 '밀레니얼 세대'로 알려져 있다.

밀레니얼 세대 중에서 가장 나이 많은 이들은 1990년대 후반에 대학에 입학하기 시작했는데, 스탠퍼드 대학에서 근무했던 동료들과 나는 캠퍼스에 부모가 등장하는 새로운 현상을 보게 되었다. 그것은 글자 그대로 실제로 일어난 현상이었다. 그 뒤 해가 거듭될수록, 자녀들을 대신해서 기회를 찾고 어떤 결정을 내리며 문제를 해결하려고 노력하는 부모들이 늘어났다. 대학생쯤 되는 나이라면 흔히 혼자 처리할 수 있는 일들이다. 이런 현상은 스탠퍼드 대학에만 국한된 것이 아니다. 미국 전역의 4년제 단과대학이나 종합대학에서도 마찬가지였다. 여러 대학에서 일하는 동료들과 만나이야기를 듣고 확인한 사실이다. 한편 나는 남편과 함께 어린 남매를 키우고 있었는데, 우리도 집 안에서 스스로 깨닫지 못하는 가운데 헬리콥터 부모와 상낭히 비슷한 행태를 보이고 있었다.

빅붐Big Boom

1946년부터 1964년 사이에 태어난 베이비붐 세대는 맨 먼저 '헬리콥터 부모'라는 꼬리표를 달게 되었다. 이들의 자녀는 내가 걱정하는 밀레니얼 세대의 나이 든 축에 들어간다. 베이비붐 세대의 조부모들은 "자식들을 잘지켜봐야 하지만 이들의 이야기를 들을 필요는 없다"고 생각하고, 부모들은 걸핏하면 "내가 그렇게 말했으니까"라는 우격다짐으로 자식들의 항변을 짓누른다. 그러나 10대 소년소녀와 갓 성년이 된 베이비붐 세대는 아마도 항변의 뜻으로 자유로운 사고와 개인의 여러 가지 권리를 옹호해 대조를 보였다. 이들은 또한 권위에 이의를 제기하고, 미국 사회의 여러 가지 기본적인 패러다임과 관행을 새롭게 만들거나 완전히 뒤집어 버렸다.

그러나 물론 베이비붐 세대가 미국의 지난 역사에서 자녀들 주변을 맴

돈 첫 번째 헬리콥터 부모들은 아니었다. 1899년, 더글러스 맥아더의 어머니는 육군사관학교에 입학하는 아들을 따라 웨스트포인트 시로 가서 사관학교를 굽어볼 수 있는 크래니 호텔의 스위트룸에 살았는데, 이 호텔에서 어머니는 망원경으로 아들이 공부하고 있는지를 감시할 수 있었다. 그러나 베이비붐 세대—7600만 명으로, 이들의 자녀 세대가 태어날 때까지는 미국 역사상 가장 규모가 큰 세대였다—가 패션이나 기술, 자녀 양육 등 어느 분야에서든 하나의 트렌드를 만들어 내면 그것이 곧바로 급속히 확산되는 티핑 포인트tipping point(어떤 현상이 서서히 진행되다가 작은 요인으로 한순간에 폭발하는 것, 또는 어떤 것이 균형을 깨고 한순간에 전파되는 것을 말한다—옮긴이)에 다다른다. 따라서 베이비붐 세대가 부모가 되면서 미국 자녀 양육의 기본적인 성격 자체가 바뀌었다는 것은 별로 놀랄 일도 아니었다.

베이비붐 세대는 그들 자신의 가치 기준과 경험을 바탕으로, 또 앞에서 말한 1980년대에 나타난 다양한 사회적 요인들의 맥락 속에서 자녀들의 삶에 좀 더 깊숙이 끼어들었다. 베이비붐 세대의 부모들은 심정적으로 냉담했던 데 반해 이 세대는 심정적인 면에서 자녀의 삶에 가까이 다가가 있으면서 이들의 가장 친밀한 친구 축에 들어가는 경우가 많았다. 또 이 세대의 부모들은 방관적인 태도를 보였지만, 이 세대는 자녀들을 위해 여러 가지 성과를 관리하고 확실하게 실현시키면서 이들의 가장 강력한 옹호자가 되었다. 또 이 세대의 부모들은 위계질서와 조직, 권위를 고수하고 옹호했지만 이들은 그런 것에 강한 의문을 제기하면서 사회를 대대적으로 변화시켰다. 이런 변화로는 성 혁명, 맞벌이, 이혼의 급증 등이 있었다. 또 그런 변화와 연관된 마음가짐으로, 자녀들과 보내는 시간은 '양적이 아니라 질적인 시간', 즉 얼마나 많은 시간을 보내느냐보다는 어떻게 시간을 보내느냐가 더 중요하다고 생각하게 되었다. 베이비붐 세대는 자신의 의견을 표현하는 데에, 또 남이 그런 의견을 귀담아 들어 주는 데 익숙하고, 스스로 진로를 헤쳐 나가는 데 익숙해 왔기 때문에 부모로서 어떻게든 자식들을 위하는 '자리에 서 있기'를 원했다. 그들은 여전히 기존 제도에 도전하는가 하면, 자녀들과 제도 사이에서, 그리고 자녀들과 그 제도의 실력자들 사이에서 완충지대 역할을 자임하기도 했다. 자녀들이 이미 다 자랐는데도 말이다.

단기적인 결과만을 놓고 본다면 자녀의 일상사에 깊숙이 끼어드는 양육 방식이 안전이나 기회 포착, 성과 확보 면에서 단기적인 이득을 기대할 수 있다. 육군사관학교를 수석으로 졸업한 맥아더처럼 자녀의 진로에 깊숙이 개입하는 양육 방식이 한편으로 '효과가 있는' 것처럼 보인다. 맥아더의 경우는 이례적인 일로 비쳐 왔지만 2000년대가 되면서 자녀들의 장래에 깊숙이 관여하는 양육 방식은 이례적이라기보다는 통례처럼 되었다. (1965년부터 1980년 사이에 태어난) X 세대는 자식을 갖게 되자 베이비붐 세대의 양육 방식을 그대로 답습했고, (1980년부터 2000년 사이에 태어난) 밀레니얼 세대도 부모가 되자 부모 세대의 방식을 그대로 좇았다. 이제 베이비붐 세대는 할아버지가 되었지만 이들은 좋은 방향으로든 나쁜 형태로든 미국 사회에 적잖은 영향을 미쳤다. 그중에서도 자녀 양육 방식에 미친 영향은 이들이 사라진 뒤에도 오랫동안 이어질 가능성이 크다.

무슨 목적으로?

부모로서 자녀들의 삶에 깊숙이 관여하는 것은 분명 사랑에서 비롯된 것인 만큼 좋은 일이다. 그러나 2012년에 스탠퍼드 대학 학생과장 자리에서 물러나기까지 나는 수많은 학부모뿐만 아니라 학생들과도 많은 의견을 나넜다. 학생들은 단순히 떨어져 있다는 느낌 때문에 부모에게 점차 더 의존하는 것처럼 비쳤다. 나는 '대학에 다니는 아이들college kids'(대학생들을 그렇게 불렀다)이 아무래도 사람 구실을 제대로 할 만큼 성장하지 못했다는 걱정이 앞서기 시작했다. 이들은 캠퍼스 바깥에 있는 어머니와 아버지를 바라보는 눈치였다. 제대로 여물지 못하고 현실적으로도 무기력한 존재처럼 비쳤다.

베이비붐 세대의 장점은 여러모로 대단하다고 할 수 있다. 이들은 징집되어 베트남전에 투입되었지만 이 전쟁에 이의를 제기했고, 그들 시대의 기념비적인 민권 및 시민적 자유권 투쟁에 몸을 던졌고, 또 미국 역사상 경제가 가장 큰 폭으로 성장하는 데 불을 지폈다. 그러나 이들 세대의 자부심은 자식들의 성취와 맞물려 있었던가? 이들은 자식들이 기대에 못 미치면 자신의 성공도 손상된다고 느낄 만큼 자녀의 성취를 중요시했던 것인가? 또한 이들 부모 중 일부는 자신의 소망과 필요를 충족시키는 쪽으로 자식을 과도하게 몰아붙여 그들이 '자기 효능감self-efficacy'이라는 중요한 심리적 특성을 발전시킬 기회를 막아 버렸던 것은 아닌가? 저명한 심리학자 앨버트 반두라Albert Bandura는 자기 효능감을, "예상되는 상황을 헤쳐 나가는 데 필요한 행동들을 조직하고 실행하는 자신의 능력에 대한 믿음"이라고 정의한다. 여기에서 깊숙이 감춰진 아이러니를 엿볼 수 있다. 어쩌면 자아실현의 옹호자라고 할 베이비붐 세대가 자식들에게 지나치게 관심을 기울인 탓에 자아에 대한 믿음을 키워 나갈 기회를 앗아가 버렸던 것이다.

1980년대부터 유년기 자녀들의 안전을 의식하고 학업 성취도에 초점을 맞추며 자부심을 키워 주고, 나아가 모든 일에 일일이 관심을 기울이며 점검하는 식의 양육 방식이 일반화되고, 많은 지역사회에서는 하나의 표준처럼 되어 버렸다. 이런 것이야말로 자녀들이 건실한 성인으로 성장할 기회를 빼앗아 버린 것은 아닐까? 성년이 된 젊은이가 겉보기엔 멀쩡하나 부모가 계속 끼어들어 거들지 않으면 이 세상을 헤쳐 나가기 어려울 것 같다면 앞으로 이 젊은이는 어떻게 되겠는가? 또 자라면서 이런저런 문제를 부모가 대신 해결해 주고 늘 칭찬을 듣는 데만 익숙했던 젊은이가 이 세상 현실을 어떻게 받아들일까? 이것은 그들이 자신의 삶을 스스로 꾸려 갈 준비를 갖추지 못했다는 것을 뜻하는 건 아닐까? 어느 시점이 되어야 이들이 자신을 어린애라고 여기지 않고 스스로 '성인'이라고 내세울 만한 용기를 내보일까? 그렇지 못해 이 사회가 어린애 같은 '성인'으로 득실거린다면 어떻게 될까? 나를 끊임없이 괴롭힌 끝에 이 책을 쓰게 만든 것은 바로 이런 의문들이었다.

이런 의문은 학생과장으로 일할 때에만 내 가슴속에 맴돌았던 것이 아니라 팔로 알토에 살 때도 마찬가지였다. 그곳에는 과잉보호의 기색이 곳곳에서 보였는데, 우리 집도 마찬가지였다. 주변을 가만히 살펴보면, 자식들의 삶을 어떤 방향으로 지나치게 이끌거나 과잉보호를 하거나 또는 지나치게 개입하는 행태 중 한두 가지가 겹치거나 모두 보이는 사람들이 매우 많다. 우리는 자식을 마치 희귀종 식물 표본을 다루듯이 하면서 사전에 면밀하게 계량된 보살핌과 섭생을 제공하되, 자식을 단련시켜 비바람을 견뎌 내게 만들 만한 온갖 시련과 어려움을 억누른다. 그러나 사람이 살아가면서 부딪칠 더 큰 난제를 극복하려면 비바람에 시달리는 과정이 어느 정도는 필요하다. 이처럼 인생에서 여러 가지 어려운 상황을 겪지 못하면 자녀들이 난초처럼 우아해지기는 해도 자신의 세상에서 성공을 거둘 수 없거나 때로는 굉장한 무능력자가 될 것이다. 그렇다면 자녀 양육이, 스스로 인생 살아가기를 준비시키기보다는 인생살이의 어려움으로부터 이들을 보호하는 쪽으로 바뀐 이유는 어디에 있을까? 물론 이런 보호는 자녀의 독자적 삶을 준비시키지 못한다. 또 내가 다루는 이런 문제들이 중류층과 중상류층에 뿌리박혀 있는 것처럼 보이는 것은 무엇 때문일까? 결국 부모들이 관심을 깊이 기울이는 것은 부모로서 제구실을 다해야 한다는 것이다. 운이 좋아 중산층이나 중상류층이 되었다면 시간이나 가처분 소득 면에서 제구실을 다할 만한 수단은 갖춘 셈이다. 그런데도 부모들은 자식을 잘 키운다는 말의 본래적 의미를 잃어버린 것은 아닐까?

그렇다면 부모로서 우리 자신의 삶은 어떤가? (이에 대한 그럴듯한 응답은 "어떤 삶이라니?"일 것이다.) 기진맥진하고 걱정에 휩싸여 있으며 공허할 것이다. 우리가 사는 동네는 사진에 담을 만큼 멋진 곳이고, 식탁에 차려진 음식과 와인이 알맞게 조화를 이룬 곳이다. 하지만 유년기 자식을 둔 경우, 학업 성취도 경쟁이 날로 치열해진다고 느껴진다면 우리와 자녀들이 '바람직한 생활'을 한다고 말할 수 있을까? 나는 그렇게 생각하지 않는다. 우리가 하는 부모 노릇은 자식들의 학업과 수업 진도, 일정을 챙기고, 어디든 데려다주거나 데려오고, 그 과정에서 기회 있을 때마다 칭찬을 아끼지 않는 식이다. 또한 자녀들의 성취는 우리 자신의 성공과 값어치의 척도가 된다. 승용차 뒤쪽 범퍼에 붙인 대학 스티커는 자녀 못지않게 부모의 성취감을 드러내는 표지가 된다.

나는 2013년 봄, 팔로 알토의 여러 공립학교를 재정 지원하는 어느 조직의 이사회에 참석한 적이 있었다. 회의를 끝내고 커피 케이크를 들고 회의장을 나설 때 내 근무처와 업무를 알고 있는 어느 여성이 한옆으로 내 소매를 끌어당겼다. "유년기엔 언제 스트레스를 가장 많이 받을까요?" 그 여자는 멍한 표정으로 이렇게 하소연했다. 나는 눈물이 그렁그렁한 그녀의 어깨에 손을 얹고 위로했다. 그러자 그녀의 이야기를 흘려듣던 다른 학부모가 다가와 자신도 그렇다는 듯이 고개를 끄덕였다. 그 여성은 내 귀에 대고 이렇게 물었다. "우리 동네에서 불안감 때문에 진료를 받고 약을 처방받은 어머니들이 얼마나 되는지 아세요?" 나는 두 여성의 질문에 어떻게 대답해야 할지 몰랐다. 그러나 이들 같은 어머니들과 이와 비슷한 내용의 대화를 계속 나눈 것이 이 책을 쓰게 된 또 다른 이유였다.

　나는 학생과장으로서 내가 한 역할이, 과잉보호 속에 성장해 갓 성년이 된 젊은이들의 잠재력을 일깨우고 그 가능성에 관심을 기울이는 것이라고 생각해 왔다. 그리고 다른 집의 젊은이들과 많은 시간을 보낸 덕분에 학부모로서 좀 더 좋은 선택을 할 수 있었다고 생각한다. 그러나 학부모 입장이 되면 나도 다른 학부모와 마찬가지로 불안과 압박감에 시달렸다. 그 때문에 과잉보호의 세도적 문세짐이 이 세상에 대한 불안감에서 니오고, 또 자식들이 부모의 도움 없이 어떻게 성공할지에 대한 근심에서 비롯된다는 점을 나는 이해하고 있다. 부모들은 아직도 자녀들에게 해를 끼치고 있다. 자녀들을 위하고 또 부모 자신을 위해서라도 두려움에서 우러나오는 양육 방식을 그만두고, 더 건강한―더 지혜롭게 사랑하는―방법을 지역사회와 학교, 가정에 도입해야 한다. 이 책은 조사 연구 결과를 실제적인 관찰과 상식 수준의 조언과 연결시켜, 자녀를 어른으로 키워 내는 방법과 이를 실행에 옮길 수 있도록 용기를 주는 방법을 함께 제시할 것이다.

1부

지금
우리가
하고 있는 방식

1장
자녀들을 안전하고 건강하게 지키기

이런 식으로 시작한다

인생의 여러 단계 중 유년 시절만큼 폭넓게 연구된 경우는 없다. 또한 어지간한 서점의 서가에 꽂힌 책들을 살펴보면 양육 문제를 다룬 서적이 상당히 많다. 자녀에게 관심을 쏟고 있는 부모들에게 (우리 모두 관심을 기울이고 있지만) 한 가지 중요한 포인트가 있다면, 자녀들을 안전하고 건강하게 키우는 것이 부모의 일이라는 것이다. 이것은 부모의 기본적이자 생물학적 임무이기도 하다.

우리 아들 소여의 육아일기 속에 끼워 넣은 사진들 중에 생후 7개월 때 찍은 것이 있다. 웃지 않는 표정으로 카메라를 빤히 쳐다보는 모습이다. 카메라에 잡힌 모습은 미끄럼틀 위쪽 경사면에 누워 있는 어리디어린 아기인데, 그때 카메라 앵글을 벗어난 위치에서 나는 튼튼한 두 팔로 소여를 붙잡고 있었다.

그때 소여는 공원에 처음 나갔고 미끄럼틀도 처음 탔는데, 지금도 이 사진을 보면 내가 남편과 함께 이렇게 외치는 소리가 들리는 듯하다. "괜찮다, 아가야, 우리가 여기 있단다." 아들의 얼굴 표정을 보아서는 우리들이 아들을 납득시키거나 안심시키지 못한 것 같았다.

이 사진을 볼 때면 조그만 미끄럼틀 윗부분에 누워 있는 아들을 보면서 내 얼굴이 두려움으로 가득 찼던 기억이 난다. 미끄럼틀은 높이가 약 1미터밖에 안 되고, 남편과 내가 미끄럼틀 위와 아래쪽에 붙어 있었는데도 나는 여전히 불안감을 떨치지 못했다. 짧은 거리지만 소여가 미끄러져 내려가면서 겁을 내지 않을까? 밑으로 다 내려와서 바닥에 툭 떨어지면서 머리를 부딪치지는 않을까? 이 미끄럼 놀이가 언짢은 경험이 되지는 않을까? 우리가 예방할 수 있는, 아니 예방해야 할 언짢은 체험은 아닐까?

그 이후 여러 해 동안 나는 소여와 소파에 앉아 그의 가장 어릴 때 모습을 사진으로 보곤 했는데, 사진 속에 나타난 아들의 두려운 표정이 그의 공포려니 하고 생각했다. 그러나 여러 해가 지난 뒤 곰곰이 생각해 보니, 소여가 아버지와 내 자신의 눈에서 본 두려운 표정을 그대로 비춰 보인 것이 아닌가 싶다. 그렇다면 젖먹이를 철저하게 보호하고 싶다는 부모의 마음자리에서 기다리는 세상으로 내보내야 하는 마음자리로 어떻게 나아갈 수 있을까?

사고 예방

풍요와 첨단기술이 넘치는 세상이다 보니 사람들은 어떤 어린이도 다치지 않게 만들 수 있다고 생각하고, 또 사회의 상황 관리 능력을 신뢰한다. 그동안 우리는 이런 목표를 지향하는 가운데 더욱 안전하고 예측 가능성이 한층 높으며, 어린이들을 더욱 따뜻하게 보살피는 사회를 만들었다. 이런 보살핌은 태아가 자궁에서 자랄 때부터 시작되어 임신의 전체 과정이 모니터 대상이 된다. 태어난 뒤에는 어린이 보호를 위한 안전시설과 장치를 완벽하게 갖춘 집에서 자라게 된다.

우리는 또 가정을 벗어나 이 세상 전체도 가능한 한 아이들에게 안전한 곳이 되도록 만들었다. 1978년부터 1985년 사이에 미국의 모든 주는 승용차에 어린이들을 태울 때는 카시트에 앉히도록 규정한 법률을 발효시켰고, 곧바로 안전벨트 착용을 의무화한 법률도 발효시켰다. 이 같은 법률 때문에—패밀리 스테이션 왜건의 '짐칸에 타는 것' 같은—자유스러움은 끝장이 났으나 어린이들의 생명을 구한다는 목표는 그보다 훨씬 큰 관심사로 떠올랐다. 그와 동시에 미국표준협회는 처음으로 자전거 헬멧의 표준을 정했고, 1994년께에는 미국 전체 인구의 3분의 1 이상이 자전거 헬멧 규정을 지켜야 했다. 어린이를 보호하기 위해 롤러스케이트나 아이스스케이트, 스케이트보드 같은 놀이에서도 헬멧과 패드 착용이 크게 늘어났다. 이런 법규가 시행되자 물론 어린이의 생명을 구하는 데 큰 도움이 되었다.

그러나 부모들은 거기서 한발 더 나아가, 세상으로부터 아이들을 지키는 범퍼와 가드레일 구실을 자임하고 나섰다. 부모가 곁에 있는 한은 아이들의 안전이 완벽하게 보장되리라고 생각했다. 나는 어느 날 어머니와 아들이 함께 도로를 건너가는 모습을 지켜보면서 이런 문제에 대해 곰곰이 생각하게 되었다. 이런 광경은 크고 작은 도시에서 흔히 볼 수 있는 모습이었다. 어머니는 자신 있게 길을 건너고 있었고, 8살쯤 된 아이는 귀에 이어폰을 꼽고 휴대전화 화면을 들여다보면서 한걸음 뒤에서 따라가고 있었다. 어머니는 좌우를 살핀 다음 다시 걸음을 옮겨 모자는 아무 탈 없이 교차로를 건넜다. 길을 건너가는 동안 아이는 한 차례도 고개를 들지 않았다. 그로부터 얼마 뒤 나는 어린이 자전거에 설치할 수 있는 미니브레이크라는 제품을 소개한 기사를 읽었다. 어린이가 자전거를 타고 교통량이 많은 도로로 접근하면 부모가 리모컨으로 뒷바퀴에 달린 브레이크를 작동시킬 수 있는 장치였다.

학교는 아이들이 지적 발달의 기회를 처음으로 얻는 매우 중요한 현장이지만 학교를 오가는 일이 안전 때문에 걱정거리가 된다. 사람들이 이 문제를 해결하는 방법은 힘닿는 대로 아이들을 따라 학교를 오가는 것이다.

아이들이 어릴 때는 많은 부모들이 안전을 위해 학교까지 데려다주고 책가방이나 비품 따위도 들어 줘 아이들의 부담을 덜어 주는 일이 많다. 최근에 나는 조그만 핑크색 배낭을 넓은 어깨에 간신히 멘 채 자전거를 타고 초등학교에서 세 블록쯤 떨어진 집까지 7~8살쯤 되어 보이는 딸의 뒤를 따라가는 아버지의 모습을 보고 혼자 킥킥거리며 웃었다. 그전에도 오후에 그런 풍경을 보고 비슷한 생각을 많이 했지만 그날 오후에도 이런 의문이 들었다. 아이들이 몇 살쯤 되면 책가방이나 학교 비품을 스스로 들고 다닐 수 있을까? 또 초등학생에겐 어느 정도의 독립심이 알맞을까? 나는 내가 사는 지역의 학부모들이 초등학교에 너무 가까이 근접해 맴돌고 있는 것을 보고 이런 경향이 얼마나 광범위한 것인지를 조사해 보고자 했다.

나는 오하이오 주 교외 지역에서 로라라는 어머니를 만나 이야기를 나눴는데, 자신이 아는 어느 어머니는 3학년짜리 자녀를 스쿨버스 타는 곳까지 날마다 데려다준다고 했다. 이 자녀는 물론 몸에 아무런 이상이 없는 건강한 아이였다. 그녀는 또 학교에서 집까지 1.5킬로미터쯤 떨어진 거리를 자전거를 탄 채 딸 뒤를 바짝 따라가는 아버지의 모습을 전했다. 딸의 핑크색 배낭을 대신 짊어진 채 딸을 따라가던 아버지의 모습과 흡사했는데, 딸이 6학년으로 나이가 조금 더 많다는 것만이 다를 뿐이었다. 심지어 학교가 걸어 다닐 만한 가까운 거리에 있고, 이산화탄소 배출이 심각한 문제로 제기되고 있는데도, 많은 사람들은 차로 자녀들을 학교까지 데려다주는 일을 마다하지 않는다. 교실 앞까지 차를 몰고 들어가는 경우도 종종 볼 수 있다.

우리 가족과 친구 사이인 엘런 노들먼은 1969년부터 뉴욕 주 콘저스 시에 있는 로클랜드 컨트리 데이 스쿨에서 일했다. 유아원부터 고등학교 과정까지 갖춘 이 사립학교에서 엘런은 처음에 영어를 가르치는 교사로 일하다가 나중에 학생과장과 대학 진학 지도교사를 겸직했다. 엘런은 40여년 동안 그 일을 하면서 교문 앞과 그 너머까지 자녀들을 따라오는 학부모의 행태가 점차 확산되고 있음을 생생하게 볼 수 있었다.

이 학교의 재학생 중 절반은 스쿨버스를 이용하는데, "학생 중 절반을 훨씬 넘는 아이들이 버스를 이용할 수 있는데도 부모가 운전하는 승용차로 통학한다"는 것이 엘런의 설명이다. 나이 어린 학생들의 부모는 학교 앞에 아이들을 내려 주는 것이 아니라 학교 안으로 들어오고, 일부는 교실 안으로까지 들어가려고 한다. "그러면 우리는 건물 입구 현관에서 제지해 더 이상 들어가지 못하게 막는다. 이런 사람들은 할 수만 있다면 수업 시간 내내 자녀들과 교실에서 함께 있고 싶어 한다. 일부는 그런 요청을 하기도 했다"고 엘런은 말했다.

휴대전화도 문제다. 부모와 자녀들의 소통수단으로 등장해 헬리콥터 부모 노릇을 하지 않아도 될 도구로 인식되었지만, 오히려 헬리콥터 역할을 촉진시킬 수단으로 활용되고 있다. 학자들은 휴대전화를 "전 세계에서 가장 긴 탯줄"이라고 부른다.

아들이 비벌리힐스 고등학교에 다니는 어머니의 경우를 살펴보자. 어머니는 친구들과 바닷가로 놀러 가는 아들에게 가고 올 때 한 시간마다 문자로 동정을 알려 달라고 단단하게 일렀다. 태평양 바다에서 서핑보드를 탄다면 몰라도 바닷가로 드라이브를 가는 정도인데도 이 어머니는 불안감을 떨치지 못했다. 딸이 스탠퍼드 대학에 다니는 어느 아버지는 대학에 전화를 걸어 딸이 하루 종일 연락이 없어 실종된 것이 아닌지 걱정이 된다고 하소연했다. 또 해외연수 프로그램에 따라 뉴질랜드에서 공부하는 미국 대학생의 어머니는 뉴질랜드 쪽 프로그램 책임자에게 전화를 걸어, 아들이 산악 지역 하이킹 여행에서 돌아온 이후 전화를 받지 않는다고 공포에 질린 목소리로 하소연했다(그러나 어머니는 위성 위치파악 시스템으로 아들의 움직임을 좇고 있었기 때문에 아들이 캠퍼스로 돌아왔다는 사실을 알고 있었다).

부모의 경계와 첨단기술이 이 세상으로부터 우리 자녀를 보호해 주지만, 그렇다고 우리가 계속 이들의 안전을 지키는 파수꾼이 될 수는 없다. 자녀를 독립적인 성인으로 키우는 일은 부모의 의무이다. 또 자신의 생활 환경에서 자아를 분명하게 인식하는 것이야말로 자녀들이 길러야 할 중요한 인생살이의 능력이다. 부모들이야 자녀를 지킬 수 있는 위치에 있고 싶은 유혹을 끊임없이 받겠으나 그럴 때는 자신에게 이렇게 물어봐야 한다. 무엇을 위해서? 우리가 자녀들에게 필요한 능력을 길러 주면서 어떻게 이들에게 닥칠 위험을 예방하고 보호할 수 있을까? 스스로 그런 위험을 피할 방도를 어떻게 가르칠 수 있을까?

'낯선 사람의 위험'에 대한 과장된 두려움

위험을 예방하는 많은 안전장치—법규와 장비, 길을 건너는 아이들을 잘 보살피는 부모와 등교용이나 놀이용 자전거의 뒷바퀴 브레이크 작동 장치 등—는 아이들이 사고를 당하지 않도록 보호하기 위한 것들이다. 하지만 많은 부모들은 우리 자녀를 '해칠' 의도를 지녔을지 모를 사람에 대해서도 크게 걱정한다. 그래서 이런 위험을 막기 위해 낯선 사람에게 말을 걸지 말라고 가르치고, 밖에서 놀 때는 그런 사람을 잘 살피라고 이른다. 또 아이가 가는 곳이면 거의 어디나 따라가고, 식품점 통로에서도 부모 쪽에 있게 한다. 수십 년을 이어 온 유년 시절의 의식도 큰 영향을 받았다. 예를 들면, 핼러윈 축제를 살펴보자. 아이들은 동네 이곳저곳을 다니면서 이웃과 낯선 사람들이 준 사탕을 신나게 먹었다. 그러나 요즘 내가 사는 곳에서는 12~13살짜리 어린이도 부모의 호위를 받는다. 이들은 도로 한쪽 끝에 서성이면서 아이들이 얻어 온 사탕에 면도날이나 바늘 같은 것이 없는지 하나하나 검사한 뒤에야 맘껏 먹게 한다.

사람들이 이렇게 조심하고 경계하는 데는 그럴 만한 근거가 있다고 생각할지 모른다. 그러나 핼러윈 사탕에 면도날과 바늘이 들어 있다는 보도는 거의 대부분 장난이나 속임수라는 것이 확인되었다. 또한 낯선 사람에게 납치되지나 않을까 하는 가장 두드러진 걱정도 매우 드물게 일어나는 사건 때문에 빚어진 것이다. 증거에 비춰 보면, 1981년에 일어난 어린이 납치 살해 사건을 다룬 텔레비전 영화 〈애덤〉이 방영된 것이 낯선 사람의 어린이 납치에 대한 공포를 촉발시킨 기폭제가 된 것으로 드러났는데, 오늘날 이런 두려움은 미국에서 일반화되었다. 1980년대 초에는 어린이 보호를 적극 내세우는 사람들이 매년 수십만 명의 어린이들이 사라진다는 그릇된 주장을 펼쳤다. 이들은 가출한 어린이와 양육권이 없는 부모에게 '납치된' 경우, 그리고 실제로 일어난 극소수의 납치 사건을 뭉뚱그려서 그렇게 주장했다. 오늘날에는 스마트폰과 언제라도 접속이 가능한 인터넷 때문에 세계 어느 지역에서든 어린이에게 무엇인가 잘못된 일이 벌어지면 곧바로 널리 알려져 사람들의 흥분을 한층 고조시킨다. 그 때문에 사람들의 두려움은 미디어에 의해 계속 증폭되는데, 미디어의 시청률이나 구독률은 무서운 내용을 전할 때 올라가게 마련이다. 미국 전역의 부모들은 나에게 마치 사실에 근거를 둔 것인 양, 또는 깊은 고민 끝에 내린 결론이라는 듯, 이제 아이들이 더 이상 홀로 나다닐 수 없게 되었다고 말한다. 그 이유는? 어린이에 대한 이상성욕자들 때문이라는 것이 이들의 답변이다. 우리는 미국이 한결 위험한 나라라고 인식하고 있지만, 데이터로 보면 어린이 납치율이 더 이상 올라가지 않고 있고 여러 기준에 비춰 봐도 지난날 그 어느 때보다도 낮아졌다.

미국 법무부는 1990년 '실종, 피랍, 가출, 유기' 어린이에 관한 최초의 조사보고서NISMART-1를 발표했고, 2002년에 두 번째 보고서NISMART-2를 내놓았는데 이것이 가장 최근 자료이다. 두 번째 보고서를 보면 79만 5000명으로 추산되는 어린이가 2002년 한 해 동안에 실종된 것으로 보고되었다. 그중 가족이 아닌 사람이 납치해 장기간 돌아오지 않은 가장 심각한 형태이자 '전형적인 납치 사건'으로 볼 수 있는 범죄의 피해자는 115명에 불과한 것으로 드러났다(그중 40%의 어린이는 살해되었다). 우리는 얼마 전 두 번째 보고서 내용을 검토하면서 오늘날 '전형적인 납치' 사건의 정황이 악화되지 않았고, 앞으로 사건이 줄어들 가능성이 있다는 자신감을 갖게 되었다. FBI가 발표한 통계를 보면, 1997년부터 2011년 사이에 모든 연령층의 실종자 숫자가 31%나 줄었고, "어린이를 대상으로 한 살인과 성폭행, 그 밖의 거의 모든 범죄도 줄어들고 있는 것"으로 밝혀졌기 때문이다.

이 같은 자료를 현재의 상황에 대입시켜 보자. 2014년 현재 미국 인구는 약 3억 1800만 명이고, 그중 어린이가 7400만 명이다. 전형적인 납치 사건의 피해자가 115명이고, 그중 40%가 살해당했다면 그 숫자는 소수에 불과하다. 낯선 사람에게 납치된 어린이는 전체 실종 어린이의 0.01%이다. 그렇다면 실종자로 보고된 99.99%의 어린이는 돌보는 이들이 실종된 것으로 잘못 판단했거나 가족이 데려갔거나, 아니면 가출했거나 유기된(따라서 가족들이 되돌아오지 않기를 바라는) 경우다. 따라서 점차 많은 어린이가 실종되고 또 실종된 어린이가 대부분 낯선 사람들에게 납치되었다는 말은 꾸며 낸 이야기에 불과할 것이다.

물론 어떤 어린이에게 심각한 위해가 닥친다는 것은 입에 담기 어려운 비극이고, 또 낯선 사람들이 저지르는 범죄가 극소수이더라도 어린이를 노리는 범법자들은 실제로 있다. 그렇더라도 우리 자녀가 낯선 사람에게 살해될 가능성은 그야말로 100만분의 1에 불과한데, 자녀가 들고 나는 문제에 대한 일상적 결정을 그러한 미세한 가능성에 좌우되게 하는 이유는 어디에 있을까? 더구나 ≪팜비치 포스트Palm Beach Post≫가 2006년에 보도한 기사에 따르면, 어느 특정한 해에 어린이가 사망할 가능성보다 승마 사고(29만 7000분의 1)와 청소년 미식축구 경기 사고(7만 8260분의 1), 승용차 사고(1만 7625분의 1)가 더 높다지 않은가?

긴 안목으로 살펴보면, 부모들은 아이들에게 거리에서 슬기롭게 대처할 수 있는 방법을 가르쳐야 한다. 가령 혼자보다는 친구와 함께 다니는 일이 중요하다는 점과 수많은 낯선 사람들 중에서 극소수의 못된 사람을 가려내는 방법을 가르쳐 주는 것이다. 그런데 자녀들이 울타리 바깥의 세상을 헤쳐 나가는 방법을 배우지 못하게 부모가 막는다면 그것은 나중에 이들이 어려움을 겪는 결과로 되돌아올 뿐이다. 즉, 거리에서 두려움을 느끼거나 당황해서 어쩔 줄 모르거나, 또는 길을 잃거나 어리둥절해하거나 하는 결과로 말이다.

나도 지금까지 이런 두려움을 버리지 못했다. 나는 이런 자료를 잘 알고 있어 이론적인 면에서는 그런 자료의 맥락을 명확하게 파악하고 있는데도 낯선 사람의 위험성이라는 거짓된 이야기에서 벗어나지 못했다. 나는 아들이 친구 집에서 놀다가 처음으로 혼자 집으로 돌아올 때를 지금도 또렷이 기억한다. 우리가 사는 곳은 중·상류층 거주 지역으로 범죄율이 매우 낮은 곳이었다. 당시 아들은 10살쯤 되었고, 시간은 땅거미가 질 무렵이며,

거리는 걸어서 10분 정도 걸릴 뿐이었다. 그때 내 두려움이 지나친 것이며 아이에게 독립심을 길러 주는 것이 중요하다는 것을 알고 있는데도 가슴이 몹시 두근거렸고, 아들이 무사히 집에 도착할 때까지 몇 분 동안 다른 일에 신경을 쏟으려고 매우 열심히 일을 해야 했다.

이 세상 어디에서나 끔찍한 일은 계속 벌어지고 있다. 그러나 그런 끔찍한 사건이 과거부터 늘 계속되었지만 통계로 보면 오늘날에는 지난 수십 년 전에 비해 그런 일이 벌어질 가능성은 줄었다. 그렇지만 오늘날에는 모든 사건이 빠짐없이 즉각적으로 전해진다. 그 때문에 진화론의 투쟁fight/도피flight 반응이 작동되지만, 우리는 맞서 싸우거나 아니면 스트레스 요인으로부터 도피하는 경험을 해 보지 못한 터라 경계심이 고조된 상태로 머물러 있게 된다.

진화생물학자인 로버트 사폴스키Robert Sapolsky는 인간 스트레스를 탐구한 전문가이다. 그는 저서 『얼룩말이 궤양에 걸리지 않는 이유: 스트레스와 스트레스 관련 질환, 그리고 그에 대한 대처법Why Zebras Don't Get Ulcers: A Guide to Stress, Stress-Related Diseases, and Coping』에서, 일어날 법한 해로운 일에 대한 두려움이 사람들에게 어떤 해를 끼칠 수 있는지를 이렇게 설명했다.

"우리는 현실로 나타날 어떤 일에 대한 두려움에 대해 스트레스-반응으로 대처하면서, 그런 인지 능력으로 일찌감치 방어망을 동원할 수 있게 된 것을 기뻐한다. 또 스트레스-반응의 상당 부분이 예비적인 것인 만큼 이런 예기성 반응의 예방성은 상당히 커질 수 있다. 그러나 우리가 아무런 이유도 없이, 또는 달리 대처할 방법이 없는 일로 생리적 격동 상태에 들어가 스트레스-방어 기제를 작동시킬 때 그런 상태를 '불안', '노이로제', '망상증', 또는 '쓸데없는 적대감'이라고 부른다.

　이처럼 스트레스-반응은 물리적, 심리적 모욕감뿐만 아니라 그런 모욕이 예상되는 상황에 대응해서도 작동할 수 있다. 가장 놀라운 것은 온갖 참사가 실제로 일어날 때만이 아니라 그런 참사에 관해 생각하는 것만으로도 스트레스-반응이라는 생리적 시스템이 작동한다는 점이다."

　기본적으로 오늘날의 전 세계 뉴스 전달 체계를 보면 365일, 1주일 내내, 그리고 24시간 쉼 없이 돌아가고 있다. 이것은 우리들의 생활환경에 밀어닥친 최근의 변화로, 사람들은 아직 이에 대처하지 못하는 상황이다. 그럴만큼 우리는 정보 과잉 속에 살고 있다.

일상적 행위의 불법화

위해를 가해 올지도 모를 사람에 대해 끊임없이 주의를 기울이지 않는 한, 사람들은 대체로 그런 일에 무심해지게 된다. 그런데 어린아이가 혼자 바깥에 있는 흔치 않은 모습을 보게 되면, 우리는 저렇게 혼자 내버려 두면 안 된다고 걱정한다. 그래서 저 아이가 돌봐 주는 어른 곁을 벗어난 것이 아닌가, 아니면 저 아이가 방치된 것이 아닌가 하고 걱정한다. 나아가 경찰이나 어린이 보호기관에 전화로 신고를 해야 하나 어쩌나 고민하게 될지 모른다.

　사우스캐롤라이나에 사는 데보라 하렐이라는 여성은 맥도널드 가게에서 교대 근무를 하는 동안 9살짜리 딸을 공원에서 혼자 놀게 한 것이 어린이 방치죄에 해당한다는 혐의로 2014년에 구금되었다. 하렐은 하루 뒤 보석금을 내고 풀려나고, 사업복지기관이 보호하던 딸도 곧 되찾아 왔지만,

이 책을 쓰는 현재까지도 이 사건은 재판 기일이 정해지지 않은 채 진행 중에 있다.

저술가인 킴 브룩스는 4살짜리 아들을 선선한 날씨에 5분 동안 승용차에 혼자 있게 했다는 이유로 체포된 뒤 '어린이 보호 의무를 다하지 않은' 혐의로 재판을 받게 되어 변호사를 고용할 수밖에 없었다. 이런 혐의가 유죄로 입증되면 브룩스는 자신의 자녀들을 어린이 보호기관에 넘겨야 할지 모른다. 이 사건은 '착한 사마리아 인'으로 불릴 법한 어떤 사람이 주차장에 있다가 브룩스의 어린 아들이 승용차에 혼자 남겨지는 것을 몰래 비디오로 찍어 경찰에 신고한 것이 발단이었다.

그렇다면 브룩스의 아들과 하렐의 딸을 본 사람들은 착한 사마리아 인일까 아니면 안전성을 앞세우며 두려움을 부추기고 확산시키는 자경단원일까? 하렐의 딸과 브룩스의 아들은 아무런 해를 입지 않았다. 해를 입을 가능성이 두 어머니의 범법 혐의의 핵심 요소다. 이 두 사건은 최근에 비슷한 혐의로 재판에 회부되고 널리 보도된 10여 건의 사건에 포함된 것으로, (언제나 대부분이 어머니인) 부모들이 한 세대 전만 해도 예사로웠던 행위로 법의 심판을 받게 되었다. 사실 이들의 혐의는 부모가 낮에 온종일 아이들 곁을 따라다닐 수 없는 형편임을 감안할 때 오늘날 오히려 필요한 일이라고 볼 수 있다. 어린이는 낯선 사람보다 친척 손에 살해당할 가능성이 20배나 높다. 그러나 공포를 확산시키며 나쁜 사마리아 인 구실을 하는 자경단원들은 힘겨운 상황에서 최선을 다하려고 애쓰는 어머니를 언제라도 고발할 태세다. 이 어머니의 자녀가 실제로 아무런 해를 입지 않았는데도 말이다. 이들 자경단원이야말로 사람들이 걱정해야 할 진짜 위협요인이다. 그리고 이들의 숫자도 꽤 많을 것이다.

어린이들을 자유롭게 뛰놀게 하자는 '프리-레인지 운동'을 펼치는 리노어 스케너지Lenore Skenazy는 이들 자경단원과 맞서고 있다. 그는 저서『프리-레인지 키즈Free-Range Kids』 뒤표지에, 자녀가 혼자 바깥으로 나가도록 만들고자 할 때 부모가 당장 쓸 수 있는 간단한 마크를 붙여 놓았다. 이 마크는 떼어낼 수 있도록 구멍을 뚫어 놓은 것으로, 그것을 어린이 배낭에 붙이거나 어린이 옷에 안전핀으로 꽂을 수 있게 했다. 이 마크에는 "난 길을 잃은 것이 아니에요. 난 프리-레인지 어린이입니다"라고 적혀 있고, 이어 이런 운동에 참여하게 된 이유를 밝히는 내용도 담겨 있다. 이런 운동은 우스꽝스럽게 비치기도 하고, 암흑세계에 살고 있다는 느낌도 들게 한다. 그러나 이런 노력은, 우리가 분별없이 아이들을 바깥에서 놀게 만든다고 불안하게 생각하는 사람들을 도울 수 있는 실용적이고 선제적인 대응이 될 수도 있다. 물론 이웃 사람이 어린아이들 옷에 붙인 표지를 보고 낄낄 웃으면서 안심할 만한 다른 조치를 취할지도 모른다. 한편 아이들이 자유롭게 놀거나 마음대로 돌아다닐 수 있게 하는 것이 지극히 온당하다는 주장과 불법이라는 주장이 대립하는 시기에도 경찰은 아직 불문율 수준에 머물러 있는 규범을 위배했다는 혐의로 사람들을 단속할 것이다.

메릴랜드에 사는 다니엘과 알렉산더 '사샤' 메이티브 부부는 '프리-레인지 키즈' 지지자로서 10살짜리 아들이 엄마 아빠 없이 6살짜리 여동생을 데리고 동네 공원이나 공립도서관, 편의점에 정기적으로 가고 오도록 했다. 그런데 2015년 초 어느 날, 이웃 2명이 각기 경찰에 전화를 걸어 어린이 둘이 보호자 없이 돌아다닌다고 신고했다. 경찰이 곧바로 출동해 아이들을 경찰차에 태워 집에 데려다준 뒤 부모에게 다소 거칠게 지적하고 나서, 아이들이 나쁜 사람에게 붙잡혀 가기라도 했다면 어쩔 뻔했느냐고 따져 물었다. 그 뒤 어린이보호국에서는 메이티브 부부에게 '안전 계획서'에 서명하도록 요구했으나 사샤는 자신의 변호사가 와서 내용을 검토하기 전에는 서명할 수 없다고 말했다. 그러자 어린이보호국 관계자는 "사인을 하지 않으면 당장 아이들을 데려가겠다"고 말하면서 경찰을 불렀다. 얄궂게도 메이티브의 남매는 평소에 스케너지의 '프리-레인지 키즈' 마크를 붙이고 다녔는데, 이런 소동이 일어난 그 문제가 되었던 날에는 공교롭게도 그런 표지를 붙이지 않았다. 붙였다면 상황이 달라졌을까? 그럴 가능성은 희박하다. 국가가—경찰과 어린이 보호기관을 통해—스케너지나 지지자들보다 지금 더 큰 목소리를 내고 있기 때문이다.

킴 브룩스나 메이티브 부부 같은 중산층 부모들은 법적 절차를 밟고, 어린이 보호기관을 찾아가고, 벌금을 물 만한 돈도 있고 시간도 있다. 그러나 하렐처럼 육체노동에 종사하는 가난한 부모들은 시간당 8달러의 임금을 받는 처지여서 아이들을 어린이집이나 여름 캠프에 보낼 수 없다. 그래서 하는 수 없이 일하는 동안에 딸을 공원에서 놀게 하는데, 결국 해결이 불가능한 상태에서 이런 갈등에 주기적으로 부딪치고 있는 것이다. 여기서 개인의 자유권이 경찰의 침해를 받는 정도는 경악스러운 수준이고, 또 묵시적인지 명시적인지 나로서는 알 수 없으나 일터에서 보는 여성을 적대시하는 사고방식도 그런 침해에 한몫을 했을 것이다. 마치 내가 직접 겪은 것처럼 분명하게 인식하는 것은 그만큼 브룩스와 하렐, 메이티브 부부가 입은 심리적 타격과 희생이 엄청나다는 반증이다.

또한 부모들이 재판정에서 공개적으로 험악한 신문을 당하는 모습을 지켜보는 아이들의 심정은 어떨까? 또 부모가 사법제도와 부딪치고 있는 동안 보호기관에 맡겨진 어린이들의 마음은 어떨까? 경우에 따라 이런 임시 보호기관에 있는 것 자체가 비참한 이야기가 되기도 한다. 어린이들은 이런 상황을 어떻게 생각할까?

스탠퍼드 대학에서 내가 주도하던 팀의 팀원인 아만다는 이 책 집필에 필요한 조사 연구 작업을 총괄했다. 그는 어린 두 아들의 어머니로서 실리콘밸리 외곽의 농촌 지역에서 남편과 함께 아이들을 키웠다. 4살짜리 큰아들 롤랜드는 무엇인가를 해 보려는 의욕이 강해 자립심을 계속 키워 나가고 있다. 대체로 아만다는 롤랜드가 세탁기와 건조기에 옷을 집어넣거나 식사 준비를 거드는 식으로 스스로 일을 하려는 것에 꽤 만족해하고 있다.

최근 롤랜드는 급한 심부름에 끌려 다니는 일을 피하고 싶어 집 안이나 승용차에서 혼자 있게끔 내버려 둘 수 없는지를 거듭 물었다. 아만다는 아들이 부모나 어른의 지속적인 감시가 없어도 짧은 시간 동안 참을성 있게 기다리고 안전하게 대처할 만한 능력이 충분하다고 믿는다. 그러나 아만다는 '부주의한' 어머니들이 최근 자주 뉴스거리를 만들어 내고 있음을 잘 알기 때문에 아들에게, 낯선 사람들과 경찰이 그런 행동을 좋아하지 않아 말썽거리가 될 수 있다는 점을 알아듣게 설명해야 했다.

그러자 롤랜드는 깔깔대고 웃으면서 나쁜 짓을 할 생각이 없으니 말썽을 일으킬 일도 없을 것이라고 말했다. 아만다는 아들에게 다시 이렇게 설명해야 했다. 낯선 사람과 경찰은 어른이 늘 지켜보지 않으면 어린아이가 안전할 수 없다고 생각하기 때문에 어린아이를 혼자 내버려 두는 것은 부모, 즉 엄마인 자신이 나쁜 짓을 하는 것으로 본다고 말이다. 롤랜드는 믿기지 않는다는 표정으로 이렇게 되물었다. "내가 스스로 행동할 수 있고, 안전하게 있을 수 있고, 또 이렇게 멀쩡하다는 것을 사람들은 왜 모르는 걸까요?"

아마도 어린 롤랜드는 미국 공영방송인 내셔널 퍼블릭 라디오NPR를 계속 듣고 있었던 것 같다. 이 방송은 2014년 여름에 일본에서는 7살짜리와 심지어 4살짜리도 혼자 전철을 타는 일이 드물지 않다는 소식을 전했다. 취재 기자는 미국이라면 "누군가가 어린이 보호국에 전화를 걸어 신고했을 것이다"라고 덧붙였다. 방치를 규정하는 미국 사회의 까다로운 정의 때문에 부모들은 자식들이 자율성을 조금이나마 가져도 될 준비가 되어 있는 때가 언제인지조차 결정하지 못했고, 그에 따라 자녀가 낯선 사람에 대한 공포를 이겨 낼 만한 적절한 능력을 갖추지 못하게 만들었다. 우리는 일본 사람들을 미치광이로 보겠지만, 어린아이를 늘 주시와 동행의 대상으로 고집하는 미국의 행태도 미치광이와 다름없게 비칠 것이다. 역설적인—또 (잠시만 생각해 봐도) 굉장히 잔인하다고 느껴지는—것은, 요즘 점검되지 않은 이상한 위해론 때문에 우리 아이들이, 처음 보는 불쾌한 사람이나 식료품 가게에서 물건을 사는 사람, 또는 더 고약하게는 핼러윈 축제 때 사탕을 주는 이웃 사람들조차도 자신에게 해를 끼치려 한다거나 자신의 부모가 그들을 곤경에 빠뜨리고 있다고 믿으면서 성장한다는 사실이다.

친구들의 두려움에서 벗어나기

나는 아들 소여와 (두 살 아래인) 딸 애버리를 과잉보호하려는 경향이 있다는 점을 어쩔 수 없이 받아들이기 시작하면서, 두 아이의 대학 진학 때를 내다보고 그때까지 이들이 과연 어느 정도의 자립심을 갖추는 것이 좋을까 생각하게 되었다. 그에 따라 나는 어린 시절 때 자립심을 기를 수 있는 기회를 좀 더 많이 줄 수 있는 방법에 초점을 맞춰 고민하기 시작했다. 뒤이어 나는 이들에게 알맞은 형태로 자립정신을 키울 기회를 주고자 애썼다.

그런 노력은 그때부터 지금까지 몇 년째 계속되고 있다. 최근에 있었던 한 가지 사례를 들어 보자. 애버리가 중학교(7학년)에 다닐 때인 어느 날 밤, 딸이 그날 밤 친구와 학교에서 만나 다음 날이 생일인 다른 친구를 위해 그의 개인 물품 보관함을 예쁘게 꾸며 주기로 했다고 나에게 말했다. 애버리는 함께 저녁 설거지를 하면서 그런 이야기를 했는데, 나는 밤이긴 해도 자전거를 타고 학교로 가라고 허락하면서도 전혀 걱정하지 않았다. 집에서 학교까지 500미터가 채 안 되는 데다, 우리가 사는 교외 지역이 굉장히 안전한 동네이기 때문이었다. 사실 나는 딸이 자립심을 기르기를 바라기 때문에 바라던 바였다고 말하고 싶을 정도였다. 그러나 친구의 어머니는 애버리가 어두운 밤거리를 혼자 자전거를 타고 가는 것을 몹시 불안하게 생각해 자신이 학교까지 차에 태워 데려다주고 또 데려오겠다고 말했다. 애버리는 친구에게 "고맙지만, 아니야, 난 자전거를 타고 가는 게 좋아"라는 메시지를 보냈다. 그래도 안 된다는 반응이 오자 애버리는 다시 "어머니가 자전거를 타고 가길 바라서"라고 메시지를 전했다. 그러나 결국 두려움이 자립정신을 꺾었다. 딸 친구는 차를 타고 이미 출발했고, 승용차는 이내 우리 집 앞에 도착했다. 내가 딸과 함께 끝내 거절한다면 우리는 미치광이 무법자처럼 비칠 것이었다. 나는 집 앞에 서서 수건으로 손을 닦으면서 이런 생각이 들었다. 자립심을 키워 주려 해도 주변 사람들의 두려움 때문에 그런 노력이 억눌리니, 앞으로 아이들을 어떻게 키워야 할까 하는 걱정이었다. 나는 또 이런 부모들이 나를 어떻게 생각할지에 대해서도 약간 걱정스러웠다.

버지니아 주 북부 지역에서 열린 소규모 학부모 모임에 참석했을 때 제인이라는 어머니도 비슷한 우려를 나타냈다. "그러면 일반적인 경향을 거스르는 극단적이고 비뚤어진 사람으로 비칠 거예요. 사실상 지금이 더 안전해졌는데도 이런저런 위험이 더 커졌다는 것이 일반적인 인식이니까요." 그러나 제인은 11살짜리 딸이 걸스카우트 모임을 끝내고 밤에 혼자 걸어서 집으로 돌아오는 것에 아무런 불안감을 느끼지 않지만 모임을 주관한 쪽이 그런 귀가 방식을 허용할 리가 없었다. 친구들도 나중에 제인에게 이렇게 말했다. "그래도 걔가 여자아이잖아. 그런데 어떻게 혼자 걸어갈 수 있겠어?" 제인은 딸이 어떻게 하면 이 세상에서 피해를 입지 않고 빈틈없이 살 수 있는가 하는 점을 가르치는 데 관심이 많다. 그래서 딸이 "'어떤 굴욕도 받아들이지 않겠다'는 표정"을 얼굴에 나타내는 법을 배우기를 바란다고 말했다.

애버리가 중학교 2학년에 올라가기 직전 여름 캠프에 참여하기 위해 통근열차 편으로 샌프란시스코로 왕래하기 시작했을 때 나는 딸에게 그런 표정을 짓는 법을 가르칠 필요가 있다고 생각하고 실행에 옮겼다. 우리는 처음 3일간은 한 시간쯤 걸리는 샌프란시스코행 통근열차를 함께 타고 갔지만 그 이후에는 애버리 혼자 타고 다녔다. 그리고 친구 집에 놀러간 아들 소여가 혼자 걸어서 집으로 돌아올 때처럼 애버리가 처음으로 혼자 열차를 타고 집에 오는 날 역으로 데리러 갈 때에도 가슴이 몹시 두근거렸다. 그러나 자신만만한 표정을 보니, 딸애가 하루 사이에 한 해쯤 훌쩍 커버린 듯이 보였다.

이처럼 아이들이 자립심을 기르는 쪽으로 나아가도록 유도하는 기회를 찾고 있는 제인이나 나 같은 사람도 잠재된 두려움을 어쩌지 못한다. 제인은 나에게 이렇게 말했다. "프리-레인지 키즈 운동을 벌이는 부인(리노어 스케너지)이 존경스러워요. 그러나 자녀를 완전히 방치하는 바람에 끔찍한 일이 벌어지면서 결국 뉴스거리가 되는, 그런 상황을 바라는 부모는 없을 거예요." 나도 그런 의견에 동의한다. 사회 문화적인 측면에서 이곳저곳에 숨겨진 위험이 많아 그런 곳을 헤쳐 나가기는 쉽지 않다. 우리가 이야기하는 것은 지나친 불안과 과도한 통제인 만큼, 성장하는 인간에겐 얼마간의 자유가 필요한지를 진심으로 자문해 봐야 한다.

성장을 위한 기회의 상실

아이들을 안전하고 건실하게 지켜 내는 문제에서 나타나는 이 같은 태도 변화에서 한 가지 숨길 수 없는 지표 구실을 하는 것이 아기 돌보기에 대한 생각이다. 나는 9살이나 10살 때쯤부터 버지니아 주 북부 지역의 우리 동네에서 아이 돌보기를 시작했다. 어머니들은 낮 시간에 아이들을 나에게 맡겨—일부 지역에서는 나 같은 이를 '엄마 도우미'라고 불렀다—몇 시간씩 아이들을 돌보며 간식을 챙겨 주거나 같이 놀아 주고 낮잠을 재우거나 전화를 받고 문을 열어 주는 일을 시켰다. 12살이 되었을 때는 한 집 어린이만을 주말 밤마다 정기적으로 돌봐 주고 최저임금을 받았다. 오늘날에는 미국어린이안전캠페인National Safe Kids Campaign에서 12살 이하의 어린이를 집에 혼자 놔두지 말고, 또 자신보다 나이가 어린 어린이를 돌보는 일도 맡기지 말라고 권유하고 있다. 현재 14개 주에서는 집에 혼자 둘 수 있는 어린이의 최저 연령을 규정해 두고 있는데, (캔자스 주처럼) 6살에서 (일리노이 주의) 14살까지 다양하지만 중간 수준은 10살이다. 어린이 돌보기를 할 수 있는 최저 연령에 대해서는 어느 주도 별다른 규정이 없는데, 여러 지역에서 경험법칙상 14~16살로 규정되어 있다(그런데 30개 주에서는 16살이 되면 부모의 동의를 받지 않고 결혼할 수 있다는 앞뒤가 안 맞는 규정을 두고 있다. 그 밖의 주에서는 아기 돌보기를 할 수 있는 최저 연령이 17살이나 18살이다).

어린이를 집에 혼자 놔두는 것이 걱정이 되는 터에, 혼자 집 밖으로 나가게 하는 것에 대한 근심까지 겹치다 보니, 오늘날 미국 어린이들이 누릴 수 있는 자유란 부모 세대에 비해서는 그야말로 한 뼘도 안 되고, 할아버지 세대에 비하면 그 반 뺌도 안 될 만큼 쪼그라들었다. 사람들은 자식들이 평생 동안 부모 곁에서 1킬로미터를 벗어나지 않는 범위에서 살아가도록 준비시키는 데에는 관심이 있는 듯한데, 자식들이 독립심을 키워 나갈 때만 길러지는 인생살이의 지혜를 가르치는 데에는 관심이 없는 듯하다.

심지어 미국의 걸스카우트도 안전 문제를 염려해 독립심을 기를 기회를 줄이거나 약화시키고 있다. 현재 걸스카우트의 공식 편람에는 18살까지의 여학생이 쿠키를 판매할 때는 어른이 어느 정도 관여해야 한다고 규정되어 있다. 나는 그 나이의 여학생들이 쿠키를 팔면서 어른의 감시를 받는 경우를 한 번도 본 적이 없지만, 부모가 재고와 결제 문제를 처리하는 동안 중학생 또래의 여학생들이 가만히 앉아 있는 모습을 많이 보았다. 걱정할 것 없다. 여학생들은 그래도 참여의 표지로 배지를 받지 않았는가! 그런데 이런 의문이 든다. 무엇 때문에 그렇게 할까?

아이들의 기분 맞춰 주기

배지 이야기를 더 해 보자. 밀레니얼 세대는 '모두가 트로피 받는' 세대로 불리는데, 그럴 만한 상당한 근거가 있다. 부모들은 아이들의 기분이 상하지 않도록 해 주려는 그릇된 생각에서 조금이라도 무슨 노력을 하면 그에 대해 보상을 해 주려고 안간힘을 다했다. 1980년대 이래 미국 어린이들은 참가하는 것만으로도 배지나 증명서, 리본, 트로피 따위를 받는 식의 인정을 받았다. 마치 어느 장소에 모습을 나타내는 것 자체가 무슨 잘한 일이라도 되는 양, 증서나 플라스틱제, 금속제 징표로 인정을 해 줘야 한다고 부모들이 생각한 것이다.

우리는 아이들이 무엇을 하든, 또 그런 일을 할 때마다 칭찬을 아끼지 않는다. 우리는 동그라미로 사람 머리를, 직선으로 사람 팔다리를 그려 놓은 유아의 그림 솜씨에도 "잘했어!"라는 찬탄을 드러내고, 야구장에서 헛스윙만 해도 "좋았어!"라고 큰 목소리로 힘을 북돋아 준다. 아이들의 노력이 별로 인상적이지 못해도(가령 "잘했지만 발을 올려놓아야지"), 칭찬하는 내용이 엉뚱해도(가령 "잘했지만 배트에 못 맞췄네") 개의치 않고 아이들에게 하는 칭찬은 이어진다. 그렇다면 아이들이 노력한 성과가 아무리 하찮더라도 상을 주거나 보답을 해 줘야 할까? 아니면 이런 것은 무조건적인 사랑을 드러내는 한 방법일 뿐인가? 그러나 이런 칭찬이 남보다 뛰어나기 위해 어떤 노력을 기울여야 하는지를 잘못 생각하게 만들 수 있다고 지적하는 사람들도 있다. 또 나중에 직장에서 인정을 받고 승진을 하는 자격 문제에 대해서도 그릇된 믿음을 심어 줘 두고두고 괴로움을 겪을 것이라고 지적하기도 한다.

아만다 리플리는 『세상에서 가장 똑똑한 아이들』에서 미국 학생들의 학업 성취도를 전 세계 학생들과 비교, 분석했다. 그는 이 책에서 '자존 운동'으로도 알려졌던 '모두에게 트로피' 운동이 학업 성취도 향상을 억제하고 국제 표준 테스트에서 미국 학생들의 순위가 하위로 떨어지는 데 기여했다고 지적했다. 1980년대에 "미국 학부모와 교사들은 어린이들이 성공하게 만들려면 이들의 자존심을 경쟁(과 현실)으로부터 보호해야 한다고 외치는 사람들의 세찬 주장들을 들어 왔다." 그 결과 심리학자 하라 에스트로프 마라노Hara Estroff Marano가 "과도한 개입성 자녀 양육"에 반대하며 자신의 진정한 생각을 밝힌 대로 미국은 "소극적이고 무기력한 어린이들의 나라"가 된 것이다.

남용하는 불리bully 낙인

가끔 아이들은 다른 아이들을 못살게 군다. 중학교 2학년 학생들 한 무리가 페이스북에서 다른 한 아이를 동성애자라고 놀리며 괴롭혔다. 잔인한 짓이었다. 남을 못살게 구는 이런 일이 벌어지면 부모나 다른 아는 이들이 나서서 아이들이 그런 행동에서 벗어나 제자리로 되돌아오게 도와줘야 한다.

그러나 수잔 포터Susan Porter가 자신의 책 『약한 자를 못살게 구는 나라 Bully Nation』에서 지적한 것처럼, 부모들이 다른 아이 들볶는 일로 이런저런 딱지를 붙이지만 그중 상당수는 어린이 성장과 사회화 과정에서 흔히 겪는 정상적인 행위다. 우리는 어린이가 누군가 다른 어린이를 못살게 굴면 약자를 괴롭힌다는 의미의 '불리bully'로 낙인찍는 문화 속에 살고 있다. 하지만 부모들이 다른 집 자녀에게 퍼붓는 이런 비난은 오늘날 학교를 이끌어 가는 사람들의 마음과 가슴을 무겁게 짓누르고 있다. 포터는 학부모와 교육 부문 종사자들에게 '불리'라는 낙인찍기를 피하고 그 대신 어린이들이 사회생활에서 부딪치게 될 힘겨운 도전들을 감당하는 데 필요한 유연성을 기르도록 도와줘야 한다고 권고한다.

올라프 '올레' 호르헨손은 알마든 컨트리 스쿨의 교장이다. 이 학교는 유치원부터 8학년까지 있는 사립학교로 캘리포니아 주 산호세의 내 거주지에서 얼마 안 되는 거리에 있다. 올레는 시애틀과 캘리포니아, 하와이, 그리고 애리조나에서 가장 규모가 큰 학군인 메사 유니파이드는 물론, 아시아와 유럽, 중남미 지역의 공립·사립학교에서 교사와 행정가로서 25년 이상 근무했다.

올레는 "다른 학생 괴롭히기는 전국 모든 학교에서 문제가 되고 있다"

고 나에게 말했다. "지금까지도 늘 문제가 되었을 뿐만 아니라 아마 앞으로도 계속 문제가 될 것입니다. 그러나 진정한 의미의 남 괴롭히기―일정 기간 동안 의도적으로 남을 무기력하게 만들거나, 또는 고립시켜 사람을 우습게 만들고 마음에 상처를 입히는 행동―는 늘어나지 않았습니다. 25년 전 교육자 생활을 시작할 때에 비해 그런 문제가 일어나는 빈도가 지금이 더 높지는 않습니다"면서 그는 또 이렇게 덧붙였다. "요즘 부모들이 그런 문제를 일으키는 어린이를 '불리'라고 비난하는 것은 인정이 없는 것으로 비칠 때가 많고, 나아가 포용력이 부족해 보이기도 합니다. 분별력을 가지고 자식을 기르고 사랑하는 사람들조차 다른 집 초등학생이나 심지어 유치원생 어린이의 행위까지 비난하거나 죄인 취급을 하는데, 이는 놀랍고 매우 서글픈 일입니다." 목소리는 차분히고 부드러웠지만 통화 내용 속에는 걱정하는 빛이 뚜렷했다. "어린이들을 다루고 가르치는 사람들은 관계를 맺어 가면서 어린이가 공격성을 나타내는 것은 성장하는 과정에서 일어나는 자연스러운 행동이라는 점을 잘 압니다. 물론 그런 일이 마음의 상처를 입히는 야비한 행동인 만큼 부모는 본능적으로 자녀가 그런 행위로부터 해를 입지 않도록 보호하려고 합니다. 그러나 아이들은 그런 괴롭힘을 이겨 내는 방법을 배워야 합니다. 그리고 부모들이 다른 집 아이, 특히 '어리디어린' 아이를 '불리'로 낙인찍는다면 그것은 그 아이에겐 성장해 나갈 능력이 없다고 단정하는 것과 같습니다."

올레는 약자 괴롭힘에 대한 이런 식의 병적인 인식이 급속히 확산되는 것을 막는 일이 중요하다면서 그것은 비난을 받는 어린이뿐만 아니라 상처를 받은 어린이에게 마찬가지로 중요하다고 말한다. "만약 자녀를 대신해 이런 문제에 개입하면 자녀가 피해를 입게 됩니다. 그런 행동은 이렇게 말하는 것과 마찬가지죠. 즉 '너는 이 문제를 스스로 해결할 능력도, 그럴 만한 의지도 없으니, 내가 개입해 네 대신 이 문제를 처리해 주겠다'는 것입니다." 한마디로 부모가 자식을 무기력하게 만드는 셈이라는 것이다.

올레는 나에게 몇 가지 사례를 설명해 주었다. "저는 운동장 정사각형 코트 옆에 서서 아이들의 놀이를 감독하고 있었어요. 그때 2학년짜리 남자아이가 공을 잡은 채 내 쪽으로 확 뛰어들더니 울음을 터뜨렸어요. 이 남자아이 뒤를 바짝 뒤쫓던 여자아이는 분하다는 표정으로 이 광경을 지켜보았죠. 저는 무릎을 꿇은 채 남자아이의 어깨를 토닥이면서 왜 그러냐고 물었어요. 그러자 남자아이가 '저 여자애가 절 괴롭혔어요! 저 애가 괴롭혔다고요!'라고 소리쳤어요. '저 여자애는 공이 아웃되었다고 말했지만 아웃되지 않았어요. 제가 봤어요! 아웃되지 않았어요!'라고 외쳤어요. 올레는 "7살짜리 아이가 어디서 이런 말('괴롭힌다'는 'bully'라는 말—옮긴이)을 들었을까요?"라고 덧붙였는데, 그 목소리에 서글픔이 짙게 배어 있었다. '괴롭히는 쪽/당하는 쪽'이라는 낙인이 어린이들의 의식 속까지 깊숙이 파고들었음이 분명했다.

올레가 다른 사례를 들어 이야기한 내용은 이런 용어를 그릇되게 이해하는 부모들의 행태가 희극적이면서도 서글프다는 느낌을 주었다. "2년 전 개학한 지 3일째 되는 날, 우리 학교에 자녀를 보낸 어느 부모가 저에게 면담을 요청했습니다. 우리 유치원에서 일어난 '심각한 약자 괴롭힘'이 걱정스럽다는 이유였어요. 저는 그 이야기를 듣고 깜짝 놀라 곧바로 부모를 초청해 면담을 가졌죠. 유치원에서 약자 괴롭힘이 벌어지다니? 저는 메모할 준비를 갖추고 상체를 앞으로 숙인 채 이야기에 귀를 기울였어요. 이야기 내용은 이들의 아이가 모래밭에서 놀다가 다른 아이한테 플라스틱 삽으로 머리를 맞았다는 것이었어요. 이들은 제가 그런 사실을 알고 있는지 궁금해했어요. 물론 저는 그런 사실을 몰랐죠. 나중에 해당 교사가 그 상황을 목격하고 달려가 두 아이의 대화를 중단시켰다는 것을 알게 되었어요. 교사는 이어 두 아이를 한자리에 불러 때린 아이가 맞은 아이에게 사과하도록 하고 내보냈는데, 둘은 노는 시간 내내 함께 재미있게 놀았다고 합니다. 그 일은 이처럼 적절하게 해결되었는데도 제 사무실에 앉아 있던 학부모는 어떤 조치를 취해 주기를 바랐어요. 이들은 징계성 조치로 가해 아이(이들은 계속 이 아이를 '불리'라고 불렀다)를 다른 학급으로 보내기를 원했어요. 이들은 심지어 이 '못된' 아이를 정학이나 퇴학시켜야 하는 것 아니냐는 식으로 말하기도 했습니다. 두 유치원생은 어른의 지도를 받으며 모래통에서 모래를 떠내는 법을 배우고 있었죠. 제가 이런 학부모에게 뭐라고 이야기할 수 있을까요?" 올레는 "도대체 어디서부터 시작해야 할까요?"라고 다소 과장된 몸짓을 지으면서 반문했다. 그는 이런 별난 학부모에게 전해 줄 말을 분명 찾았지만, 이런 문제는 미국 전역의 모든 학교에서 계속 벌어지고 있다.

안전한 놀이터의 부작용

놀이터는—사고나 납치, 못된 아이들처럼—굉장한 소동이 벌어질 듯한 장소처럼 보인다. 그 때문에 요즘 놀이터에 가 보면 그런 위해를 모두 막겠다는 부모들이 적잖이 나와 있는 것을 쉽사리 볼 수 있다. 이런 극성을 부리면서도 미국인들은 파멜라 드러커먼Pamela Druckerman이 미국 육아 방식을 프랑스와 비교한 책 『갓난아기 키우기Bringing Up Bebe』에서 언급한 것처럼 놀이의 중요성을 자주 이야기하고 칭찬하기도 한다. 프랑스에서는 아이들이 스스로 알아서 그들끼리 놀게 하는 것을 매우 중요시해, 부모들은 아이들이 노는 것을 그냥 바라만 보거나 아니면 한옆에서 어른들끼리

환담이나 나누는 경우가 많다. 미국에서는 이야기와 칭찬으로 놀이를 끊임없이 격려하다 보니, 부모와 자식들이 다 같이 지쳐 정작 놀이의 재미가 떨어지는 일이 많다는 것이 드러커면의 지적이다.

작가 수잔 루카스Suzanne Lucas가 두 아이를 데리고 필라델피아에서 스위스로 이사해 보니, 놀이터에서 아이들이 노는 모습이 너무 달라 깜짝 놀랄 정도였다. 루카스는 5살짜리 딸을 데리고 처음 놀이터에 갔다가 갖가지 놀이시설에 입이 딱 벌어졌다. 나무와 나무 사이에 지프라인zip-line을 설치해 아이들이 타고 놀 수 있게 만들어 놓았는가 하면, 통나무집을 지으며 놀 수 있도록 나무판과 못, 망치를 갖춰 놓았다. 루카스는 딸이 이런 위험한 도구와 시설을 가지고 노는 동안 계속 그런 시설 바로 밑에서 "극도의 스트레스에 시달리며" 불안에 떨었다. 그러다가 주위를 살펴보니 놀이터에 어른이라고는 루카스 혼자뿐이었다. 루카스는 당시의 상황을 나에게 이렇게 말했다. "그렇다고 다른 어른들이 근처 벤치에 앉아 책을 읽고 있었던 것도 아니었어요. 놀이터에는 저 말고는 아무도 없었어요."

미국에서는 부모와 보호자들이 아이들의 놀이에 적극적으로 끼어든다. 그네를 탈 때나 구름다리 위에서 움직일 때는 밑에서 기다리고, 미끄럼틀을 탈 때는 남편과 내가 딸 소여에게 했던 것처럼 양옆에 붙어 서서 굴러 떨어지거나 긁히는 것을 막고자 애쓴다. 심리학자 웬디 모젤Wendy Mogel은 『까진 무릎의 고마움The Blessing of a Skinned Knee』에서 시행착오를 통해 배우는 인생의 중요한 교훈을 강조하지만, 21세기의 미국 부모들은 '바람직'하거나 '성공적'인 자녀 양육이란, 단기간의 하찮은 고통마저 겪지 않도록 보호하는 것과 같다고 생각하는 듯하다.

부모들의 극성을 젖혀 놓는다면 미국의 놀이터 시설과 구조 자체도 문제다. 모든 시설이 지나치게 안전 위주로 되어 있고, 게다가 창의적인 놀이라고는 눈곱만큼도 찾아볼 수 없게 만들어 놓아 많은 아이들이 전혀 재미를 느끼지 못한다. 놀이터 바닥의 아스팔트와 자갈은 아이들이 떨어질 때 완충작용을 할 수 있도록 고무 재질이나 신축성 있는 합성 재질로 바뀌었다. 나무 구조물은 울긋불긋한 플라스틱제로 대체되었고, 머리나 손가락이 끼어 다칠 수 있는 것은 거의 모두 다른 구조나 재질로 바뀌었다. 2014년 ≪애틀랜틱Atlantic≫에 실린 한나 로신Hanna Rosin의 기사 "과잉보호되는 어린이"를 보면 미국 놀이터의 문제점이 더욱 두드러져 보인다. 이 기사에서 소개한 영국의 요즘 놀이터를 보면 쓰레기장 비슷하게 보이지만 그 속에서 아이들은 신바람 나게 논다. 로신의 기사 내용이 소셜 미디어를 통해 들불처럼 번져 널리 알려지면서 사람들은 놀이터—와 더 나아가 아이들이 느끼는 재미나는 유년 시절—가 어떻게 바뀌었는지를 생생하게 보게 되었다. 최근에 보도된 다른 기사는 "새로 만든 놀이터는 안전하다. 그 이유는 아무도 그곳에 가서 놀지 않기 때문이다"라는 서글픈 제목을 달고 있다. 오늘날에는 어린이들이 바깥 놀이터 대신에 디지털 장치 같은 것이 갖춰진 실내에서 놀이를 즐기는 경우가 많다. 한편 2012년 권위 있는 소아과 학술지 ≪피디애트릭스Pediatrics≫에 실린 기사를 보면, 어린이 사망률의 주된 원인으로 유년기의 비만이 어린 시절의 부상을 누르고 급부상하는 것으로 나타났다. 이 기사는 이런 변화를 일으킨 부분적인 원인이 안전에 대한 부모들의 지나친 걱정 때문에 아이들이 놀이터에서 마음껏 뛰놀지 못했기 때문이라고 분석했다.

해외 유학 중에도 부모는 자녀를 지킨다

팀 바튼은 펜실베이니아 주 글렌사이드에 있는 아카디아 대학교의 칼리지 오브 글로벌 스터디스College of Global Studies의 학생과장이다. 필라델피아 외곽에 자리 잡은 아카디아 대학은 해마다 3000명의 미국 학생을 해외로 유학시키는데, 이 가운데 아카디아 대학 재학생은 일부에 불과하고, 유학생은 대부분 300여 개의 미국 다른 단과대학과 종합대학 재학생들이다. 나는 2014년 봄 학기가 끝나갈 즈음에 팀을 만났다.

아카디아를 통해 해외로 유학하는 학생들은 대체로 긍정적인 경험을 쌓고 있다. 그러나 자녀가 해외로 나간다고 하니, 이런저런 기대와 불안감을 버리지 못하는 부모들이 적잖아 팀은 이들의 걱정을 귀가 따가울 정도로 듣고 있다. 나는 전형적인 사례를 이야기해 달라고 부탁했다.

그는 런던으로 유학을 떠난 여학생 이야기를 나에게 들려주었다. 이 여학생이 런던에 도착할 예정인 당일 아침에 팀은 학생의 아버지한테서 전화를 받았다. 런던은 오전 10시였지만 팀이 전화를 받은 시간은 새벽 5시였다. 아버지는 딸에게서 아직 아무런 연락이 없다며 "내 딸이 잘 도착했는지 알려 줘야 하지 않소!"라고 소리쳤다. 그러면서 다시 "난 지금 알아야겠소!"라고 소리를 질렀다. 팀은 곧바로 인터넷으로 이 여학생이 탑승한 항공편의 운항 상황을 확인해 보았다. 그런 다음 팀은 그 아버지에게 이렇게 전했다. "따님이 아직 출입국이나 세관 수속을 끝내지 못한 것 같습니다. 우리 직원들이 현장에 있는데, 모아야 하는 학생이 100명입니다. 따님이 그곳에 있는지 신원을 개별적으로 확인하는 것은 불가능합니다." 그러자 그 아버지가 화를 내며 또다시 소리를 질렀다. "이런 일은 도저히 용인할 수 없어. 당신이 운영하는 조직은 엉터리야." 그리고는 전화를 탁 끊었다.

침대에서 아직 일어나지도 않았던 팀은 런던에 있는 직원에게 연락해 여학생 아버지의 걱정을 전하고, 여학생과 연락이 닿는 대로 전화를 해 달라고 부탁했다. 팀이 옷을 입고 아침을 먹으려던 즈음에 그 여학생의 아버지한테서 다시 전화가 왔다. 그런데 이번에는 약간 멋쩍은 목소리로 "딸애가 탈 없이 잘 도착했다고 합니다"라고 말하면서 한숨을 휴 하고 내쉬었다. "딸이 페이스북에 새 소식을 올린 걸 봤거든요."

그 아버지는 이제 딸의 친구들을 만나면 그 됨됨이를 쉽게 파악할 수 있는 방법을 터득했노라고 팀과 웃으면서 대화를 나누다가 이내 전화를 끊었다. 그러나 팀은 속으로 이런 생각이 들었다. '한 시간 전쯤 당신이 나를 막 몰아세운 것을 기억이나 하는가? 또 나한테 부적절한 말을 거칠게 해댄 것을 알기나 하는가?' 여학생의 아버지는 아무런 사과의 말도 하지 않았지만 팀은 그대로 넘기기로 했다. "부모는 그냥 자녀에게 가장 큰 도움이 되는 일만 하고 싶어 해요. 이들은 비열한 사람도, 멍청한 사람도 아니에요. 이들은 두려울 뿐이죠. 제가 할 일은 학부모들이 현재 벌어지는 상황을 이해하도록 돕는 것이에요."

아이들에게 연락이 없으면 불안해지는 것은 이제 언제라도 연락이 가능하기 때문이다. 10년이나 15년 전만 해도 이런 식으로 아이들과 수시로 연락하는 일은 불가능했다. 휴대전화를 사용하기 전엔 아이들이 바닷가로 놀러 가도 집으로 연락을 할 수 없었다. 또 휴대전화가 등장하기 전에는 대학에 다니는 자녀는 (기숙사 복도에 있는 공중전화로, 그것도 장거리 전화요금이 최저 수준으로 떨어졌을 때나) 일 주일에 한 번쯤 부모에게 전화를 걸었다. 또 외국으로 유학을 간 자녀는 집으로 편지를 보내거나 가끔씩 전화를 거는 것이 고작이었다. 그런데 이제는 휴대전화로 수시로 연락이 된다고 해서 꼭 그래야만 하는 것인가? 그렇게 하는 것이 과연 좋은 것인가?

미식축구 원정 경기를 보기 위해 자동차로 먼 지역으로 간다거나, 짧막한 봄방학에 바닷가를 찾거나, 또는 잘 모르는 머나먼 지역에서 펼쳐지는 인디밴드의 공연을 보러 가는 식의 대학 생활의 무한한 자유를 기억해 보시라. 이런 자유를 즐길 때면 대개 차는 작은데 함께 타야 할 친구들이 너무 많았고, 운전을 해야 할 사람을 정하기 위해 가위바위보를 해야 했다. 또 할 수 있는 한 온갖 음악과 함께 먹을 것과 마실 것을 듬뿍 챙겨 갔다. 나는 대학 2학년 과정을 끝마친 여름에 차를 몰고 일 주일 사이에 워싱턴 D.C.에서 위스콘신 주까지 갔다가 테네시 주를 거쳐 되돌아온 적이 있다. 이때 그 먼 거리를 간 것은 어느 멋진 청년이 해마다 한 차례씩 벌이는 함메르페스트라는 뒤뜰 파티에 참석하기 위해서였다('상사병'의 정의가 바로 이런 것일지 모른다).

요즘도 대학생들이 이런 체험을 하지만 부모가 휴대전화를 통해 이들의 여행 일정을 추적하듯이 점검하는 경우가 적잖다. 그러나 응답이 없다고 부모의 메시지와 전화가 계속 쌓이거나, 아니면 부모가 걱정하지 않도록 자녀가 먼저 연락하는 것이 더 낫다는 것을 아는 경우라면 그것을 여전히 모험적 체험이라고 부를 수 있을까? 페이스북에 더없는 감사를 표한다. 부모가 자녀의 대답을 들으려고 줄기차게 호소해도 이를 무시한 채 자녀에게서 답이 없더라도, 최소한 페이스북에 올린 새 소식을 확인하는 것으로 이들이 탈 없고 안전하다는 것을 알 수 있으니까 말이다.

그렇다. 부모는 자녀에게 위해가 닥치고 있다고 상상하는 것만으로도 몸이 움츠러든다. 자녀를 안전하게 지키는 것이 부모의 역할이기 때문이다. 그러나 부모들이 여러 가지 형태로 과도한 경계망을 펼치는 바람에 자녀가 마땅히 누려야 하고, 또 성년 이후의 삶을 대비하는 데 활용해야 할 한층 자유로운 삶을 막고 있다는 점을 분명하게 인식해야 한다.

2장
기회 제공

빈틈없는 계획표에 묶인 유년 시절

내가 남편과 함께 우리 아이들을 위해 애쓴 과정을 돌이켜 보면, 아이들에게 최상의 기회를 제공하겠다는 첫 번째 노력의 대상이 특정 유아원에 넣겠다는 욕심이었음을 알 수 있다.

우리는 스탠퍼드 대학 학부생이었던 1980년대에 빙Bing 유아원이 있다는 것을 알았다. 스탠퍼드 캠퍼스 한쪽 끝에 있는 이 유명한 시설은 (당시 널리 알려진 '마시멜로 테스트marshmallow test'를 진행했던) 심리학과 교수들의 실험실 구실도 했는데, 해마다 운 좋은 2~5살 어린이 450명에게 교육의 첫 디딤돌을 놓아 주는 구실을 했다. 댄과 결혼한 지 몇 년이 지난 20대 후반이 되자 나는 자녀를 가질 준비를 했다. 어느 날, 스탠퍼드 대학에서 일을 마친 뒤 나는 빙 유아원에 들러 신청서를 한 장 얻어 왔다. 그러나 아기를 임신하는 것은 고등학교 시절 보건교사가 경고를 곁들여 설명한 것보다 어려워 우리 부부의 꿈은 깨지고 실망과 회의만 남게 되었다. 그러다가 1999년 6월, 요즘은 매우 흔하게 시술되는 약간의 의료적 도움을 받아 아들 소여가 태어났다. 이틀 뒤 퇴원해 아들을 집으로 데려온 나는 빙 유아원에서 얻어 온 신청서 생각이 나 곧바로 기재 사항을 써 넣은 뒤 남편에게 이 신청서를 당장 제출해야 한다고 재촉했다. 그리고 갓 태어난 소여를 유모차에 눕혀 잘 여미는 데 10분쯤 걸렸고, 다시 유모차를 승용차에 잘 고정시키는 데 10분이 걸렸다. 우리는 또 가다가 젖이나 우유를 주지 않아도 되도록 시간을 잘 맞추려고 애썼다. 나는 제왕절개 수술로 출산한 터라 몸을 굉장히 조심스럽게 움직여야 했다. 그렇지만 우리는 소여가 빙 유아원에 들어가도록 애써 보려 했고, 그 때문에 입원신청서를 몇 주일이라도 늦게 제출해 기회를 놓치는 일이 있어서는 안 된다고 조바심을 냈다. 그때 우리는 아마 아무런 연줄이 없었던 것 같다. 그래서 기회를 놓칠 수 있다는 느낌도 들었다. 이처럼 조바심을 내던 나머지 기저귀 가방을 챙기는 일도 깜빡했다…….

그로부터 2년 뒤 소여는 빙 유아원의 '두 살배기 반'에 들어갈 수 있었다. 3~5살 어린이들이 들어가는 정식 유아원에 앞서 두 살짜리 아기들이 귀중한 체험을 쌓을 수 있는 곳이었다. 소여는 한 주일에 3일 동안 오전 중 몇 시간만 놀이방 중심의 이 두 살배기 반에서 지냈는데, 그 환경은 호감이 가고 사랑스럽고 목가적인 분위기처럼 느껴졌다. 솔직히 매력적이고 소중하고 이상적인 곳이라는 느낌이었다. 유명한 빙 유아원의 일원이 된 것이었다. 우리는 다른 부모와 함께 바깥쪽에서만 안을 볼 수 있는 유리창 너머로 아이들이 블록을 쌓고 퍼즐과 옷 입히기 놀이를 하며 그림을 그리는 모습을 보며 미소를 지었다. 어린이가 교육을 받기 시작하는 장소로는 정말 매혹적이고 멋진 곳이었다.

소여가 세 번째 생일을 맞이했을 즈음에 나는 스탠퍼드 대학 신입생 담당 학생과장으로 일하기 시작했고, 소여는 정식 유아원의 큼직한 3개 교실 중 한 곳으로 옮겨 가게 되었다. 소여가 네 번째 생일을 맞았을 때 두 살 터울의 여동생 애버리가 오빠의 뒤를 이어 두 살배기 반에 들어가 새로운 체험을 쌓기 시작했다. 애버리는 빙 유아원에서 계속 오빠의 뒤를 좇아 과정을 밟아 나갔고, 나중에는 팔로 알토 통합학군에 속한 공립학교에 들어갔다. 이들 공립학교는 이 지역에서 가장 우수할 뿐만 아니라 캘리포니아 전체와 미국 전역에서도 우수학교 축에 드는 곳이었다. 우리 부부는 할 수 있는 최선의 강력한 교육 기반을 자식들에게 성공적으로 제공했다고 생각했다.

그러나 지금은 그때의 상황을 조금 다르게 보고 있다. 빙은 정말 멋진 유아원이고, 우리 집 두 아이에겐 더할 수 없이 알맞은 곳이었다. 하지만 아마 다른 유아원도 아이들에게 제구실을 다했을 것이다. 그리고 제왕절개 수술 직후 안정을 취해야 할 산모와 신생아의 위험을 무릅쓰면서까지 입원신청서를 얻으려고 애쓸 필요는 없다고 생각한다.

우리 부부는 자식을 잘 키워 보겠다고 우스꽝스러울 정도로 욕심을 부린 부모지만 그렇다고 우리만이 아이들에게 밝은 미래를 안겨 주겠다고 조바심을 낸 것은 아니었다. 요즈음 부모들은 임신 초기부터, 오늘날 같은 경제 상황에서 아이들이 성공하기를 바라려면 대학은 꼭 보내야 한다고 생각한다(그 나름의 상당한 근거가 있는 생각이다). 또한 부모는―걱정과 사랑하는 마음에서 비롯된 것이겠으나―아이들이 아주 어릴 때부터 가능한 한 여러 가지 많은 체험을 쌓을 기회를 주려고 한다. 그래야만 중고등학교에서 제대로 경쟁을 벌일 수 있고, 또 (훨씬 뒤의 일이지만) '좋은' 대학에 들어갈 수 있다고 믿기 때문이다. 부모들은 교내외에 걸쳐 이런 경험을 넓혀 주기 위해 어릴 때부터 점검표까지 만들어 챙긴다.

아이들이 초등학교에 들어갈 즈음이면 점검표대로 움직이는 유년기 교내 활동이 본격적으로 벌어지기 시작한다. 부모들은 아이들의 일정표와 담당 교사들의 이름을 훤히 알고 있다. 그리고 전자우편으로 교사들과 연락하고 아이들의 학습과제를 파악한다. 또 아이들이 숙제하는 모습을 지켜보고 틀린 것이 있는지 확인한다. 예전의 부모들은 자녀의 성적을 분기나 학기별로만 보았다. 그러나 요즘에는 온라인을 통해 매일은 아니라도 매주 올라오는 성적을 확인할 수 있다. 애틀랜타에 사는 어느 어머니는 아들이 학교에서 시험을 망치면 그날 아들이 집에 도착하기 전에, 또 아들이 그런 사실을 알기도 전에 먼저 안다고 나에게 말했다.

아이들이 배울 학과목을 선택할 학년이 되면 부모들은 어떤 과목을 배워야 할지를 정해서 알려 준다. 부모들은 또 성적이 썩 좋지 않으면 이를 바로잡기 위해 개인 교습을 받게 하거나 다른 보충 학습 방법을 찾아보기도 한다. 부모는 현재 하고 있는 과외 활동 중 어느 것이 나중에 아이비리그Ivy League 대학에 입학할 가능성을 최대한 끌어올리는 데 도움이 될 것인지를 판단하고 그런 활동의 일정을 조정한다. 부모는 자녀가 선수로 활동할 스포츠의 종목을 결정하고 나중에 일류 팀에 들어갈 기회를 얻을 수 있게끔 연습하고 또 코치를 받게 한다. 부모는 어느 여름 캠프가 학교 체험을 가장 충실하게 증대시켜 줄지를 꼼꼼히 탐색한다. 또한 놓치지 말아야 할 사회봉사 기회가 어떤 것인지도 조사한다. 부모는 이런 여러 가지 활동 중 어느 하나를 선택하면 그런 활동을 벌일 장소까지 아이들을 부지런히 태워 준다. 이런 과정에서 지루함 같은 것이 생길 여지는 없다. 그런 싫증 따위는 일정표에 아예 파고들 수조차 없다. 그것이 무엇보다 중요한 일이기 때문이다. 그 모든 일을 극복하는 것이 부모가 할 일이 되었다.

스포츠의 권위

이런 것이 스포츠보다 잘 들어맞는 경우도 없을 것이다. 부모들은 그들이 세심하게 신경을 쓰지 않으면 자녀가 경기 시간을 놓치거나 출발 지점을 찾지 못할까 걱정한다. 더 뛰어난 코치를 만나 일류 스포츠 팀에 들어가지 못하고 대학 장학금을 받을 기회를 놓치지 않을까 걱정한다. 여러 지역에서는 학부모들이 유치원생 자녀를 '유급'시켜 한 해 더 다니게 하는 이른바 '레드셔트redshirt'(미국 대학의 유급留級 선수)를 시키기도 한다. 레드셔트는 미국대학스포츠연맹의 규정에 나오는 용어로, 대학 선수의 경기 출전 자격을 재학 4년간으로 제한하되, 입학 첫해의 수학 과정을 통째로 빠뜨린 경우에는 (체력이 강화되고 체격이 더 커졌을 가능성이 많은) 재학 5년차에도 경기에 출전할 수 있게 하는 규정이다.

유치원 과정에서 '레드셔트' 이야기가 나오는 것은 배움과 성장 면에서 적합함에도 스포츠 부문에서 이점을 얻기 위해 부모가 자녀를 한 해 더 유치원에 붙잡아 두는 경우를 말하는 것이다. 봄철이나 여름철에 만 5살이 되는 어린이를 그대로 붙잡아 둬 6살을 넘긴 나이에 유치원 과정을 시작하게끔 한다는 뜻이다. 자녀의 유치원 유급을 바라는 부모와 이를 용인하는 유치원 관계자들은 사춘기에 접어든 아이들이 초등학교에 들어갈 경우 그 영향이 어떠할지에 대해 깊이 생각하지 않았을 법하지만, 신체적으로 더 발육된 어린이가 경기장에서 좀 더 잘할 것은 분명하다. 말콤 글래드웰Malcolm Gladwell,(캐나다 언론인이자 베스트셀러 저자—옮긴이)은 저서 『아웃라이어: 성공한 사람들 이야기Outliers: The Story of Success』에서 프로 하키의 예를 들며 이런 점을 잘 설명하고 있다. 그는 하키 팀의 경우 어느 해이든 1월부터 3월 사이에 출생한 남자들이 선수로 뛰는 경우가 이례적으로 많다고 지적했다. 기본적으로 이들은 유년부 하키 팀에 입단할 시기가 되면 다른 어린이들보다 체격이 더 좋았다. 4~5살처럼 체격이 크다는 것은 경기를 더 잘한다는 것이고, 그 이후 쭉 경기도 잘하고 장점들이 늘어나면서 선수로서 앞날도 잘 풀렸다는 것이다.

아이들은 보통 여러 스포츠를 가리지 않고 즐기기 때문에 많은 부모들은 자녀가 일찍 어느 한 스포츠에 '집중해 실력을 키워 나가기'를 바란다. 일찍부터 한 종목에 집중해서 실력을 키우면 다른 아이들보다 기량이 뛰어나 대학에서 선수 스카우트를 담당하는 사람의 눈에 띄기 쉬운 장점이 있다. 스카우트 담당자의 눈에 띄면 대학에 입학하고 장학금을 받는 데 이점이 있다. 단점이라면 특정한 종목에 집중할 경우 신체의 어느 일부만 지나치게 발달되고 다른 부위는 제대로 발육되지 않아 부상을 입기 쉽다는 점이다.

이런 점에 주목해 미국소아과학회American Academy of Pediatrics는 2000년에 발표한 성명을 통해 사춘기에 이를 때까지는 아이들이 한 가지 스포츠에 집중하는 것이 좋지 않다고 밝혔다. 더 최근에는 로욜라 대학 보건진료소Loyola University Health System가 현재 진행 중인 임상연구를 위해 신체검사나 부상 치료를 위해 진료소를 찾는 200여 명의 어린이들을 면밀하게 관찰하고 있다. 그 결과 연구원들은 2011년 부상을 당한 선수들이 "부상을 당하지 않은 선수들에 비해 단일 스포츠 집중도 면에서 평균치가 훨씬 높은"것으로 나타났다고 밝혔다. 1년 내내 한 종목의 스포츠에만 장시간 신체를 단련하면, 예전에는 직업 선수들에게만 나타났던 부상이 어린이들에게도 점차 많이 생긴다는 것이다.

현재 13살인 딸 애버리는 지난 10년 동안 춤을 배우고 즐겼는데, 춤에 굉장한 열정을 보이는 사람들은 다리와 발을 자주 다친다. 체조 선수들도 허리에 문제가 생기는 등 비슷한 부상에 시달린다는 이야기를 많이 들었다. 투수의 전력투구(스포츠 중에서 가장 격렬한 동작으로 알려져 있다) 때문에 크게 다쳐서 수술을 받은 어린이들의 숫자가 30년 전보다 무려 16배나 급증했다는 몇몇 통계도 나와 있다. 또한 미식축구나 하키, 축구, 야구, 농구, 체조, 또는 치어리더로 응원 활동을 하다가 뇌진탕을 일으켜 응급실로 실려 온 어린이들의 숫자도 지난 10년 사이에 두 배로 늘어났다. 허리나 발목, 무릎, 공을 던지는 팔이 잘못되면 평생 동안 온전하게 회복되지 못할지 모르고, 뇌진탕 같은 경우는 평생 동안 지속되는 뇌손상으로 이어지고 심지어 목숨을 잃을 수도 있다.

우리는 아이들이 스포츠를 즐기고 또 경우에 따라 특정 스포츠 종목에 집중하도록 확실하게 유도할 뿐만 아니라 경기를 지켜봐 주는 식으로 자녀를 격려할 수도 있다. 한 세대 전에는 부모들이 경기를 구경할 경우라도 정말 큰 게임이 벌어질 때나 경기장을 찾았다. 요즘에는 경기가 크든 작든 관계없이 모든 경기를 보러 가고, 또 날이 화창하돈, 궂든 상관없이 선수들의 연습 장면을 빠짐없이 지켜보는 일도 흔하다. 앨 고어Al Gore는 미국 부통령 시절에 아들의 경기를 단 한 번도 빠짐없이 지켜봐 줘, 그런 점에서는 좋은 아버지(또는 어머니)의 진짜 모범이 되었다. 우리 같은 보통 사람들은 자녀의 경기 시간에 맞춰 조금 일찍 퇴근하거나 출장 일정을 조정하는 것으로 관심사의 우선순위가 바뀌지 않았음을 대신 보여 주었다. 1980년대에 가족과 함께 시간을 보내는 이른바 '귀중한 시간quality time'이 새로운 모습으로 바뀐 셈이다.

부모는 경기가 어떤 종목이든 개의치 않고 경기장에 모습을 나타낼 뿐만 아니라 아마도 부모가 '관심을 기울인다'는 점을 아이들에게 분명하게 알려 주려는 듯 소리소리 지르며 눈에 띄게 행동한다. 아니면 다른 부모들이 그렇게 하기 때문에 가만히 있는 것처럼 비치기 싫다거나 또는 경기 결과에 조금이라도 영향을 미치려고 그러는지도 모른다. 부모는 맹렬하게 응원전을 펼치다가 코치 또는 부심이나 심판에게 이의를 제기하기도 한다. 어린이 스포츠는 부모가 모범을 보이는 데 크게 실패하는 경우가 많은 부문이다. 부모들은 어떤 행동에 대해 사과할 일이 있으면 사과하는 모범을 보여야 한다. 매사추세츠 주의 교외 지역 소규모 학구의 교육장인 팀월든 박사(실명이 아님)는 경험이 많은 중등교육 행정관이면서 딸의 소프트볼 팀의 코치 일도 가끔씩 담당했다. 이 두 가지 역할을 하면서 학부모들을 많이 만나는데, 이들은 자녀가 학교나 경기장에서 무엇을 배우고 어떻게 할 것인지를 최종적으로 결정할 권한이 그들에게 있는 것처럼 믿는 눈치라고 했다. 팀은 한숨을 깊이 쉬면서 현재 많은 학부모들의 경우, "권위 있는 사람에 대한 신뢰를 잃어 가고 있거나 그들에 대한 이해가 부족하다"고 지적한다. 그는 책에서 다룰 이런 주제의 민감성 때문에 신원을 익명으로 처리해 달라고 요청했다.

이처럼 교육 책임자나 코치를 존중하지 않는 행태는 한 세대 전 학부모의 태도와는 큰 대조를 보인다. 빌리 피츠제럴드는 1975년부터 2014년까지 뉴올리언스에 있는 이시도어 뉴먼 스쿨에서 야구와 농구 코치로 근무했다. 그는 뛰어난 전술로 시합에서 여러 차례 우승을 차지했을 뿐만 아니라 선수들의 존경을 한 몸에 받았다. 그의 지도를 받은 선수 중에는 미국 프로미식축구 메이저리그인 NFL 소속 쿼터백인 페이튼 매닝도 들어 있다. 과거 그의 지도를 받았던 선수들이 힘을 합쳐 2003년 뉴먼 스쿨 체육관을 새롭게 꾸미고 그의 이름을 따 '코치 피츠'라고 이름 붙일 때에도 옛 선수들뿐만 아니라, "피츠 코치가 온갖 힘겨운 노력을 아낌없이 기울였다"고 지난날을 추억하는 학부모들한테서도 "기부금이 쏟아져 들어왔다."

그러나 체육관을 새로 꾸며 코치 피츠로 이름을 붙인 바로 그해의 야구팀 선수 학부모들은 그를 존경하는 마음을 거의 갖지 않았다. 야구팀은 지구별 리그 주州 챔피언을 차지했지만, 그 뒤로 여름철까지 목표를 거의 이루지 못했다. 그리고 여름철 마지막 시합이 끝난 뒤 피츠 코치는 선수 전원을 모아 놓고 선수들의 부족한 점을 개인별로 따끔하게 지적했다. 아이들은 집에 가서 부모에게 이 사실을 그대로 이야기했고, 여러 선수들의 아버지가 학교장에게 피츠 코치에 대한 불만을 털어놓았다. 뒤이어 피츠 코치를 쫓아내려는 움직임이 소리 없이 진행되었다. 오늘날의 어린이 스포츠의 역설적인 모습은, 부모들이 자식들에게 도전하고 고생하고 성장할 수 있는 기회를 주려고 하지만 동시에 아이들의 마음이 다치지 않기를 바란다는 것이다.

과거 피츠 코치의 지도를 받아 선수로 뛰었고 현재는 ≪뉴욕 타임스New York Times≫ 기자로 활동하는 마이클 두이스는 "과거의 것이 오늘날에는 더 이상 통하지 않는다"고 지적했다. 피츠 코치는 교장실로 불려가 방식을 바꾸라는 이야기를 들었다. 그렇게 하겠다고 대답한 피츠는 그 일이 있은 뒤로 10년간 더 코치로 근무했다. 그는 2014년 이 학교에서 정년퇴직했고, 체육관에는 그의 이름이 그대로 붙어 있다.

점검표 속의 자녀들

부모들은 초기의 과외 활동부터 숙제와 스포츠에 이르기까지 아이들이 겪게 될 다양한 체험 점검표를 끊임없이 검토하고 수정한다. 마치 부모가―아니 아이들이―체험을 한 가지라도 더 하게 되면 명문 대학 입학이라는 큰 상을 따내는 데 부족함이 없을 것이라고 확신하는 듯하다. 고교 상담 교사―보통 사립학교와 자율학교independent school(일부 정부 보조금을 받는 사립학교와 달리 보조금을 받지 않고 수업료나 단체가 아닌 개인 기부금만으로

운영되는 학교—옮긴이)에 근무하는 대학 진학 상담 교사—는 자녀의 대학 진학 과정에 가장 깊숙이 개입하는 사람이 부모라는 사실을 그 누구보다도 잘 알고 있다. 상담 교사가 해야 할 일은 학생의 학업 성취도와 관심 분야를 파악하고 잠재능력을 평가하며 학생이 지원할 대학 명단을 찾아내도록 도와주는 것인데, 대학 명단 중에는 합격을 안심할 수 있는 '안전 지원 대학'과 '욕심을 부리거나 무리하게 지원하는 대학'도 함께 들어 있다. 부모의 생각과 기대가 크게 작용하는 점을 감안해야 하는 상담 교사로서는 학생들에게 조언하고 학생들의 생각을 뒷받침하는 한편 부모들의 관심과 생각에도 부응하면서, 학생과 부모 사이의 조화와 균형을 맞추는 섬세한 노력을 기울여야 한다. 가령, 지원 대학 후보 명단을 둘러싸고 학부모와 학생 사이에 의견이 엇갈려 긴장이 조성되면 상담 교사는 둘 사이의 충돌을 차단까지는 아니더라도 완충시키는 역할을 담당할 때도 종종 있다. 따라서 진학 상담 교사는 대체로 이런 역할을 잘 수행할 수 있는 사람이 담당한다.

에이미 영도 이런 외교적 수완이 뛰어난 사람이다. 그는 뉴욕 시 중심부에 자리 잡은 신설 사립학교인 '애비뉴스: 디 월드 스쿨Avenues: The World School'의 대학 진학 상담 책임자다. 이 사립학교의 교직원은 모두 뉴잉글랜드와 뉴욕 명문 고교에서 뽑아 온 사람들이었다. 애비뉴스는 설립한 지 얼마 안 된 탓인지, 내가 에이미를 만난 2014년 봄만 해도 그가 진학 문제를 상담해야 할 상급학년 반이 없었다. 그래서 에이미는 한동안 다른 학교의 상담 역할을 해 주었다. 가장 최근에는 뉴욕 시의 명문 사립학교인 리버데일 컨트리 스쿨에서 상담 교사로 일했다. 그녀는 때가 되면 자신이 상담한 학생들의 진학 대학 면면에 따라 애비뉴스에 대한 일반의 인식에 엄청난 영향을 미칠 것이라는 점을 잘 알고 있다. 물론 그녀는 학교의 명성에 신경을 쓰지만 그보다 더욱 걱정스러운 점은 대학 지원의 결과가 부모를 만족시키지 못했을 경우 학생들이 시달리게 될 부수적인 영향을 어떻게 막아 주느냐 하는 것이다.

에이미가 특히 어려움을 겪는 것은 학생과 부모가 함께 있는 자리에서 안전 지원과 욕심껏 지원하는 대학의 명단을 살펴볼 때이다. 이때 학생은 "이런 대학들에 완전히 만족해요. 제가 만족감을 느끼며 다닐 만한 대학에 가고 싶을 뿐이에요"라고 말하지만 부모는 명단에 오른 대학들에 만족하지 못한다. 에이미는 이렇게 말한다. "저는 학생들의 대학 지원 과정이 하나의 성장 체험이 되게 하려고 애를 씁니다. 학생들이 스스로 선택하고 그런 선택에 만족할 줄 아는 능력을 지켜 주고 싶어요. 또 주위 사람들을 실망시키고 있다는 걱정을 이겨 내도록 돕고 싶기도 하고요." 나는 스탠퍼드 대학에서 이런 지원 과정의 종결 부분을 볼 수 있었다. 부모들은 대학에서도 여전히 자녀의 의사 결정을 좌지우지하려 하기 때문이다. 자녀가 바라는 것을 부모가 꺾어 버리면 자녀는 그대로 수긍하는 듯하지만 의욕을 잃거나 점차 반항적으로 바뀌기 쉽다.

에이미와 서쪽으로 5000킬로미터쯤 떨어진 곳에 톰 제이커보우스키가 있다. 그는 팔로 알토에 있는 2개 공립고교 중 하나인 헨리 M. 군 고등학교의 진학지도 담당 부주임으로 일하는데, 이 학교는 우리 아들 소여가 다니고 있고 딸 애버리가 나중에 다니게 될 학교이다. 공립학교인 군 고등학교의 학생 수는 1900명이다. 이 학교에서는 상담 교사 1인당 270명의 진학지도를 해야 하는데, 400명 이상을 담당하는 캘리포니아 주 고교의 평균 수준에 비하면 훨씬 낮은 편이다. 그러나 미국 전역의 여러 엘리트 공립학교의 150대 1의 비율보다는 높은 편이고, 애비뉴스 같은 최상위 사립학교의 비율보다는 훨씬 높은 수준이다. 이처럼 톰은 애비뉴스의 에이미보다 5

배에서 10배나 많은 진학 상담 부담을 지고 있으면서, 동시에 실리콘밸리의 유명 인사들과 스탠퍼드 대학 교원들의 자녀를 지도해야 하는 갖가지 압박감에도 시달리고 있다. 나는 이 책을 집필하기 위해 소여가 이 학교에 입학한 직후인 2013년 11월에 톰을 만났다.

톰은 대학 입학 지원서에 들어가는 내용을 보면 자신이 10대 때 팔로 알토 근처에서 자랄 때와 비교하면 극적인 변화를 보였다고 말했다. 예를 들면, 시간제로 일하는 아르바이트는 옛날부터 팔로 알토에 사는 10대의 생활에서 중요한 부분을 차지했다. 그러나 오늘날에는 그렇지 않다. 톰은 이에 대해 이렇게 말했다. "요즘에는 아이들이 일을 하지 않고, 일을 하는 경우라도 그 일을 스스로 주선하지 않아요. 부모가 아이들 대신에 인턴 같은 일을 주선해 주죠. 이렇게 일을 하는 경우도 오로지 대학에 들어가기 위한 겁니다." 톰은 대학 진학 지도에 열성을 다하는 다른 상담 교사들과 마찬가지로 학생들에게 자신을 소개하는 글과 자신이 중요하게 생각하는 것이 무엇인지를 밝히는 글을 써 보도록 권장한다. 그러나 아르바이트를 포함한 어떤 활동이 대학 입학 기회를 넓히기 위해 부모들이 만들어 냈거나 자녀에게 권장한 것이라면 아이들이 그런 활동에 관해 어떤 의미 있는 내용을 쓰기는 어렵다. "대학 입학 업무를 관장하는 책임자들은 대학 입학만을 노려 작성한 이런 지원 서류를 바라지 않는다고 말하지만 그런 지원자들이 계속 입학을 하고 있으니, 어쩌겠습니까?" 톰은 어깨를 한번 으쓱하고는 냉소적인 표정을 지었다.

나는 2014년 5월에 또 다른 유능한 진학 상담 교사와 만났다. 캐서린 제이콥슨이라는 이 교사는 시애틀 레이크사이드 학교에서 대학 진학 상담 업무를 맡고 있었다. 레이크사이드 학교는 5학년부터 12년까지 있는 명문 사립 중등학교로 빌 게이츠의 모교이자 마이크로소프트사 임원들의 자녀가 많이 다니는 학교로 유명하다. 캐서린은 진학 상담 특유의 스트레스를 많이 받음에도 쾌활하고 자신감이 넘쳐 마음 든든한 느낌을 주었다. 그도 두 자녀를 키우는 어머니여서 부모의 관점이 어떤 것인지를 잘 알고 있었다.

캐서린은 1992년부터 레이크사이드에서 근무했는데, 이렇게 말했다. "저는 자녀들이 유능하여 자신이 무엇을 원하고 그것을 어떻게 요청할 것인지를 잘 알고 있다고 믿습니다. 다만 부모가 자신의 생각을 고집하지 않고 아이들에게 친근감을 보이면서 합리적인 반응을 보일 때에 그러합니다." 캐서린은 이어 최근 레이크사이드의 어느 학생 부모와 만나 대화를 나눈 것을 들려주었다. 이 학부모는 아들에게 알맞은 하계 활동과 교외 학습을 찾으려 애를 썼는데, 캐서린이 보기에는 대학 입학 담당관에게 깊은 인상을 심어 줄 만한 '재료'나 '꼬리표'가 붙은 그런 활동이나 학습 기회를 찾는 눈치였다. 이들은 자기 아들이 마치 장래 마이크로소프트사에 취업할 가능성이 있는지를 평가하는 것처럼 아들을 평가하고 있었다고 했다. 캐서린은 이 면담과 다른 면담 자리에서 대학 입학 사정 과정은 지원자를 전체적으로 보고 평가하는 것이라는 점을 학부모와 학생들에게 납득시키려 했다. 즉 입학 담당관들이 제출된 지원 서류 전체를 검토한 결과를 바탕으로 지원자의 전체적인 면모를 평가하는 데 주력한다는 뜻이다. 그는 또 대학 지원자가 자칫 놓칠 수 있는 사실도 알려 주려고 했다. 즉 누군가 다른 사람이 마련해 준 '재료'와 누군가 다른 사람이 만들어 준 '꼬리표'를 달고 남보다 뛰어난 것처럼 비쳐서는 안 된다는 것이다.

친구들은 가끔 자식을 명문 대학에 입학시키는 데 도움이 될 조언을 해 달라고 부탁한다. 이들이 결혼했거나 지속적인 관계를 갖기로 약속한 사이라면 나는 농담처럼 함께 잘 지내라고 충고한다. 이런 대화엔 흔히 묘한 긴장이 따르기 때문에 그런 것을 좀 눅이려는 의도였지만 이 농담은 사실에 근거한 것이기도 하다. 어느 해이든 스탠퍼드 신입생의 지원서를 살펴보면 70~80%가 부모가 함께 사는 가정 출신이었다. 부부가 함께 잘 살아야 한다고 농담처럼 말한 것은 자녀에게 모범이 되도록 화목한 부부관계를 이어 나가는 것이 자녀의 양육과 자아의식, 궁극적인 성공에 큰 영향을 미친다는 점을 전하려는 것이었다.

물론 친구들이 나에게 물은 것은 이런 것이 아니었다. 이들은 자녀들에게 도움이 되리라고 보는 특정한 프로젝트나 여행, 체험, 인턴 활동 등에 관해 물었다. 내 주위에는 교육수준과 활동의 성취도가 높고 사회적 관계도 넓은 사람들이 많은데, 이런 학부모는 정말 놀랄 만한 것에 접근하거나 그런 것을 만들어 낼 수 있는 사람들이다. 나는 이들에게 이렇게 말한다. 가장 중요한 점은 그런 활동이 자녀의 '실제적인'—전문용어로 표현하면 '진정한'—관심사를 발전시켜 줄 수 있는 것이어야 한다는 것이다. 즉, 자녀가 이미 관심을 가진 대상이라면 그것을 심화시켜 주거나, 아니면 새롭되 자녀가 이미 드러낸 관심과 연관된 것이어야 한다는 것이다.

나는 부모의 도움으로 자녀가 쌓아 온 소양素養 중 입학사정관들이 주로 관심을 갖는 것이 무엇이냐고 묻는 사람들에게 이렇게 대답한다. 이들이 진정으로 알아내고자 하는 점은 지원자의 실상實像, who you are이라고 말이다. 지원자가 중요하다고 생각하는 것은 무엇인가? 호기심을 느끼는 대상은 무엇인가? 무엇이 마음을 움직여 행동하게 만드는가? 즐겨 생각에 빠지는 대상은 무엇인가? 일단 입학사정팀이 등급과 성적으로 대학 공부를 감당할 만한 지적 능력을 갖추었다고 판단하면 그다음에는 이 지원자가 강의실과 캠퍼스 전체에 영향을 끼칠 특성 같은 것에 주목할 것이다. 그 때문에 나는 친구들에게 대학 입학만을 위해 자녀에게 이런저런 준비를 시키는 데는 약간의 위험이 따른다고 충고한다. 그렇게 챙기다 보면 자녀가 자신의 체험을 진솔하게 쓰기 어려울 것이다. 그 내용이 지나칠 정도로 번드르르하면 그것은 지원자의 실상을 보여 주기보다는 학부모의 모습, 즉 부모의 풍요로움과 영향력을 드러내는 증거처럼 비칠 것이다. 사실 이런 내용의 대화를 나누기는 쉽지 않다. 특히 재력이나 영향력, 권력으로 자신이나 자녀에게 도움이 될 결과를 이끌어 내는 데 익숙한 사람들과는 이런 대화가 더욱 어렵다. 나는 톰 제이코보우스키의 지적처럼 대학 지원서에 최상의 활동 내역을 열거한 지원자들이 일류 대학에 합격하는 경우가 자주 있음에도 친구들에게는 하기 힘든 이 이야기를 해 준다. 그것이 아이들에게 최선이기 때문이다.

대학 입학 담당관들이 진정으로 원하는 것은 무엇일까? 시도니어 델비는 스미스 대학의 입학관리 책임자이다. 스미스 대학은 매사추세츠 노섬튼에 있는 엘리트 문과 여자대학으로 주위에는 앰허스트, 햄프셔, 마운트 홀리오크, 매사추세츠 대학(앰허스트) 같은 유명 대학이 자리 잡고 있다. 시도니어는 30년 동안이나 입학 관련 업무를 담당했는데, 나와 만난 2014년 4월도 입학 시즌으로 바쁜 나날을 보내고 있어 시간을 내기 어려웠다. 나는 그가 지원자의 어떤 면을 알고자 하며, 파악한 그것을 어떻게 생각하는지를 알고 싶었다.

그는 나에게 이렇게 말했다. "그동안 문화가 변해 가는 것을 지켜보았습니다. 이젠 가족이 함께 보내는 시간이 예전처럼 그냥 편히 쉬고 빈둥거리며 보내는 시간이 아니에요. 가정에 따라서는 계획을 잘 세우고 스케줄을 만들고 준비를 잘해서 자유 시간을 보내야 합니다." 스미스 대학은 "주거나 받은 선물 중에서 가장 좋은 것은 무엇이었나?"라는 주제를 주고 에세이를 쓰게 했는데, 시도니어는 이 글들에서 이런 문화적인 변화가 일어나고 있는 것을 찾아볼 수 있었다. 이 에세이에서 가장 많은 대답은 "할아버지, 할머니와 함께 보낸 시간"이라는 것이었다. "지원자들이 쓴 에세이를 보면 '할아버지가 나를 데리고 낚시터에 갔다'거나 '할머니가 오래된 시골집에서 빵 굽는 방법을 가르쳐 주었다', 또는 '할머니가 3대째 간직해 온 라켓을 나에게 보여 주었다'라는 내용 같은 것들이 나옵니다. 그들을 무조건 사랑하는 누군가와 함께 소박한 시간을 보낸 것이 분명히 값진 선물이었던 거죠. 학업 성취도가 높은 지원자들이 '그런' 주제를 선택해 다룬 것이 제 눈길을 끌었습니다." 시도니어는 "에세이도 훌륭하게 잘 썼어요"라고 덧붙였다. 그는 아마도 학생들이 그런 것을 갈망하고 있다면서 크게 경탄하는 표정을 지었다. 시도니어는 톰 제이커보우스키와 캐서린 제이콥슨, 그리고 내가 확인했던 날조된 인턴 활동과 그 밖의 여러 가지 기회 활용 사례를 별로 대수롭지 않게 여기는 눈치였다.

그렇다면 대학 입학 지원 과정에 조작이 가능하다는 점이 입증되었다면 이를 어떻게 보아야 할까? 우리 모두는 '조작된' 지원자가 명문 대학 입학에 '성공한' 사례를 알고 있다. 어쩌면 요점은 특정 대학 입학에 성공한 것이 그 자체와 그것만으로 종결된 것이 아니라는 것이다. 조작으로 얻어 낸 대학 입학이 한 차례의 성공으로 끝날 것인지, 아니면 평생의 성공인지, 또는 그런 자신을 용납할 수 있는지 가려내지 못한다는 데 그 요점이 있다.

꿈꾸는 방식의 (그릇된) 구체화

2014년 4월, 예일 대학의 영어학 교수를 지낸 윌리엄 (빌) 데레저위츠 William (Bill) Deresiewicz는 스탠퍼드 대학 강연에서 엘리트 대학에 다니는 학생들이 과연 "뛰어난 양excellent sheep"(양치기를 따라다니는 양순한 양에 빗대어, 부모 말을 잘 듣고 시키는 대로 하는 자녀를 가리키는 상징어로 사용—옮긴이)에 불과한지에 관해 이야기했다. 그로부터 몇 달 뒤 같은 이름의 제목을 붙인 그의 저서가 간행되었다. 데레저위츠의 강연이 끝난 뒤 질의응답 시간에 치렁찬이라는 스탠퍼드 학부생이 웅변조로 이런 질문을 던졌다. "우리의 꿈꾸는 방식은 어떻게 만들어지나요?"이 질문의 세련된 간명성에 깊은 인상을 받아 그날 밤과 다음 날까지 그 생각이 내 머릿속에서 떠나지 않았다. 나는 이 여학생을 몰랐다. 하지만 이 학생을 찾아서 이 질문과 관련된 그의 관점에 대해 좀 더 많은 것을 알고 싶었다. 우리는 페이스북의 마력에 힘입어 서로 알게 되었고, 곧 전화로 대화를 나누게 되었다.

치렁은 싱가포르 출신으로 스트레스가 심한 싱가포르 교육 환경에서 우수학생으로 발돋움했다. "나이가 5, 6살쯤 되면 부모나 선생님들이 '나중에 커서 무엇이 되고 싶니?'라고 우리에게 묻는데, 그에 대한 대답은 주로 주위 사람들에게 비친 모습과 이야기책의 내용에 좌우되죠"라고 치렁은 말했다. 그의 이야기는 이렇게 이어졌다. "뉴욕에 사는 어느 친구는 초등학교 다닐 때 이런 질문을 받고 '난 투자은행가가 되고 싶어요'라고 대답한 아이들이 있다고 했어요. 부모 중 한쪽이 그런 직업에 종사하지 않는다면 어린아이가 어떻게 그런 답변을 할 수 있을까요?" 나는 아무 말 없이 그의 이야기에 귀를 기울이면서 속으로 이런 생각을 했다. '우리딸도 나중에 커서 이 여학생처럼 사려 깊고 설득력 있는 사람이 되었으면 좋겠다.'

치렁은 내게 말했다. "우리는 모두 앞으로 되고자 하는 우리 자신의 모습을 꿈꾸죠. 그러나 '가능'한 것을 규정하는 것은 환경이에요. 저는 우리가 무한대의 꿈을 꿀 수 있다고 생각하지 않아요. 우리가 살고 있는 사회와, 또 훌륭하고 좋다는 것에 대한 일반적 사회의식에 의해 그 꿈은 제약을 받죠."

내가 치링과 통화가 끝날 즈음, 예전에 오하이오 주의 한 학부모에 관해 들은 이야기가 문득 떠올랐다. 이 학부모는 6학년인 딸이 나중에 어느 대학을 가고 어떤 분야를 전공할 것인지를 미리 조사해 알아 놓았다고 했다. 이 이야기를 나에게 전해 준 여성은 전화로 이렇게 빈정거리듯이 말했다. "6년 뒤에 딸이 그 대학에 진학하고 그 분야를 전공한다는 이야기죠. 부모가 어른의 관점에서 자녀의 실수를 막고 성공을 보장하겠다고 애쓰고 있음을 보여 주는 것입니다."

이런 부모들은 딸이 꿈꾸는 방식을 구체화하고 있는 셈이다.

스탠퍼드 대학 학부생인 케일라도 이런 식의 자녀 양육에 관한 이야기를 전해 주었다. 케일라는 칠레 산티아고에 있는 스탠퍼드 대학 미니 캠퍼스에서 해외 유학을 하다가 겪은 것이라면서 이런 이야기를 들려주었다.

"우리가 산티아고에서 해외 연구 학기의 절반쯤을 보냈을 즈음에 같이 공부하는 제나의 어머니 트리시가 50번 째 생일을 맞아 이곳을 찾아왔어요. 자신의 친구 이사벨과 동행한 트리시는 관광객들이 좋아하는 산티아고의 전통적인 관광지를 빠짐없이 둘러보았어요. 두 사람은 5성급 호텔에 있는 굉장히 멋진 고급 레스토랑으로 제나와 우리 친구 4명을 불러 저녁을 샀어요. 저는 그때 이사벨을 처음 만났죠. 이사벨과 트리시는 우리와 만난다는 사실에 다소 흥분한 기색이었고, 우리를 굉장히 따뜻하게 대해 주었어요. 두 사람은 우리가 성숙하고 세련돼 보인다는 이야기를 계속하면서 마실 와인을 고르게 했어요. 그런 배려는 우리를 대등한 수준에서 대하려는 것으로 비쳤어요.

이사벨은 4살, 8살, 11살의 세 아들을 키우는 중년 여성으로 샌프란시스코에 살고 있었어요. 토리 버치 플랫 식 주택에 살고 눈에 띄는 결혼반지를 끼고 있는 데다, 연말도 아닌 연중에 불쑥 산티아고로 휴가 여행을 올 수 있는 것으로 보아 풍족한 집의 안주인임에 틀림없었어요. 나중에 알았지만 그의 남편은 벤처 캐피털 회사에서 일하는 사람이었어요.

이사벨과 트리시는 지금까지 우리가 해 온 해외 프로그램이 어떤 내용인지 몹시 궁금해했어요. 이들은 산티아고 문화와 이곳에서 우리가 겪은 여러 가지 체험에 대해서도 대단한 호기심을 보였죠. 그러나 빵이 나오면서부터 이사벨은 잇달아 질문을 던졌어요. '그래, 케일라 생각엔 어떻게 해서 스탠퍼드에 들어갔다고 보는 거지?' 그녀는 계속 저를 바라보면서 물었어요. 저는 약간 당혹스러웠어요. 조금 전까지만 해도 트레스 레체스 케이크라는 칠레 식 디저트를 즐길 여지는 남겨 둬야 한다는 이야기를 하고 있었거든요. 어조의 변화도 뚜렷했어요. 그러자 이 자리가 함께 즐기자는 유쾌한 모임이 아니라 우리를 인터뷰하려는 저녁 자리구나 하는 느낌이 확 들더라고요. 저는 이런 식의 질문을 전에도 많이 받았지만 지금까지도 어떻게 입학하게 되었는지 잘 몰라요. 그래서 '전 운이 좋았던 모양이에요'라고 대답했어요. 이사벨은 깔깔대고 웃었지만 그것으로 끝난 것이 아니었어요. '그것만은 아니겠지. 그게 무엇이었을까? 내신점수GPA가 굉장히 높았던 것 아닐까? 아니면 과외 활동을 꾸준히 계속했든가? 그게 무엇이었을까?' 스탠퍼드에 합격한 진짜 이유를 몰랐던 저는 이렇게 대답했어요. '지금 생각해 보면 정말 스탠퍼드에 들어가고 싶었어요. 그런 대학에 들어가기를 원했기 때문에 숙제도, 감상문이나 에세이 쓰기에도 노력을 많이 했어요.'

그 이후에도 이사벨은 스탠퍼드에 어떻게 들어갈 수 있었는지, 우리가 생각하는 '특별한 요인'이 어떤 것인지에 대해 온갖 질문을 던지면서 저와 친구들을 괴롭혔어요. 그러자 이사벨이 화장실에 간 틈을 타 트리시가 화제를 다른 쪽으로 돌렸어요. 그러나 자리에 돌아온 이사벨이 화제를 다시 스탠퍼드 입학 문제로 되돌려 놓았죠. 이사벨은 지금이야말로 스탠퍼드 재학생들의 마음가짐과 생각을 낱낱이 뜯어볼 수 있는 평생 한 번밖에 없는 기회라고 생각하는 듯했어요. 그리고 그 결과가 자녀들의 성공에 지극히 중요하다고 느끼는 것 같았죠.

이날 저녁 자리에서 가장 두드러졌던 모습은 세 아들이 영 시원찮다고 계속 강조하는 이사벨의 태도였어요. 이런 식이에요. '우리 애들은 특별한 구석이 없고, 성공 인자인 X 팩터(미지의 요인—옮긴이)도 없어.' 이사벨이 이처럼 자식들을 깎아내리자 제 친구들도 저처럼 점점 듣기 거북해한다는 것을 알 수 있었어요. 우리도 어릴 때 이런저런 어려움을 겪었어요. 우리가 잘 해내지 못했다거나, 우리가 한 일이 시원찮다고 누군가가 이야기를 해 오지 않더라도 우리는 괴로움을 느꼈어요. 또 재미있게 지내면 되지 대학이 무슨 상관이냐고 말해 줄 때도 우리는 괴로워했어요. 그래서 그날 밤 저는 이사벨의 세 아들이 안됐다는 생각이 들었어요.

다시 이사벨은 스탠퍼드 입학 기회를 높이기 위해 부모가 할 수 있는 일이 무엇이고, 우리들은 부모들이 어떻게 했느냐고 질문을 던지기 시작했어요. 우리는 부모님들이 뒷받침을 많이 해 주었지만 고등학교 다닐 때에도 간섭은 비교적 덜했던 편이라는 점을 저마다 자기의 입장에서 설명했어요. 실제로 우리들의 부모님들은 우리가 고등학생일 때에 우리를 압박하기보다는 긴장하지 말고 차분하게 공부하라는 이야기를 더 자주 해 주었거든요. 이사벨은 우리가 사람도 아니라는 표정으로 바라보았죠. 아니면 우리가 사실대로 이야기를 하는 것이 아니라는 표정이었어요.

나는 아이들이 하고 싶어 하는 것이 무엇인지를 이사벨에게 물었어요. '하나는 태권도를 좋아하는데, 가장 잘하는 축에 한 번도 든 적이 없어. 그런 솜씨로는 대학에 진학하는 데 별 도움이 되지 않을 것이 분명해'라고 했어요. 이사벨은 중학교에 다니는 아이에게 개인교습과 방과 후 보충수업을 시키는데, 그 비용을 감당하기 힘들다고 불만을 털어놓기 시작했어요.

우리는 부모의 역할에 대한 몇 가지 관점을 이사벨에게 설명하려 애썼어요. 이사벨은 실망한 나머지 우리 말을 못 믿겠다는 반응을 보였어요. 이런 과정이 지루하게 되풀이되었지만 별다른 효과를 볼 수 없었어요. 그런 과정에서 친구들과 저는 이사벨의 아이들을 저런 처지에 내버려 둬서는 안 된다는 책임감 비슷한 것을 느끼게 되었고, 이사벨도 좀 안심을 하도록 도와야 한다고 생각했어요. 그러나 아무런 효과를 기대할 수 없었어요. 이사벨은 우리가 초인적인 능력을 갖췄기 때문에 스탠퍼드 대학에 들어갔지만 자신의 세 아들은 그렇지 못하기 때문에 그런 부족한 점을 메울 수 있도록 부모로서 온갖 노력을 다할 것이라고 생각하는 것 같았어요.

우리는 고등학교 친구들이 각기 다른 대학으로 흩어졌지만 이들이 진학한 대학에서 정말 잘 적응하고 있다는 점을 이야기해 주었어요. 이사벨은 이런 이야기를 받아들이려 하지 않았죠. 그의 마음속에는 엘리트 대학의 등급이 분명하게 매겨져 있어서 '적응한다'는 소리는 가당찮게 들렸어요. 이사벨은 스탠퍼드에 못 미치는 대학엔 만족할 수 없었어요. 이제 8살밖에 안 된 아들에게도 스탠퍼드가 아니면 안 된다는 식이었어요."

케일라에게서 이런 이야기를 듣고 나니, 나는 치렁이 다시 생각났다. 치렁은 자신의 부모나 양육 방식에 대해서는 아무런 이야기를 하지 않았지만 나는 그의 깊은 생각 속에 학부모에게 던지는 중요한 경고가 있다는 것을 알 수 있었다. 꿈의 영역엔 끝이 없다고 사람들은 말한다. 그러나 현실을 돌아보면 우리는 한계와 조건, 제약을 만들어 놓고 아이들에게 그 안에서 꿈을 꾸게 만드는 경우가 많다. 즉 어린 시절부터 성취의 길로 나아갈 수 있도록 일일이 점검하고 따지는 것이다.

나도 아이들이 하겠다고 '선택'한 활동과 기회를 관리하려 한다는 점에서 예외가 아니라는 점을 솔직하게 인정하지 않을 수 없다. 내가 스탠퍼드 대학 신입생 학생과장으로 3년간 근무했던 2005년 가을, 딸 애버리는 4살이었다. 우리는 스탠퍼드 신입생 오리엔테이션 첫날 학부모들에게 만찬을 베풀고, 그 자리에서 나는 자녀가 훌륭한 선택을 하도록 믿어 주고, 또 이들이 자신의 길을 좇아 나아가도록 내버려 두라고 당부하는 연설을 했다. 그다음 날은 수요일이어서 내가 빙 유아원에서 애버리를 데려와야 할 차례였다. 내가 유아원에서 아이를 데리고 나갈 준비를 갖췄을 때 유아원 교사 한 사람이 나를 한쪽 탁자로 이끌었다. 그 탁자에는 조그만 흰색 캔버스가 10여 장 놓여 있었는데, 모두 그림물감이 가득 칠해져 있었다. 교사는 애버리의 수채화가 캔버스 전체를 남김없이 이용해 4살짜리 어린이의 그림으로는 비범한 면이 있다고 진심으로 칭찬했다. 나는 미소를 짓고 고개를 끄덕이면서 관심을 기울이는 표정을 지으려 하면서도 속으로는 이런 생각을 했던 것으로 기억한다. '예, 예. 그렇지만 이 정도로는 스탠퍼드 대학에 못 들어갑니다.' 나는 학생과장 신분으로 자녀의 인생을 좌지우지하지 말라고 다른 학부모들에게 충고하는 데는 노련하지만, 스스로 학부모가 되어 자신의 충고를 따르는 데는 어려움을 겪었다.

꿈은 어떻게 작용하는가

필 가드너Phil Gardner는 28년 동안 미시간 주립대학의 대학취업연구소 CERI 책임자로 일하면서 최근 몇 년 동안에 대학 졸업생의 취업 형태와 추세가 크게 변하고 있다는 것을 확인했다. 이와 관련해 필은 이렇게 밝혔다. "요즘에는 대학생의 전공을 학부모가 결정하는 것이 일반화되어 있습니다. 이처럼 부모가 대학생 자녀의 전공을 선택하고 자녀가 그런 전공에 '열성적'이지 않을 경우, 그 학생은 졸업 이후의 진로에서 성공하기 힘들 수밖에 없습니다. 이런 졸업생들이 취업할 때 고용주에게 할 수 있는 이야기는 기본적으로 '엄마와 아빠가 원해서 이 분야를 공부했다'는 말뿐이죠. 이런 학생들은 불행합니다. 그리고 그것은 시작에 불과할 것입니다."

물론 부모는 큰 꿈을 꾸면서 자녀가 같은 꿈을 꾸도록 자극하고 격려하며, 능력과 수단껏 최대한 뒷받침해 주어야 한다. 인생의 다음 단계를 착실하게 준비하기 위해 성취할 목표의 점검표checklist를 일목요연하게 만들어 두는 것은 기본적으로 잘못된 것이 아니다. 성공하려면 목표를 설정해 놓고, 그것을 달성하기 위해 열심히 노력해야 하기 때문이다.

그러나 아이에게 그의 삶을 위한 점검표는 부모가 미리 결정한 한 가지밖에 없다고 가르친다면, 그것은 자녀의 인생행로라기보다는 부모 자신의 인생행로를 설계하는 것이나 다름없다. 자녀가 원하는 것이 아닌 인생행로는 갈 곳 없는 행로가 될 것이다. 부모는 자녀를 위해 꿈을 꾸지만, 그들이 꿈꾸는 길을 만들어 주어서는 안 된다.

3장
자녀 곁에서 맴돌기

나는 1998년부터 학교 행정을 담당해 오면서 많은 학부모에게 달갑잖은 소식을 전화로 이야기할 때가 많았다. 이런 식이다. "자녀가 수업에 계속 빠졌는데, 저희가 1번가 버거킹에서 찾아냈습니다. 결국 다음과 같은 결론을 내렸습니다." 1998년만 해도 내가 학부모 집으로 전화를 걸면 대부분 학교에 협조하는 반응을 보였다. 이렇게 말이다. "그것 참 고약하게 되었네요. 저희는 학교와 협력해서 이 문제를 바로잡았으면 합니다." 그러나 요즘에는 학생 집에 전화를 걸면 내 권위와 판단에 의문을 제기하는 소리를 듣는다. "왜 이렇게 합니까, 월든 박사? 당신이 분명 잘못 판단하고 있습니다."

– 팀 월든 박사(매사추세츠의 소규모 교외 지역 학구 교육장)

학부모가 안전과 기회 활용에 관한 현재의 표준에 따라 부모로서 일차적 책무—자녀를 안전하고 건실하게 만들고 정당한 기회를 활용할 수 있게 만들어 주는 책무—를 다하려면 많은 간섭을 무릅써야 한다. 그것도 일시적이 아니라 늘 그래야 한다. 또 다행히 부모가 중·상류층이라면 시간과 돈이 있기 때문에 그런 간섭은 더 깊숙해진다.

부모는 날로 경쟁이 치열해지는 세상에서 자식이 성공을 거둬야 한다는 최종적인 목표에 유념하면서 유년 시절부터 이들에게 "실수를 해서는 안 된다"는 마음가짐을 심어 주고, 나아가 아이들을 따라다니며 가능한 한 많은 결과를 관리하는 식으로 부모의 본분을 다한다. 많은 경우 부모들은 유년 시절이 '자식들의' 것이고 '자식들의' 인생이라는 점을 잘 알면서도 우리들이 간여하지 않으면 그냥 성공을 거두지 못하리라 걱정하게 된다. 자식들을 위해 그 자리에 있다는 것은 단순한 행복 그 이상이다. '그 자리에 있다는 것'은 우리의 노력과 마음가짐, 부모로서 느끼는 성취의식의 핵심이다.

흔히 부모는 자식이 하루 일과를 위해 집을 나설 때 안녕이라고 작별 인사를 하고 아이가 일과 중에 부딪칠 어른들의 능력—즉 교사들은 학생들을 잘 가르치고, 교장은 학교를 효율적으로 운영하며, 심판은 정확한 판정을 내리는 식의 능력—에 신뢰를 보내왔다. 하지만 요즘에는 아이들의 생활에 큰 영향을 끼치는 시스템과 유력한 인물들에 별다른 가치를 부여하지도, 큰 기대를 걸지도 않는다. 그에 따라 부모들은 스스로 역할을 만들어 냈다. 그 역할은 개인 보좌관과 같은 측면이 일부 있는가 하면, 몇몇 할리우드 스타의 삶에서 의미 있는 부분을 차지하는 일류 홍보 담당자의 활동과도 비슷한 면이 있다. 즉 감시인과 매니저, 그리고 간간이 대변자 구실을 하는 것이다. 부모는 자녀가 다른 어른들과 연관되어 생긴 온갖 문제에 깊숙이 개입하고, 때때로 만만찮은 제3자 구실도 한다. 그럴 때 늘 현장에 직접 나타나거나, 휴대전화로 연락하면서 주변을 맴돌며 자녀의 눈과 귀 구실을 하고, 예상되는 문제에 대처할 준비를 갖추며, 문서나 자료를 제공하고 또 묻거나 답변해야 할 문제에도 관여한다. 부모들은 제도(시스템)나 당국을 신뢰하지 않는다. 또 아이들이 자신의 문제를 스스로 해결할 수 있을 것이라고 믿지도 않는다. 한마디로 아무도 믿지 않는다.

자녀 옹호하기

요즘은 부모가 아이들이 노는 모습을 바로 코앞에서 지켜보고 있어서, 어린 남자아이 조니가 어린 여자아이 제인의 장난감을 뺏으면 곧바로 제인 편성을 들거나, 또는 조니가 제인 부모한테 눈총을 받으면 쫓아가 사과를 요구하거나 조니 편을 든다. 초등학교에 들어가면 쉬는 시간마다 학생들이 모두 잘 지내는지, 따돌림을 받는 아이는 없는지를 감시한다. 부모가 이처럼 아이들의 생활에 깊숙이 개입하다 보니, 장난감을 빼앗기거나 괴롭힘을 당하거나 또는 타이어 그네를 차례대로 타지 못할 때는 아이들이 아니라 어른들이 더 안타까워한다.

요즘 할아버지, 할머니들은 부모의 이런 행태를 과잉보호라고 생각하며 경우에 따라 어리석은 짓이라고 손가락질하기도 한다. 어느 날 나는 NPR을 통해 돈 데이비스라는 여성이 조부모들과 똑같은 이야기를 하는 것을 듣고 그를 찾아내 연락했다. 데이비스는 샌프란시스코 만안지구Bay Area에서 할머니들을 위한 사회관계망 '가가 시스터후드GaGa Sisterhood'를 만들어 운용했다. 그녀는 나에게 이렇게 말했다. "어머니들은 아이들에게 어떤 문제가 생겼을 때 그들 스스로 문제를 풀어 나가는 방법을 배우게 하는 것이 아니라 아이 대신 해결하는 데 너무 열심히 뛰어드는 것 같아요. 아이들 사이에 무슨 일이라도 벌어지면 그게 어머니들 사이에서는 드라마가 되죠. 때론 할머니들도 끼어들어 무슨 이야기를 하려 하지만, 그것이 지나치면 손자들이 할머니들의 접근을 막아요." 데이비스의 말이 옳다. 나도 바로 우리 가정 안에서 이런 세대 간 쿠데타가 일어나려 하는 것을 본 적이 있다(나는 물론 할머니가 손자녀에게 접근하는 것을 막으려 한 적은 없었다. 어머니에게 의지해 아이들을 돌보고 있는 처지이기 때문이다!).

오늘날의 할머니들은 전혀 다른 시대에서 성장했다. 또 할머니들은 부모로서 주의를 기울이지도 않았다. 사실 임신했을 때 술과 담배를 즐기고, 일할 때나 외출할 때에는 아이를 집에 혼자 내버려 둬 '알아서 놀도록' 하곤 했다. 우리는 이런 세대와 이혼율과 재혼율이 기록적인 수준에 다다른 요즘 세대 사이에서 1960년대와 70년대에 태어난 사람들인데, 어느 정도는 스스로 헤쳐 나갈 수 있도록 단련되었다. 그런데 요즘 기준으로 보면 이런 식의 삶은 자식 양육에 소홀한 것으로 비칠 수 있다. 어쩌면 우리의 자녀 과잉보호는 부분적으로 부모 세대의 자유방임적 양육 방식에 대한 '반발'에서 비롯된 것인지 모른다. 그 때문에 우리는 자녀 양육에 대한 우리 부모의 견해에 회의적이다. 그러나 나는 여전히 돈 데이비스의 지적에 공감한다. 특히 다른 부모와 입씨름을 하면서 우리 자신을 아이들의 삶 속으로 밀어 넣는 그런 드라마를 바라보는 견해가 같다. 그리고 문제를 원만하게 해결한답시고 우리가 끼어드는 때나 방식을 보는 눈도, 그래서 아이들이 스스로 문제를 처리하는 방법을 배우지 못한다고 지적한 섬에 대해서도 의견을 같이한다. 포 브론슨Po Bronson과 애슐리 메리먼Ashley Merryman은 2009년 함께 펴낸 획기적인 저서 『양육 쇼크: 아이들에 대한 새로운 생각Nurture Shock: New Thinking about Children』에서 자녀를 키우는 요즘 방식이 여러 가지 부작용을 낳고 있다고 지적했다. 이들은 자녀를 돕겠다는 부모의 선의가 "의도하지 않은 결과"를 불러와 아이들이 스스로 문제를 해결하는 방법을 배우지 못한다고 분석했다.

자녀의 온갖 시중을 드는 부모

부모는 자녀의 앞길에 놓인 여러 가지 장애물을 걷어낼 뿐만 아니라 아이들의 눈과 귀가 되어 미리 경계하고 예방책을 강구하는 데 앞장선다. 눈과 귀 구실만이 아니라 머리 구실도 한다. 부모는 자기 자녀가 590만 명이나 되는 주의력결핍과잉행동장애ADHD 아동 중의 하나이든 아니든 관계없이 모두 아이들을 대신해 온갖 주의를 기울인다. 부모는 교차로 건널목에서는 자동차에, 오리엔테이션 장소에서는 교사들에게, 시즌이 시작될 즈음에는 코치들에게 신경을 쓴다. 부모는 자녀가 비디오 게임이나 스마트폰, 책에 푹 빠져 있거나 지루해할 동안에도 긴장을 풀지 않는다. 신학기가 되면 여러 날 밤마다 조그만 책상 앞에 앉아 5학년으로 올라가는 자녀가 학업을 잘 수행하도록 돕기 위해 '부모'가 무엇을 알아야 하는지를 파악한다.

마치 자녀가 아니라 부모가 대학 진학을 위해 노력해야 하는 사람처럼 말이다.

부모들 중에는 캠핑 가서 하룻밤 잘 때의 추억을 즐겁게 간직하고 있는 사람들이 많을 것이다. 장소나 시기에 관계없이, 또 음식이 변변찮아도 이런 캠프 체험은 굉장히 재미있게 마련이다. 이렇게 느끼는 이유는 우리가 마음대로 행동할 수 있기 때문이다. 즉 우리가 온전히 혼자 있는 것은 아니지만, 이른바 안락한 곳을 벗어나, 지도교사들의 주의 깊은 눈길에서 벗어나 있었기 때문이다. 나는 이런 캠프 체험이나 캠프에서 받는 느낌이 부모들의 과잉간섭 탓에서 온 것이 아닌가 하는 생각이 들어 몇 가지 측면을 살펴보았다.

영 라이프Young Life(1941년 장로교 목사인 짐 레이번이 만든 복음주의 기독교 목회 조직으로 여름 캠프 운용으로 유명하다—옮긴이)는 해마다 미국 10대 청소년 수만 명을 여름 캠프에 모은다. 이 단체가 운용하는 캠프에 참가하는 청소년 중 85%는 기독교 신자가 아니다. 이 캠프는 청소년들이 몰입하기만 한다면 굉장히 재미있는 것은 물론 함께 배우고 성장할 수 있는 기회를 제공한다. 몰입 체험에서 흔히 볼 수 있듯이 휴대전화로 집에 있는 부모나 형

제자매와 연락하면 캠프에 몰입하기 어렵다. 그 때문에 영 라이프는 참가자들이 1주일간 캠프 생활을 하는 동안엔 휴대전화를 사용하지 못하게 했다. 캠프 참가자들을 가득 태운 버스가 캠프장으로 들어서면 지도교사는 이제 휴대전화를 모두 내놓을 시간이며 1주일 뒤 귀가할 때 돌려줄 것이라고 알린다.

영 라이프의 캠핑 담당 부책임자인 스티브 톰슨은 부모들이 이 단체의 규정과 기본 정신을 위배하는 일이 있다고 밝혔다. "사전에 우리의 방침을 분명히 밝혔는데도 일부는 자녀에게 휴대전화 두 개를 줘, 하나는 내놓고 다른 하나는 그대로 간직한 채 몰래 부모와 연락을 하도록 한다"는 것이다. 톰슨은 부모들이 나라를 이끌어 가는 기본 시스템이나 권위 있는 사람들을 믿지 못하는 데서 이런 일이 일어난다고 지적했다. 그것이 학교든 정부나 종교 단체든 믿지 않는다는 것이다. 이로 미뤄 보면 부모들은 종교적 윤리와 가치에 따라 운용되는 캠프에 자녀를 보낼 때에도, 부모 자식 간에 끊임없이 연락을 유지해야 한다는 큰 목적을 위해 거짓말도 용인하고 규정도 어길 수 있다고 생각하고 있음이 분명하다.

기숙학교는 부모들이 자녀 곁에 있을 수 없는 장소지만 이곳도 크게 다르지 않다. 부모들은 기숙사 직원에게 전화를 걸어 아이가 아프다고 하니 수프를 끓여 달라고 부탁하는가 하면, 학기 말이 가까워 오면 아이의 먹을거리가 부실할 것이라는 걱정 때문에 피자를 배달시키기도 한다. 또 여름 방학이 되어 자녀가 집에 돌아가게 되면 부모들은 학교까지 날아와서 짐을 대신 챙겨 주기도 한다. 또 요즘에 형편이 되는 부모들은 학교 근처에 집을 사거나 임대하기도 하는데, 그렇게 하는 이유는 "언제 무슨 일로 필요할지 모르기 때문"이라고 한다. 매사추세츠의 필립스 엑스터 학교와 미네소타의 더 블레이크 학교의 교장을 지내고 지금은 뉴욕 시의 애비뉴스

학교에서 수석연구주임으로 근무하는 타일러 팅글리는 나에게 이렇게 말했다. "엑스터 학교에서 나타난 두드러진 현상은 자녀를 기숙사에 넣었던 학부모가 반년쯤 지나면 학교 근처에 아파트를 임대한다는 것이었습니다. 이들은 '좋은 부모'가 되기 위해 그렇게 한다고 선뜻 납득하기 어려운 이유들을 둘러댑니다. 그에 대해서는 저도 할 말이 있죠. '기숙사의 가장 큰 특성이 독립적인 생활 체험을 쌓는 것이다. 자신의 세탁물을 처리하는 방법을 배움으로써 자립 능력을 키워 나갈 수 있다.' 나는 세탁물에 관한 한 직접 보고 확인한 사실이 있다. 학부모가 대학생인 자녀의 세탁물을 처리하기 위해 대학 캠퍼스까지 찾아온다는 것이다. 이런 일은 소문으로만 떠도는 것도, 스탠퍼드에 한정된 것도 아니다. 미국 전역의 모든 캠퍼스에서 예외 없이 벌어지는 일이다.

미국 육군사관학교(일명 웨스트포인트)는 지난 200여 년 동안 유망한 젊은 이들을 교육시켜 왔다. 웨스트포인트는 뉴욕 시에서 자동차로 90분 거리인 북부 뉴욕 주 허드슨 강 서쪽 기슭에 자리 잡고 있는데, 사명을 다음과 같이 밝히고 있다. "사관생도들을 교육하고, 훈련하고, 의식을 고취시켜 의무와 명예, 조국이라는 가치에 헌신케 하고, 미군 장교로서 뛰어난 능력을 갖춰 국가에 봉사하는 지도자가 되게 하는 것이다." 이들은 조국에 봉사할 준비를 갖추고 건국 이래 거의 계속해서 위험한 상황에 직접 노출되는 젊은이들이었다. 이 때문에 나는 대학생과 젊은이들의 삶 속에서 부모가 감당하는 역할이 이들의 경우엔 어떻게 바뀌었는지 궁금했다.

레온 로베어 대령은 아프가니스탄 전쟁에 참전한 뒤 웨스트포인트의 교수이자 화학·생명과학과 책임자로 일했다. 그는 자신의 발언 내용이 국방부나 미군 당국의 입장을 대변하는 것이 아니라 자신의 개인적이고 확인되지 않은 견해와 관찰 결과임을 미리 분명히 밝혔다. 그리고 그는 나에게 이렇게 말했다. "육군사관학교를 졸업하면 미 육군의 소위 계급장을 달게 됩니다. 이들 대부분은 모든 일을 올바르게 처리할 수 있는 뛰어난 남녀 장교들입니다. 그러나 첫 근무지까지 데려다주는 식으로 부모의 과잉보호를 받는 졸업생들이 약간은 있습니다." 내가 그 말에 놀란 표정을 짓자 대령은 이렇게 말을 이었다. "정말 부적절한 행위입니다. 어머니가 가령 포트 브랙 부대 정문에 나타나게 할 필요도, 아파트 구하는 것을 돕게 할 필요도 없습니다. 이들은 21살, 22살, 23살 젊은이들입니다. 직접 집주인을 만나 협의를 해야 합니다. 그것은 성인으로서 행동하는 법을 배우는 하나의 과정입니다. 사관학교 졸업생은 미국의 아들딸들을 이끌 준비를 잘 갖추고 미군이 요구하는 과업을 성공적으로 수행할 적절한 수단을 빠짐없이 갖춘 성숙한 지도자입니다. 그러나 소수의 부모들은 사녀를 '방임'하려고 하지도, 할 수도 없어 계속 다 큰 어린애 주변을 맴돌고 있는 것입니다."

웨스트포인트는 그래도 괜찮은 편이다. 아래 소개하는 사례는 대학 진학 전이나 대학에 들어간 자녀들 곁에서 여전히 '맴돌고 있는' 부모들의 행태를 여실하게 보여 준다.

1. 데이비드와 수는 뉴잉글랜드에 산다. 고등학교 졸업반인 이들의 딸 엠마는 동부에 있는 명문 공립대학 입학이 확정되었으나 고등학교 마지막 과정 중 한 과목을 이수하지 못했다(그것이 심각한 질병 같은 '타당한' 이유 때문은 아니었다). 그러자 데이비드와 수는 입학 담당 책임자가 딸에게 영향을 미칠 만한 어떤 조치를 취하거나 아니면 입학을 취소할지 모른다고 걱정한 나머지 딸의 상황을 설명하는 편지를 책임자에게 보냈다.

2. 라지브와 파룰은 워싱턴 D.C. 지역에 살고 있다. 이들의 아들 아준은

몇 해 전부터 스탠퍼드 입학이 예정된 학생이었다. 오리엔테이션 이틀째 되는 날 부모와 아준이 나를 찾아왔다. 파룰은 "아준이 화공 분야 연구에 관심이 많아 이런 선택에 대해 의견을 나누고 싶습니다"라고 입을 열었다. 내가 이렇게 대답했다. "아준, 그런 생각은 훌륭하구나. 그런데 이 분야를 연구해 본 경험에 대해 나에게 이야기해 줘야 스탠퍼드에서 연구에 참여할 최선의 방법을 찾아내는 데 도움을 줄 수 있단다." 그러자 아준은 아버지를 바라보았고, 아버지가 지금까지 해 온 아준의 연구 경험을 꽤 인상 깊게 전해 주었다.

3. 재클린은 로스앤젤레스에 산다. 재클린의 딸 제이미는 규모가 큰 주립대학의 2학년생이다. 재클린은 딸이 고등학교 다닐 때 마감시간을 잊지 않도록 늘 그 날짜와 시간을 알려 주는 구실을 해 오늘날까지 제이미가 단 한 번도 마감시간을 깜빡 잊어버린 적이 없었다. 재클린은 날마다 딸에게 전화를 걸어 아침잠을 깨우고, 앞으로 해야 할 과제와 시험 날짜를 상기시켜 준다.

4. 브루스는 시카고에 산다. 아들 니콜라스는 10대 명문 대학 중의 하나인 한 사립대학의 3학년 학생이다. 브루스는 시카고에 있는 금융회사의 중역인데, 그의 휴대전화에선 하루에도 여러 차례 니콜라스가 보낸 메시지 수신음이 울린다. 니콜라스는 여름 인턴 활동을 하기 위해 존 F. 케네디 공항에 도착한 뒤 맨해튼 도심부로 향하는 지하철을 탔다. 단기간 임대한 숙소가 맨해튼 중심부에 있었기 때문이다. 그는 지하철에서 나와 택시와 승용차, 오가는 사람들로 붐비는 큰 교차로에 섰는데, 자신이 서 있는 위치와 숙소로 가는 방향을 알 수 없었다. 그러자 그는 시카고에 있는 아버지

에게 메시지를 보내 도움을 청했다. 브루스는 니콜라스의 메시지를 받고 반가운 마음에 동료들과 하던 회의를 잠시 중단하고 니콜라스에게 그곳 지리를 자세하게 알려 주었다.

5. 잔과 듈레는 캘리포니아 북부 지역에 산다. 이들의 아들 오거스트는 서북 지역 엘리트 대학의 4학년생이다. 오거스트는 글쓰기를 힘들어 해 아버지와 어머니가 아들의 글을 내내 꼼꼼히 검토하고 수정해 주었다. 아들이 대학에 들어간 뒤에도 부모는 별 어려움 없이 이런 도움을 계속 주었다. 아들이 초안을 메일로 보내면 부모가 워드 문서로 직접 수정하고 손질해 보내 주었다.

6. 척은 시애틀에 산다. 그의 딸 앤은 컬럼비아 대학 사범대학 대학원 과정에 들어갔다. 앤과 함께 오리엔테이션에 참석한 척은 손을 번쩍 들고 한 교수의 프레젠테이션에 나온 자료의 정확성을 따져 물었다.

나는 이들 부모가 자식을 그저 돕고 싶어 하거나, 관여하지 않으면 만일의 상황이 벌어질 것을 걱정한다는 점을 의심하지 않는다. 또한 위에서 간단히 소개한 젊은이들이 부모의 도움과 관여에 고마움을 느끼고 안도하거나 어쩌면 구조되었다고까지 생각한다는 점을 의심하지 않는다. 그렇다면 언제쯤에나 이런 일을 스스로 처리할 것으로 기대할 수 있을까? 이들이 취업해서 일할 때쯤일까? 어쩌면 그럴지도 모른다.

비영리 단체인 TFATeach For America(교육 평등화와 수월성 운동을 강화하기 위해 유망한 미래 지도자들을 기르고 모으자는 취지의 미국 비영리 단체—옮긴이)는 1989년에 설립되었다. 대학을 졸업한 지 얼마 안 되는 사람들을 소득 수준이 낮은 지역의 공립학교 교사로 2년간 배치해 근무하게 함으로써 초·중등 교육의 불평등을 바로잡겠다는 취지였다. 2013년 현재 TFA는 미국 대학 졸업생을 두 번째로 많이 고용하는 곳이었다(첫 번째는 렌터카 업체인 '렌터카'이고, 세 번째는 베리즌이다). TFA가 이번에 채용하는 젊은 남녀 교사 수는 무려 5900명이나 되는데, 미국 전역의 800여 대학을 졸업한 젊은이들이다. TFA의 법무 자문위원으로 일하는 트레이시-엘리자베스 클레이는 졸업하면서 곧바로 취업 일선으로 뛰어든 아들딸을 돕는 데 굉장한 열의를 보이는 부모들과 부딪치기 시작했다.

부모들은 TFA 본부로 전화를 걸어 이렇게 말했다. "우리 아이가 TFA의 일원이 되는데, 저로서는 굉장히 흥분되고 자랑스럽습니다. 지금 전 이곳에 와서 아파트를 물색하고 있습니다. 혹시 권할 만한 아파트 목록 같은 것은 없을까요?" 트레이시-엘리자베스의 동료들은 물론 이런 질문에 그런 것이 없다고 대답했다. TFA의 일원이라면 그런 일쯤은 언제나 스스로 해결할 수 있다고 보기 때문이다.

온갖 시중드는 역할을 넘어 강압자가 된 부모

미리 계획한 일이 성공적으로 마무리되지 못해 우리 자신이 바로잡을 수 없는 고약한 일이 벌어질 경우 사람들은 관련된 사람들에게 문제를 제기해야겠다고 생각하기 쉽다. 매사추세츠의 교외 지역 소규모 학구의 교육장으로 앞에서 언급했던 팀 월든 박사는 학생회 임원으로 선출되지 못한 중학생 자녀의 부모를 만난 일이 있다. 이들은 부정적인 답변이라면 어떤 것도 받아들일 뜻이 없어 보였다. 이들은 학교가 학생회 간부를 선출하는 데 매우 폐쇄적이라고 주장했다. 피선거권 자격에 학년을 따지고 교사 추천과 같은 요건을 붙였기 때문이었다. 그러나 이들의 자녀는 가장 유력한 후보가 아니었고 몇 가지 규율을 위반한 것도 있었다. 이들은 학생회 지도 교사의 이야기를 듣고 더욱 강한 불만을 드러내면서 교장을 건너뛰어 곧바로 교육장인 월든 박사에게 문제를 제기했다. "누구나 사람들의 이야기에 귀를 기울이고 민주적인 방식을 따르고자 합니다. 그러나……." 전화기를 통해 월든 박사의 한숨 소리가 그대로 들렸다. 아마도 학부모들의 주장이 이성의 한계를 벗어났던 모양이다.

다시 웨스트포인트로 되돌아가, 당시 사관학교 참모장이었던 거스 스태퍼드 대령은—국방부나 군 당국을 대변하는 것이 아니라 사견임을 전제로 내세우면서—웨스트포인트에서도 부모의 관여가 엄청나게 늘어났다고 설명하면서 그와 함께 신뢰도 널어섰다고 전했다. 그는 참모징이라는 직위는 참모 조직과 예산, 정책, 인력 등을 관장한다고 설명했다. 그도 웨스트포인트 출신으로 공군 간호사로 근무했던 여성과 결혼했는데, 군대 문화에 푹 젖어 있는 듯했다. 그는 나에게 딱딱하게 대했지만 매력적인 모습과 함께 무엇인가를 도와주려는 성의를 보였다.

그가 내게 말했다. "웨스트포인트는 이상한 곳입니다. 이곳엔 이상한 규정이 있습니다. 예를 들면, 신입생일 때는 룸메이트가 주말에 외박을 나가면 숙소에 혼자 머물 수 없습니다. 그때는 이불을 싸 들고 한 조를 이룬 다른 방으로 옮겨 주말 밤을 보내야 합니다." 그는 이런 방침을 시행하는 데는 여러 가지 이유가 있는데, 그중에는 생도들을 성폭력과 우울증으로부터 지킨다는 명분도 있다고 했다. 대학 신입생 학생과장을 지낸 나로서는 이런 방침이 그럴듯하게 들렸지만 웨스트포인트 생도의 부모들은 나와 달리 마뜩찮은 모양이었다.

이와 관련해 스태퍼드 대령은 나에게 이렇게 말했다. "가령 자녀가 다른 방으로 옮겨 간다는 소식을 들으면 상담 담당 장교에게 전화를 걸어 방을 옮기는 '이유'와 우리의 방침에 대한 답변을 언제쯤 들을 수 있는지를 캐묻습니다. 또 '생도가 자살할까 봐 걱정하는가?' 또는 '성폭력 발생 기록이 있으면 알려 달라'고 합니다." 군 장교의 입에서 "맙소사"란 소리가 나오기를 바라는 것일까? 그러나 부모들의 행동을 보면 그런 소리가 나오기를 바라는 것이나 다름없다.

생도들이 상급 학년으로 올라가면 개인능력개발강화활동MIAD을 하게 된다. 생도는 개발을 원하는 기술을 선택하는데, 기술별로 자격 요건이 달라 어떤 경우에는 그 활동에 필요한 '최저선의 능력에 미달되어' 자격을 잃기도 한다. 이와 관련해 스태퍼드 대령은 이렇게 말했다. "어떤 생도가 항공학교에 가기를 원하지만 그의 등급과 군사능력 개발의 수준이 최저선에 미치지 못합니다. 좌절한 생도가 그런 사실을 부모에게 알리면 부모는 상담 장교에게 전화를 걸어 '우리 아들에게 불이익을 주는 이유를 알고 싶다'고 항의합니다." 이런 상황은 학생회 임원 선출에서 배제된 학생들의 학부모가 월든 박사에게 항의했던 정황과 비슷해 보이지만 이 경우는 미국 육군이다.

스태퍼드 대령은 사관학교의 방침과 교육 프로그램에 대한 사후 비판은 생산적이지 못하다는 점을 분명히 밝히고 있다. 예컨대 전술공군사령부 TAC라면 아버지와 연락하고 그 이유를 설명하는 일은 없을 것이기 때문이다. "가령 전술공군사령부가 항공학교 입교를 희망한 생도 아버지의 항의를 받아들였다고 가정해 봅시다. 그러면 그 생도는 친구에게 '아버지의 전화로 결정이 바뀌었다'고 말할 것입니다." 이쯤 되면 미끄러운 비탈길이나 활짝 열린 수문처럼 사태는 걷잡을 수 없게 될 것이다. 웨스트포인트도 이런 상황이 벌어지는 것을 원할 리가 없다.

스태퍼드 대령은 부모야말로 웨스트포인트에겐 값진 협력자라고 말했다. 웨스트포인트에 대한 부모들의 신뢰와 호의는 사관학교가 있는 지역사회는 물론, 전국적인 차원에서의 웨스트포인트의 명성과 입지에 큰 영향을 끼친다는 것이다. 또한 부모는 성년으로 커 나가는 자녀를 든든하게 뒷받침해 줄 수 있다. 그러나 때때로 부모들은 명확한 한계를 잘 몰라 교육 훈련의 모든 내용과 온갖 부문을 알고 싶어 한다. 스태퍼드 대령은 "알고자 하는 것은 좋지만 꼭 그럴 필요는 없습니다. 내용 전반을 잘 알아야 할 사람은 그런 교육과 훈련을 받는 젊은이들입니다"라고 말했다. 부모들은 여전히 웨스트포인트 당국과 자녀, 이 세상을 완전히 믿지 못해 "자녀 곁에 가까이 있으면서" 기대한 성과를 확실하게 거둘 수 있게 하려고 한다. 이제 부모가 상세를 벗어나더라도 최소한 웨스드포인트만은 본래의 입장을 견지하려고 한다.

평화봉사단도 마찬가지다. 평화봉사단은 지난 50여 년 동안 미국 젊은이들을 외국에 2년씩 파견해 그 나라에 도움이 되는 일을 하게 했고, 그 과정에서 단원들이 개인적으로 크게 성장하는 계기가 되었다. 예전에는 이들 젊은이의 부모 중 자녀를 걱정하는 사람이 드물었지만 요즘에는 일반적인 현상이 되었다.

케이트 래프터리는 2000년대에 카리브 해 동부 지역과 페루를 담당하는 평화봉사단 국가별 책임자로 일했다. 그는 평화봉사단을 떠났다가 복귀하는 일을 되풀이하긴 했지만 그동안 근무한 기간이 수십 년에 이르렀다. 평화봉사단 자원자 중에는 가끔씩 제구실을 못하는 젊은이들이 있는데, 이럴 경우 국가별 책임자인 케이트가 이런 젊은이를 집으로 돌려보내는 결정을 내려야 했다. "이럴 때 부모에게서 '당신이 내 자식의 인생을 망쳐 놓았다. 2년간 봉사하라고 하더니 이젠 아이를 집으로 돌려보내겠다고 한다'는 항의를 받은 적이 한두 번이 아니었습니다. 그러면 이렇게 대답합니다. '집으로 돌아온 아들이나 딸에게 물어보면 금요일에 불러서 일요일에 결정을 내려 집으로 돌려보내는 것이 아니라는 사실을 알게 되리라고 믿습니다. 몇 달에 걸친 꾸준한 대화와 여러 방법으로 봉사활동을 개선하기 위해 노력한 다음에 그런 결정을 내립니다. 그러니 이런 대화는 제가 아니라 사랑스러운 자녀와 나눠야 합니다. 저는 자녀를 성인으로 대접하면서 대화를 나누고 있는데 저와 같은 방식으로 자녀와 대화해 주었으면 합니다.'"

자식들이 곧 부모 자신

늘 자녀들 '주변을 맴돌았던' 부모는 자녀가 성인이 되어 사회에 진출한 뒤에도 그 버릇을 거의 고치지 못한다. 더구나 현실 속의 여러 가지 이해관계는 어린 시절보다 훨씬 더 신경이 쓰인다. 이런 상황에서 늘 자녀 '주변을 맴돌았던' 부모라면 자녀가 다 컸을 때, 또 자녀의 행동이 그 어느 때보다도 중요한 영향을 미칠 때 그런 관여와 관심을 딱 끊어 버린다는 것은 가혹한 일처럼 여겨질 것이다. 실제로 일부 부모들은 그런 버릇을 끊지 못한다. '자녀 주변을 맴도는 버릇'이 의식 속에 깊숙이 파고들어 부모 자신이 이를 마음대로 떼어낼 수 없기 때문이다. 그것은 더 이상 양육 방식의 문제가 아니다. 부모의 본성과 연관된 문제이다. 또한 자녀들은 비록 나이 들어 성인이 되었지만 지금도 여전히 부모에게 의지하고, 또 부모가 계속 '주변에 머물러 있기'를 그 어느 때보다 바라고 필요로 하는 것처럼 보인다.

그러나 사실 때때로 부모가 자녀 '주변을 맴돌고자' 하는 것은, 부모의 손길이 필요하다는 자녀의 요구가—실제로 그러하든 아니면 부모 쪽의 생각일 뿐이든, 또는 그런 척하는 것이든 간에—부모의 삶의 목표이자 의미가 되기 때문이다. 스트레스가 많고 성취도가 높은 버지니아 맥리언에 사는 조너선이라는 아버지는 그 지역에 사는 부모들이, 자녀들의 현재 모습과 자녀들이 필요로 하는 것, 자녀들이 성취한 것으로 자신들을 규정한다고 말했다. "자녀는 모든 것을 부모에게 의존하는데, 부모는 자신의 가치와 자존이 자녀와 연결되어 있기 때문에 그런 역할을 기꺼이 받아들입니다." 부모는 그런 긴밀한 관계를 키워 나가고자 한다. 하지만 그것은 자녀들의 마음을 부추겨 계속 부모에게 의존하게 만들 수 있다는 것을 유의해야 한다.

부모는 이제 더 이상 어디까지를 한계로 설정해야 좋을지 모른다. 앞서 '불리bully'(남을 못살게 구는 아이)라는 딱지를 함부로 붙여서는 안 된다고 강조한 산호세의 교육자 올레 호르헨손은 학교에서 펼치는 여러 가지 활동에 부모가 나타나는 경우를 종종 본다고 했다. 그저 자녀가 체험을 쌓는 것을 지켜보고 즐기겠다는 단순한 이유 때문이다. 부모가 자녀와 떨어져 있는 것이 자녀에게 좋을 때도 떨어지는 것이 어려운 모양이다. 예를 들어 올레가 관장하는 중학교 학생들이—요세미티 계곡과 카탈리나 섬, 워싱턴 D.C.로—1박 2일 야외학습 여행을 떠나는데, 부모들이 그 일정과 지역에 맞춰 여행에 나서는 경우가 점차 늘어난다고 한다. 부모들은 함께 여행하며 보호하는 샤프롱(돌보아 주는 수행원)이 아니기 때문에 자식들의 여행지 근처에 호텔을 잡아 따로 묵지만, 자녀들 근처에 있다는 점에서는 "샤프롱이나 다름없었다." 이런 행위가 큰 문젯거리가 되진 않겠지만 자녀들의 성장 과정에는 좋지 않은 영향을 미친다. "이런 행위는 아직 사춘기가 되지 않은 어린이들에게, 그 나이에 필요한 독립성을 갖출 준비가 되어 있지 않다는 신호를 보내는 것입니다." 그러면 부모들은 고개를 한쪽으로 기울이면서 "그래?"라는 반응을 보인다. 나도 신입생 학생과장으로 근무하면서 그와 비슷한 경험을 한 적이 있다. 학생을 대학 사회로 밀어 넣는 중요한 목적을 지닌 의식과 전통적인 행사에 부모들이 나타나는 것이다.

예를 들면, 스탠퍼드가 해마다 여는 밴드 런Band Run 행사를 살펴보자. 오리엔테이션 첫날 벌어지는 심야 행사로, 스탠퍼드의 악명 높은 밴드가 마치 많은 사람들을 몰고 다니는 파이드 파이퍼Pied Piper(독일의 전설 속에 나오는 피리 부는 사람—옮긴이)라도 된 것처럼, 교정을 누비고 다니면서 신입생 기숙사마다 들러 학생들을 끌어낸다. 이처럼 한바탕 휘젓고 나면 신입생 거의 전원과 상급생 한 무리가 캠퍼스 사각 건물들 안의 중앙 정원에 모이게 되는데, 이곳이야말로 스탠퍼드 응원가인 '올 라이트 나우All Right Now'를 배우기에 알맞은 곳이다. 혹시라도 다치는 학생이 있으면 신고 갈 수 있도록 정원 한옆에 골프 카트를 대기시켜 놓는다. 그런데 최근 몇 년 동안 그 근처에서, 가로등이나 나무를 등진 채 가능한 한 눈에 띄지 않으려고 애를 쓰거나 아니면 함께 달리면서 자녀들과 함께 즐기려는 학부모들이 많이 보였다.

웨스트포인트엔 생도들을 진정한 '롱 그레이 라인'(웨스트포인트 생도들이 겨울에 입는 긴 회색 오버코트를 빗대어 사관생도를 지칭하는 말이 되었다—옮긴이)으로 만드는 독자적인 의식과 전통이 있다. 스태퍼드 대령은 사관학교에 입학한 이후 약 30년 세월이 흐르면서 많은 변화가 일어났다고 말했다. 그 중 하나가 매년 여름마다 하는 생도들의 기초훈련인데, 이 훈련의 마지막에 웨스트포인트에서 출발했다가 되돌아오는 20킬로미터 도로 행군이 있다. 그는 말했다. "이 훈련이 힘듭니다. 생도들은 14~18킬로그램 무게의 배낭을 지고 헬멧을 쓰고, 무기와 다른 장비를 휴대합니다. 생도들이 모든 훈련을 끝내고 웨스트포인트로 돌아오면 '해냈다'는 자부심을 느낍니다. 그런데 요즘 달라진 것은 일부 부모들이 이런 이야기를 한다는 점입니다. '저도 우리 아들이나 딸과 함께 걸을 생각입니다. 우리는 전 행군 과정을 함께 걸을 것입니다. 아들과 같은 체험을 할 생각입니다.'"

나는 대령의 목소리에 한숨이 배어 있음을 느낄 수 있었다. 그도 자식들을 키우고 있었다. 그도 세상이 어떻게 변하는지를 알고 있다. 부모들의 마음과 뜻도 존중하고 있다. "저는 부모의 사랑과 헌신, 뒷받침을 이해합니다. 그러나 부모는 본인도 모르는 사이에 자식들이 자기 힘으로 거뜬히 감당할 수 있는 체험과 성취를 축소시키고 있습니다." 나는 그가 옳다는 것을 잘 안다. 우리 집에서도 그런 모습을 보았고, 학교에서도 그런 경우를 목격했기 때문에 그대로 실감할 수 있었다.

학교의 야외학습 여행과 스탠퍼드의 밴드 런 행사, 웨스트포인트에서 출발해 돌아오는 장거리 행군 훈련에서 보았듯이, 부모가 자식들의 '주변을 맴도는 것'은 가능성이 많고 적음에 관계없이 일어날지 모를 만일의 사태에 대비하기 위한 것일까? 부모가 자신의 유년 시절을 되새겨 보려는 것은 아닐까? 아니면 부모들이 오로지 자식들만 바라보고 살았기 때문에 부모가 지켜보고 이끌고 돕고 무조건 사랑했던 자식들이 주위에 없으면 부모의 삶이 빈약하고 무기력하며 즐거움도 없다고 여기기 때문일까? 또는 자식들의 활동과 체험을 지켜보는 것이 곧 부모들의 삶에 크나큰 의미를 안겨 주기에 그런 것일까?

2013년, 저술가인 마이클 거슨Michael Gerson은 《워싱턴 포스트 Washington post》에 실린 기명 칼럼에서 아들이 대학에 진학하기 위해 집을 떠나기 전날 밤의 절절한 심정을 고백했다. 이 칼럼에서 그는 아들에 관해 이렇게 썼다. "아들은 인생의 조정과정의 첫 걸음을 경험하고 있다. 그의 인생이 현실 속에서 시작되고 있다. 나는 오래전부터 아들을 풀어놓기 시작했다. 바꿔 말하면 아들은 내 관여가 자연스럽게 줄어드는 그런 멋진 미래를 맞게 된 것이다. 그러나 아들을 가까이 두는 것보다 더 멋진 미래를 내가 누리는 것은 불가능한 일이다."

누구나 이 칼럼을 읽으면 거슨의 괴로움을 충분히 이해할 수 있을 것이다. 그러나 이런 고백을 하고 싶은 사람이 거슨뿐일까? 그는 자식을 이토록 사랑하고 있다는 것을 은근히 자랑하고 있는 것일까? 그런데 자식들 옆에 바싹 붙어 서서 이들을 부모 삶의 중심으로 만드는 것이 자식 사랑의 척도가 되는 것일까? 그것은 부모가 한껏 드러내고 싶은 사랑인가 아니면 무언가 부족하게 느끼는 결핍일까? 부모는 이런 노골적인 욕구를 억제해야 할 의무가 있는 것이 아닐까?

학교의 야외학습과 스탠퍼드의 밴드 런 행사, 웨스트포인트의 장거리 행군 훈련은 모두 학생들을 위한 것이다. 이런 활동을 할 때는 자식들을 위해 부모가 '그 주변에서 맴돌' 필요가 없다. 만약 아버지와 어머니가 자식들과 어떤 체험을 함께한다면 그것이 과연 자식들에게 진정한 체험이 될 수 있을까? 부모가 자식과 함께하고 싶은 욕구를 억제할 수는 없을까? 자녀들이 체험을 겪고 나서 나중에 부모에게 이야기하는 즐거움을 맛보도록, 또는 아무런 이야기를 하지 않을지라도 즐거움을 맛보도록 부모가 자제할 수는 없을까? 늘 '주변을 맴돌지' 않는 것이 오히려 자식들과 좋은 관계를 맺는 길이라고 부모들은 왜 믿지 못하는 것일까?

4장
대학 입학 경쟁에 매몰되기

자식이 중학교만 들어가도 부모는 온갖 걱정에 휩싸인다. 언제 어느 때고 상관없이 부모는 늘 자식이 평점 B를 받는 것은 아닌지, 엘리트 스포츠 팀에 들어가는 데 실패하는 것은 아닌지, 또는 점검표에 있는 유년 시절 활동 중 하나라도 빠뜨린 것은 없는지 걱정한다. 그런 걱정이 현실화하면 자식은 부모가 마음에 두는 대학에 들어가지 못할 것이기 때문이다(부모가 자식을 위해 염두에 두는 것은 '최상의' 교육을 베풀어 줄 대학이 어떤 대학들인지, 어느 대학 졸업생들이 '가장 좋은' 취업 기회를 얻는지, 또는 친구들과 커피나 술잔을 놓고 한담을 나누면서 마음껏 자랑할 만한 대학이었으면 좋겠다는 것 등이다). 부모는 자식이 희망하는 대학에 진학할 수 있도록 돕기 위해 힘껏 노력하거나 이웃보다 조금 더 애를 써야 한다고 생각한다. 그에 따라 양심상 '이렇게 하면 안 된다'는 내심의 소리가 들려올 때도—가령 아이들의 숙제를 통째로 대신 해 줘야 하느냐 같은 윤리적 문제에 부딪치거나, 또는 아이들에게 계획표를 짜 주고 차에 태워 다니며 주위에 머물러 있는 등의 노력으로 녹초가 됐을 때에도—우리가 제대로 관여하지 않다가는 일이 잘못될지 모른다는 큰 불안에서 벗어나지 못한다.

대학 입학 경쟁을 앞두고 부모들은 대개 이런저런 문제들로 마음을 쓰게 마련이다. "내가 (어떤 주제에 대한) 글쓰기를 아이에게 직접 쓰라고 하면 잘 못할 것 같고 어쩌면 형편없이 쓸 것 같다. 그러나 좋다. 이번에 써 보면서 이것저것 배워 다음번에는 잘 쓸 것이라고 생각한다. 그러나 우리 아이는 교실을 가득 채운 다른 학생들과 경쟁을 벌일 터인데, 이들 학생의 학부모 중 상당수는 자식이 쓴 글을 대폭 손보거나 대신 써 줄 것이다. 그렇다면 우리 아이는 글쓰기를 배울지는 모르겠지만 저 아이들은 더 좋은 평점을 받아 더 많은 것을 배우게 될 우수학생 교육 프로그램honors program에 들어갈지 모른다. 그리하여 저 아이들은 우리 아이가 입학하기를 바라는 대학에 진학할 것이다."

만약 구글에서 만든 스마트 안경 같은 것을 통해 걸음마를 배우는 아기의 모습을 늘 우리 눈앞에 비치게 한다면 무엇을 알게 될까? 우리는 아기들이 넘어졌다가 다시 일어나 새로운 시도를 되풀이함으로써 배우고 성장한다는 사실을 알게 될 것이다. 그러나 대학 입학, 즉 경쟁률이 높은 대학에 들어가는 성스러운 목표 앞에서는 우리의 이러한 생각이 흐려진다. 다시 말해, 대학입학 과정만은 넘어진 사람이 뛰어난 사람이 되기도 하고 뛰어난 사람이 넘어지기도 한다는 사실을 받아들이려 하지 않는다고 보는 것이다.

버지니아 북부의 굉장히 인기 있는 토머스 제퍼슨 공립학교에 다니는 딸을 둔 제인은 나에게 이렇게 말했다. "저는 제 딸이 지금보다 더 큰 자립심을 갖게 될 것이라고 생각했어요. 저는 딸이 스스로 아침을 챙겨 먹고, 점심 도시락을 싸며, 빨래를 제 손으로 하는 모습을 보고 좋아했어요. 하지만 지금은 하루 일과가 너무 빡빡해요. 딸애가 잠이라도 제대로 자게 하려면 무엇이든 도움이 되는 일을 거들어 줘야 할 형편이죠. 딸은 엄마가 필요한 게 아니라 생활을 제대로 꾸려 나갈 수 있게 거들어 주는 조수가 필요한 거예요." 제인의 딸은 스쿨버스를 타고 학교까지 등·하교하는 데 90분씩 걸린다. 이런 등·하교 시간과 숙제, 학교 수업, 식사, 수면 시간을 따져 보면 제인의 딸에겐 학교 성적에 영향을 미치는 과제 외에 다른 곳에 신경을 쓸 시간이 없다.

자녀가 입학하기를 바라는 대학은 극히 제한되어 있는데 희망자는 넘칠 만큼 많으니, 치열한 경쟁이 벌어질 수밖에 없다. 그렇다면 왜 부모들은 소수의 명문 대학에만 관심을 기울이는지, 그와 연관된 분석에 어떤 잘못이 있는 것은 아닌지, 또 그렇다면 우리가 무엇을 할 수 있는지에 관해서는 이 책 후반부에서 다룬다. 여기서는 어릴 때부터 갖추고 대비해야 할 점검표를 만들어 하나하나 확인하고, 또 그런 활동과 체험이 돋보이도록 갈고 닦아 완벽하게 만드는 데 부모들이 얼마나 극단까지 무리를 하는지를 살펴보고자 한다.

부모의 자녀 숙제 거들기

대학 합격 결과를 놓고 살펴보면 명문 대학들이 성적은 모두 A 등급을 받거나 그에 아주 근접한 성적을 거둔 학생들만 입학시키는 것을 알 수 있다. 사정이 이렇다 보니 부모들은 어떻게든 그런 성적을 거둘 수 있게끔 전력을 다한다.

일부 학부모는 예방조치로 자녀들에게 쉬운 과목을 선택하도록 권유한다. 맨해튼의 부유한 동네에 사는 로라라는 어머니는 나에게 이렇게 말했다. "어느 선생이 A 등급 점수를 잘 안 준다는 소문이 나면 학부모는 아이에게 그 과목을 선택하지 말라고 말해요. 그리고 쉬운 과목을 골라 A 등급 점수를 받으라고 이르죠." 자녀 양육에 관한 책이 부모들에게 권유하는 내용과는 정반대되는 행태라고 할 수 있다. 또한 이런 일은 명문 대학 입시 전략으로는 자칫 불리한 결과를 가져올 수 있다. 대학의 입학 담당 책임자들에게 성적표에 올라와 있는 쉬운 과목의 A 등급 점수와 가장 힘든 학과목의 성적 가운데 어느 것에 더 주목하느냐고 물은 결과 놀라운 답변이 돌아왔다. "양쪽 다 눈여겨본다!"는 것이다.

자녀가 공부하는 과목의 수준과 관계없이 자녀가 숙제를 할 때 부모들은 돕지 않을 수 없다. 이때 비교적 바람직한 형태로 도와준다면 숙제가 얼마나 되는지를 묻고 또 숙제를 다 끝냈는지 확인한다. 아니면 옆에 앉아서 지켜보거나 숙제를 잘 못해 쩔쩔 매면 생각이 나도록 도와줄 수도 있다. 그러나 글쓰기 숙제 같은 경우엔 새로 써 주거나 고쳐 주는 식으로, 또는 자녀 대신에 숙제를 도맡아서 해 주는 식으로 끼어들기도 한다. 서툰 관여방식인데, 이처럼 때때로 아이들 대신 숙제를 해 주는 행태는 한두 사람만의 일이 아니다.

우리들은 자녀가 집에서 하는 숙제의 질 문제를 놓고 걱정하지만 많은 지역의 경우 숙제의 양이 훨씬 더 절박한 걱정거리가 되고 있다. 저술가이자 비영리 조직인 챌린지 석세스Challenge Success의 공동설립자로서 스탠퍼드 대학에서 강의를 하는 데니스 포프는 2014년 학교 숙제에 관한 연구 결과를 발표했다. 이 연구에서는 캘리포니아의 중상류층 거주 지역에 있는 학업 성취도가 높은 10개 고교에 재학 중인 학생 4317명을 대상으로 삼았다. 이들 중상류층의 가구별 중위소득은 9만 달러를 웃돌고 자녀 중 93%가 2년제 또는 4년제 대학에 진학하는 것으로 나타났다. 조사 대상이 된 학생들이 하룻저녁에 해야 할 숙제는 평균 3.1시간 분량이었다(과연 3.1시간 분량밖에 안 된다고 생각하는가? 많은 학부모들은 자녀의 숙제 양이 이런 조사 결과보다 훨씬 많다고 본다).

매사추세츠의 필립스 아카데미 앤도버에 다니는 어느 학생은 고교 2학년 때 날마다 5시간 분량의 숙제를 받았다고 나에게 밝혔다. 팔로 알토의 어느 고등학교 신입생은 생물을 담당한 선생님이 개학 첫날부터 이 과목을 공부하려면 대학 수준의 과학 공부 준비를 해야 하고, 그런 준비 때문에 숙제가 상당히 많을 것이라고 으름장을 놓았다고 나에게 말했다. 내 아들 소여도 고등학교에 들어간 첫해에는 저녁마다 3시간 동안 숙제를 했고, 어떤 날은 5시간이나 숙제를 하기도 했다. 이처럼 숙제 부담이 거의 감당할 수 없을 정도나 되지만 아이들은 숙제 외에도 하고 싶거나 해야 할 일이 많다. 가령 교외 활동과 저녁 식사, 약간의 휴식 시간, 그리고 소아과 의사들이 10대 청소년에게 필요하다고 말하는 9시간의 수면 시간 등이 그런 것이다. 이런 사정이라면 부모는 어떻게 해야 하나?

세 자녀의 부모이자 스탠퍼드 대학 교수인 어떤 사람이 2012년에 나에게, 자신이 직접 아이들의 숙제를 감당해 본 적이 있다고 말했다. 우리는 스탠퍼드 대학 입학 및 학자금지원 정책위원회 회의에 함께 참석해 고등학생들이 얼마나 많은 스트레스와 긴장을 느끼는지에 대해 의견을 나눴다. 회의장에서 이 교수는 나에게 상체를 기울인 채 어느 날 밤의 상황을 이렇게 설명했다. 잠잘 시간이 훌쩍 지났는데도—모두 팔로 알토의 공립학교에 다니는—세 자녀의 숙제가 산더미처럼 쌓여 있었다. 그래서 그는 어떤 해결책을 생각해 냈을까? 그는 초등학교에 다니는 막내에게 가서 자라고 이르고, 중학교에 다니는 둘째에게 동생의 숙제를, 다시 고등학교에 다니는 첫째에게 둘째의 숙제를 하도록 이르고, 교수인 자신이 첫째의 숙제를 대신 했다고 한다. 이런 행위에 분명 문제가 있지만, 그렇다고 시스템 자체가 망가져 있는 상태에서 이렇게라도 일시적으로 대처하는 것을 어떻게 탓하겠는가?

교사들은 부모가 아이들의 숙제를 대신 해 주고 있다는 것을 이미 알고 이런 행위를 중단시킬 방법을 찾고자 애쓰고 있다. 내가 이 책을 쓰기 위해 미국에서 가장 좋은 학구 중 하나인 버지니아 페어팩스 카운티의 학부모들과 집단 인터뷰를 했는데, 이때 보조 지도교사로 일하는 홀리라는 학부모를 만나 이런 이야기를 들었다. "교사들은 글쓰기 학습을 교실에서 하려고 합니다. 글쓰기를 숙제로 내면 학생 자신이 쓴 글이 제출되지 않는다는 것을 잘 알기 때문이죠." 홀리는 이런 것을 윤리상의 문제로 볼 것은 아니라고 말했다. 숙제를 내 주는 본래의 목적은 해당 과목이나 과제에 대한 학생의 이해 수준을 교사가 알게 해 주는 데 있는데, 부모가 대신 해 주면 교사가 학생의 이해 수준을 알 길이 없다고 했다.

　뉴욕에 있는 로클랜드 컨트리 데이 스쿨에서 영어를 가르치는 내 친구 엘런 노들먼은 지난 40여 년의 교직생활을 돌이켜 보면 부모가 자녀의 숙제 처리에 끼어드는 일이 지난 15년에서 20년 사이에 급증했다고 말했다. "요즘에는 부모가 자녀의 숙제에 대해 하나하나 세심하게 신경을 씁니다. 그리고 부모들 대부분이 아이들 대신 숙제를 해 주고 있습니다. 이들은 자녀를 도와준다는 구실로 숙제를 대신 해 주지만, 아이들은 이래저래 무력감을 느낄 거예요. 부모가 숙제를 해 주지 않는 대신 개인교사를 고용해 자녀의 숙제를 거들어 주게 한다 해도 결과는 마찬가지죠. 이런 일들은 자녀들의 의존심과 무력감을 키웁니다. 결국 자녀들은 숙제를 스스로 할 수 없다고 느끼게 될 것입니다." 맞다, 맞아, 숙제는 힘들고 시간이 많이 걸릴 경우가 많다(그리고 학생들은 숙제 말고도 다른 중요한 활동에도 시간을 쪼개 써야 한다). 또 숙제는 평점으로 연결되는 경우가 많다. 따라서 학생이 숙제를 어떻게 하느냐가 그의 내신성적에 영향을 미칠 수 있다. 그런데 스탠퍼드 같은 대학은 완벽에 못 미치는 학생을 받아들이지 않을 것이다. 그러니 바로 거기에서 치열한 경쟁이 시작되는 것이다. 부모들이 모두 자식들을 거들고 나서는 이유다.

글루건까지 들고 나서는 부모들

학습탐구 과제는 결국 모두에게 보여 주는 전시물 같은 것이 되고 있다. 이런 과제를 보면 학부모가 자식의 성공을 보장하기 위해 어디까지 나아갈 수 있는지를 노골적으로 보여 주는 일종의 자료가 되고 있다.

캘리포니아에서는 초등학교 4학년이 되면 사회탐구 과목에서 스페인의 선교사들에 관한 내용을 모두 배운다. 18세기 말부터 19세기 초 사이에 스페인이 멕시코에서 북진하고, 진군 과정에서 선교단 건물로 알려진 대형 어도비 점토 건축물을 세우면서 현재의 캘리포니아에 해당하는 지역을 식민화한 과정을 공부하는 것이다. 이 단원 공부의 절정은 '미션 프로젝트'라고 불리는 숙제로, 학생들은 어도비 점도로 만들어지고 지붕에 붉은색 기와를 얹은 이 건축물 모습과 똑같은 소형 입체 모형을 만들어야 한다.

이와 비슷한 숙제가 모두 그렇듯이, 이 과제도 학생들이 이 주제를 제대로 이해하고 있는지, 또 이 과제를 얼마나 정확하고 창의적으로 수행하고 있는지를 평가하기 위한 것이다. 학생들은 이 대형 건축물의 모형을 만들 때 어떤 재료를 사용해도 괜찮다. 그에 따라 어떤 어린이는 레고 블록으로 선교단 건물을 만들고, 어떤 어린이는 파스타로 모형을 만든다. 심지어 어떤 학생은 케이크로 만들어 어도비 점토 벽돌 부분엔 흰색 아이싱을, 붉은색 기와지붕엔 붉은 아이싱을 입히고, 가톨릭 특유의 십자가는 양초로 만들어 붙이기도 했다. 요즘 이와 비슷한 학교 과제를 할 때 흔히 그렇듯이, 이 미션 프로젝트도 부모들이 얼마나 솜씨 좋게 어린 시절―이 경우는 초등학교 4학년이지만―로 되돌아가는지를 드러내 보여 주는 기회가 되었다.

내가 소여와 애버리의 미션 프로젝트를 참관했을 때 전시된 입체 모형

중 최소한 절반은 건축공학적 정밀성의 수준으로 보아 부모들의 손과 머리를 빌리지 않고는 만들 수 없는 것들이었다. 나는 손가락으로 그 과제물을 가리키면서 남편에게 눈살을 찌푸렸다(디자이너인 남편은 바람직하게도 아이들이 과제물을 만드는 데 끼어들지 않으려고 했다). 나는 해마다 학부모들이 바보 취급하는 대상이 누구라고 생각하는지 궁금했다. 그러므로 교사들은 과제를 수행하는 데 부모가 끼어드는 것이 매우 부적절하다는 점을 명백하게 밝히고, 또 부모가 일정한 선을 넘어섰을 경우엔 그것을 자녀의 성적에 불리하게 반영하는 식으로 경종을 울려 주기를 바랐다. 그러나 경험이 가장 많은 교사가 아니면 글루건(플라스틱 접착제를 녹여서 쏘아 내는 도구—옮긴이)까지 갖추고 있는 부모들과 맞서는 일은 매우 힘들다.

힐러리 쿠스턴은 일리노이 에번스턴에 산다. 시카고 바로 위쪽에 있는 에번스턴에는 노스웨스턴 대학이 자리 잡고 있다. 힐러리는 변호사이자 로욜라 대학과 노스웨스턴 대학 법학부 부교수이며, 엑스터 대학과 미시간 대학, 스탠퍼드 로스쿨을 나왔다. 어린 두 아들을 키우는 어머니이기도 하다. 힐러리는 명민하고 사려 깊고 솔직한 사람이었다. 나는 어느 날 전화로 초등학교 과제학습에 관한 힐러리의 체험을 들었다. 힐러리의 두 아들은 어리지만 이미 부모의 과도한 관여에 익숙해 있었다.

힐러리의 아들 엘리는 4살 때 지역 어린이를 위한 학습 프로그램에 참가했는데, 이 프로그램 마지막에 어린이들이 바다 생물에 관해 발표하는 시간이 있었다. 힐러리는 이에 대해 이렇게 설명했다. "중요한 것은 과제를 수행하는 모습을 보여 주고, 사랑하는 사람들이 많이 모인 앞에서 설명하는 것이었어요. 저는 아들이 스스로 할 수 있고 또 하면서 자부심을 느낄 수 있는 과제이거나, 제가 모든 것을 다 해 줄 필요가 없는 것을 찾아내서 하도록 도움을 주고 싶었어요." 4살짜리 엘리는 아직 운동근육이 제대로 발달하지 못해 그림을 그릴 수 없었지만 자르는 것은 할 수 있었다. 그래서 힐러리는 상어의 앞과 뒤를 그려 주고 엘리가 그림대로 잘라 색을 칠하고 붙인 다음 그 속에 신문지를 채우게 했다.

며칠 뒤 발표 날이 되었다. 4~5살 그룹에는 15명 정도가 참가했는데, 대단해 보이는 삼중 포스터판과 셸락(도료)으로 붙여 놓은 사진, 타자기로 깔끔하게 정리한 조사, 분석 결과 등 인상적인 발표물이 많았다. 그 무리 속에 신문지를 채워 넣은 조그만 상어 모형을 들고 자랑스러운 표정으로 서 있는 엘리의 모습이 보였다. 그런데 그날 발표 시간 내내 몇몇 사람들이 킥킥거리며 소리죽여 웃는 소리가 들렸다. 일부는 엘리의 초라한 준비를 비웃는 듯했고, 다른 사람들은 부모가 아이 대신 준비했음이 분명해 보이는 모습을 조롱하는 것 같았다. 어린 엘리는 기가 죽지 않았다. 엘리는 오늘날까지도 신문지를 채워 넣은 상어 모형을 침실 문 쪽 잘 보이는 곳에 놓아두고 있다.

유치원에 들어간 엘리가 학교에서 과학 전시회를 열자 참가하고 싶다고 말했다. 바다 생물 학습 프로그램에 참가해 상어 모형을 들고 나갔을 때처럼 이번에도 힐러리는 아들이 혼자 감당할 수 있는 과제를 선택하기를 바랐다. 엘리는 그 말을 이해해서 마찰 문제를 다뤄 보고 싶다고 했다. 그는 조그만 장난감 자동차 몇 개를 찾아내 경사진 램프 위에 올려놓고, 램프 아래쪽과 이어지는 부분에는 목욕 수건이나 은박지, 나무토막처럼 집에서 찾을 수 있는 여러 가지 재질의 물건을 깔아 놓았다. 그는 램프 위에서 미끄러져 내려간 장난감 자동차가 각기 다른 표면의 바닥을 얼마나 멀리 미끄러져 가는지를 실험하는 데 요점이 있다는 것을 알고 있었다. 그러나 힐러리는 엘리가 이 실험에서 얻은 자료를 어떻게 표현할지가 궁금했다. 유치원생인 엘리는 평균치라는 개념을 알 리가 없었다. 그래서 힐러리가 표면에 따라 미끄러져 내려간 자동차의 주행거리가 다른 것을 막대그래프로 표현하는 것이 어떻겠냐고 의견을 냈다. 엘리는 어머니의 의견을 그대로 따랐다.

엘리가 부모와 함께 과학 전시회에 나가 보니 엘리의 작품 옆에는 한 초등학생 참가자의 작품이 자랑스럽게 붙어 있었는데, 화산에서 분출되는 화학물질이 다르면 분출되는 모습도 달라진다는 점을 보여 주는 정교한 내용이었다. 이 전시물에는 화학물질의 명칭도 깔끔하게 정리되어 있었다. 어린이는 옆에서 구경만 하고 아버지가 대신 열심히 준비해 준 모양이었다. 이 어린이는 사람들이 전시물을 보러 와도 아무런 설명도 하지 못했다.

그다음 해 힐러리는 과학전시회 조직위원회에 참여했다. 그는 전시회에 참가한 어린이들이 선택한 주제와 생각, 결론을 놓고 의견을 나눠 실제로 과학자 같은 구실을 하게 만들었다. 즉 전처럼 아이들이 설명용 보드를 펼쳐 놓고 그 주변에서 서성이기만 하는 그런 전시회가 아니라 힘든 과정을 거치는 기회로 만들었던 것이다. 이를 위해 힐러리는 동료 조직위원들과 함께 외부 과학자들을 불러 전시회 참가 어린이들의 발표 내용을 심사하게 했다.

과학전시회는 저녁때 열려 학부모와 일반인들에게 공개되었다. 심사위원들은 그다음 날 아침에 와서 전시물 하나하나를 살펴보고 어린 과학도와 한 사람씩 긴 시간 대화를 나누었다. 물론 그 나이에 걸맞은 수준의 용어로 대화를 이어 갔다. 심사위원들이 질문을 던지면 제대로 답변을 하는 어린이가 있는가 하면 답변을 하지 못하는 어린이도 있었다. 대체로 어린이가 전시물을 준비하는 데 얼마나 노력을 기울였느냐에 따라 답변의 정도가 달라졌다. 학교 쪽에서는 심사시간 중에 학부모들이 전시장에 들어

올 수 없다는 점을 사전에 분명하게 밝혔다. 또한—학부모와 어린이들에게 사전에 알려준 것처럼—전시물이 어린이의 작품이 분명한지 여부가 심사 규정의 중요한 요소가 되었다.

정보화 기술 활용의 부작용

자녀의 학업 성과를 놓고 학부모와 교사가 입씨름을 벌이는 일은 인터넷에서 흔히 볼 수 있고, 만화의 소재로도 자주 등장한다. 부모들은 정보기술을 스파이로뿐만 아니라 무기로도 활용하고 있다.

학구에서는 대부분 몇몇 종류의 학생 정보 소프트웨어를 사용하고 있다. 그중에는 학부모가 로그인해 자녀의 출석 기록과 성적 등을 확인할 수 있는 학부모 웹사이트도 들어 있다. 나는 아직까지 아이들의 기록을 온라인으로 확인해 본 적은 한 번도 없다. 나는 이렇게 기록에 관심을 갖고 관여하는 것을 늘리기보다는 줄이고 싶기 때문이다. 또 옛날에 내가 부모에게 했던 것처럼 아들과 딸이 필요에 따라 돌아가는 상황을 나에게 알려 주리라 기대할 수 있기 때문이다. 솔직히 나는 그런 추가적인 정보를 얻는다 해도 그런 것을 감당할 자신이 없다. 우선 로그인해서 확인해 볼 시간을 짜낸다는 점에서나 아이들에 관한 온갖 자료를 파악한들, 그것을 가지고 내가 마땅히 해야 할 일이 무엇인지를 생각해 내기도 어렵기 때문이다. 그럴 경우 나는 본류에서 벗어난 사람이라는 소리를 듣게 된다. 하지만 다른 많은 부모들은 정기적으로 학부모 사이트에 들어가 필요한 정보를 확인할 것이다.

앞서 나는 아들이 시험을 보면 몇 시간 안에 온라인으로 시험을 망친 것을 파악한다는 애틀랜타의 어느 어머니 이야기를 한 적이 있다. 이때 아들은 학교에서 아직 집으로 돌아오지 않았고 그런 통보를 받지도 못한 시간이었다. 어머니는 그런 사실을 알고 아들을 야단치는 문자 메시지를 보내고, 아들은 이런 응답을 보낸다. "저는 시험을 잘 봤다고 생각했어요. 그런데 어떻게 그렇게 되었는지 모르겠어요. 이제 다른 과목에 집중해야겠어요." 그러나 이 어머니가 몇 달 뒤 다시 나에게 전화할 즈음에는 걱정거리가 바뀌었다. 시험 망친 것을 걱정하는 것이 아니라 학부모 사이트 때문에 자신과 아들의 관계가 헝클어지는 것을 걱정했다.

팔로 알토의 3개 공립중등학교 중 하나인 제인 래드롭 스탠퍼드 미들 스쿨JLS의 학부모 중 상당수는 자녀의 성적을 매우 자주 확인한다. JLS의 샤론 오페크 교장은 '지금 당장' 확인하고자 하는 학부모의 욕구와 그런 끊임없는 문의로 시간을 빼앗기는 교사들의 충실한 교과 준비 사이에서 균형을 맞추고자 애쓰고 있다. 예를 들면, JLS 학부모가 학부모 사이트를 통해 자녀가 숙제를 제출하지 않아 0점을 받은 사실을 알았다면 그는 곧바로 이런 내용의 전자우편을 교사에게 보낼 것이다. "우리 아이가 숙제를 제출하지 않으면 저에게 알려 주시기 바랍니다. 앞으론 숙제를 안 낼 때마다 저에게 연락해 주셨으면 합니다." 이 학부모에겐 이런 것이 별로 무리한 요청이 아닐지 모르지만 학생들이 숙제를 안 해 올 때마다 해당 학부모 모두에게 날마다 전자우편으로 알려 줘야 한다면 교사는 학생보다 학부모에게 더 많은 시간을 쏟는 결과가 될 것이다. "얼핏 보기에 무리한 부탁이 아닌 듯하지만 이런 요청이 교사들에겐 정말 감당하기 힘든 부담입니다. 특히 매주 학생 200명을 지도해야 하는 교사들에게는 큰 부담이 됩니다. 우리가 학생들을 가르치는 책임에서 어떻게 눈을 돌릴 수 있겠습니까?" 오페크 교장의 반문이다.

팀 월든 박사가 교육장으로 있는 매사추세츠 학구의 어느 추악한 자녀 양육권 싸움은 학교가 학부모들에게서 받는 전자우편 통신이 얼마나 대폭 늘어났는지를 여실히 보여 주었다. 월든 박사는 어느 학생의 아버지가 그 학생과 연관된 모든 전자우편을 제출해 달라고 법원에 요청해, 법원의 명령을 따라야만 했다. 이 아버지는 이혼한 아내에게 불리한 몇몇 전자우편의 내용을 활용하려는 의도로 그런 법원 명령을 받아 냈던 것이다. 이 법원 명령으로 다른 사실도 드러났다. 이 학생이 1, 2학년에 재학하는 동안 아버지가 교사와 관리 직원에게 보낸 전자우편이 200통이 넘는다는 사실이었다. 그러나 어머니가 보낸 전자우편은 10통뿐이었다. 정보화 기술로 많은 변화가 일어났지만 학교생활은 여전히 6~7시간에 불과하다. 학부모와 상호작용하느라 업무 부담이 이렇게 엄청나게 늘어왔으니 교직원들이 이런 부담을 어떻게 감당할 수 있겠는가?

학부모의 온갖 공세에 시달리는 교사들

월든 박사는 학생을 가르치고 점수를 매기는 세부적인 내용까지 학부모가 시시콜콜 개입하는 일이 "교육에 나쁜 영향을 미친다"고 말했다. 그는 몇몇 학구에서 근무했는데, 교사들은 대부분 전자 성적부를 활용했다. 이 성적부에는 날마다 해 오는 숙제와 간단한 시험, 시험 결과 등이 기재된다. 일부 학구에서는 웹사이트를 통해 학부모가 전자 성적부에 기재된 자녀의 항목별 내용을 확인할 수 있게 했다. 그러나 학교가 이런 자료를 마음대로 볼 수 있게 해 주면서 수시로 자녀에 관한 모든 내용을 파악해야 한다고 느끼는 학부모의 욕구가 더욱 커졌다. 이런 상황에서 어느 교사가 학기 중 성적부 기재의 등급 기준을 바꾸려 하면 학부모들의 관심은 한껏 고조된다. 학부모들은 전자우편을 보내거나 전화를 걸어 이런 항의성 질문을 던진다. "왜 이런 것으로 평가하려 합니까? 왜 이렇게 바꾸었나요? 왜 이제까지 바꾸지 않았나요, 왜 이런 것으로 평가하지 않고 여태 내버려 두었나요?" 이런 식의 때늦은 비판이 몇 주일이고 연일 쏟아져 교사들은 녹초가 되고 만다.

월든 박사는 이렇게 말했다. "우리는 줄타기를 하고 있습니다. 저는 우리 교사들이 투명해야 한다고 믿습니다. 교사들의 평가가 공정하고 근거가 확실하며 신뢰할 수 있고, 또 어느 정도는 우리의 교육이 공개되어야 한다고 믿습니다. 그러나 동전에도 양면이 있듯이 다른 한편으로 교사들에게도 교육상의 재량과 신축성이 필요합니다. 부모가 교사들에게 바라는 것이 자녀에게 필요한 것과 장점 등을 살려 그에 알맞게 교육시키는 것이라면 모든 것을 현미경으로 들여다보듯이 살필 필요는 없습니다."

월든 박사는 학교가 온라인 성적부의 활용을 엄격하게 제한하여 균형을 잡아 가고 있다고 말했다. 학부모들에게 데이터를 얼마나 자주 갱신하는지, 어떻게 통보하는지 등을 제한하여 알려 주고 있다는 것이다. 학교가 이처럼 제한을 하지 않고 학부모 개개인의 온갖 문의와 항의에 응답하다 보면 너무 많은 시간과 노력이 낭비되어 정작 학생이나 다른 학부모에게 쏟아야 할 적절한 관심을 빼앗기게 된다. 그러나 이런 제한을 두면 교사들이 한결 제정신을 차리고 근무할 수 있다. 월든 박사는 이와 관련해 풀죽은 목소리로 나에게 이렇게 말했다. "일부 교사들은 온라인 성적부에 계속 접속하는 학부모들 때문에 노이로제 비슷한 증세를 보이기도 합니다."

학교가 교육과 학부모 간의 경계를 명확하게 설정하지 않으면 (학생들의 학습이 침해되는 식의) 심각한 악영향을 초래할 수 있다. 10여 년 전 뉴욕시 근처에 있는 소규모 사립학교의 교장은 교육을 더욱 충실하게 하기보다 학부모들의 요구에 영합하는 것이 더 낫겠다는 판단을 내렸다. 이런 판단에 따라 그가 내놓은 해결책은 무엇이었을까? 교장은 교사들에게 학생들의 점수를 모두 A와 B로 주도록 권유했다. 나중에 어찌되든 개의치 말라고 했다. 그러자 학부모들이 모두 만족스러워했다. 학교 분위기도 전보다 훨씬 부드러워졌다. 그런데 이런 사실이 밝혀지기 전에 이 교장이 다른 일로 해임되었다. 그 뒤 다음 교장은 학생들의 내신점수와 대학진학적성시험SAT 결과가 너무 차이가 큰 것을 발견하고 앞선 교장의 성적 평가 '방침'을 바꿔 정상적인 형태로 되돌려 놓았다. 앞선 교장이 그릇된 판단을 한 것이지만 내 생각엔 부유한 학부모들의 등쌀에 못 견딘 나머지 그에서 벗어나기 위해 그런 결정을 내렸고, 또 당시에는 이제 살았다는 식의 대단한 안도감을 느꼈을 것이라고 본다.

선제적 방어 전략

명문대 입학 경쟁이 치열하다 보니, 학부모들이 은밀한 술책을 부리는 경우도 있다. 특히 학생들의 평점 경쟁이 심한 곳에서는 부모가 자녀의 활동, 특히 과외 활동에 관한 내용을 다른 학부모들에게 거짓으로 말하는 것이 최선이라고 생각할 수 있다. 부모들은 자식이 한 주일에 두 차례씩 체력단련 코치의 지도를 받고 있어 엘리트 팀에 들어갈 가능성이 높아졌음에도 다른 부모에게는 아이가 체력단련 코치의 지도를 받지 않는다고 둘러댄다. 또 어떤 부모는 딸이 방과 후에 활동을 많이 하지 않는다고 하지만 실제로 이 여학생은 비범한 재능을 지닌 어느 아버지가 아무도 모르게 만든 로봇공학 동호회에 참여하고 있었다. 이 아버지가 이 동호회를 만든 것은 명성이 자자한 로봇공학 클럽에 들어갈 수 있는 가능성을 높이기 위해서다. 이처럼 최상의 (인적)자원이 부족한 만큼 사람들은 저마다 그에 접근할 수 있는 노력을 감춰 대학 진학 때 경쟁상의 우위를 누리고자 한다.

부모들은 자녀가 잘못을 저질렀을 때도 굉장히 방어적인 태도를 보인다. 가령 자녀가 물건을 훔치거나, 재물을 파손하거나, 아니면 다른 사람의 신체에 해를 입히거나, 자신이나 다른 사람을 위험에 빠뜨리거나 할 때 그런 태도를 보인다. 마음속으로는 자식을 혼내 주고 싶지만 아이가 궁지에 몰린 것처럼 보이면 부모의 마음속에서는 보호본능이 확 살아난다. 그러나 때로는 이런 사고가 났을 때 심호흡을 한 뒤 문제를 올바로 풀어 나가려는 부모도 있다. 즉 진상을 파악하고, 관련된 당사자들과 대화하며, 자식과 마주 앉아 가치문제에 대해, 행동과 그 영향에 관해 대화하고, 이어 그 결말을 실행에 옮기는 것이다. 그러나 이런 사고가 자식에게 '죽을 때까지 기록'으로 남을 것을 걱정해 어떻게든 그런 기록이 남는 것을 막기 위해 부모들이 이리 뛰고 저리 뛰는 사이, 정작 당사자인 아이는 한옆에 비껴 선 채 풀이 죽어 있거나 아니면 젠체하는 태도로 지켜보는 경우도 있다. 부모들은 이런 사고 때문에 자식이 대학에 진학하지 못하는 상황을 그대로 용인할 수 없는 것이다.

자녀가 빠져들기 쉬운 문제 중 가장 두드러진 것이 음주와 약물이다. 많은 학구에서는 미성년자의 음주와 약물 복용에 대해서 연중무휴로 엄격한 선도방침을 고수하고 있다. 이에 따라 음주나 마약을 하다 경찰에 잡힌 학생은 해당 사건이 학기 중에 발생하지 않았더라도 스포츠나 기타 과외 활동에 참여할 자격을 박탈하는 등의 학사 징계를 받게 된다.

월든 박사는 교육장이 되기 전에 매사추세츠의 다른 학구에 소속된 학교의 교장으로 일했는데, 이 학구에서는 연중 지속적인 단속방침의 채택 여부를 놓고 뜨거운 논쟁을 벌였다. "스포츠나 학생회 활동에 적극적으로 참여하고, 우등생 명단에 들기 위해 열심히 공부하는 학생들은 때때로 파티에서 만취해 병원에 실려 가야 할 정도로 과도한 행동을 하기도 합니다. 그 결과 징계를 받아 시즌 중 일부 기간 스포츠 활동을 하지 못하거나 주장 지위를 박탈당하기도 하죠. 그럴 때 학부모는 그런 징계 결정에 불복해 변호사를 대동하고 학교로 찾아옵니다." 월든 박사가 교장으로 있던 학교 이사회는 결국 연중 지속적인 단속방침을 채택하지 않기로 결정했다. 그런 단속이 학생 개개인의 권리를 지나치게 침해한다고 판단한 것이다. 이사회가 이런 결정을 한 또 다른 이유는 요란한 파티에 참석하는 학생들이 적지 않고, 이들이 술을 마시거나 마약을 하다가 붙잡혀 징계를 받게 되면 부모들이 나서서 법적 절차를 밟거나 제소하여 방어적―또는 공세적―으로 대응할 것이라는 점을 이사들이 잘 알고 있기 때문이다.

학생들―특히 사춘기 청소년들―은 어설픈 선택이나 판단을 하는 경우가 종종 있다. 이것은 성년으로 성장해 나가는 정상적인 과정으로 볼 수 있다. 이들은 비뚤어지거나 얼빠진 짓을 충동적으로 저지르는 경우가 많다. 전전두엽 피질이 아직도 계속 형성되고 있기 때문에 위험스러운 상황을 제대로 알지 못하고 '올바른 판단력'을 발휘하지 못한다. 부모들은 결과가 고약하든 아니든 간에 이들이 무릅쓰려는 위험에 겁이 나서 눈이 휘둥그레지지만, 이들은 "그 당시엔 괜찮은 생각처럼 비쳤다"고 생각한다. 이럴 땐 이들의 행동이 가져온 결과를 분명하게 보여 주는 일이 꼭 필요하다. 그런 방법만이 아이들로 하여금 그런 행동을 되풀이해선 안 된다는 점을 분명하게 깨닫게 해 줄 수 있다.

그러나 변호사를 선임해 자녀의 못된 행위를 옹호한다면, 당분간은 '지켜 냈다'는 기분을 느낄 수 있고, 또 이 사고로 '제대로 된' 대학에 진학할 기회가 틀어지지 않게 되었다는 안도감도 느낄 수는 있을 것이다. 그러나 그런 식으로 따끔하게 가르칠 기회를 그대로 흘려버린다면 자녀들은 잘

못을 저지르고도 아무런 제재를 받지 않는 만큼 그에 따른 도덕적, 윤리적 결함을 안고 살아가게 될 것이다.

입시 경쟁의 전면에 나서는 학부모들

많은 대학 교수들은 대학과정 선행학습Advanced Placement, AP 과정을 마친 고등학생들이, 대학에서 수업 시간에 배우는 것만큼 충분히 배울 수 있다고 생각하지 않는다. 그 때문에 고교생의 선행학습 대상이 되는 학과의 교수들은 그런 과정을 거친 학생들이 대학에 진학하더라도 그 전공분야의 이수 '단위'나 '학점'으로 인정하지 않으며, 따라서 그 분야의 다음 단계 '진출'을 허용하지도 않는다. 예를 들면, 스탠퍼드 대학의 영문학과, 사학과, 심리학과, 생물학과는 (공개된 기록에 따르면) 이미 2006~2007학년부터 AP 학점을 인정하지 않았다. 이처럼 학점을 인정하지 않은 시기는 공개된 기록으로 확인된 시기보다 훨씬 앞설 것으로 보인다. 스탠퍼드 대학 경제학과도 미시경제학과 거시경제학의 AP 학점을 2006~2007학년까지만 인정하고 그 이후에는 인정하지 않았다.

그러나 학생들은 대학과정 선행학습의 값어치와 관계없이 이런 과정을 밟는 데 욕심을 부린다. 그 이유는 가끔씩 최고의 실력을 갖춘 교사를 만날 수 있고, 또 고교 재학 중 가장 힘든 과정을 밟은 학생들을 눈여겨 살피는 대학 입학 담당 책임자가 AP 과정 이수자를 선호하기 때문이다. 또 AP 과정 관리가 상당히 엄격하기 때문에 이런 과정을 마친 학생의 내신점수에는 좀 더 많은 가중치가 붙는다(보통 평점이 온전하게 한 단계 올라가 B가 A처럼 보인다). 따라서 고등학교에서는 AP나 국제학력평가시험International Baccalaureate, IB, 우등반honors class 같은 고급 과정만큼 학업에서 비중이 큰 것도—또 학교 성적을 둘러싼 경쟁이 이보다 더 치열한 것도—없는 셈이다.

학교 관계자들은 교실에서 진행되는 학습과 숙제처럼 가정에서 이뤄지는 학습 간의 질적 차이—즉 부모가 자녀의 숙제를 대신 해 주고 있다는 매우 흔하고 명확한 증거가 있다—가 가장 두드러지게 나타나는 것은 우등반이나 AP, IB반이라고 말한다. 이처럼 숙제의 질적 수준과 학교 학습의 수준이 가장 크게 동떨어져 보이는 것은 이런 과정들이다. '이해관계가 매우 크고' 또 많은 학부모들이 자녀의 숙제를 대신 해 주고 있기 때문이다. 자녀가 고등학교에서 공부하는 데 가장 장애가 되는 일을 만나면 일부 학부모는 자녀가 그 장애물에 걸려 넘어지거나 부딪칠 가능성을 그대로 두고 보지 않는다. 그렇다면 어떻게? 자녀 대신 부모가 나서서 그 문제를 해결해 준다.

학교 쪽은 학생들이 다른 사람의 탐구 결과를 자신의 것인 양 표절하는 것을 막기 위해 turnitin.com 같은 웹사이트로 과제물을 내도록 한다. 이런 웹사이트를 거치게 하면 제출된 자료나 보고서가 이미 발표된 다른 사람의 성과나 내용을 그대로 베낀 것인지 여부를 확인할 수 있다. 그러나 부모가 보고서를 대신 써 주면 표절을 가려낼 수 있는 이런 소프트웨어도 아무런 쓸모가 없다(또한 자녀의 학업과 연관된 문제에 시시콜콜 관여하는 부모로서는 자녀 문제에 관한 한 그들도 '제3자'가 될 수 있다는 생각을 받아들이기 어렵다).

베스 가농은 이런 구분을 잘 하지 못하는 학부모를 자주 만난다. 그는 보스턴 지역 외곽에서 결혼·가정·자녀문제치료소를 운영하고 있다. 이 치료소는 자녀들이 학습 점검표에 있는 항목들을 하나하나 잘 마무리하도록 도와주는 데 최선을 다하는 학부모들로 가득 차 있다. 자녀가 사립고등학교에 지원할 때 에세이를 대신 써 주었다고 베스에게 솔직히 시인하는 부모를 만나면 베스는 유머를 섞어 이렇게 말해 준다. 자녀 대신에 나서려는 학부모의 충동이 언제나 사라질 수 있으며, 또 왜 사라져야 하는지 곰곰이 생각해 보라는 것이다. 베스의 치료소를 찾아오는 학부모와 나누는 전형적인 대화는 대개 이런 식이다.

> **베스**: 이처럼 자녀를 위해 모든 것을 대신 해 주면 자녀가 대학에 진학해서 어떻게 제구실을 다할까요? 아니, 그 이전에 자녀가 대학에 진학이라도 할 수 있겠습니까?
>
> **학부모**: 그것도 아이를 위해 제가 대신 써 줄 생각입니다!
>
> **베스**: 언제쯤 그런 일이 끝날까요? 기숙사 사감이 분명 학부모를 쫓아낼 겁니다. 학부모는 아무리 봐도 기숙사에 들어올 연령처럼 보이지 않으니까요.

이런 대화가 오가다 보면 아마도 한두 차례 웃음이 터져 나올 법하다. 그리고 베스가 의도한 대로 대화가 풀려 나가면 자기반성도 조금 하면서 실제로 자신을 점검하고 다짐도 할 것이다. 그러나 베스가 이런 상담 치료 과정을 아무리 효과적으로 이끌어 가도 학부모가 치열한 경쟁의 현장으로 돌아가면 무엇이든 닥치는 대로 해야 한다는 혹독한 압박에 다시 시달린다.

대학에서 입학 업무를 담당하는 관계자들 대부분은 그 대학에 진심으로 관심을 보여 준 학생을 신입생으로 맞이하려고 한다. 지원 학생이 차분하지 못하거나, 수줍음을 많이 타거나, 그 대학에 별다른 관심을 보이지 않았다면, 그것은 부모의 관여가 많아 그렇게 된 것이라고 볼 것이다. 2013년, 미국 전역에 방송되는 라디오 프로그램인 〈디스 아메리칸 라이프This American Life〉의 진행자인 아이라 글래스는 조지아 공대의 학부생 입학 담당 책임자인 릭 클라크를 인터뷰했다. 이 인터뷰에서 릭은 자신과 팀원들이 계속 자녀로 가장한 부모들의 전자우편과 전화를 받고 있다고 밝혔다. 어떤 남학생은 최근 릭이 자신의 학교를 방문해 준 데 대해 대학 쪽에 감사한다는 내용의 전자우편을 '어머니의 전자우편 주소'로 보내기도 하고, 다른 전자우편에서는 고교생들이 거의 쓰지 않는 "경외감이 든다"는 표현이나 "근사한cool" 같은 단어들이 툭툭 튀어나오기도 한다. 또 전화로 10대 딸아이 흉내를 내던 어머니는 통화가 15분쯤 지나자 이런 식의 말실수를 하기도 한다. "딸애가, 아니 제가 지원서에 밝힌 것보다 더 많은 과외 활동을 기재하고 싶은데, 괜찮을까요?"

경쟁력 강화

사람들의 윤리 기준이 엉망이 되지 않는 한 누군가를 고용해서 자녀의 숙제를 대신 하게 만들 수는 없을 것이다. 그러나 자녀가 고등학교 재학 중에 가능한 한 많은 소양을 쌓고, 또 그런 소양이 돋보이도록 갈고 닦게끔 돕는 일은 사람을 고용해서 맡길 수 있다. 자녀들은 거의 모든 과목에서 개인 교습을 받을 수 있다. 이런 교습을 통해 C나 D, F 등의 평점을 없앨 뿐만 아니라 B를 A로, A⁻를 A⁺로 평점을 끌어올릴 수 있다. 여유 있는 집안의 자녀는 몇 년씩 대학진학적성시험SAT을 준비할 수 있다. 가령 SAT 점수를 끌어올리기 위해 값비싼 시험예비과정을 거치고 여러 차례 예비시험을 치르는 식으로 준비를 한다. 나는 고교생 자녀가 있는 어느 학부모로부터 AP와 SAT, SAT 과목 전체의 시험 준비 교습비로 10만 달러(약 1억 1300만 원) 이상을 제안받았다는 사람의 이야기를 들은 바 있다.

자녀가 공립학교를 다닌다면—공립학교에서는 대학 진학 상담 교사가 보통 학생 150명에서 400명을 지도해야 하는데, 사립학교 진학 지도 교사는 이보다 훨씬 적은 학생들에게 깊이 있는 상담을 해 준다—부모는 '개인적인 대학 입학 상담사'를 고용해 자녀의 대학 지원 문제에 충분히 대비하고 싶은 욕구를 느낄 것이다. 이런 상담사는 대학 진학 문제를 일대일로 지도해 줄 뿐만 아니라 주말에 다닐 수 있는 논술 수련장을 소개해 주기도 한다. 자녀를 사립학교에 보낸 학부모도 이런 상담사를 고용해 도움을 받는다. 일부 상담사는 몇몇 명문 대학에 '연줄'이 있음을 내세우는 수상쩍은 행동을 하기도 한다. 2013년의 경우 대학 지원자 중 26%가 이런 상담사를 활용했다고 밝혔는데, 이런 비율은 불과 10년 전에 비해 3배나 상승했다.

2014년 여름, 실리콘밸리에 사는 어느 여성이 스탠퍼드 대학 취업게시판에 광고를 올렸다. 14살짜리 아들의 개인교사로 일할 학생을 찾는다는 내용이었다. 이 광고에서 이 여성은 아들이 "IQ가 높고 여러 가지 재능을 갖추고 있으며, 특별히 부족한 부분은 없고 복잡한 주제를 놓고 성인 수준의 대화를 이어 갈 능력이 있다"고 밝혔다. 개인교사가 해야 할 일은 주중에 오후마다 이 학생과 함께 지내면서 "운동을 시키고, 시간표를 짜며, 미리 계획을 세우고, 10대에서 겪는 일반적인 문제로 이야기를 나누며……의무감이나 어떤 결과에 대한, 개인이 지닌 풍부한 가능성 등에 대한 이해를 높이도록 도와주는 것"이었다. 이 어머니는 대학의 평균학점이 최소한 3.5인 학생을 원하며, 이런 후보자가 결정되면 시간당 25~35달러를 지불하겠다고 제안했다(대학원생이거나 대학원을 마친 사람 또는 교습이나 지도 경험이 있는 사람에겐 돈을 더 많이 지불할 수 있다고 덧붙였다).

물론 나는 이 어머니가 어떤 이유에서 자녀에게 이런 교습을 시키려는지 정확하게 알지 못한다. 그러나 이런 교습이 대학 진학 준비와 어쩌면 성년이 된 이후의 인생에 대비시키려는 것이 아닌지 추정해 볼 수 있다. 여기서 유년기 생활 자체가 왜 그런 준비나 대비가 되지 못할까 하는 의문이 생긴다. 왜 아이들에게 특별한 트레이너가 필요할까? 우리가 자녀에게 열심히 준비시키는 이런 대단한 미래란 어떤 것일까? 자녀가—겉보기에 그런대로 재주가 있어 보이는—그런 생각대로 자라도록 내버려 둔다면 어떻게 될까? 이 문제에 대해 여러 느낌이 들었지만 이 어머니의 광고를 읽고 마음 한구석으로는 공포감 같은 것을 느꼈다. 이 어머니가 자식에게 준비시키려는 것을 살펴보고, '나도 저런 노력을 기울여야 하나?'라는 두려움을 느꼈다.

학업을 둘러싼 경쟁이 이처럼 치열하다 보니, 학부모들은 마음속으로 두려움을 느낀다. 뉴욕 시에 사는 어떤 사람은 이 광고를 보고 느낀 공포감을 이렇게 표현했다. "우리는 결핍의 시대에 살고 있다. 이제 더 이상 아메리칸 드림을 추구할 수 있는 삶은 없다. 다른 사람의 자녀가 일자리나 대학을 차지하면 우리 아이가 갈 자리는 없다. 사정이 이렇다 보니 부모들은 아이비리그 대학에 자녀를 입학시키기 위해 온갖 무리를 마다하지 않는 것이다."

이런 지적처럼 스탠퍼드와 MIT, 그 밖의 아이비리그 대학은 서로 입학하려고 하기 때문에 정원이 모자란다. 그러나 나중에 여러 장에서 다루겠지만 그런 희소성 때문에 명문 대학에 들어가지 못한다고 해서 그것이 곧 그 젊은이의 장래를 제약하는 것은 아니다. 오바마 대통령은 2014년에 큰딸 말리아를 데리고 여러 대학을 방문하면서 이런 말로 이 문제에 대해 주의를 환기시켰다. "우리는 말리아에게 '가야 할 대학이 10대 명문 대학이라고 생각하지 말고, 이런 대학에 진학하지 못하면 인생이 엉망이 될 것이라고 생각하지 마라. 그 밖에도 갈 대학은 많다'고 말합니다." 물론 미국

대통령쯤 되면 장래 딸의 안정된 삶의 문제를 장기적으로 바라볼 여유가 있을 것이다. 그러나 오바마의 이야기는 우리 모두가 헤어나지 못하는 불합리한 상황에 대한 온당한 조언이었다.

취업 전선에 직접 나서는 부모들

21세기형 과잉보호의 한 형태로 흔히 볼 수 있는 일이지만, 자녀의 경쟁력을 강화시키기 위해 학업에서 우수한 실적을 쌓아 가는 일은 자녀가 고등학교를 졸업한다고 해서 끝나는 것이 아니다. 자녀를 대학에 입학시키려고 온갖 싸움을 벌였던 학부모는 이제 대학에서 그 싸움을 이어 간다. 스탠퍼드와 미국 전역의 다양한 대학들은 학부모가 마치 대학생이라도 된 것처럼 실제로 학사 활동에 나서는 모습을 자주 본다. 즉 자녀의 성공에 도움이 될 것이라고 판단하는 수업이나 자녀의 전공을 선택해 주는가 하면, 자녀의 과제물을 편집해 주고, 교수에게 전화를 걸어 평점을 문의하며, 비난받을 만한 행동을 저질렀을 때는 변호사를 고용해 변호한다. 이처럼 학부모가 대학에 진학한 자녀와 함께 움직이면서 대학생활에 교묘하게 파고들기 시작하면 가끔 "도대체 누가 대학에 다니는 거야?"라는 의문이 들기도 한다.

자녀가 일단 대학에 진학하면 다음 전선은 대학원 진학이나 취업 시장이 된다. 자녀가 부모의 도움을 받는 데 익숙해져 있다면 취업 전선에 나서야 할 시기에는 그 어느 때보다도 부모가 도와주기를 바라거나 그런 도움을 필요로 할 것이다.

2008~2009학년부터 시작된 대규모 불황에 빠져 있던 미국 경제는 2014년부터 마침내 회복세를 보이기 시작했다. 정규직full-time 유급 일자리란

측면에서 보면 불황 때문에 다른 어느 세대보다도 큰 타격을 입은 이들이 밀레니얼 세대다. 대학 교육을 받은 20~24살 연령층의 실업률 상승률이 가장 높았기 때문이다. 이처럼 취업시장 진출이 몇 년씩 늦어지면 단기적인 손해만 입는 것이 아니다. 경제 불황기에 대학을 졸업한 사람은 평생에 걸친 장기 소득 총액 면에서 10% 정도 손해를 본다. 더구나 이런 세대는 이전 어느 세대보다도 학자금 대출 부채를 많이 진 채 졸업하고 있다. 더구나 이들은 불황 때문에 고용주들이 유급 일자리가 아닌, 무급 인턴을 찾는 상황에서 상근 유급 일자리를 찾아야 할 처지다. 또한 대학 졸업자 숫자가 최대한으로 불어난 상황에서 다른 사람들과 취업 경쟁을 벌여야 한다. 학사 학위를 갖고 있는 25~29살 연령층의 숫자가 1975년부터 1995년 사이에는 (21.9%에서 24.7%로) 3% 포인트만 상승하는 데 그쳤지만 1995년부터 2012년 사이에는 (24.7%에서 33.5%로) 근 10% 포인트나 급증했다. 또한 밀레니얼 세대는 동일한 라이프 사이클 단계로 비춰 볼 때 직전 세대인 X 세대와 베이비붐 세대에 비해 부의 수준과 개인소득 면에서 뒤지는 최초의 세대이기도 하다. 한마디로 낙관적인 상황이 못 되는 것이다. 많은 부모는 이런 상황을 전하는 기사를 읽고 "우리 자식을 어떻게 그런 상황으로 몰아넣을 수 있단 말인가?"라고 생각할 것이다. 그래서 부모들은 자녀의 손을 잡고 장기적인 손실을 외면한 채 단기적인 승부에 나선다. "과연 자녀들이 무슨 일을 스스로 해결할 능력을 갖고 있을까?"라는 의문을 갖고 있기 때문이다.

　미시간 주립대학의 대학취업연구소CERI는 초기 취업 부문의 실상과 함께, 대학이 학생들의 취업을 돕도록 고용주들이 어떤 역할을 할 수 있는지에 초점을 맞추어 노동시장의 실태를 조사하고 있다. 이 연구소의 필 가드너 소장은 거품경제 현상인 이른바 닷컴 버블과 9·11 테러공격으로 인한

2000년대 초의 경제불황을 겪기 전까지는 부모가 자녀의 취업생활에 깊이 관여하지 않았다고 말했다.

그러나 가드너는 2000년대 중반께부터 대학생들의 일자리 찾기와 취업 현장에 부모가 끼어드는 행태를 선정적으로 보도하는 기사들을 많이 보게 되었다. 연구원으로 활동해 온 그는 일시적인 화제 정도로 넘기는 것이 아니라 구체적인 자료를 통해 실태를 파악하고자 했다. 그에 따라 2006~2007년도 CERI의 고용주 연례조사에는 신입사원 모집과 채용 과정에서 채용 대상자 부모가 관여하는 정도와 끼어드는 구체적인 행태에 관한 질문 항목이 추가되었다. 이 조사에서 고용주 725명이 응답했다(여기서 유념해야 할 점은 이 설문조사가 대규모 불황이 불어닥치기 이전의 경제 활황기에, 그리고 부모 자식 간의 메시지 주고받기나 전화 통화가 잦아지기 이전 시기에 이뤄졌다는 사실이다. 불황이 닥치고 부모 자식 간에 메시지 주고받기와 통화가 잦아지면서 성인이 된 자식의 삶에 시시콜콜 파고드는 부모의 과잉간섭은 기하급수적으로 늘어난 것으로 알려졌다).

응답자 725명 중 대학 졸업반 채용 과정에서 '가끔씩'부터 '매우 빈번하게'까지 정도의 차이는 있지만, 고용주가 부모의 모습을 직접 보았다고 응답한 비율은 23%였다. 중소기업의 신규 채용 과정에서는 부모들의 모습이 거의 보이지 않았으나 (종업원 수 3700명 이상인) 대기업 중 3분의 1에서는 부모들이 간섭하는 것이 목격되었다(대기업들이 대학을 찾아가 취업설명회를 갖거나 취업박람회에 참여하는 경우가 많아 이런 차이가 생긴다고 볼 수 있다. 취업설명회나 취업박람회는 다 같이 부모가 관여할 여지가 많은 장소다).

가드너는 CERI 조사를 통해 대학 졸업생 채용 과정에 관여하는 부모의 다양한 행태를 파악하고, 다시 행태별로 그 빈도가 어느 정도인지를 조사했다. 그 결과 회사에 관한 정보 수집(40%), 자녀 대신 이력서 제출(31%),

자녀가 어떤 직위에 오르거나 급여가 인상되어야 한다고 주장하기(26%), 취업박람회 참석(17%), 자녀를 채용하지 않은 회사에 항의하기(12%), 면접 일정 조정하기(12%), 급여와 부가급부 협의에 나서기(9%), 승진이나 급여 인상 옹호하기(6%), 면접 과정에 참여하기(4%) 등이었다.

부모 중 어머니 쪽은 대체로 회사 정보 수집과 면접 일정 조정, 회사 방문 등 취업 활동의 초기 과정에 관여하는 경우가 많고, 아버지 쪽은 여러 협상 과정이나 자녀가 징계를 받게 될 경우 나서는 경우가 많았다. CERI 조사보고서에는 이런 내용이 담겨 있다. "어느 고용주는 이력서를 제출하러 온 부모들에게 이렇게 권유했다. '자녀에게 부모가 대신 이력서를 제출했다고 꼭 이야기해 달라. 우리가 이력서에 적힌 번호로 전화를 하면 우리 회사에 대해 전혀 아는 바가 없고, 우리 회사에 관심도 없다는 응답이 돌아오기 일쑤다.'"

이와 관련해 가드너는 이렇게 말했다. "부모의 관여가 자녀에게 좋은 방향으로 도움이 되는 경우도 있다. 취업 기회를 찾아내 자녀에게 권유하고 마음으로 격려해 주며, 때로는 일시적으로 돈을 주어 도움을 줄 수 있다. 그러나 부모가 자식을 대신해 모든 것을 할 수 있는 것은 아니다. 10년이나 20년 전만 해도 부모가 초임 수준이나 취업 조건에 대한 협상에 관여하는 일은 볼 수 없었다. 그러나 지금은 그렇게 한다." CERI의 설문조사에서 고용주들은 채용 과정에 과도하게 관여하는 부모들이 그런 행태를 버리지 못해 취업한 뒤에도 자녀 대신 회사 업무를 처리해 준다고 대답했다. "우리는 몇몇 부모를 만나 이런 하소연을 들었다. '우리 자식이 지금 30대인데도 일자리 찾는 일을 여전히 우리가 해 주길 바라고 있으니, 우리가 아무래도 자식을 잘못 키운 것 같다.'"

여기서 얻을 수 있는 교훈은 다음과 같다. 부모들은 성인이 된 자녀가 스스로 일을 처리할 수 있어야 한다는 사실을 뒤늦게나마 깨닫고 그동안 치렀던 갖가지 경쟁 과정에서 벗어나려 안간힘을 다하지만, 벗어나기 힘들다는 것이다. 그동안 부모들이 온갖 형태로 관여하여 갖가지 도움을 받는데 익숙해진 자녀들은 부모가 손을 털고 나갈 경우 스스로 일을 감당해 낼 능력도, 수단도 갖추고 있지 못하기 때문이다.

5장
무엇을 위해?

잠시 1970년대 말과 1980년대의 선의의 방임을 돌이켜 볼 수 있을까? 케이크 세 조각을 마음대로 먹거나 담배 연기를 막 들이마시거나, 또는 약간 혀가 꼬부라진 어른들에게 칵테일 잔을 가져다주는 어린이들을 그냥 내버려 둔 시절이었다. 저녁때가되어 아이들이 눈에 띄지 않아도 사랑받고 감시를 받지 않던 시절이었다. 내 기억으로는, 관심의 초점이 되지 않는 그런 무더운 여름밤은 해방감을 누릴 수 있는 시간이었다. 지루하고 끈적끈적한 권태로운 시간 속에서, 그리고 감시의 눈길에서 벗어난, 외로운, 용도가 정해지지 않은 시간의 흐름 속에서 무엇인가가 꽃핀다. 우리는 그런 여백 속에서 자신의 참된 모습을 찾았다.

          – 케이티 로이프의 『허접한 삶에 보내는 찬사In Praise of Messy Lives』에서

최근까지도 미국 어린이들의 유년 시절은 신기하리만큼 갖가지 자유로움으로 가득 차 있었다. 아이들은 잘 살아남았을 뿐만 아니라 성장하고 활력을 키워 미국을 전 세계가 인정하는 세계 최대의 경제 강국으로 이끌었다. 이들은 학교생활을 매우 중요시하면서 열심히, 정말 열심히 공부했지만 그렇다고 공부나 학교가 전부는 아니었다. 아이들은 그들만의 세계 속을 마음대로 헤매고 다니며 그들의 관심을 끄는 대상을 탐구했다. 운동은 운동대로, 놀이는 놀이대로 즐겼다. 이처럼 무엇인가를 자유롭게 추구하는 활동은 모두 이들의 지적, 심리적, 사회적 성장과 발전에 기여했다. 그런 일은 대부분 성년이 되기 전에 이루어지기 마련이다. (위에 인용된) 케이티 로이프Katie Roiphe처럼 X 세대인 사람들은 이런 것이 무엇인지를 잘 알

것이다. 그러나 밀레니얼 세대에겐 이런 이야기가 지난 역사나 꾸민 이야기처럼 들릴 것이다.

때때로 나도 로이프처럼 내가 기억하는 유년 시절이 그대로 재현되기를 열망한다. 그리고 우리 자녀들이 과거와 같은 자유를 누리는 대신, 부모의 불안과 기대의 틀 속에 갇힌 채 자라는 것이 조금 슬프다. 나는 내 자녀들이 과거와 같은 유년 시절을 보내기를 간절히 바란다. 비록 내 일상적인 선택이 그런 바람과 어긋나는 경우가 종종 있지만, 내 자녀들의 삶이—아니 우리 모두의 삶이—그런 자유로움 속에서 한결 좋아질 것이라고 보기 때문이다. 과거와 같은 유년 시절이 이 땅 어느 골짜기엔가 아직도 남아 있을지 나는 알 수 없다. 하지만 그런 곳이 남아 있다면 그곳의 삶은 러닝머신 위를 단조롭게 뛰는 식의 삶이 아니라 자유롭게 야외를 달리는 삶에 가까울 것이다. 또 정해진 목적지를 향해 가기보다는 기나긴 여정의 길에 오르는 것에 더 가까울 것이다. 우리가 복고풍 패션이나 가구를 사는 것처럼 지난날의 유년 시절을 되살릴 수 있을지 나는 알 수 없다. 우리가 모든 근심을 내려놓고 아무런 제약 없이 진정한 자아가 발현되게 할 수 있다면, 그때 우리 모두 가장 값지다고 생각하는 것은 과연 무엇일까? 나는 가끔 우리 자녀들의 유년 시절이 우리만큼이나 이들에게도 값진 것이라 생각한다.

2008년 어느 날, 스탠퍼드 대학 교정을 걷다가 길을 잘 몰라 우두커니 서 있는 모녀에게 도와줄 일이 있느냐고 물었다. 그러자 어머니가 전기공학과 건물을 찾고 있다고 했다. 나는 "이 길로 쭉 내려가면 저쪽에 있습니다"라고 방향을 일러 주었다. 나는 담당하는 업무 때문에 스탠퍼드 신입생이 될 법한 사람에게는 관심이 많다. 그래서 이번에도 그 딸과 대화를 해보려 했지만 별로 성공을 거두지 못했다. 어머니가 딸의 학업 계획에 대해 나에게 계속 말을 걸어왔기 때문이다. 우리는 조금 걷다가 딸이 약간 짜증스러운 표정으로 고맙다는 손짓을 해 헤어졌다.

대화하면서 살펴보니, 딸은 10대가 아니라 대학을 졸업한 20대 중반으로 PhD. 과정에 관심을 보였다. 그런데 그것에 관한 이야기는 딸이 아닌 어머니가 온통 다 하는 것이었다.

≪뉴욕 타임스≫ 기고자인 존 그린스펀은 2014년 여론면에 실린 칼럼을 통해 오늘날의 자녀 양육을 지난날의 양육 방식과 비교하면서 오늘의 과잉보호 방식이 미국인으로서 우리가 자부심을 느끼는 가치관에 부합하는지에 대해 의문을 제기했다. "오늘의 미국 문화에는 두려움을 느끼고 소송을 즐기며 통제하는, 우리가 자랑할 수 없는 점이 있는데, 그것이 자녀 양육에서 그대로 드러나고 있다. 그것은 개방적이고 낙관적인 나라라는 우리 이미지에 배치되는 것이다." 우리가 진정으로 자랑해야 할 것은 다름 아닌 아이들의 온전함인데, 정작 독자적인 삶을 꾸려 갈 자녀들의 능력에 대해서는 사실상 거의 아무런 신뢰를 보내지 않는다. 앞선 세대의 모든 이들은 어떻게든 독자적으로 살아가는 방법을 터득했다. 지금 부모들은 자녀들을 믿기보다는 부모 자신의 솜씨와 계획, 꿈 들이 자녀들의 미래의 삶을 만들어 갈 올바른 도구가 된다고 굳게 믿고 있다.

독일의 저술가이자 시인이며 철학자인 요한 볼프강 폰 괴테는 "자녀는 부모에게서 두 가지를 물려받아야 한다. 바로 뿌리와 날개다"라고 말했다. 그렇다면 자식에게 날개를 준다는 것은 어떤 의미인지 이제 면밀히 검토해 볼 필요가 있다. 또 자녀가 성장해 부모의 슬하를 떠나 이 세상의 온갖 풍파를 헤쳐 가면서 살아가야 할 때, 그들이 과연 어떤 사람이 되어 무엇을 할 수 있을지 헤아려 보아야 한다. 부모와 자녀는 비록 서로 영원히 사랑할 수 있지만, 앞으로 서로 떨어져 별도의 삶을 살아갈 수 있을지, 그리고 그럴 경우 어떤 이득이 있는지도 자문해 볼 때가 되었다.

사실 어머니가 시간을 쪼개 다 큰 딸을 따라 대학에 찾아와서 대학원 과정을 살필 정도로 관심을 보이는 것은 조금 놀라운 일이다. 그런데 더욱 놀라운 일은 20대 중반의 딸이 어머니의 이런 관여를 반기고 있다는 점이다. 내가 이 모녀를 보았을 때 내 딸 애버리는 7살쯤 되었는데, 이들과 이야기를 나누다가 문득 이런 생각이 떠올랐다. 애버리가 이 여성의 딸처럼 20대 중반이 되었을 때 나는 어떤 역할을 하고 있을까 하는 점이었다. 나는 딸아이의 가슴 설레는 진기한 체험을 곁에서 지켜보려 하는 내 모습이 떠올랐다. 어쩌면 곁에서 도움을 주고 싶어 하겠지만 그보다는 이 세상을 헤쳐 나가는 사랑스러운 딸의 모습을 경탄의 눈길로 바라보고 있을 법하다.

마음 한구석에서는 이제 한숨 돌리고 싶다는 느낌도 든다. 애버리가 대학원 과정을 알아볼 때 혼자 모든 것을 처리하길 바라는 마음이다. 그래서 어느 날 나에게 전화를 걸어 숨 가쁜 목소리로 그간의 과정과 자세한 내용, 어려웠던 점, 오롯이 느꼈을 즐거움을 쏟아놓기를 바란다. 모녀가 코너를 돌아 공대 건물 쪽으로 사라지자, 내 곁을 떠나 독립적으로 움직이는 애버리와의 미래 관계가 계속 현실성이 있을지 의심스러웠다. 그리고 유년 시절부터 자녀 주변에 어른거리는 부모의 온갖 그림자가 성년이 되어서도 그대로 이어지는 오늘의 현실이 머릿속에 되살아났다.

내가 스탠퍼드와 주변에서 알게 된 수많은 젊은이들을 돌이켜 보고, 또 내가 굉장히 마음 쓰며 키우고자 애썼던 두 아이를 생각해 보면, 부모들은 모든 일이 잘 풀려 자식들이 편안하게 살아가기를 바라고 있음을 알 수 있다. 그러나 그런 바람은 우리가 자녀에게 헤쳐 나갈 수 있게 대비시키고자 하는 현실과는 동떨어진 것이다. 우리 자녀들은 지루한 삶의 공백 속에서 무엇인가를 선택하는 방법이나 어떤 가능성을 이뤄 내는 방법을 배우지 못한다. 이들은 자신의 행동에 따른 책임감이나 의무감을 배우지 못한다. 이들은 넘어져 볼 기회나 다시 일어설 기회도 갖지 못한다. 이들은 사실상 그들 자신이 이뤄 내지 않은 일로 굉장한 성취감을 느낀다. 그리고 부모의 도움 없이는 어떤 일도 이뤄 낼 수 없다고 믿는다. 또한 이들에겐 스트레스를 누그러뜨릴 완충장치도 없다. 자유와 놀이도 없다. 부모들은 인생살이에 따르는 온갖 위험을 없애 주고 자식들을 번듯한 대학에 밀어 넣겠다는 생각에서 자녀들이 자아를 형성하고, 그들 자신을 잘 알 수 있는 기회를 빼앗아 버렸다. 부모들은 이렇게 말할지 모른다. 자녀를 위한다고 생각했던 그런 미래를 얻기 위해 이들의 유년 시절을 저당 잡혔다고. 그러나 그것은 도저히 돌려받을 수 없는 빚으로 남는 것인데도 말이다.

2부

과잉보호를
중단해야 할
이유

6장
인생을 살아갈 기본적인 지혜조차 부족한 자녀들

사회학자로서 오랫동안 교회를 중심으로 청년운동을 펼쳐 온 짐 핸콕Jim Hancock은 1999년에 펴낸 저서 『어른으로 키우기: 자녀를 현실 세계에서 살아가게 하려면Raising Adults: Getting Ready for the Real World』에서 이렇게 시작한다. 부모가 '어린이'를 키우고 있다고 생각하면서 자녀를 양육한다면 결국 얻는 결과는 (어른이 아니라) '어린이'일 것이다. 자녀를 어린이가 아니라 어른으로 키우는 것이 부모들이 할 일이라고 역설했다. 이런 지적이 무엇을 의미하는지는 분명하지만 나는 내게 스스로 이렇게 묻게 된다. "나나 다른 사람이 이 문제와 관련해 '이 세상에서 성인成人이 된다는 것'은 실제로 무엇을 의미할까, 어린이가 그런 성년이 되는 방법 등에 대해 알기나 할까."

법률적으로는 '성인'을 여러 가지 형태로 정의할 수 있다. 부모 동의 없이 결혼할 수 있는 나이(대부분의 주에서는 16살), 조국을 위해 싸우다 죽을 수 있는 나이(18살), 술을 마실 수 있는 나이(21살) 등이다. 그러나 성장의 정도 면에서 볼 때 성년成年답게 행동하고 생각한다는 것은 무엇을 의미할까?

지난 수십 년 동안 성년에 대한 일반적인 사회학적 정의는 사회적 표준과 그대로 맞물려 있었다. 즉 고등학교를 졸업하고, 집에서 벗어나며, 재정적으로 독립하고, 결혼하고, 자녀를 갖는다는 것이었다. 1960년에는 여성의 77%와 남성의 65%가 30살이 될 때까지 이런 인생의 5가지 이정표를 모두 거쳤지만 2000년에는 여성이 딱 절반만, 남성은 3분의 1만이 30살까지 그런 과정을 모두 끝냈다.

성년을 정의하는 이런 전통적인 방식은 분명 시대에 뒤떨어졌다. 이제 결혼은 더 이상 여성의 경제적 안정성을 뒷받침하는 선행조건이 아니며, 자녀도 더 이상 가정 성생활의 불가피한 산물이 아니다. 이제 사람들은 결혼을 하지 않고 자녀를 갖지 않더라도, 또 이 가운데 어느 하나만을 따르더라도 성인이 될 수 있다. 이같은 인생의 이정표는 이성애를 중심으로 한 것이지만, 게이나 레즈비언도 깊숙하게 연결된 관계를 맺어 자녀를 키울 수는 있으나 아직은 많은 주에서 합법적인 결혼제도에서 배제시키고 있다. 만약 젊은 사람들이 더 이상 원하지 않는 인생의 여러 이정표를 기준으로 '성년'을 규정하려 한다면 그런 정의는 큰 의미를 지닐 수 없을 것이다. 이제 이 시대에 들어맞는 정의가 필요하며, 그런 정의의 기준을 찾으려면 젊은이들에게 직접 물어보아야 한다.

심리학 연구원들은 2007년 ≪가정심리학술지Journal of Family Psychology≫에 발표한 연구보고서를 통해 18~25살 젊은이들에게 성년임을 나타내는 가장 두드러진 기준이 무엇이라고 생각하느냐고 물었다. 이런 설문을 통해 확인된 성년의 기준을 중요도 순으로 살펴보면, (1) 자신의 행동에 따른 결과에 책임을 진다, (2) 부모와 성인으로서 대등한 관계를 맺는다, (3) 경제적으로 부모로부터 독립한다, (4) 부모나 다른 사람의 영향을 받지 않고 자신의 믿음과 가치관에 따라 독자적으로 결정한다 등이다. 연구원들은 성년이 된 이들 젊은이에게 "당신은 자신이 성년이 되었다고 생각하는가?"라는 질문을 던지자 그렇다고 응답한 사람은 16%뿐이었다. 다시 이들 젊은이의 부모들을 대상으로, 18~25살 자녀들이 성년이 되었다고 생각하느냐고 묻자, 자식들이 생각하는 것처럼 성인이 되었다고 생각하지 않는다고 응답한 어머니와 아버지가 압도적으로 많았다. 내가 학생과장으로 재직하면서 18~22살 학생 2만여 명을 관찰한 결과로는 이런 조사 결과에 동의하지 않을 수 없다. 큰 문제라고 볼 수 있다.

최근 가을 학기가 막 시작되었을 즈음 스탠퍼드 대학에서 이런 일이 벌어졌다. 신입생이 학교 기숙사에 들어온 지 며칠 안 된 어느 날 고향집에서 부쳐 온 박스 두 개가 기숙사 방 바깥 복도에 놓여 있었다. 그런데 이 학생은 그 박스를 안으로 들여놓지 못하고 그대로 복도에 두었다. 상자가 너무 크고 무거워 두 사람이 맞들어야만 옮길 수 있었기 때문이다. 이 학생이 앞서 그 방을 썼던 직원에게 나중에 설명한 내용에 따르면, 이 박스를 옮기는 걸 도와 달라고 누구에게 부탁해야 할지를 몰랐다고 한다. 다행히 이 직원이 학생 어머니의 전화를 받고 거들어 주었다.

이런 것은 자녀 양육을 잘못한 결과다. 청소년 자녀는 만 18살 생일이 되는 밤 12시에 땡 하는 소리와 함께 마법처럼 인생살이에 필요한 솜씨를 단숨에 익히는 것이 아니다. 유년 시절은 바로 단련장과 같은 구실을 한다. 이 시기에 부모는 도울 수는 있지만—그렇다고 늘 주변에 있으면서 무엇인가를 대신 해 주거나 또는 휴대전화로 끊임없이 방법을 설명해 주는 식이어서는 안 된다—아이들에게 방해가 되지 않도록 한 걸음 뒤로 물러서서 스스로 일을 처리할 방법을 찾을 수 있게 해야 한다.

보스턴 외곽에 있는 뉴햄프셔 지역에서 심리요법사로 일하는 베스 가농은 이런 생각에 동조한다. 그의 클리닉에는 자녀 걱정이 과도해 지나칠 정도로 아이들의 일을 도와주는 부모들로 가득하다.

가농은 "이곳을 찾는 어머니들은 '바깥 날씨가 차기 때문에' 자녀를 날마다 차로 학교까지 데려다줍니다"라고 나에게 말했다. 나는 그 목소리에 담긴 좌절감을 또렷하게 느끼면서, 베스 또한 우리도 눈부신 캘리포니아의 따뜻한 햇볕 아래서 똑같이 아이들을 차에 태워 등교시킬 것으로 보리라는 데 생각이 미치니 마음이 서늘해졌다. 베스의 이야기는 이렇게 이어졌다. "아이들은 일정한 나이가 되면 그 수준의 성장단계에 맞는 여러 가지 과제를 제대로 익혀야 합니다. 그런데 많은 부모들은 교육수준이 높고 상당한 지성을 갖추고 있음에도 아이들에게 적정 수준의 발육 상태가 무엇을 의미하는지를 제대로 파악하지 못합니다."

베스 가뇽은 아이들이 인생을 살아가는 지혜나 솜씨를 스스로 가꿔 나갈 수 있는데도 부모가 간섭하는 것이 걱정스러워 중학교 신입생 학부모들을 대상으로 연수회를 갖고 있다. 가뇽은 이와 관련해 나에게 이렇게 말했다. "아직도 자녀가 먹을 고기를 대신 썰어 주고 있다면 당장 그만둬야합니다. 어느 학부모가 전자우편으로 이런 소식을 전해 온 적이 있습니다. '연수회에서 좋은 것을 가르쳐 줘서 고맙습니다. 이젠 우리 아들이 자신이 먹을 고기를 직접 썰게 합니다.'"

스스로 학교에 등교하기, 낯선 사람에게도 문을 붙잡아 달라거나 박스를 옮길 수 있게 도와 달라고 부탁하기, 자신이 먹을 고기를 직접 썰기 등은 다 큰 사람들이 스스로 해야 하는 일상적인 일이다. 이들은 일상적인 일이 잘못되었을 때 그에 대처하는 방법도 알고 있어야 한다.

성인이 대처 수단을 갖춰야 할 두 가지 상황을 생각해 보자. 여기서 대처 수단이란 그 자체가 인생을 살아가는 솜씨가 된다. 하나는 객지에 있는 동안 병이 난 경우이고, 다른 하나는 승용차가 고장 난 상황이다. 부모는 자식이 다 큰 경우에도 이런 일을 단 한 번도 겪지 않기를 바라겠지만 그런 일이 벌어지는 것을 미리 막을 방법은 없다. 그렇다면 그런 일에 대처할 수 있도록 가르쳐야 하지 않을까?

그러나 우리는 그렇게 하지 않고 있다.

수잔은 워싱턴 D.C. 중심부에 있는 병원의 응급실 의사인데 "제일 달갑 잖은 환자"는 19살짜리 여대생이다. 수잔은 친절하고 정이 많은 사람이고, 모두 18살 미만인 세 자녀를 기르고 있다. 그중 둘은 친자식이고 세 번째 는 양자녀이다. 그런데 달갑잖은 환자인 여대생 이야기를 할 때 목소리에 가시가 들어 있어 나는 조금 놀랐다. "대체로 대학생 하면 건강한 연령층 으로 가정에서도 부모의 따뜻한 보살핌을 받은 사람들이죠. 그런데 고작 상기도上氣道 감염 정도로 응급실을 찾아온 대학생들을 보면 세상이 종말 이라도 맞은 것처럼 수선을 피웁니다. 이들은 감기에 걸렸을 뿐이라서 물 을 많이 마시고 한 이틀 누워서 지내면 나을 텐데도, 항생제 처방을 안 해 주고 입원을 시켜 주지 않으면 굉장히 걱정을 하며 어쩔 줄 몰라 합니다." 수잔은 여대생들이 응급실에 들어오면 엉엉 울며 찬 바닥에 털썩 주저앉 아 휴대전화에 대고 자신의 서러움을 마구 쏟아 낸다고 한다. 아마도 친구 나 가족에게 호소하는 모양이다. 수잔은 이들이 무언가를 겪고 참아 내는 훈련이 전혀 안 되어 있다고 말했다.

소여나 애버리가 19살 때 응급실에 와서 이런 행태를 보인다면 나는 기 분이 매우 나쁠 것이다. 확실히 응급실은 두렵고 낯설고, 때로는 윗사람의 언성이 높아지는 관료조직 같은 냄새를 풍긴다. 그러나 일단 응급실에 들 어가면 설명을 충분히 듣고 최선의 진료를 받아야 한다. 대학에 다니면 몇 년 뒤 자기 자식을 갖게 될 나이다. 그렇다면 차분하고 절제된 마음으로 책임감과 자신감을 갖고 기품 있게 행동할 수 있는 인격을 갖춰야 한다.

한편, 자동차 여행을 계획한다면 차가 고장이 나 길가에 세워 놓아야 하 는 일이 일어날 수도 있다. 미국자동차서비스협회AAA의 마운틴 웨스트 지구 책임자로 알래스카와 몬태나, 와이오밍 주를 담당하는 토드 버거는 밀레니얼 세대 운전자들의 철없는 행태가 짜증스럽다고 말한다. 그는 내게 요즘 젊은이들은 무슨 일에도 대처를 하지 못한다고 했다. 토드는 몬태나 주 출신으로 농장을 소유하고 있고, 그곳에서 10대 자녀들을 키우고 있다. 목소리가 무뚝뚝한 그는 자신이 요즘 부딪치는 젊은이들을 보면 대부분 인생살이 솜씨가 거의 없다시피 해 피곤하다고 말했다.

AAA는 자동차가 고장 났을 때 긴급 출동 서비스를 제공하되 본격적인 수리는 해 주지 못한다. 가령 예비 타이어를 끼워 주거나, 배터리가 방전되었을 때 배터리를 되살려 주거나, 어느 지역까지 자동차를 견인해 주는 서비스를 제공하지만, 고장이나 문제를 찾아내 완전히 수리해 주는 본격적인 서비스는 제공하지 않는다. 그러나 젊은 운전자들은 곧바로 본격적인 서비스를 해 주기를 원한다. "자기는 아무것도 모르고 또 자기 부모가 모든 비용을 부담할 테니까 신속하게 고쳐 달라는 식이에요. 이들이 가장 노골적으로 드러내는 태도는 우리를 못 믿겠다는 겁니다. 그러면 우리는 옆에 우두커니 서 있고, 이들은 휴대전화를 꺼내 들고 페이스북 친구들을 찾아 도움을 청하죠. 이들은 도무지 감당이 안 됩니다. 정말 어찌할 바를 모르겠어요."

나는 미국 전역의 학부모들과 대화를 나눴는데, 이들이 전하는 이야기는 놀라움 그 자체였다. 예를 들면 다음과 같다. "우리 아이는 고등학교 3학년인데 아직 지하철 타는 법을 몰라요." "우리 집 10대 아이들을 데리고 시내로 나가 집에 돌아가는 길을 찾아보라고 했더니 곧바로 울음을 터뜨렸어요." "우리 딸은 밤마다 숙제를 해야 하기 때문에 요리법을 전혀 배우지 못했어요." "우리 딸은 1년 반 뒤에 대학에 들어가면 아침마다 혼자 일어나야 할 텐데 그렇게 할 수 있을지 몰라 그게 가장 큰 걱정거리입니다." 어떤 어머니는 딸에게 이제 아침밥은 스스로 해 먹으라고 하자, 딸이 왜 그래야 하느냐고 물었다고 한다. 그러자 어머니가 이렇게 대답했다. "네가 아침밥 챙겨 먹는 방법을 알고 있는지 내가 알아야 하기 때문이지."

바로 여기에 핵심이 있다. 아이들이 그런 요령을 알고 있는지를 우리 부모들이 확인해야 하는 것이다.

그러나 현재의 상황에서 어떻게 그 정도까지 갈 수 있을까?

누구도 다른 사람에게 인생살이의 솜씨를 전해 줄 수는 없다. 살아가면서 부딪치는 여러 가지 일에 부대끼는 가운데 그런 솜씨를 익혀 나가야 한다. 자신의 힘으로 해 나가야 한다. 세상을 스스로 헤쳐 나가야 할 불가피한 시기가 닥쳐오는데, 자식들을 그에 대비시키지 못했다면 그것은 자식과 부모에게 다 같이 뼈아픈 후회가 될 것이다. 그러나 자식들의 성공을 보장하는 데 필요할 것으로 보이는 일들이 한두 가지가 아니고, 이런 것을 빠짐없이 수행하려면 시간이 빠듯할 것이다. 그렇다면 인생을 살아가는 데 필요한 솜씨나 교훈을 가르칠 여유나 짬을 찾아내기가 어려울 것이다. 그래도 그런 시간을 짜내야 한다. 법률상 성년이 지났는데도 여전히 어린애 티를 크게 벗어나지 못한 이들이 자주 눈에 띈다. 이런 상태로 이들이 대학에 진학하거나 취업 일선에 나선다면 어떻게 될까? 우리는 정말 자식들이 택배로 배송된 박스들을 실내로 들여놓는 방법을 몰라 당혹스러운 표정으로 길가에 우두커니 서 있기를 바랄 것인가? 그리고 우리가 그 방법을 알려 주리라는 걸 알고 고작 우리에게 전화나 걸게 만들 것인가? 이런 해결책이 과연 그대로 지속될 수 있을까?

다른 형태의 점검표

자녀가 탯줄처럼 부모와 연결된 휴대전화를 통해 온갖 일에서 도움을 청하는 일 없이 18살 젊은이로 이 세상에서 성공하겠다고 나서기를 바란다면 인생살이에 필요한 기본적인 지혜와 솜씨부터 갖춰야 한다. 신입생 학생과장으로 관찰한 내용과 전국 각지의 학부모와 교육자들의 조언을 바탕으로 자녀가 대학 진학을 하기 전에 요령을 알아 둬야 할 여러 가지 실제적인 일과, 또 현재 이들이 두 발로 제대로 서는 것을 방해하고 있는 불필요한 버팀목 구실을 하는 실례를 살펴보면 다음과 같다.

1. 18살 젊은이라면 낯선 사람들에게 말을 붙일 수 있어야 한다─여기서 낯선 사람이란 실생활에서 부딪칠 수 있는 교수나, 학생과장, 지도교수, 집주인, 상점 직원, 인력운용부장, 동료 직원, 은행 출납원, 의료진, 버스 운전사, 기술공 등이다.

불필요한 버팀목: 우리는 낯선 사람 중에서 대부분의 선량한 사람과 소수의 못된 사람을 구별하는 은근하면서도 교묘한 솜씨를 가르치는 것이 아니라 낯선 사람에게는 무조건 말을 걸지 말라고 가르친다. 그 때문에 아이들은 사회생활을 하는 가운데 필요한 도움이나 지도, 인도를 받기 위해─존중하는 태도로, 또는 눈길을 마주치면서─낯선 사람에게 접근하는 방법을 모르게 된다.

2. 18살 젊은이라면 주변의 지리를 알 수 있어야 한다. 즉 학교 주변이나 여름철 인턴으로 일하는 소도시, 또는 자신이 근무하거나 해외에서 공부하고 있는 지역의 도시 등 지리를 알아야 한다.

불필요한 버팀목: 부모는 자녀가 버스나 자전거를 타거나, 걸어서 원하는 곳에 갈 수 있을 때에도 어디든 차에 태워 가거나 아니면 함께 따라간다. 그 때문에 젊은이들은 이곳에서 다른 곳으로 옮겨갈 때의 길이나 교통

편을 선택하는 것, 엉망이 된 교통상황에 대처하는 방법 등을 모른다. 또 승용차에 가솔린을 채우는 방법도, 교통계획을 짜서 실행에 옮기는 방법도 모른다.

3. 18살 젊은이라면 자신의 연구과제나 자신이 해야 할 일을 마감시간에 맞춰 잘 처리할 수 있어야 한다.

불필요한 버팀목: 부모는 자식들의 숙제를 언제까지 내야 하고 언제 해야 하는지를 알려 주고, 또 때때로 숙제를 잘할 수 있도록 도와주며, 어느 때는 아예 대신 해 주기도 한다. 그러니 정기적으로 알려 주지 않으면 자녀들이 해야 할 일의 우선순위를 정하거나 그런 일을 적절하게 관리하거나 또는 마감시간을 잘 지키는 방법을 모른다.

4. 18살 젊은이라면 가정을 이끌어 가는 일에 힘을 보탤 수 있어야 한다.

불필요한 버팀목: 부모는 자식들이 집안일을 도와주도록 요구하지 않는다. 점검표에 따라 많은 과제를 하면서 유년 시절을 보내다 보면 학업과 과외 활동 외엔 어떤 일을 할 시간이 없기 때문이다. 따라서 자녀들은 자신에게 필요한 것을 챙길 줄도, 타인의 필요를 존중할 줄도, 또는 모두the whole를 위해 자신이 해야 할 일을 할 줄도 모른다.

5. 18살 젊은이라면 개인 간의 문제를 처리할 수 있어야 한다.

불필요한 버팀목: 부모는 오해로 인해 인간관계에서 생긴 자녀의 문제를 해결해 주고, 그들의 상한 마음을 달래 주기 위해 끼어드는 일이 많다. 그 때문에 자녀들은 부모들이 관여하지 않으면 타인과의 갈등을 감당하고

풀어내는 방법을 알지 못한다.

6. 18살 젊은이라면 오르내림ups and downs**이 있는 삶의 여러 기복**起伏**을 감당할 수 있어야 한다.** 이런 오르내림은 교과 과정에서도, 업무량, 대학에서의 학습, 경쟁, 엄격한 교사나 상사와의 관계, 그 밖의 여러 문제에서도 나타나기 마련이다.

불필요한 버팀목: 부모는 자녀가 관계된 일이 힘들어지거나 그 일을 끝마쳐야 할 때, 또는 마감시간을 연장할 때 끼어든다. 다른 성인에게 말을 할 때도 끼어든다. 그 때문에 자녀들은 인생을 살다 보면 일이 언제나 뜻대로 잘 풀리지 않을 수도 있다는 것을, 그리고 잘 풀리지 않아도 별 문제가 없다는 것을 모른다.

7. 18살 젊은이라면 돈을 벌어 잘 쓸 줄 알아야 한다.

불필요한 버팀목: 자녀들은 시간제 일자리를 갖지 않는다. 이들이 원하거나 필요로 하는 것은 무엇이든 부모로부터 돈을 받아 사기 때문이다. 따라서 자녀들은 취업해서도 직장에서 과제를 잘 끝마쳐야 한다는 책임감도, 이들에게 별다른 애정을 갖지 않는 고용주에 대한 책임감도 느끼지 못한다. 무엇을 얻었을 땐 그것이 어떤 대가를 치른 것인지 알지 못하며, 돈을 잘 관리하는 방법도 깨우치지 못한다.

8. 18살 젊은이라면 위험을 감수할 줄 알아야 한다.

불필요한 버팀목: 부모는 자식들의 앞길을 처음부터 끝까지 다 닦아 놓고, 그 길에 깔린 온갖 함정을 제거하거나 또는 걸려 넘어질 만한 온갖 장애물을 미리 다 치워 놓는다. 그래서 자녀들은 성공이란 시행착오와 재도

전(즉 투지)을 통해 얻어지는 것이며, 일이 잘못되었을 때 그에 맞서는 담대함(다시 일어나는 탄성彈性)을 통해 얻어진다는 지혜를 깨우쳐 나가지 못한다.

유념해야 할 점: 자녀들은 휴대전화로 부모에게 도움을 호소하지 않고도 이런 8가지 일을 모두 해낼 수 있어야 한다. 자녀가 부모에게 전화를 걸어 그 요령을 묻는다면 이들은 인생살이에 필요한 기술을 익히지 못할 것이다.

고아를 역할 모델로 삼아야

내가 대학교 학생과장을 맡았던 것은 젊은이들이 환경이나 다른 사람의 기대에 얽매이지 않고 자신이 의도한 대로 성장하도록 돕는 일에 관심이 많았기 때문이다. 나는 내 도움이 가장 절실하게 필요한 대상이 이민자의 자녀로서 대학에 진학한 젊은이나 저소득층 젊은이라고 예상했다. 이런 젊은이들은 내가 조언하고 지원한 것이 분명 적잖은 도움이 되었으리라고 본다. 그러나 정작 가장 당황스러운 표정을 짓는 학생들은 중·상류층 집안의 젊은이들이었다. 이런 학생들은 부모가 나서서 곤란한 상황을 해결해 주면 그제야 안도하는 표정을 지었다. 물론 어떤 상황이든 가리지 않는다. 이런 부모는 대학에 진학한 자녀가 앞으로 나아가도록 밀어주는 것이 아니라, 오히려 붙잡고 늘어지는 형태로 이들의 대학생활에 끼어들었다. 그래서 나는 2012년 ≪고등교육신문Chronicle of Higher Education≫에 실린 어느 도발적인 칼럼을 읽고 크게 공감했다. "정리해 주지 말라: 젊은이를 부모와 떼어 놓아야 할 이유"라는 제목의 이 칼럼은 테리 캐슬이라는 영문학 교수가 쓴 것인데, 그는 과잉보호 속에서 자란 젊은이들은 고아를 역할 모델로 삼아야 한다고 역설했다.

테리 캐슬은 스탠퍼드 대학 학부생들에게 30여 년 동안 영문학을 강의했다. 캐슬 교수가 이런 칼럼을 쓰게 된 이유는 그즈음 대학생들 사이에서 엿볼 수 있었던 새로운 현상, 즉 강의를 전후해 부모와 끊임없이 통화나 문자를 주고받고, 또 그런 잦은 의사소통을 부모 쪽이 아니라 학생 쪽에서 원하고 있다는 사실에 큰 당혹감을 느꼈기 때문이다. 캐슬은 고아가 주인공으로 등장하는 영문학의 주된 테마를 바탕으로 이 칼럼을 썼는데, 학계에서는 이런 형태를 '고아 전의轉義'라고 한다(제인 에어나 올리버 트위스트, 피피 롱스타킹, 해리 포터 등을 생각해 보라). 캐슬은 어쩌면 이런 작품 속에 주인공으로 등장하는 고아들이 독자들에게 한두 가지 교훈을 전해 줄 수 있다고 지적했다. 문학 작품 속의 고아들은 스스로 인생의 방향을 정해 나아가고, 아슬아슬한 모험을 겪으며, 힘겹게 체득한 인내심을 유지하고 또 만족스러운 성취감을 이뤄 내는 삶을 이어 간다. 그것은 그들이 부모의 도움을 받지 못하기 때문이다. 아니, 캐슬의 표현을 빌리면, 부모의 도움을 받지 못하는 것이 아니라 부모가 없기 때문이다.

이런 생각은 소설 속 캐릭터의 가공된 삶에서 이끌어 낸 것만은 아니다. 최근 미국 공영방송 NPR은 버락 오바마 대통령이나 빌 클린턴 전 대통령, 소니어 소토마요르 대법원 판사, 빌 드 블라시오 뉴욕시장 등 미국의 현 지도층 인사들이 모두 유년기에 부모를 잃고도 저마다 자신의 영역에서 최고의 지위에 올랐다고 지적했다. 말콤 글래드웰의 지적처럼 이들 "저명한 고아들"의 경우 일찍 부모를 잃은 것이 "이들을 사회의 우뚝한 존재로 밀어 올리는 자극제이자 추진체가 되었다."

캐슬의 칼럼은 이렇게 이어진다. "좋든 싫든 지난날의 소설 속엔 모진,

그리고 자유로운 생각이 담겨 있다. 그것은 부모가 우롱과 거부의 대상이 되어 있다는 것이고,…… 아무리 신성한 전통이라도 결국은 깨질 수밖에 없다는 것이다. 창의력은 집단이 아닌 개인에게, 나이 든 사람보다는 젊은 이들에게 있는 것이 마땅하고, 생각이란 제약이 없어야 한다는 것이다. 개인적인 권리 주장은 상징적으로든 그 밖의 어떤 방법으로든, 부모에 대한 자식의 일차적 반항으로 시작될 수밖에 없다는 것이다." 오늘날 미국의 어린이들이 유년 시절을 어떻게 보내고 있는지를 생각하면 캐슬이 말하는 이러한 '1차적 반항'과는 완전히 동떨어진 현실이 떠오를 뿐이다. 내가 학생과장으로서 겪었던 학생들을 가만히 살펴보면 "여러 가지로 개인적인 권리를 내세운다"는 느낌은 들지 않았다. 이들은 그런 주장을 펼치기는커녕, 부모에게서 다른 지시가 내려오지 않을까 하고 조용히 얌전하게 기다리는 태도를 보이는 것 같았다.

퓨리서치Pew Research (Center)(사회 이슈와 관련된 정보를 제공하는 미국의 연구 조직이며, 여론조사로 유명하다―옮긴이)가 2009년에 조사한 결과에 따르면, 오늘날의 부모들은 10대 후반과 20대 초반의 자녀와 심한 언쟁을 벌이는 일이, 지난날의 같은 연령대였던 자신들에 비해 적은 것으로 나타났다. 16살부터 24살 연령층의 자녀를 둔 부모들이 '가끔씩' 자녀와 크게 의견이 엇갈리는 일이 있다고 응답한 비율은 10명 중 한 명에 불과했다. 그러나 30살 이상의 연령층이 16~24살 때 가끔씩 부모와 심하게 언쟁을 벌였다고 응답한 비율은 두 배(19%) 가까이 된다. 캐슬은 이와 관련해 칼럼에서 이렇게 썼다. "고아의 삶에서 얻을 수 있는 교훈―최소한 나에게 교훈이 되었던 점―은 이런 것들이다. 즉 부모로부터 받았다고 생각되는 유전적인 것을 의도적으로 폐기해 버리기, 물려받은 통념을 낯설게 생각하기, 반항하며 거짓을 벗겨 내려는 의지를 키워 가기, 나이 든 사람들에 대해 불평하여 부모를 실망시키기 등이다. 그런데 이런 점은 지금 그 어느 때보다도 자녀가 지적, 감성적 자유를 획득하는 데 절대적 조건이 되고 있다."

내 주변—내가 사는 도시와 우리 아이들이 다니는 학교, 그리고 우리 집 안까지도 포함한 주변—을 살펴보면 아이들이 어디에서, 또 어떻게 지적, 감성적 자유를 키워 나갈 기회를 찾을 수 있을까 하는 의문을 갖게 된다. 부모가 자녀 옆에 나란히 붙어 선 채 자녀의 유년 시절을 함께 보내고, 자녀의 유년 시절을 대신 살아 주며, 또한 그 유년 시절을 안전하게 보내고, 일정표와 계획표에 따라 움직이도록 곁을 지켜 주고 있기 때문이다. 더 지적하고 싶은 것은 모든 부모가 정말 그런 역할을 잘 수행하고 있는 것처럼 보인다는 것이다. 자식들이 부모를 좋아하는 것을 보면, 그것도 엄청 좋아하는 것을 보면 말이다.

2009년에 미국 전역의 대학생들을 대상으로 조사한 결과에 따르면, 영웅으로 생각하는 대상을 꼽으라는 질문에 부모라고 응답한 학생이 54%이고, 하느님과 예수라고 응답한 대학생은 8%에 불과했다. 부모를 영웅으로 생각한다고 응답한 주된 이유로는 부모의 희생과 자신에게 기회와 용기를 불어넣어 주었다는 점, 부모가 사회에서 이룩한 성취 등을 들고 있다. 같은 내용으로 1993년에 실시한 조사에서는 부모를 영웅으로 생각한다고 응답한 학생들은 29%에 불과했다. 부모 외에 정부와 연예계, 체육계에서 활동하는 유명한 사람들과 교사, 교수 등 다양한 인물들도 영웅으로 꼽혔었다. 이런 면에서도 2009년의 조사 결과와는 큰 차이를 보였다.

부모와 다 큰 자식들이 "하이. 사랑해요"라면서 인사와 대화를 자주 나누는 것은 따뜻하고 소중한 것이다. 누군들 그런 인사와 대화를 마다하겠는가? 그런데 휴대전화가 부모의 과잉보호를 유발하는 것은 아니다. 나는 대부분의 부모가 메시지를 주고받는 방법을 배우기 훨씬 전부터 부모의 자녀 과잉보호 문제를 글이나 강연을 통해 지적해 왔다. 오랜 기간 살펴본 바에 따르면 학기 중 몇 날과 몇 주, 몇 개월이 지나도 끊임없이 부모에게 눈길을 돌리는 행태는 변하지 않았다. 맨 먼저 눈길을 돌리는 것도 부모요, 맨 먼저 의지하는 것도 부모였다. 그것은 마치 우리의 호흡처럼 자연스러운 충동이요 반사작용인 것처럼 보였다.

요즘의 유년 시절은 반이상향 같은 느낌을 준다. 마치 부모가 과잉보호와 과잉관리, 쥐고 흔들기로 자녀들을 자신의 논리적 귀결로 끌고 가는 그런 미래소설 같아 보인다. 사업가로 성공한 어느 아버지는 자신의 삶이 위험을 무릅쓰면서 성공을 거둔 전형적인 사례임에도 자식의 인생행로만큼은 자신이 몽땅 설계하고 그 앞에 놓여 있는 장애물을 모두 없애 주고 싶은 마음을 억제할 수 없다고 나에게 솔직하게 털어놓았다. 1972년에 출간된 『스텝퍼드 부인들Stepford Wives』은 양성평등 운동을 벌이던 여성들이 양순하고 순종적인 아내로 변모하는 내용의 우화인데, 이 사업가의 고백을 듣고 나니 이 작품이 생각났다. 우리 부모는 지금 '스텝퍼드 어린이들'을 키우고 있는 것은 아닐까?

캐슬의 칼럼은 이렇게 끝맺는다. "내 자신의 견해가 뒤틀려 있고 위험하며 성실치 못한 것으로 비칠 수도 있다. 하지만 부모는 자녀를 사랑할지라도 그들이 제대로 자라도록 때론 책략을 써야 하며, 두루 넓게 생각해야 한다. 오늘날의 부모들은 많은 중요한 일에서 크나큰 잘못을 저지르고 있다. 설령 그들에게 잘못이 없더라도, 100% 옳더라도, 그들은 반드시 다음과 같이 생각해야 한다. 즉 자녀가 '성인'으로 살아갈 수 있게 하려면, 그리고 의미 있는 삶을 누리게 하려면 자녀가 자신을 상징적인 고아로 여기게 하는 의식을 갖게 하는 것이 필요하다."

캐슬은 심리학자도, 인류학자도 아니다. 그는 영문학과 교수로서 자녀 양육의 전문가도 아니다. 나는 어린이 스스로 자신을 돌보는 독립적인 어린이를 칭찬한 캐슬의 말도 액면 그대로 받아들이지 않는다. 부모가 자녀의 삶에 끼어들 필요가 있다는 점도 받아들인다. 또 부모가 자녀를 제대로 돌보지 않거나 학대하는 것이 내가 걱정하는 과잉보호보다 훨씬 크고 심각한 사회문제를 일으킨다는 점에도 의문이 없다. 그러나 캐슬은 "열악한 환경 속에서 자랐음에도 불구하고"가 아니라 바로 그런 환경 때문에 잘 자란 소설 속의 이야기를 끌어냄으로써, 아이들이 부모에게 전적으로 의존하는 것이 아니라 독립적인 성년으로 성장해 가는 방식이 어떤 결과를 가져오는지 우리 모두가 생각해 보도록 유도하고 있다.

자녀가 체득해야 할 인생살이의 핵심적인 지혜와 기술은 부모 없이도 독립적으로 살 수 있는 능력을 갖추어 가는 것이다.

7장
심리적 장애에 시달리는 젊은이들

2013년은 대학 캠퍼스 생활과 연관된 걱정스러운 통계수치를 전하는 뉴스로 어수선했다. 바로 대학생들의 정신건강에 관한 통계수치, 특히 우울증으로 약을 처방받은 학생들의 수치를 전하는 뉴스였다. 재학생 수가 1100명쯤 되는 사립학교 '시카고 라틴 스쿨The Latin School of Chicago'의 이사장으로 일하다 은퇴한 찰리 고펜은 전자우편으로 다른 학교의 동료에게 통계수치를 전하면서 이렇게 물었다. "자네 학교의 학부모는 예일대에 들어가 우울증을 앓고 있는 자녀와 애리조나 대학에 들어가 행복하게 지내는 자녀 중 어느 쪽을 좋아할 거라고 생각하는가?" 즉각 답장이 날아왔다. "내 생각엔 학부모 75%가 우울증에 걸리더라도 예일대에 다니는 것을 더 바랄 것이라고 보네. 이들은 자녀가 그동안 맺히고 억눌렸던 정서적인 문제를 20대에 풀어 버릴 수 있을 것이라고 생각하지. 그러나 지난날 같은 대학생활로 예일대에서 학사 학위를 딸 수 있는 사람은 아무도 없지."

부모의 마음이야 건전하다. 아니, 건전한 정도가 아니라 그 이상이다. 부모는 자식을 지독하게 사랑한 나머지 모든 것이 최상이기를 바란다. 그러나 안전에 대한 염려와 치열한 대학 입학 경쟁, 그리고 부모의 자존심까지 끼어든 복잡한 사정에 파묻히다 보면 자녀의 '최상'이 무엇을 뜻하는지 그 의미가 크게 바뀌어 버린다. 우리는 자녀가 어디에 머리를 부딪치거나 기분이 상하지 않기를 바란다. 하지만 정작 이들의 정신건강 문제를 얼마나 진지하게 걱정하고 있을까?

찰리 고펜이 언급한 통계 몇 가지가 여기 있다.

2013년에 대학상담센터 책임자들을 대상으로 조사한 결과를 보면, 중증의 정신적 문제를 안고 있는 학생들의 숫자가 점점 더 대학의 걱정거리가 되고 있다고 응답한 비율이 95%, 심각한 정신적 문제를 안고 있는 학생들의 숫자가 지난해에 늘었다고 응답한 비율이 70%, 그리고 상담센터를 찾아온 학생 중 향정신성 약제를 복용하는 사람이 24.5%인 것으로 나타났다 (여기서 향정신성 약제란 뇌 속의 화학물질 수준에 변화를 주어 기분과 행동에 강한 영향을 미치는 의약품을 뜻한다. 정신병 치료약, 우울증 치료제, 주의력결핍과잉행동장애 치료약, 불안 경감 의약품, 기분안정제 등이 가장 흔한 향정신성 약제다).

이보다 한 해 앞선 2012년의 같은 조사에서는 2000년 이후 교내 학생정신건강센터를 찾은 학생들의 숫자가 16% 정도 늘어난 것으로 나타났다. 또한 2000년 이후 학생들이 교내 학생정신건강센터를 찾은 주된 이유는 대인관계 불안보다는 우울증과 불안감 같은 심각한 정신건강 문제 때문이었던 것으로 드러났다.

미국대학건강협회는 2013년 153개 대학의 10만 명 가까운 재학생을 대상으로 건강 문제에 관해 조사를 했다. 이들에게 지난 1년 동안에 무엇을 느끼거나 겪었는지를 물은 결과 다음과 같은 답변이 나왔다.

- 84.3%는 감당해야 할 온갖 과제에 압도된다는 느낌을 받았다.
- 79.1%는 (육체적인 활동이 아닌 것으로) 녹초가 된 느낌을 받았다.
- 60.5%는 큰 슬픔을 느꼈다.
- 57.0%는 아주 외로웠다.
- 51.3%는 주체할 수 없을 정도로 불안을 느꼈다.

- 46.5%는 모든 일에 희망이 없다는 느낌이 들었다.
- 38.3%는 감당할 수 없을 정도의 분노를 느꼈다.
- 31.8%는 아무것도 하기 어려울 만큼 우울증에 빠졌다.
- 8.0%는 자살을 심각하게 고민했다.
- 6.5%는 의도적으로 자신의 몸을 베거나 다른 방식으로 자해를 했다.

조사 대상이 된 153개 대학은 소규모 단과대학과 연구 중심의 대규모 종합대학, 종교 관련 대학, 비종교 일반대학 등 미국 50개 주에 있는 크고 작은 모든 대학이 거의 포함되었다. 정신건강의 위기는 예일(이나 스탠퍼드, 하버드) 대학만의 문제가 아니다. 정신건강 진단 결과는 미국 전역의 대학에서 거의 예외 없이 좋지 않게 나왔다. 이처럼 성신건강 문제가 늘어난 것은 부모가 오랫동안 학업상의 성취 목표를 이루어 내도록 휘몰아쳤기 때문이 아니냐는 생각이 들기도 한다. 하지만 모든 계층의 수백 개 학교 학생들에게서 다 같이 이런 문제가 일어나고 있어 최상위 엘리트 대학에 입학시키기 위한 주변의 압력 때문이라고 보기도 어렵다. 그렇다면 그 원인은 미국의 젊은이들이 보낸 어린 시절 그 자체에서 비롯되었다고 보는 것이 옳을 것이다.

과잉보호와 정신건강

부모들은 이런 타당한 의문을 제기할 수 있다. 그렇다면 부모의 과잉보호가 정신건강의 문제를 증대시킨 원인인지 아닌지를 확인할 수 있을까? 그런 인과관계를 입증할 만한 확실한 연구 결과가 없다는 것이 그에 대한 답변이다. 그러나 최근 상관성을 뒷받침하는 연구 결과가 많이 나오고 있다.

로스앤젤레스에 있는 컬럼비아 대학UCLA 어린이임상심리학자이자 정신의학교육 담당 조교수인 제임스 우드는 2006년에 발표한 논문에서, 자녀가 홀로 하고 있거나 할 수 있는 과제를 대신 해 주려는 경향이 있는 부모는 자녀가 자신을 '제어할 수 있는' 능력을 빼앗음으로써 자녀의 격리 불안감 발생빈도를 끌어올리게 된다고 밝혔다.

오스틴에 있는 텍사스 대학이 2010년 '헬리콥터 양육' 문제를 다룬 논문을 내놓았을 때 이 논문은 서두에서, 관련 연구가 드물다는 점과 일화가 아니라 경험적 증거가 중요하다는 점을 인정했다. 이 대학의 연구원인 패트리샤 소머스와 짐 세틀은 미국 전역의 대학에서 대학 및 학생 문제 전문가로 활동하는 190명을 면담 조사했는데, 이 전문가들은 저마다 자신의 대학에서 찾아볼 수 있는 헬리콥터 부모가 40%에서 60%에 이른다고 추산했다. 소머스와 세틀은 자녀에게 도움이 되는 부모의 행동과 해가 되는 행동을 구별해 살펴보았다. "긍정적인 결과는, 자녀 주변을 맴도는 행위가 자녀의 연령에 적합할 때, 부모와 자녀가 자주 대화할 때, 자녀가 스스로 행동할 권한이 있을 때, 자녀가 별도의 도움이 필요할 때에만 나타났다." 두 연구원은 이런 것을 '부모의 긍정적 개입'이라고 불렀다. 이에 반해 '부정적인' 헬리콥터 부모는 "부적절하게, 때로는 소리 없이 자녀의 삶과 사회생활에 끼어드는 것으로 나타났다."

또한 2010년에는 뉴햄프셔 주에 있는 킨스테이트 대학의 심리학 교수인 닐 몽고메리는 미국 전역의 대학 신입생 300명을 대상으로 조사한 결과 헬리콥터 부모를 둔 학생들은 새로운 생각과 실행에 소극적이고, 상처받기 쉬우며, 걱정과 수줍음도 많은 것으로 드러났다. 몽고메리 교수는 "그러나 부모가 자녀에게 책임감을 갖게 하고 지속적으로 감시하지 않는 경우, 이른바 '자유롭게 활동하는 유격대원free rangers'인 경우에는 그 영향이 반대로 나타났다"고 밝혔다.

2011년, 채터누가에 있는 테네시 대학의 테리 르모인과 톰 뷰캐넌은 대학생 300여 명을 대상으로 조사 연구한 결과 끊임없이 자식 '주변을 맴도는 부모'나 '헬리콥터 부모'를 둔 대학생은 불안과 우울증 약제를 처방받을 가능성이 한층 높다고 밝혔다. 두 사람이 이런 조사 연구를 하게 된 이유는 강의실에서 학생들의 색다른 행태를 보았기 때문이다. "우리가 겪은 학생들은 처음엔 매우 유능하고 과제를 준비하고 제출하는 데 능력이 뛰어난, 정말 우수한 학생들이었다.…… 그런데 교수가 구체적인 지침을 주지 않고 학생들이 독자적으로 결정을 내려야 할 때 살펴보니, 이런 학생들은 때때로 불안한 표정을 감추지 못했다."

2012년에는 438명의 대학생을 상대로 조사한 결과가 ≪청춘 저널Journal of Adolescence≫에 실렸는데, 이 조사를 보면 "이런 형태의 침해성 자녀 양육이, 자립적인 성년으로 커 나가는 데 필요한 여러 가지 중요한 능력을 실습하고 키워 나갈 기회를 제한함으로써 이제 갓 성년이 된 대학생들에게서 문제를 일으키는 중요한 이유가 되고 있다." 2013년에는 대학생 297명을 대상으로 한 조사 결과가 ≪자녀와 가정 연구 저널Journal of Child and Family Studies≫에 실렸다. 그 내용을 보면, 헬리콥터 부모를 둔 대학생들은 우울증의 정도가 현저하게 높고 삶에 대한 만족도가 낮았는데, 그 원인은 "자율성과 반응력을 가지려는 기본적인 심리적 욕구"를 침해했기 때문인 것으로 밝혀졌다. 또한 볼더에 있는 콜로라도 대학의 연구원들이 2014년에 실시한 연구 결과는, 어린 시절을 빈틈없이 짜인 일과에 따라 보내면 실행기능 능력executive function capabilities이 떨어진다는 점을 처음으로 밝혀냈다(실행기능 능력이란 어떤 목표 지향적 실행에 언제 나서야 하는지를 결정하는 능력을 말하는데, 주의력결핍증ADD이나 주의력결핍과잉행동장애가 있는 아이들에게는 이런 능력을 기대하기 어렵다). "어린 시절에 일과를 덜 빡빡하게 보낸 사람일수록 이들의 자발적 실행기능은 더 뛰어났다. 반대로 빈틈없이 짜인 일과에 따라 움직인 사람일수록 자발적인 실행기능은 시원찮은 것으로 나타났다."

로스앤젤레스에 있는 베이트 추바 중독자 치료회복센터의 한 연구원은 최근 실시한 조사 연구에서, 부유한 집안의 10대 청소년과 젊은이들이 겪고 있는 우울증과 불안증 증세는 소년원에 수감된 소년수들의 우울증이나 불안증 증세와 비슷한 것으로 드러났다고 밝혔다. 이 센터의 책임자인 해리엇 로세토는 이 조사 결과를 이렇게 풀이했다. "만약 태어난 뒤부터 자신의 모든 선택을 지시받은 대로 하고, 모든 결정을 미리 준비해 준 대로 하며, 그런 상태로 대학에 입학하고, 이 세상에 내던져진다면, 앞으로의 삶은 어떻게 될까? 그것은 식민통치를 받던 나라가 갑자기 독립을 얻게 된 뒤 곧 균열을 일으켜 무너져 내리는 것과 다를 바 없을 것이다. 이런 젊은이는 대학에 진학하더라도 무엇 때문에 대학에 들어왔고 대학에서 무엇을 해야 할지조차 모르게 된다. 이들은 판단능력도, 방향감각도 잃어버린 상태가 된다. 그리하여 이들은 고통스러운 처지에 빠지게 되고, 그런 고통을 마비시키기 위해 마약이나 술, 도박에 빠지고, 자해 같은 해로운 행동도 한다. 허망함과 절망감 때문에 이런 일들이 벌어지는 것이다. 이런 젊은이들은 때때로 이런 상태를 벗어나기 위해 달리 무엇을 할 줄 몰라 마약 중독자가 되곤 한다."

인생살이에 필요한 지혜와 기술의 부족, 그리고 정신건강 문제

자녀가 살아가면서 해야 할 일들—가령, 아침에 깨워 주고, 차에 태워 데려다주며, 마감시간과 해야 할 일을 잊지 않도록 일깨워 주고, 납부금을 대신 내 주며, 알고 싶은 것을 대신 물어 주고, 결정을 대신 내려 주며, 책임을 대신 져 주고, 낯선 사람에게 대신 말을 걸어 주고, 당국과 맞서야 할 때 대신 나서 주는 일 등—을 부모가 대신 해 주다가 자녀가 대학에 진학하거나 취업을 해서 이젠 스스로 알아서 할 때이니 잘해 보라고 확 풀어준다면 그 젊은이는 어떤 반응을 보일까? 큰 충격으로 받아들일 것이다. 이때 이들은 좌절감을 느낄 것이고, 이런 좌절감은 실패처럼 느껴질 것이다. 그리고 이런 실패마저 많이 겪어 보지 못한 탓에 그 실패를 감당하지도 못할 것이다.

과잉보호를 받으며 자랐으면서도 겉보기엔 전혀 건강해 보이는 자녀가 대학에 들어가면 여러 가지 새로운 상황에 부딪칠 수 있다. 즉 '정결' 의식이 다른 룸메이트를 만나거나, 리포트를 고쳐 써야 한다면서도 무엇이 '잘못'되었는지를 가르쳐 주지 않는 교수를 만나거나, 더 이상 친근감을 느낄 수 없는 친구를 만나기도 하고, 또는 여름철 세미나와 봉사 프로젝트 중 어느 하나를 선택할 것인지 아니면 둘 다 포기할 것인지를 결정해야 하는 상황 같은 것을 만날 수 있다. 이런 문제에 부딪치면 어떤 의견 차이나 불확실성, 상한 기분, 또는 의사결정을 어떻게 감당해야 할지 정말 난감할 것이다. 이처럼 감당 불능인 상태, 즉 마음이 불안하여 앉아 있을 수도 없고, 어떤 선택을 해야 할지 생각할 수도 없으며, 다른 누군가와 이야기를 나누어 볼 수도 없어 결정을 내릴 수 없는 상태를 만나는 것인데, 이런 난감한 상황은 언제나 문제가 될 수 있다.

중서부 지역의 어느 큰 공립대학에서 상담 및 심리서비스센터에서 심리전문가로 활동하는 카렌 에이블 박사(실명이 아님)는 상담 과정에서 이런 젊은이들을 만났다. 이 대학의 재학생 중 90%는 학교 기숙사에서 생활하

거나 몇 킬로미터 정도 떨어진 가까운 곳에서 통학하는 학생들이다. 그는
자신이 수행하는 업무의 민감성 때문에 가명을 써 달라고 요청했다.

에이블 박사는 자신의 상담 경험을 바탕으로 이렇게 말했다. "부모가 자
녀 양육 과정에서 과도하게 개입하면 그 자녀가 대학생이 되었을 때의 심
리적 복지well-being에 심각한 대가를 치르게 됩니다. 즉, 이런 학생은 부모
의 의견을 구하는 것과 독자적인 의사결정 사이에서 적절한 균형을 맞추
지 못합니다."

에이블 박사는 학생들과의 상담 과정이 어떻게 전개되는지에 대해 이렇
게 설명했다. "처음에 이들이 도움이 필요할 때는 즉각 부모에게 연락해야
한다고 생각합니다. 심리적인 측면에서 살펴보면 이들에겐 실제로 도움이
필요하지 않다는 것을 우리는 압니다. 이들 학생이 어찌할 바를 모르는 불
안감을 잘 참는다면 그런 상황에 대처하는 능력을 키우는 경험을 함으로
써 앞으로 어떤 시점이 되면 스스로 감당하는 방법을 터득하게 됩니다. 저
는 여러 학생들에게 지금까지 가져 보지 못한 비판적 사고력과 자신감, 독
립심을 갖추도록 실습해 보는 기회가 있었습니다. 그러나 이들이 이런 실
습 과정에서 결국 부모에게 전화를 걸거나 문자를 보내면 제가 원하는 방
식 그대로 그런 능력을 갖추는 연습은 하지 못합니다. 결국 그런 학생은
지금까지도 그런 능력을 갖추지 못하고 있습니다."

카렌 에이블 박사나 나나 다 큰 자녀가 절대로 부모에게 전화를 걸어서
는 안 된다고 말할 수는 없다. 문제는 통화의 세부적인 내용에 있다. 자녀
가 어떤 문제나 결정해야 할 일을 가지고 전화를 해 왔다면 부모는 어떻게
해야 할지를 말해 줘야 할까? 아니면 잠자코 듣고 있다가 그 상황에 대한
부모의 판단을 바탕으로 몇 가지 질문을 던진 뒤에 "좋아, 그렇다면 그 문
제를 어떻게 처리할 생각이지?"라고 반문해야 할까? 에이블은 소셜 미디

어와 문자 메시지 때문에 대학생 자녀가 어떤 문제나 상황에 부딪쳤을 때 스스로 대처방법을 고민하기보다는 먼저 부모에게 눈길을 돌리고 부모도 곧바로 대답해 주는 경향이 더욱 심해졌다고 말한다. "부모의 행동이 즉각적으로 나타나다 보니, 학생들은 스스로 대처방안을 찾으려는 기회조차 갖지 못하는 형편입니다."

어떤 일이든 처리해 줘야 한다고 생각하는 자녀의 의식 밑바탕에는 자신과 부모를 구별 짓지 못하는 문제점이 잠복해 있다. 일부 젊은이들에게는 바로 이런 유^類의 자아감이 커 나갈 수 있다. 다른 경우엔 자신과 부모를 구별 짓지 못하는 이런 문제가 한층 심각한 정신건강의 문제로 이어지기도 한다.

이와 관련해 에이블 박사는 이렇게 밝혔다. "자녀에게 무슨 일이든 스스로 힘껏 헤쳐 나갈 기회를 주지 않는다면 그들은 문제를 잘 처리할 수 있는 능력을 키워 가지 못합니다. 또한 자신의 능력에 자신감을 갖지 못하게 돼 자존감에도 나쁜 영향을 끼칠 수 있습니다. 그 밖에 실패를 경험할 기회가 없기 때문에 실패를 두려워하고 다른 사람을 실망시킬 것이라는 크나큰 두려움에 빠질 수 있죠. 이처럼 자신감이 떨어지고 실패를 두려워하면 우울증이나 불안감에 사로잡힐 가능성이 커집니다."

자녀가 부모 눈에 보이지 않는 상태에서 그들 앞에 벌어질 좋지 않은 사태가 느껴진다면 부모 마음은 어떨까? 그것은 마치 미친 사람에게 입히는 구속복에 갇혀 꼼짝도 하지 못하는 심정과 비슷할 것이다. 그때 부모는 달리 무엇을 할 수 있을까? 자녀가 가족에게서 멀리 떨어진 채 당황해 어찌할 바를 모르고 공포에 질려 있거나 마음의 상처를 받는 상태일 때 부모가 곁에 있지 않다면 누가 그 상황을 감당할 것인가?

최근 이에 관련된 자료들이 나오고 있는데, 연구 결과에 따르면 스스로 궁리해서 문제의 해결방안을 찾아내는 것이 정신건강에 좋은 핵심 요소가 된다고 한다. 이제 자녀는 혼자 힘으로 버텨 내야 한다. 자녀에게 문제가 생겼거나, 더 나쁘게 위태로운 지경에 빠졌을 때는 이런 말을 받아들이기 어려울 것이다. 하지만 그래도 장기적인 안목에서 보면 스스로 이겨 내게 만드는 것이 최선의 처방이다.

정신적인 해독이 되는 과잉보호 형태 3가지

심리학자이자 저술가인 매들린 레빈Madeline Levine 박사는 캘리포니아 마린 카운티에서 심리상담센터를 운영하고 있다. 마린 카운티는 금문교 바로 북쪽에 있는 곳으로, 대도시 가까이에 있고, 아름답고 포도주가 많이 나며, 부유한 사람들이 많이 살아 유명한 곳이다. 레빈 박사는『특권의 대가The Price of Privilege』와『자녀 잘 가르치기Teach Your Children Well』등 저서 두 권이 ≪뉴욕 타임스≫ 베스트셀러가 되면서 전국적인 명성을 얻었다. 그는 이 두 저서에서 중·상류층 집안의 젊은이들이 시달리는 스트레스와 중압감 문제를 깊이 있게 다뤘다. 그는 학부모회나 학교 이사회, 주민 센터 등의 초청으로 미국 전역을 누비면서 강연을 했는데, 그때마다 부모들에게 마음을 진정시켜 뒤로 물러나라고 강조했다. 레빈 박사는 자녀의 삶에 은밀하게 파고드는 가장 큰 해로움은 길거리에서 드물게 마주치는 정신이 이상한 낯선 사람이 아니라, 부모의 과잉보호로 인해 자녀의 정신적, 육체적 건강이 약화되는 것이라고 말했다.

레빈은 최근 여러 해 동안 수백 개 지역에서 수만 명에 이르는 부모들에게 이런 주제로 강연을 계속해 왔는데, 2014년 1월 어느 날 밤엔 나도 그 강연을 들었다. 레빈 박사는 데니스 포프와 함께 '챌린지 석세스'라는 단체를 만들었는데, 그 단체의 임원으로 내가 참여하면서 친구 사이가 되었다. 이 단체는 자녀들의 스트레스 문제를 집중적으로 다루는 조직이다. 이런 인연으로 레빈 박사가 우리 지역에서 강연할 때는 그를 환영하고 뒷받침하기 위해 참석했다. 그때의 주제는 "진정한 성공을 뒷받침하는 양육 방식"이었다. 그러나 나는 이 책의 집필을 염두에 두고 있었기 때문에 과잉보호의 해독을 지적하는 레빈 박사의 강연 내용에 부모들이 어떤 반응을 보이는지를 유심히 관찰했다.

강연은 미국 전역에서 공립고등학교로는 1류급에 속하는 헨리 M. 군 고등학교에서 진행되었다. 이 학교에는 내 아들이 다니고 있었고 딸도 곧 입학할 예정이었다. 그래서 나는 강연자의 친구이자 강연 주제에 관심을 기울이는 저술가로서 강연장에 참석했을 뿐만 아니라 학부모로서도 강연 내용에 귀를 기울였다. 이 자리에는 남편도 함께 참석했다. 우리 외에도 부부가 함께 온 학부모도 수백 명에 이르렀다. 레빈 박사는 학부모가 성공을 어떻게 보는지 알 수 있는 한 단면을 들려줌으로써 강연장의 열기를 끌어올렸다.

"요즘 우리 주변에서는 성공이란 일직선의 행로를 걷는 것이라는 이야기가 인기 있고 설득력 있게 들립니다. 즉 제대로 된 학교를 나와 제대로 된 대학에 들어가고, 그럴듯한 인턴 과정을 거쳐 적절한 대학원을 마치고 선택된 직업을 갖는다는 식이죠."

"성공의 행로가 이런 것이라고 생각하는 사람은 손을 들어 보세요." 청중의 약 5%가 손을 들었다.

"그렇습니다. 어느 집단에서나 성공의 행로가 일직선이라고 생각하는 사람들의 비중은 1~10%에 불과합니다. 그러나 훨씬 많은 사람들이 보는 일반적인 성공의 행로는 구불구불합니다."

레빈의 강연은 이렇게 이어졌다. "자녀들은 이런 이야기를 모르고 있습니다. 자녀들의 눈에는 여러분이 천재처럼 비칩니다. 자녀들은 부모가 안간힘을 다하다가 실패도 한다는 사실을 모르고 있죠. 이야말로 자녀들에게 감추고 있는 가장 큰 비밀입니다. 아이들은 부모가 일상적으로 부딪치는 어려움이나 도전이 어떤 것인지를 듣고 알아야 합니다. 부모는 자신의 인생행로가 어떤지를, 특히 실패를 겪은 행로가 어떤 것인지를 자녀들에게 알려 주어야 합니다." 청중들은 자신이 실제로 겪은 것과 밖으로 드러내는 것이 서로 일치되지 않았다는 점을 새삼 확인하고는 소리죽여 킥킥 웃었다. 레빈은 할 말이 많았던지, 한 시간 정도 강연을 하고 다시 길게 문답시간을 가졌다.

레빈이 이날 강연에서 전하고자 한 메시지의 요점은 자녀의 개체성을 뒷받침해 줘야 한다는 것이었다. 즉 부모가 생각하는 모범적인 모습에 자녀를 맞추려 할 것이 아니라 자녀의 능력과 개성에 맞게 계속 기회를 주고, 시행착오가 가져다주는 이로움을 알게 해야 한다는 것이다. 나는 이런 메시지를 전해 들으면서 마음이 편안해졌는데, 청중 가운데 상당수도 그런 느낌을 받은 듯했다.

레빈 박사는 이어 부모의 과잉보호가 자신도 모르는 사이에 자녀에게 심리적 위해를 끼칠 수 있다면서 그 세 가지 형태를 다음과 같이 제시했다.

1. 자녀가 '이미' 혼자 힘으로 감당할 수 있는 것을 대신 해 줄 때
2. 자녀가 '거의' 혼자 힘으로 감당할 수 있는 것을 대신 해 줄 때
3. 부모의 양육 방식이 부모 자신의 자만심에서 비롯된 것일 때

레빈은 부모가 이런 식으로 행동하면 자녀에게서 온갖 기회를 빼앗아 버리는 것이나 다름없다고 말했다. 즉 자녀가 창의력을 발휘할 기회, 문제 해결을 시도할 기회, 부딪쳐 나가는 능력을 기를 기회, 자신을 회복할 능력을 기를 기회, 자신을 행복하게 만들 것을 궁리할 기회, 자신의 정체성을 파악할 기회 등을 빼앗는다는 것이다. 한마디로 자녀가 사람답게, 온전한 사람으로 성장할 기회를 박탈한다는 것이다. 부모가 자녀를 보호하기 위해 자녀와 관련된 일에 지나치게 끼어들면 실제로 단기적으로는 이점이 있을지 모르나 그런 행태는 사실상 다소 자녀에게 모욕을 주는 이런 메시지, 즉 "얘야, 넌 내가 없으면 이런 따위의 일을 할 수 없어"라는 메시지를 던지를 것이나 다름없다. 이런 행태는 자녀를 우울증, 불안감에 시달리게 하고, 자신의 신체를 손상케 하며, 자살하고 싶은 생각이 들게 한다.

레빈의 강연이 끝날 때가 되자 강연장의 긴장된 분위기는 "우리 모두 똑같다"는 느낌으로 바뀌는 것 같았다. 나는 이들 청중 가운데 일부는 어쩌면 식탁에 마주 앉아 자녀를 대하는 태도를 조금은 바꿀 용기를 내지 않을까 생각했다. 이런 변화를 통해 가정 바깥에서 작동되는 사회적 법규야 바꿀 수 없겠지만, 자녀의 삶의 질에는 영향을 미칠 수 있을 것이라는 생각이 들었다.

뒤이어 레빈은 문답시간을 가졌다. 맨 처음엔 평점 'C' 등급을 받은 학생이 공부를 잘 할 수 있도록 동기부여를 하려면 어떻게 해야 하느냐는 질문이 나왔다. 다음엔 이야기 나누기 활동시간에 가만히 앉아 있지를 못하

는 유치원생에 관한 질문이 이어졌다. 세 번째론 어느 학부모가 초등학교 4학년인 딸 이야기를 하면서 이 아이에게 어떤 좋은 자극을 주고 싶은데 방법이 없겠냐고 물었다. 이 학부모가 던진 질문은 이런 것이었다. "제 딸은 글쓰기를 정말 좋아하고 담임선생님도 딸애의 글쓰기 재능이 비상하다고 칭찬합니다. 그래서 저는 딸아이에게 글쓰기 경연대회에 참여하도록 권했으나 한사코 싫다고 해요. 그런 데 나가서 우승을 하고 싶지 않고, 그저 취미로 혼자 글쓰기를 하고 싶다는 거예요. 그러나 저는 딸애가 정말 잘할 수 있으리라고 생각하거든요. 그런 대회에 참여할 수 있게 할 방법이 없을까요?"

남편과 나는 서로 쳐다보면서 눈살을 찌푸렸다. 장내가 약간 술렁거리면서 몇몇 사람들은 주위를 둘러보면서 "딸이 부모 맘을 이해 못 하네"라는 식으로 눈짓을 주고받았다. 그러나 레빈은 앞으로 나와 활짝 웃으면서 이렇게 대답했다. "따님이 글쓰기를 좋아하는데, 그건 굉장히 좋은 일입니다! 그냥 내버려 두는 것이 좋겠습니다. 그냥 글을 쓰게 내버려 두세요." 그러자 남편과 나를 포함해 얼마 안 되는 청중들이 레빈의 답변에 박수를 보냈다. 그러나 박수 소리로 미뤄 볼 때 레빈의 대답에 동조하고 그런 답변을 편안하게 들은 수 있었던 사람은 그리 많지 않아 보였다. '경쟁을 강요하지 말라니, 그게 무슨 소린가? 여기가 바로 팔로 알토인 줄 모르는가?'라고 생각하는 사람들의 숫자에 비하면 소수에 불과했다.

실패의 대가를 치러야 하는 정신건강

일부 학부모는 독단적인 자녀 양육 방식을 옹호한다. 이런 양육 방식을 따르는 부모는 자녀의 학업과 과외 활동 목표를 거의 여지없이 일방적으로 설정하고, 지속적으로 뛰어난 성과를 내지 못하면 자녀에게 벌을 준다. 이런 부모는 우리가 논의하고 있는 정신건강의 문제 따위는 무시하거나 믿지 않는 경향을 보인다. 나는 모든 인종에서, 그리고 사회경제적인 스펙트럼 전체에서 이런 학부모들을 자주 보았다.

에이미 추아Amy Chua는 '중국계 미국인'으로, 빈틈없이 짜 놓은 계획과 일과표에 따라 자녀를 양육한 과정을 다룬 회고록 형태의 책『호랑이 어머니의 군가Battle Hymn of the Tiger Mother』를 펴냈다. 베스트셀러가 된 이 책에서 추아는 부모의 지시와 목표, 가치가 자녀의 것으로 완전히 바뀔 때 아이들이 최선을 다한다는 것을 우리에게 믿으라고 요구한다. 추아가 일람표로 만들어 내놓으면서 널리 알려진 것이, 두 딸이 절대로 해서는 안 될 것들이다. "밤샘 파티 참석, 다른 아이들과 함께 놀기, 학예회 참석하기, 학예회에 참석 못 해 불평 늘어놓기, TV 시청이나 컴퓨터 게임 하기, 과외 활동 직접 선택하기, 평점 A 이하 받기, 체육과 드라마를 제외한 모든 과목에서 1등 놓치기, 피아노와 바이올린 이외의 악기 연주하기, 피아노와 바이올린 연주 안 하기."

얼핏 보기에 좀 우스꽝스럽게 비치지만 추아가 실제로 이런 금기를 지키도록 강행했다는 사실을 알면 기가 차지 않을 수 없다. 추아는 말로 수모를 주거나 여러 방식으로 두 딸을 휘몰아쳐 바이올린과 피아노 연습을 하게 하면서 딸들이 눈물을 흘리고 반항한 끝에 하고 싶은 것을 포기하게 한 것을 자랑스럽게 기술하고 있다. 그는 또 이런 방법이 모두 장기적인 측면에서 보면 그만한 가치가 있다고 강조했다. 두 딸이 결국 카네기홀에 서고 일류대학에 진학하는 데 '성공'했기 때문이라는 것이다.

프랭크 우는 교육자이자 사회운동가다. 나는 언급하는 사람들의 인종을 밝히지 않지만, 에이미 추아가 이런 고압적인 자녀 양육 방식을 '중국계 미국인'식이라고 밝혔기 때문에 중국계 지역사회의 누군가를 만나 의견을 나누고 싶었다. 프랭크 우는 에이미 추아처럼 중국계 미국인이다.

우는 샌프란시스코에 있는 캘리포니아 대학 로스쿨인 UC 해스팅스의 학장이다. 그는 미시간 대학 로스쿨과 역사적으로 흑인 대학인 하워드 대학, 청각 장애인 대학인 갤러뎃 대학, 2년제 대학으로 재학생이 남학생 26명뿐인 딥스프링스 대학 등을 포함해 다양한 고등교육기관과 관계를 맺고 있다. 현재 40대 후반인 프랭크는 고압적인 '호랑이 부모' 밑에서 자란 자녀들을 지칭하는 이른바 '상처 입은 호랑이들'을 미국 안팎에서 많이 보아 왔다. 그 자신도 바로 그런 이야기의 주인공이었다. 그는 자신의 경험을 글과 강연으로 많이 털어놓고 있다.

프랭크는 나에게 이렇게 말했다. "제가 ≪허핑턴 포스트Huffington Post≫(2005년 아리아나 허핑턴이 창간한 온라인 뉴스매체—옮긴이)에 '아시아계 이민자인 우리 부모가 나에게 가르친 것은 모두 그릇된 것으로 드러나고 있다'라는 제목의 글을 올린 뒤 저는 독자들로부터 토마토 세례를 받을 것이라고 생각했습니다. 그런데 반대로 아시아계 미국인들은 모두 제 이야기를 수긍하고 있어 저는 '여기서도 좋은 결과를 얻겠구나' 하고 깨달았습니다." 그는 자신이 법학교수와 로스쿨 학장 자리에 있어 이 분야의 정점에 올라 있음에도 "어머니는 아직도 제가 의과대학에 갈 것이라는 기대를 꺾지 않고 있습니다"라고 말했다. 이는 그의 우스갯소리가 아니었다. 그는 아시아계 이민자 출신의 부모 대부분과 마찬가지로 자신의 부모도 과학이나 기술, 공학, 수학을 공부할 만큼 머리가 좋지 못한 학생들이 배우는 분야가 법학과 인문학인 것으로 믿고 있다고 말했다. 그는 이어 "호랑이 부모 노릇을 해야 한다는 책략策略은 지금과는 다른 시기와 지역 또는 세대에나 적합했을 것"이라면서, 억압적인 정부로부터 벗어나려고 몸부림치고 이민자로서 미국에 첫발을 내딛기를 갈망했던 부모와 가족의 안간힘은 충분히 수긍하지만 "이들이 지금은 폐해를 끼치고 있습니다"라고 덧붙였다.

프랭크는 호랑이 부모들이 상투적으로 규정하는 성공이라는 것에 대해서도 이렇게 말했다. "만약 신경외과 의사이자 피아니스트가 된다면 좋은 일이죠. 부모님이 뒷받침해 줬을 겁니다. 그렇게 되려면 누군가가 숙제를 하도록 만들고, 연습을 쌓도록 만든 사람이 있어야만 가능한 일입니다. 그러나 이 같은 성공담이 하나 나오려면 아마도 그로 인해 인생이 결딴난 99명의 아이들이 있을 겁니다." 프랭크는 이런 상황이 이미 일어나고 있음을 알고 있다. 그가 99명한테서 그런 이야기들을 듣고 있기 때문이다. "아시아계 이민자들의 자녀는 그들이 지닌 모든 것을, 사신의 크나큰 희생을 무릅쓰면서 자식에게 모든 것을 남김없이 쏟아 붓습니다. 자식은 성년이 되어 좋은 대학에 들어가고, 전문직을 얻어 결혼하고 좋은 집을 갖게 됩니다. 겉으로 보면 이런 젊은이는 완전히 성공한 사례로 비치죠. 그럼에도 부모는 자식이 성공하긴 했지만 여전히 아쉽고 부끄럽다고 합니다. 왜냐하면 '완벽'하지 않다고 여기기 때문이죠."

프랭크는 졸업식에서 고별사를 읽을 학생이 발표될 때 그것에 좌절감을 느끼는 학생은 성적이 중간쯤 되는 학생들이 아니라고 말했다. 완전히 뭉개질 정도로 좌절하는 학생들은 2등부터 10등까지의 최상위권 학생들이다. "압박감에 시달리면서 피해를 입는 젊은이들은 성공적이지 못한 학생들이 아닙니다. 이들은 상당한 수준의 성공을 거두고 있지만 1등을 하지 못했기 때문에 자신이 쓸모없는 인간이라고 느끼는 거죠."

프랭크와 통화한 시간은 조수가 배정했던 시간을 이미 훌쩍 넘겼다. 그런데도 프랭크는 전화를 끊지 않고 머리에 떠오르는 생각을 계속 털어놓았는데, 대체로 원칙적인 문제를 유머를 섞어 전달했다. 그는 다음 회의에 갈 때쯤 되자 이렇게 통화를 매듭지었다. "99%가 모두 최상위권으로 올라갈 수는 없는 만큼 이 문제는 해결이 불가능합니다. 꼭 1등을 해야 한다거나 그렇지 않으면 노력할 가치가 없다는 식으로 생각한다면 아무도 잠자리에서 일어고 싶은 생각이 없을 겁니다. 그런 식으로 설정된 기준은 미친 것이죠. 아무리 많은 것을 성취해도 충분치 못하다고 느낄 것이니 이야말로 사람들의 삶을 파멸시키는 것이기 때문입니다." 미시간 주립대학의 인간개발·가족연구학과에서 부교수로 근무하는 중국계 미국인 데시리 바올리언 킨은 프랭크가 지적한 해독을 뒷받침하는 연구와 학문을 하고 있는데, 그의 연구 결과는 이른바 '호랑이 부모' 밑에서 자란 자녀들의 경우, 스트레스와 심리적 문제들이 나타날 비율이 더 높다는 점을 보여 주고 있다.

자녀들의 정신건강에 관한 자료들이 나오기 시작하지만, 이런 자료에서 확인되는 것은 세상을 헤쳐 나가는 능력의 문제에서 오는 피해보다는 주로 학업 문제에서 오는 피해를 다루고 있다는 점이다. 즉 부모가 짜 준 학업 계획에 매달리고 학업 면에서 더 많은 것을 이뤄 나가는 데서 오는 해독을 다루고 있다. 자녀들은 제정신이 아닐 만큼 스트레스에 시달리고, 또 그런 스트레스를 이겨낼 만한 회복력이 없는데도, 부모는 자녀가 이런 트라우마를 앓지 않을 것처럼 생각하면서 계속 압력을 가하고 있다. 그리고 자녀들의 이런 투쟁, 이런 고통이 가치가 있거나 또는 앞으로 가치를 발휘할 것이라고 굳게 믿고 있다.

미국의 전형적인 학구에서 발행하는 어떤 학생지도센터 공보를 보아도 청소년 상담 서비스를 안내하고, 10대의 스트레스에 관한 저명한 전문가의 강연 일정을 알리는 것들이 많다. 나는 최근 페어팩스 카운티의 여러 공립학교 공보를 보았다. 이 학구는 버지니아 북부에 있어 워싱턴 D.C.와 가까운데, 이 학구에는 미국의 일류급에 속하는 여러 공립학교들이 적지 않다. 이 학구의 여러 공립학교는 10대의 스트레스와 행복, 정신건강 회복력 등을 다루는 강좌를 권장하고 있었다. 이런 강좌에서는 별도의 분임반을 열어 '압박감과 교내외 활동 간의 균형'이나 '학업 기대치 균형 맞추기', '대입 과정에서 살아남기', 그리고 '표창 받은 우울증 극복사례' 등과 같은 주제를 다루었다. 그리고 학생들은 지역사회가 제공하는 상담 서비스를 받을 수 있다고도 했다.

학구 차원에서 이런 프로그램을 진행하는 것은 찬사를 받을 일이다. 여러 학교와 지역사회의 도움으로 학부모 수십만 명이 '성취문화achievement culture'의 실상을 면밀하게 조명한 비키 에이블리스 감독의 2010년 다큐멘터리 영화 〈목표 없는 경쟁〉을 보았다. 관람객들은 숨이 막힌다는 표정으로 영화관을 나섰고, 일부는 눈물을 글썽이기도 했다. 모두 경쟁이 얼마나 고약한 결과를 가져오는지에 대해 충격을 받은 듯한 표정이었다. 그렇다면 상황이 이러한데도 우리는 무엇을 하고 있는가?

이제 부모들은 전면에 나서 문제를 직시해야 한다. 문제를 깊이 생각해 보라. 예컨대 학생들은 '대학 입학 과정에서 겪는 스트레스'라는 강좌를 듣기 위해 지역사회가 제공하는 상담 서비스를 받아야 하는데, 바로 이런 과정조차도 대학 입학 관계자에게 좋은 인상을 주기 위한 것이다. 이것이야말로 우리가 얼마나 반이상향적인 현실 속에 살고 있는지를 말해 주는 증거다. 고등학교 시절의 스트레스를 경감시켜 보려는 자녀들의 노력조차도 대학 진학에 도움을 줄 가치 있는 증거로 취급되고 있는 것이다.

학업 문제와 관련해 자녀를 고압적으로 다루는 부모는 자녀에게 크나

큰 해악을 끼친다. 빌 데레저위츠도 2014년에 펴낸 획기적인 저서 『뛰어난 양: 미국 엘리트에 대한 그릇된 교육과 의미 있는 삶으로 나아가는 길 Excellent Sheep: The miseducation of the American Elite and the Way to a Meaningful Life』에서 이렇게 지적한다. "학생 시절 겪는 '실패의 두려움'은 평생을 따라다닌다. 종종 그 두려움은 무엇보다 부모가 주는 '실패의 두려움'으로부터 먼저 온다. 자신을 미달된 인간으로 보는 생각, 그것은 비록 일시적이라 할지라도 실제의 삶에 나쁜 작용을 하며 인간의 실존적 삶에서 큰 대가를 치르게 한다."

데레저위츠가 '뛰어난 양'이라고 부른 자녀들을 나는 실존적인 측면에서 '무기력한 존재'라고 부른다. 나는 오늘의 젊은이들이 지적, 정서적 자유의 결핍 속에 살고 있다는 영문학 교수 테리 캐슬의 이야기를 앞서 소개한 바 있는데, 그녀가 주목했던 점도 이와 똑같다고 생각한다. 나는 학생과장으로서 학교의 닫힌 문 안에서 이런 지적, 정서적 자유의 결핍—실존적인 무기력—을 실제로 보고 있다. '뛰어난 양들'은 내 사무실에도 있다.

우울증에 시달리는 학생들이 늘어나는 추세

과잉보호 속에 자란 밀레니얼 세대가 1990년대 말께 처음으로 대학에 진학하기 시작하면서 나처럼 대학 내 상담과 교내 생활 문제를 담당하던 사람들은 신입생들의 정신건강 문제를 중요하게 다루게 되었다. 학생들의 부실한 정신건강이 강의실과 기숙사 등 캠퍼스 생활 전반에서 영향을 끼치는 것을 보았기 때문이다. 2000년대 초가 되면서 학생들의 정신건강에 영향을 끼치는 요인이 무엇이냐 하는 것은 우리 같은 전문가 회의에서 가장 뜨거운 논제가 되었다. 미국 전역의 4년제 대학—규모가 크든 작든,

공립이든 사립이든, 입학 경쟁이 치열하든 아니면 누구나 입학할 수 있든, 종교 계통이든 아니든 구분하지 않고—모든 4년제 대학의 행정요원들이 모여 회의를 열었다. 이 회의에서도 전문가들을 초청해 의견을 들었다. 모든 대학들이 그런 문제로 고심하고 있었다. "우리 캠퍼스에는 그런 문제가 없다"고 말하는 사람은 아무도 없었다(학생들의 정신건강에 문제가 있는 곳이 4년제 대학임을 다시 한번 강조하고자 한다. 이런 문제가 2년제 공립 초급대학 community college에서는 별로 발생하지 않기 때문이다. 내 추측으로 이런 초급대학에 들어가는 사람은 직장에 다니는 사람이나 자녀가 있는 사람, 또는 뒤늦게 학업에 뛰어든 사람들로서, 모두 어느 정도 세상살이의 요령을 터득했거나 여러 경험을 쌓아, 그들보다 풍족하고 여러 가지 특혜를 누린 4년제 대학 재학생들이 겪는 정신건강의 어려운 문제를 감당할 능력을 지니고 있는 것으로 보인다).

나는 2006년부터 2008년까지 스탠퍼드 대학 재학생들의 정신건강 문제를 다루는 대책위원회에서 일하면서 문제를 면밀하게 조사, 검토하고 교직원과 학생들에게 이 문제를 정확하게 인식시켜 적절하게 대처하는 방법을 알려 주었다. 우리는 또 예산을 늘리고 정신건강 치료 전문가를 증원해 훨씬 심각해진 정신건강 문제를 다루도록 제안했다.

나는 가끔 내 사무실을 찾아온 학생을 데리고 심리상담센터CAPS까지 걸어가 치료 전문가가 올 때까지 기다렸다. 내 사무실을 찾는 학생들은 대부분 정신건강 문제가 심삭하지 않은데, 이런 학생들은 심리상담센터로 보냈다. 이런 학생들은 학점도 우수했다. 강의도 잘 듣고 과외 활동에 활발하게 나서며 여름철 교내외 활동에도 적극성을 보였다. 그런데도 이들과 대화를 해 보면 개성을 찾기 어렵고, 마치 자동화된 사람 같은 느낌을 받을 때가 많았다.

나는 학생과장으로 여러 해 근무하면서 학생들에게서 많은 이이야기를 들었다. 이들은 피아노를 연습해야 하는 것처럼, 아프리카를 위한 지역사회 봉사활동을 해야 하는 것처럼, 그 밖의 여러 가지 활동을 해야 하는 것처럼 "과학(이나 의학, 공학) 공부를 해야 하는 것으로" 믿었다고 했다. 내가 이야기를 나눈 학생들은 자신이 지나온 과정을 써 낸 경력서에 나열된 여러 항목들에 전혀 관심이 없었다. 일부는 현재 자신이 하고 있는 공부나 활동에 대해 관심이 부족한 것을 조금도 마음 쓰지 않으면서 "저에게 가장 좋은 것이 무엇인지는 우리 부모님이 잘 압니다"라고 말했다.

어느 여학생의 아버지는 딸이 경제학을 전공하지 않으면 어머니와 이혼할 것이라고 위협했다고 했다. 이렇게 억지로 경제학을 전공하게 되면서 이 여학생은 4년 과정을 7년 만에 마치게 되었다. 그 수학기간 중 아버지는 주말에는 꼭 삼촌 집으로 가서 공부해야 한다면서 딸의 일상생활을 시시콜콜하게 간섭했다. 언젠가는 아버지의 고집으로 딸은 주중에 경제학 교수 한 사람을 연구실로 찾아갔다. 그런 다음 딸이 그 경과를 아버지에게 전하는 것을 깜빡 잊고 저녁 늦게 기숙사로 돌아왔는데, 삼촌이 기숙사 건물 현관에서 기다리고 있었다. 삼촌의 얼굴에는 이렇게까지 아버지가 딸에게 보고하도록 '강요'하는 것에 대해 언짢아하는 표정이 역력했다. 나중에 딸은 나에게 이렇게 말했다. "저는 제 삶을 스스로 통제하지 못해서 심한 공황장애를 앓았어요." 하지만 이 여학생은 경제학 공부를 마쳤으나 이 학생의 부모는 이혼하고 말았다.

일부 학생들은 (보통 부모가 원하는 대학원에 들어가는 식으로) 마침내 부모 슬하에서 벗어날 때까지 참고 기다렸다. 어떤 학생들은 부모에게 분노를 표시하긴 했는데, 이런 학생들의 눈에는 체념의 기색이 엿보였다. 온갖 가능성으로 충만한 세상에 살고 있음에도 부모의 통제 아래서 부모가 정해 놓은 행로만을 좇아야 했기 때문에 그런 가능성을 누리지 못했다는 사실을 점차 깨달으면서 당혹감을 감추지 못했다. 이들은 부모가 펼쳐 놓은 행로를 좇으면서 오랫동안 그들 자신의 꿈은 꾸지 못한 채 부모의 야심찬 꿈만을 좇고 이루기 위한 방법을 익혀 온 것이다. 반짝반짝 빛날 정도로 뛰어난 학생도 드문드문 보였다. 성취도도 높은 편이었다. 내 사무실을 찾아와 소파에 허약하고 상처받은 몸을 파묻는 그들, 마치 겉으로는 성공을 거둔 멀쩡한 모습이지만 그 속엔 비참한 삶이 숨어 있었다.

이런 모습의 전형적인 예가 페이스라는 2학년 여학생이다. 그는 동북 지역의 중상류층 집안에서 세 자녀 중 맏이로 자랐다. 내 사무실을 찾아온 그녀는 자신의 처지를 설명하면서 어금니를 꽉 깨문 채 사나운 표정을 지었다. 페이스의 부모는 딸이 의과대학에 진학하게 만들었다. 그리고 학기마다 어떤 강의를 듣는지 점검하고, 과외 활동 계획을 세우는가 하면, 여름철의 교내외 활동도 사전에 허락한 대상들 중에서 선택하게 했다. 그녀는 부모가 금년 여름 병원에서 인턴으로 일하기를 바라지만 자신은 그 일에 관심이 없다면서 이를 부모에게 어떻게 말씀드려야 할지 난감하다면서 눈물을 참았다. 그는 자신이 학업을 잘해 나가기만 하면 부모가 두 동생에게는 덜 다그칠 것 같다고 말했는데, 그런 말을 할 때는 눈빛이 약간 밝아졌다. 지금까지의 학업 성적은 어떠했냐고 묻자 스탠퍼드에서 4.0을 넘는 학점을 받았다고 대답했다. 하지만 얼굴에서 자랑스러워 하는 기색은 거의 찾아볼 수 없었다.

이런 대화를 나누면서 나는 가슴이 아팠다. 내 사무실에 온 페이스는 침착하고 아름답고 교양 있는 모습으로 앉아 있었지만, 내가 지켜보고 이야기에 귀 기울이면서 관찰한 바로는 머리를 물 위로 내놓기 위해 안간힘을 쓰면서도 얼굴에는 계속 미소를 띠는 물에 빠진 사람처럼 비쳤다. 비록 학생 자신이 좋아하지 않는 분야일지라도 완벽하게 성취하기 위해 노력하다

보면 장기적인 관점에서는 어느 정도 '그만한 가치가 있는' 것으로 드러날 수도 있다. 그렇지 않으면 어떤 분야에서 아무것도 마스터하지 못한 사람이 나중에 피아노를 포기한 것을 후회할 가능성도 분명히 있다. 나는 이 책 후반부(17장)에서 적절한 기대란 어떤 것인가 하는 문제를 다룰 생각이다. 하지만 당장 이 자리에서는 적절하다고 볼 수 없는 혹독한 기대를 자녀에게 걸고, 자녀는 그런 기대에 부응하기 위해 삶을 이어 갈 때 어떤 일이 벌어지는지에 초점을 맞추고자 한다. 이런 과정을 겪은 수많은 학생들이 정신건강 문제로 상담을 신청해 오고 있기 때문이다. 그중 일부는 한동안 수학을 포기했고, 일부는 대학을 완전히 포기했다.

무엇이 성공이냐를 판정하는 확실한 척도 문제가 나오면 나는 대학진학적성시험SAT에서 최상위 성적을 낸 학생들의 숫자보다 그 지역의 10대 자살률이 한층 정확한 지표가 될 것이라고 생각한다. 나는 팔로 알토의 기찻길 건널목을 지날 때마다 이런 생각을 한다. 이 건널목에서는 최근 몇 년 동안에 적잖은 10대들이 목숨을 버렸는데, 자살한 청소년 대부분이 우리 집 아이들이 다니는 헨리 M. 군 고등학교 학생들이었다.

지금은 이 건널목에 안전요원이 배치되어, 통근열차가 이 건널목을 지날 때면 기관사가 기적을 울리면서 안전요원과 서로 인사를 나눈다. 나는 승용차에서 기차가 지나가기를 기다리며 두 사람이 인사를 나누고 기적 소리가 길게 울리는 소리를 듣는데, 그럴 땐 나도 모르는 사이에 눈물이 고인다. 이제 부모들이 이 철길로까지 자녀를 내모는 짓을 멈춰야 한다는 생각이 들기 때문이다.

8장
학생들이 '학업 약물'의 중독자가 되고 있다

미국 어린이 중 약 11%는 주의력결핍과잉행동장애ADHD 진단을 받고, 그 중 절반을 약간 웃도는 어린이(전체 어린이의 6.1%)는 집중력을 향상시키기 위해 애더럴, 리탈린, 바이반스, 모다피닐 같은 자극제를 처방받고 있다. 이런 ADHD 진단을 받은 어린이들은 학습 적응 대상이 되어 숙제와 시험에서 추가 시간을 더 써야 한다.

우리 아들 소여는 초등학교 4학년 때 ADHD 진단을 받았다. 아들은 숙제, 특히 글쓰기 숙제를 마쳐 보려고 안간힘을 다했다. 밤마다 식탁에 앉아 먼 곳을 멍하니 바라보거나 연필로 손톱 밑을 찌르기도 했다. 나는 소여가 매우 똑똑해서 숙제를 쉽사리 해낼 수 있으리라고 생각했다. 그런데 숙제를 전혀 하지 못하는 것을 보고 있자니 정말 괴로웠다. 그래서 우리 식구들은 소여의 공부에 방해가 되지 않게 하려고 애를 썼다. 그런 소여의 안간힘이 아버지와 누이동생, 나에게까지 영향을 미쳤다. 지켜보는 것도 괴로운데 그 영향이 가족에게 두루 미치니, 더욱 가슴이 아팠다.

나는 더 이상 견디지 못해 이 문제를 풀 묘책을 찾아보려 했다. 경쟁적인 학업 성적을 위해서가 아니었다. 학업에서는 그런 대로 잘하는 편이다. 그래서 나는 밤마다 긴 시간 숙제에 매달려 있는 소여에게 얼마간의 숨통을 틔워 줘 마음껏 뛰어놀던 어린 시절의 자유를 되돌려 주고, 나머지 식구들도 모두 한숨을 돌리게 하려고 했다.

일하는 데 카페인이 필요한 것처럼 소여에게는 애더럴이 필요할지 모른다는 생각이 들었다. 나는 카페인이 건강한 생활방식에 썩 도움이 되지 않는다는 것을 알고 있지만 일하는 데 도움이 되는 만큼 쓸 수 있다고 생각했다. 내가 소여에게 애더럴을 복용시켜야겠다고 생각한 것도 바로 그런 이유였다. 최소한 약이라도 먹여 봐야 하는데 그렇게 하지 않아서 소여를 힘들게 하는 것은 아닌가 생각됐기 때문이다. 그러나 남편은 그런 약이 장기적으로 아이의 건강에 나쁜 영향을 미칠 것을 걱정하면서 소여의 집중력을 향상시킬 수 있을 법한 다른 방법이나 요법을 찾아 그쪽으로 노력을 집중해 보자고 했다.

약을 먹일 것인가 말 것인가 하는 고민은 ADHD 진단을 받은 자녀가 있는 집안의 공통된 딜레마다. 그러나 ADHD 자녀를 키우는 부모는 약에 대한 고민만 있는 것이 아니다. 하버드 의과대학 소아과 교수인 제임스 페린 박사는 2006년 NBC 뉴스와 한 인터뷰에서 자녀에게서 ADHD 증세가 실제로 보이지 않는데도 사춘기 자녀에게 ADHD 치료약을 처방해 달라고 요구하는 부모들이 점차 늘고 있다고 밝혔다. 그 때문에 ADHD 증세가 없는 어린이들이 치료약을 복용하고 있다고 했다.

맨해튼에 사는 제시카라는 어머니는 이런 소식을 듣고 격분했다. 이 어머니는 자신이 사는 부유한 동네의 학부모들이 자식이 '멀쩡한'데도 1만 달러나 되는 큰돈을 들여 여러 가지 검사를 받게 한 뒤 ADHD 진단을 받아 낸다는 사실을 알고 있다고 했다. 제시카는 이런 학생들이 "대학진학적성시험에서 만점에 가까운 2350점을 받지만, ADHD 수험생에게 주는 추가 시험시간이 성적표에 표기되지 않기 때문에 대학에서는 그것을 알 수 없다"고 지적했다. 제시카는 "이런 것은 정말 잘못된 일"이라고 했다.

의사와 심리학자들은 과거부터 ADHD를 정확하게 규정하는 데 어려움을 겪어 왔다. 그 때문에 진단도 교사와 부모가 아이들의 행태를 '관찰'한 내용을 계량적이지만 매우 주관적으로 평가하는 데 의존하고 있다. 그런데 부유층이 거주하는 지역의 어린이들은 ADHD로 진단되는 비율이 높은 편이다. 그 이유로는 자녀가 발버둥 치며 힘들어 할 때 여유 있는 부모들은 곧바로 의료를 통한 해결책을 찾아볼 수 있는 여유가 있기 때문이다. 그렇지 않으면 풍족한 어린 시절이 ADHD의 잠재 요인을 악화시키기 때문이거나, 제시카가 지적한 것처럼 ADHD 진단으로 얻을 수 있는 '이점들'을 부모들이 원하고 또 '돈으로 살 수' 있기 때문일 수도 있다. 물론 약제와 추가 시간 허용이 ADHD가 아닌 가짜에게만은 '이점'이 될 것이다. 그러나 실제로 ADHD에 시달리는 학생에게 약을 주고 시험시간을 추가로 주는 것은 다만 기울어지지 않은 운동장에 다가가게 해 줄 뿐이다(실제로 ADHD로 고통을 겪는 학생들에게는 부모와 교육 관계자들이 학습에 적응할 수 있게 해 줘야 한다. 시력이 나쁜 학생에게 안경을 맞춰 주듯이 말이다).

ADHD 진단은 조작이 가능한가? 또 부자 동네에 사는 학부모들에게 ADHD 진단을 나눠 주듯이 하면서 생계를 이어 가는 사람들이 있는가? 어쩌면 그럴지도 모른다. 아니면 자식 키우는 데 굉장히 큰 이해관계가 걸려 있다고 느끼는 맨해튼 일부 지역과 다른 지역에 떠도는 한낱 지어낸 이야기일지도 모른다. 만약 이런 이야기가 사실이라면 윤리와 의료 면에서 심각한 문제다. 자녀를 적절하게 돕는 것과 단지 '더 좋은' 대학에 들여보내기 위해 자녀를 다른 사람처럼 만들어 버리는 이 양자 간의 구분을 어떻게 해야 할까? 그러나 나는 이 못지않게 중요시 해야 할 일이 제시카를 비롯해 미국 전역의 다른 학부모들이 이런 사기행위가 벌어지는 것을 알고 있는 것이라고 생각한다. 이런 인식과 그에 뒤따르는 두려움―즉 이 학생들이 자극제를 복용하고 추가 시간을 더 얻어 시험을 치를 경우 우리 자식들이 앞서지 못할 것이라는 걱정—은 고득점 경쟁을 위한 약제 복용에 더욱 불을 지필 것이다.

학업용 약물 사용

자녀의 학습이나 수험 보조제로 이런 약을 찾는 부모들이 얼마나 되는지를 알려 주는 명확한 통계는 없지만, 지금까지 나온 조사 연구 결과는 10대들이 '고득점 약'이나 '학습 약', '스마트 약'을 찾고 있음을 분명히 밝혀 주고 있다. drug-free.org의 '약물에서 벗어난 청소년 연대Partnership for Drug-Free Kids'는 2012년 사이트에 「태도-추적 연구보고서」를 게재했는데, 이 보고서를 보면 10대 청소년 8명 중 1명(13%)은 이제까지 최소한 한 번은 리탈린이나 애더럴을 오용 또는 남용한 적이 있다고 밝혔다. 그리고 4명 중 1명(26%)은 이런 약물을 학습 보조제로 써도 좋다고 믿는 것으로 나타났다.

학업용 약물 사용은 대학도 마찬가지다. 미국대학건강협회가 2013년 대학생 10만 명을 대상으로 조사한 결과를 보면, 대상자 중 8.5%가 애더럴과 의사의 처방 없이 자극제를 사용한 것으로 나타났다. 이보다 한 해 전에 대학생 5000명을 대상으로 조사한 결과는 이런 식으로 학업용 약물을 사용한 학생의 비율이 14%에 이른 것으로 나타났다. 또한 미국 공영방송인 NPR은 2013년에 뉴스 보도를 통해 학업 성과를 끌어올리기 위해 자극제를 복용했다고 응답한 대학생들의 숫자에 관한 자료를 상세하게 전했는데, 이 자료를 보면 복용했다고 응답한 비율이 적게는 8%에서 많게는 35%까지 편차가 심한 것으로 나타났다. 미국 전역의 수백 개 대학의 학생과장들은 '가장 큰 약물 문제'로 이런 학업용 약물을 꼽았다.

제임스 L. 켄트는 2013년 하이 타임스High Times라는 블로그(마리화나 관련 정보와 문화에 관한 내용이 미국에서 가장 충실하다는 블로그다)에 올린 글을 통해 애더럴을 '미국이 좋아하는 암페타민(중추신경계를 자극하는 각성제—옮긴이)'이라 부르면서 셰리와 댄 이야기를 통해 대학에 퍼져 있는 애더럴 문화를 알렸다.

"셰리는 대학 3학년생이다. 오전에는 강의를 듣고 오후에는 커피숍에서 일한다. 그런데 주의력결핍증ADD이 있어 약을 먹지 않으면 아침에 잠자리에서 일어나 하루 일과 중 가장 예사로운 일을 처리하는 데도 어려움을 겪는다. 셰리가 먹는 약은 애더럴인데, 가능하면 30mg짜리 애더럴 XR 캡슐제를 먹는다. 그러나 건강보험에 들지 않아 셰리는 진료비 200달러와 한 달에 200~300달러쯤 하는 처방약값을 부담할 능력이 없다. 그러나 셰리는 다행히도 대학생들에게 애더럴 XR를 파는 댄이라는 남자를 알고 있다. 댄은 한 번에 구매하는 양에 따라 애더럴 XR 캡슐을 개당 5달러에서 15달러를 받는다. 애더럴은 미국에서 인기 있는 암페타민으로 특히 기말시험에 대비해 장시간 집중력을 유지해야 하는 대학생들이 선호하는 약물이다. 그 때문에 댄의 장사는 잘되는 편이다.

길거리에서 애더럴을 판매하는 사람들은 대학생들에게 소매가보다 싸게 판다. 셰리처럼 건강보험이 없는 학생들에게 한 달 단위로 처방해 주는 애더럴의 소매가격은 개당 6~8달러다. 댄은 부모의 건강보험 혜택을 받는 학생들이나 월급처럼 애더럴 처방전을 받는 군인이나 군 관계자로부터 처방전을 사들인다. 군 관계자 특혜나 건강보험 혜택을 받으면 애더럴 XR를 캡슐당 1달러 이하로 살 수 있는데, 이것을 3배나 5배로 비싸게 팔 수 있다. 댄은 애더럴이 꼭 필요한 고객을 만나면 30mg짜리 애더럴 XR를 1개당 15달러에서 20달러 까지 받을 수 있다는 것을 잘 알고 있다. 그래서 값싸게 사들인 애더럴 XR 한 병은 댄의 돈주머니나 다름없고 모든 씀씀이를 이것으로 해결한다. 또 밥 먹을 시간이나 돈이 없을 때는 애더럴 XR 한 알을 먹으면 6시간 동안 배고픈 줄도 모른다."

인기 있는 약물에 대한 압력

놀랄 정도로 많은 대학생들은 성공하기 위해 각성제 복용이 필요하다고 느끼지만 이들 모두가 그런 행위를 낙관적으로 보지는 않는다.

애덤(실명이 아님)은 최근 동부 연안지역의 명문 공립대학을 졸업했다. 그는 친구들한테서 내가 이 책을 집필하고 있다는 소식을 듣고 나를 찾아와 학생들이 기분전환용으로 (즉 의사의 처방 없이) 애더럴을 복용하는 일이 광범하게 퍼져 있다고 말했다. 또 젊은이들이 왜 애더럴을 찾는지, 이런 습관이 나중에 어떤 결과를 불러올지에 대해서도 자신의 생각을 밝혔다. 애덤은 이 문제의 민감성 때문에 이름을 밝히고 싶지 않다고 말했다.

내가 애덤에게 던진 첫 번째 질문은 학생들이 기분전환용으로 복용한다는 애더럴을 어떻게 입수하느냐는 것이었다. 그는 이렇게 대답했다. "제가 아는 학생들은 모두 애더럴을 처방받는 친구를 갖고 있어요. 이처럼 친구끼리 뭉친 그룹에는 애더럴 처방을 받은 학생이 최소한 한 명은 끼어 있죠." 애덤이 아는 어느 여학생은 부모가 처방을 해 줬다. 이 여학생은 진찰도 받지 않은 채 오로지 학업상의 이점을 누리기 위해 이런 약을 먹었다. 애덤은 또 정당하게 처방을 받은 학생들 중에는 적정량 이상의 애더럴을 처방받는 경우가 많은데, 이런 학생들이 남는 애더럴을 친구들과 나눠 쓴다고 밝혔다. 그는 애더럴이 비싼 약물이기 때문에 부유한 집안의 학생들이 복용한다고 말했다.

애덤의 이야기는 이렇게 이어졌다. "높은 학점을 따야 한다는 엄청난 압박감에다, 해야 할 일이 산더미처럼 쌓여 있고 보니, 학생들은 모두 서로 간에 결속감이나 유대감을 갖게 되죠. 모두가 내일까지 두툼한 보고서를 준비해야 하거나, 엄청나게 시간이 많이 걸리는 과제를 떠안고 있거나, 기말시험을 앞두고 있으면 친구끼리 서로 돕지 않을 수 없어요. 그런 상태가 되면 누군가가 이렇게 외칠 수 있어요. '자, 나한테 애더럴이 있는데 오늘 밤엔 우리한테 이게 필요할 것 같아' 또는 '함께 준비해 나가자고, 우리의 모든 자원을 공동으로 이용하자.'"

애덤의 목소리가 무겁고 신중해지더니, 이런 이야기를 전하는 마음이 편치 않다고 말했다. 그래도 이런 이야기를 털어놓는 것은 자신의 동료들, 아니 자신과 같은 세대에 대한 걱정이 깊어졌기 때문이라고 밝혔다. 그는 애더럴을 복용한 이후 친구들의 태도가 어떻게 바뀌는지에 대해서도 털어놓았다. 즉 오로지 과제 준비에만 집중하면서 휴대전화도 밀쳐놓고 온종일 공부에만 매달리며, 개인적인 욕구와 다른 사람과의 관계도 마음속에서 싹 비워 버리는 모습을 보게 된다고 했다.

애덤이 본 그대로 애더럴은 짧은 시간 동안 인지능력을 강화시키는 데 대단한 효과가 있는 것 같은 느낌을 준다. 나는 부정적인 영향은 없느냐고 물었다. 애덤은 분명히 있다고 말했다. "이 약은 열심히 공부하고 열심히 놀게 만드는 약물이에요. 이 약물은 초인적인 능력을 발휘하게 해 줘요. 실제로 초인처럼 보여요. 이 약물에 의존해 보고서도 작성하고 적극적인 사교 활동과 학업 활동도 펼치며, 그 밖의 다른 온갖 활동을 벌이죠." 그렇다면 누가 좌절감을 느낀다는 것일까? 인간에겐 한계가 있다고 받아들이는 학생, 애더럴을 복용하지 않으며 좋지 못한 학점을 받는 학생들이 그들이라고 했다. 애덤은 자신이 아는 가장 뛰어난 학생들은 이런 약물 복용에 대해 윤리적인 측면에서 의문을 제기하고 있다고 말했다.

나도 이 약물의 단기적인 이점에 마음이 끌린 적이 있었다. 초등학교 6학년으로 중학 진학을 앞둔 아들 소여의 경우 내가 보기에도 숙제가 과중할 정도로 계속 늘어났다. 6학년짜리에게 저녁마다 3시간씩 숙제에 매달리게 만드는 세상이 온전하다고 볼 수 있을까? 나는 약물을 쓰지 않기로 결정한 부모로서 무력감을 느끼기 시작했다.

어느 날, 소여가 유달리 마음이 산란한 듯한 모습을 보여 지금 몸 안에서 어떤 일이 벌어지고 있는 느낌이 드느냐고 물었다. 아들은 "텔레비전에 신호가 잡히지 않을 때 화면이 지지직거리는 것처럼, 제 몸 안이 마치 그런 것 같아요"라고 대답했다. 그 순간 약물 이야기를 꺼내야겠다고 생각하고 소여에게 물었다. "그런 산란한 마음을 떨쳐 버리게 만드는 신기한 약이 있다면 먹어 볼래?" 아들이 "네!" 하고 큰 소리로 외쳤다. 그러다가 잠시 생각하는 눈치더니, "잠깐만요" 하고 나를 다시 쳐다보았다. "그런 약을 먹으면 제 뇌의 화학구조에 변화를 일으킬 거고, 그렇게 되면 저를 지금과 다른 사람으로 만들 거예요. 그러니…… 안 되겠네요." 나는 아들의 말에 눈물이 쏟아졌다. 과학을 굉장히 좋아한 탓으로 아들은 자신이 말한 내용을 정확히 알고 있었다. 이 눈물은 아들뿐만 아니라 나 자신 때문에 흘린 것이기도 했다. 나는 소여에게 약을 먹여 보고 싶은 생각이 간절했지만—그래서 우리 식구 모두가 숨통이 틔어 안도할 수 있었으면 하고 바랐지만—그 대답은 역시 '아니오'였기 때문이다.

애덤과 그의 친구 몇몇도 뇌의 화학구조를 걱정했다. 애덤은 나에게, 정당한 처방을 받은 경우이든, 기분전환용이든 간에 아직까지 확인되지 않은 애더럴의 장기적인 영향에 대해 주변 친구들이 걱정하고 있다고 전했다. 애덤은 이런 영향에 대한 연구가 거의 이뤄지지 않았다는 사실에 정말 놀랐다고 말했다. 이들은 또 직장에서 일하게 되었을 때 어떤 일이 벌어질지에 대해서도 걱정스럽다는 이야기를 털어놓았다. 가령 맡은 일을 꼭 해내야만 할 때, 기대에 부응해야만 할 때, 목표를 달성해야만 할 때, 이를 이루어 내는 데 도움이 될 약을 몇 년이고 찾게 되지 않겠느냐는 걱정이었다. "그것은 우리가 어떤 인생을 살 것인가 선택하는 문제나 다름없어요"라고 애덤은 말했다.

나는 이런 걱정을 듣고 기분이 한결 밝아졌다. 나는 젊은이들이 자신의 잠재력을 한껏 발휘하고 스스로 결정을 내리며 그에 따른 결과를 받아들이고 살아가는 것에 관심이 많다. 모든 사람들은 다양한 방식으로 자신의 인생행로를 개척해 나가면서 직장생활을 시작하고 생활비를 벌어 갖가지 비용을 지불하며, 또 닥쳐오는 인생을 헤쳐 나간다. 인생행로에서 추구하는 대상이 아무리 보잘것없는 것이라 하더라도 그것이 우리의 것이라면 그것은 소중하며, 우리의 삶을 향상시키는 데 도움이 될 것이다. 명문 대학의 젊은이들이 빈 강의실에 모여 앉아 애더럴이 그들의 삶에서 어떤 역할을 할 것인지에 대해 문제의식을 갖고 이야기를 나눈다는 것 자체가 나에게 희망을 주었다.

이와 관련해 애덤은 나에게 이렇게 말했다. "우리는 시스템의 불공정성에 대해 의견을 나눴어요. 애더럴이 대단한 약물이라는 것이 아니라 애더럴을 이용해서 이뤄 낼 일이 아주 많다는 거예요. 애더럴을 복용하는 것은 부모와 교수, 친구한테서 받는 압박감에 대항하기 위해 우리 나름으로 선택한 방법이죠. 즉 앞에 놓인 상황에 대처하는 한 가지 방법이죠"라고 애덤은 말했다.

애덤도 대학생활 중 한때 그런 압박감과 시샘에 굴복해 애더럴의 매력에 빠져들었다. "새벽 두 시에 도서관에서 어질어질하고 기절할 것 같은 느낌인데, 주위 책상에는 빳빳한 자세로 앉아 과제 준비에 열을 올리는 학생들만 보인다고 상상해 보세요." 그래서 애덤도 애더럴을 복용하기 시작했다. 실제로 도움이 되었다. 그러나 그때도 여전히 그의 마음속엔 애더럴에 대한 찬반이 공존해 있었다. 우선 그는 애더럴을 복용했을 때 자신이 교수들을 무례하게 대한다는 느낌을 받았다. 그래서 애더럴을 복용했을 때는 대형 강의실에서 교수와 멀리 떨어져 있어야만 마음이 편했다. 그는 또 이런 말로 불편한 마음을 덜었다. "개인적으로 애더럴 복용을 자랑스럽게 생각하지 않아요. 그러나 동부 연안 지역의 부유한 집안 대학생 중 애더럴을 복용하지 않은 젊은이를 찾아보기는 어려울 거예요."

불완전하긴 해도 본래 순수한 자아自我를 지녔던 젊은이들이 애더럴 같은 화학약품의 힘으로 인간이 바뀌어 버린다면, 그래서 이들이 세상에서 성공하기 위해 그런 약품이 필요하다면, 이런 약물의 복용을 과연 언제, 어디에서 끝장낼 수 있을 것인가?

9장
부모가 자녀의 취업 가능성을 망치고 있다

2000년대 중반, 나는 대학 동료들과 함께 헬리콥터 부모 노릇이 일시적인 유행이 아니라 지속적인 풍조라는 사실을 체념적으로 받아들이면서 '과잉보호 속에 자란 젊은이들이 취업했을 때는 어떤 일이 벌어질까' 하는 의문이 들었다. 부모들은 어떤 대학에 들어가느냐에 따라 자녀의 장래가 큰 영향을 받을 것이라는 점을 분명히 느끼고 있기 때문에 모든 문제에 시시콜콜 간여했고, 학생들도 부모의 간섭을 필요로 하고 또 적극적으로 받아들였는데, 취업 문제는 이런 대학 진학보다도 더욱 큰 도전으로 비쳤을 것이다. 그렇다면 헬리콥터 부모들은 성년이 된 자녀들의 직장까지 쫓아다니는 것일까? 그 답변은 '그렇다'로 드러났다.

취업한 밀레니얼 세대는 (온실을 벗어나면 살 수 없는) '난초'나 (이가 잘 빠져 곧 못쓰게 되는) '찻잔'으로 불렸지만 내가 보기에 과잉보호 끝에 이 세상으로 내던져진 젊은이들을 비유하는 가장 선견지명이 있는 표현은—매사추세츠의 교육자인 조 미루스츠자크의 신조어인—'송아지 고기'라고 본다. '송아지 고기'란 통제된 환경에서 사육된 뒤 비유적인 의미로 도살된다는 의미다. 우리 중 그 누구도 '자녀의 양육을 되돌리는 방법'으로 불리는 과정을 밟아 보지 못했지만 과잉보호는 자녀의 취업생활 준비로는 매우 부실한 것으로 보인다.

프레스노에 있는 캘리포니아 주립대학 경영관리학과 교수진은 2014년에 헬리콥터 부모 슬하에서 자란 젊은이들이 직장생활을 어떻게 하고 있는지 알아보기 위해 대학생 450명을 대상으로 설문조사를 했다. 설문 내용은 자기 효능감self-efficacy을 어떤 수준으로 평가하며 부모의 관여 빈도는 어느 정도인지, 부모가 일상생활에 어떻게 끼어드는지, 그리고 특정한 취업 계획안에 대한 부모의 반응은 어떠한지를 물었다. "이 설문조사로 헬리콥터 부모 밑에서 자란 학생들에게서 엿볼 수 있는 가장 뚜렷한 차이는 이들이 일을 완수하고 목표를 달성할 만한 능력이 자신에게 있는지에 대한 믿음이 부족하다는 점인데, 이런 것은 장래의 고용주들에게 경종을 울려 주는 것이라고 연구자들은 보았다. 대학을 졸업할 때까지 헬리콥터 부모 밑에서 양육된 학생들은 남에게 의존하기 쉽고, 무엇인가를 헤쳐 나가는 전략적 대처능력과 또 책임감과 성실함처럼 고용주들이 중요시하는 품성이 부족한 것으로 나타났다. 특히 한 가지 흥미로운 사실은 과잉보호 속에서 자란 학생들이 구직활동과 취업 이후 근무 면에서 적응을 잘 못하는 경향을 보인다는 점이다."

그렇다면 부모는 어떻게 해야 할까?

21세기의 일터는 전 세계적이고, 빠르게 진행되며, 지속적으로 변화한다. 이런 일터에서 성공하려면 진취적으로 솔선하여 문제를 해결하고 역경을 딛고 다시 일어서는 용기와 의지가 있어야 한다. 지금은 그 어느 때보다도 이런 기개를 크게 요구하고 있다. 이러고 보니 고용된 사람은 나이에 관계없이 얻을 수 있는 갖가지 도움을 필요로 한다. 이런 상황에서 갓 성년이 된 구직자와 신입사원들의 부모는 당연히 이런 의문을 품게 된다. 어떻게 하면 자녀에게 도움이 되고, 어떻게 하면 방해가 되는 것일까?

어떤 제안을 하거나 충고, 의견교환을 해 주는 것은 도움이 될 것이다. 그러나 지금까지 사례들을 보면 부모들은 늘 넘치기 쉽다. 가령 젊은 신입사원이 스스로 해야 할 일을 부모가 해 준다면 오히려 역효과가 나타날 수 있다. 예를 들면, 2014년 어느 어머니가 아들에게 일자리를 찾을 수 있게 해 주는 사람에게 사례금으로 수천 달러를 주겠다는 내용의 광고를 크레이그스리스트Craigslist(부동산이나 중고물품 매매, 구인 구직 등의 정보를 제공하는 미국의 사이트—옮긴이)에 실었다. 그렇다면 이 어머니의 아들은 운이 나쁜 젊은이일까? 또는 무능력자일까? 아니면 심각한 고초를 겪은 뒤 심신을 추스르고 있는 것일까? 어느 것도 아니다. 그는 대학을 나온 젊은이다. 그것도 명문 로스쿨을 졸업한 사람으로 캘리포니아 변호사협회의 회원이며, 사무원으로 두 차례 취업한 적이 있다. 이 변호사의 의뢰인 중 이 어머니의 이런 광고를 본 사람이 없다면 다행일 것이다. 나는 이 젊은 변호사를 모르지만 나를 위해 법정대리인으로 활동할지 모를 이 젊은이가 온전한 직업을 찾기를 바랄 뿐이다.

인력관리 부서에서 들려오는 경고성 이야기들

2005년, 리처드라는 젊은이는 미국 동북부의 아이비리그(명문 사립대학) 대학을 졸업하고 뉴욕의 유명 투자은행에 입사해 2년간 근무하면서 승승장구하고 있었다. 그는 연봉 25만 달러를 받았고—이런 연봉은 2008년의 국제금융위기 이전에는 적정한 수준이었다—온몸을 던져 오랜 시간 열심히 일했다. 그러나 리처드의 어머니 잰은 연봉은 그렇다 치고 아들이 너무 혹사당하고 있다고 생각했다. 그래서 아들 상사의 뒤를 밟고 아주 어렵게 전화번호를 알아내 어느 주말에 항의성 전화를 걸었다. 이 상사는 예의 바르게 응대했지만 속은 부글부글 끓었다. 리처드는 월요일에 출근해서 마천루 꼭대기에 있는 사무실로 가기 위해 엘리베이터를 타려 했으나 경비원이 제지하고 나섰다. 경비원은 리처드의 책상에서 들어낸 그의 잡동사니 개인 용품을 담은 큼직한 상자를 내밀었다. 상자 위에는 이런 쪽지가 놓여 있었다. "어머니에게 물어보시오."

여기서 리처드의 상사는 못된 사람일까? 그렇게도 비친다. 그 상사는 이 문제를 다른 형태로 처리해야만 했을까? 물론이다. 그렇다면 아들은 어머니가 그렇게 끼어들기를 바랐을까? 그걸 누가 알겠는가? 이런 해고 결정은 상사에게 전권이 있는 만큼 아무런 문제가 되지 않는다. 이 사례는 부모가 성년이 된 자녀의 직장생활에 관여했을 때 벌어질 수 있는 여러 가지 결과 중에서 최악에 속하는 경우이다. 하지만 자녀가 어렸을 때 행사했던 권위와 통제권을 그대로 행사하려 할 때 어떤 일이 벌어질 수 있는지를 명확하게 경고한 사례다. 대학은 정도의 차이는 있겠으나 부모가 지나치게 관여하는 것으로 비칠 만한 행동을 보여도 그런 것을 대체로 수용하고 있지만, 내가 보기에 많은 고용주들은 그런 행위를 용납하지 않는다. 이들이 관심을 기울이는 것은 입사한 직원이지 이들의 부모가 아니다. 성공적인 것처럼 비쳤던 과잉보호가 마침내 끝나야 하는 지점은 자녀가 취업한 때가 아닐까?

미국 필라델피아 출신으로 스위스에서 자녀를 키우고 있는 수잔 루카스는 처음 스위스의 어린이 놀이터를 보고 격분했다. 외줄에 매달려 이동하는 지프라인과 해머, 못 따위가 어린이 놀이터 어디에나 설치되거나 놓여 있었기 때문이다. 그녀는 기업의 인력자원(예전에 '인사부'로 알려진 업무 분야) 분야에서 지도적인 역할을 하는 인물이다. 내가 그녀를 알게 된 것은 그녀가 제약회사 인력관리부장으로 일했던 경험을 바탕으로 인력관리 문제에 대한 글을 계속 쓰고 있었기 때문이다. 루카스가 온라인으로 글을 올리면 매달 수십만 명이 방문하는데, 이런 방문자들 중에는 인력을 뽑고 관리하는 인력관리부장들이 적잖아 이들로부터 신입사원들과 관련된 문제를 포함해 다양한 이야기를 듣는다. 루카스는 요즘 부모들한테서 자녀가 취업을 못 하고 인턴으로 뽑히지 못하는 이유를 물어보는 전화를 가장 많이 받는다. 이런 전화를 받으면 루카스는 다소 퉁명스러운 목소리로 이렇게 대답한다. "이런 식으로 자식 대신에 부모가 대신 전화를 걸기 때문입니다. 저에게 필요한 사람은 박력 있는 젊은이입니다."

루카스는 스위스에서 5년을 지낸 뒤에야 '미국 식 자녀 양육 방식'을 떨쳐 버리고 스위스 식 자녀 양육 방식을 받아들였다. 스위스 부모들의 자녀 양육은 유치원에 다니는 어린아이에게도 혼자 유지원에 걸어 다니거니 대중교통 수단을 이용하게 하고, 4살짜리 어린이들로 '숲속 놀이 그룹'을 꾸려 비가 오나 개거나 가리지 않고 매주 4시간씩 숲 소풍을 즐긴다. 이때 어린이들은 나무를 관찰하고 불을 피워 점심으로 핫도그를 구워 먹는다.

루카스는 "내 아이가 다른 아이의 상사가 되리라고 보는 이유"라는 제목의 글에서, 아들이 스위스에서 어린 시절을 보낸 경험에서 교훈을 얻어 스스로 결정을 내리고 위험을 관리하고 좌절을 극복하면서 역량을 키워 직장에서 나약한 미국 젊은이에 비해 뚜렷한 우위를 차지하게 될 것이라고 말했다. 미국 전역에 있는 루카스의 동료들도 이런 지적을 수긍했다.

로라 미첼은 오하이오 중부 지역에서 인력관리부장으로 일했다. 그는 구급차 운행 같은 응급의료 부문에서 기술직을 고용·관리하는데, 이들은 요양센터와 주립교도소, 정신병원의 응급환자 이송 업무 등을 담당했다. 그런데 최근 들어서 몇몇 젊은이들이 이 기술직 채용 면접장에 부모를 데리고 나타났다. 로라는 "대기 장소에서 이들이 나누는 대화 내용이 우리 귀에 들린다는 사실을 모르고 있는 게 분명합니다"라면서, 이들 부모는 자녀에게 "넌 이 일을 할 수 있어! 앞으로 잘할 거야!"라고 힘을 북돋아 준다고 했다.

이보다 더 심한 경우는 부모가 지원서를 작성하고 면접하는 곳에 자녀와 함께 앉으려 하는 등 자녀의 '취업 활동을 좌지우지'하려 한다는 것이다. "응급의료 업무에 종사하겠다는 사람이 면접하는 데까지 부모와 동행해야 한다고 생각한다면 그런 사람은 응급상황에서 독자적인 결정을 내리는 데 어려움을 겪을 것이 분명합니다. 교도소의 중죄인이나 정신병원 환자로서 정신상태가 불안정한 사람을 대하면서 어머니에게 일일이 전화를 걸어 조언을 구할 수는 없는 일입니다." 로라는 지원자가 계획된 채용 정원을 초과하면 먼저 부모와 동행한 지원자를 배제시켰다. 그러나 지원자가 부족하면 이런 사람이라도 채용하지 않을 수 없었다.

로라는 또 젊은 직원들 중에는 상사가 '부모처럼' 해 주기를 바라는 사람도 있다고 전했다. 즉 이런 직원은 어떤 곳으로 구급차가 출동하기 전에 모든 것을 시시콜콜하게 다 설명해 주기를 바란다는 것이다. "이런 직원들은 장기간 근무하지 못하는 경우가 많았다"고 한다.

캐럴 코니키는 뉴멕시코 앨버커키에 있는 의료서비스 조직에서 인력관리부장으로 근무하고 있다. 몇 년 전 젊은 여성이 신입사원 오리엔테이션에 참석했는데, 그 자리에서는 의료 혜택과 그 밖의 부가급부附加給付, other benefits에 대한 상세한 논의가 있었다. 오리엔테이션 일정이 끝나자 이 여성은 여러 양식의 문서를 제출하지 않은 채 이 문서를 집에서 작성해 제출하면 안 되겠느냐고 캐럴에게 물었다.

다음 날 아침, 캐럴의 전화벨이 울려 받아 보니 그 젊은 여성의 어머니라고 신원을 밝힌 사람의 전화였다. 캐럴은 그 순간 무엇인가 끔찍한 일이 벌어졌구나 하는 생각이 들었다고 했다. 그런데 어머니는 부가급부에 대한 설명을 더 듣고 싶다고 했다. 그러면서 이런 설명을 곁들였다. "딸이 부가급부에 대해 잘 모르는데, 상사를 겁내고 있습니다. 딸아이가 되돌아가서 이것저것 물어보지 못할 것 같으니, 제가 대신 물어서 설명을 해 주면 아이한테 도움이 될 수 있습니다." 캐럴은 오리엔테이션의 분위기를 돌이켜 보았다. 캐럴은 그 분위기가 더없이 따뜻하고 친절했다고 생각했다. 그런데 이 젊은 여성이 겁을 먹었다고?

캐럴은 "약간 짜증스럽고 이런 일은 온당하지 않은 것이라고 생각했지만" 어머니에게 부가급부에 대해 자세하게 설명했다. 그다음 날 캐럴은 그 딸에게 전화를 걸어 물었다. "어머니에게 설명을 했는데 이제 더 궁금한 것이 없나요?" 캐럴이 이 젊은 여성에게 암시하고자 했던 것은 직장에서의 적절한 관계란 직원과 인력과장이 직접 협의하는 것이며, 직원이 어머니를 개입시키면 자신의 평판을 손상시키게 된다는 것이었다. "그러나 이 직원은 어머니가 나선 것을 부끄럽거나 당혹스럽게 생각하지 않았습니다." 캐럴은 뒤늦게 이런 생각이 들었다고 말했다. "제가 아들 대신에 이런 전화를 건다는 것은 상상도 할 수 없는 일입니다."

부모가 자신의 뜻대로 고용주에게 전화를 걸었다면, 그것이 자녀의 일에 지나치게 간섭하는 부모 탓인지, 부모에게 눈길을 돌려 어쩌면 어머니가 나서 달라고 부탁했을 법한 미숙한 젊은이 탓인지 그것은 분명하지 않다. 하지만 이 두 가지 경우의 차이는 작지 않다. 부모 탓이라면 고용주의 신경을 거스를 뿐이지만 젊은이 탓이라면 직원의 능력에 의문을 갖게 만들기 때문이다.

직원이 무려 26만 명이나 되는 다국적 금융 및 재정 서비스 업체인 웰스파고의 인력부장인 호프 하디슨은 어느 날 오후 전자우편을 열면서 오늘은 또 어떤 형태의 부모와 직원(웰스파고에서는 이들을 묶어 '팀 멤버들'이라고 부른다)을 만날지 궁금했다. 2013년 겨울, 호프는 어느 어머니한테서 딸의 실적 평가에 의문을 제기하는 편지를 받았다. "이 직원은 18살이 훌쩍 넘었습니다. 그래서 이 편지를 받고 깜짝 놀랐죠. 이 직원이 부모가 이런 편지를 쓴 것을 알기나 할까 하는 생각이 들었지만, 알았든 몰랐든 별로 바람직한 일은 아닙니다."

호프는 이 직원을 개인적으로 알지 못했지만 그런데도 언짢은 생각이 들었다. 이런 상황에서는 부모의 행동이 직원에게 나쁜 영향을 미친다. 이 때 그 직원이 편지에 대해 알았는지 또는 그런 편지를 보내기를 원했는지 여부는 별 상관이 없다. 어머니가 아들을 너무 혹사시킨다고 상사에게 항의성 전화를 걸었다가 아들이 투자은행에서 해고되는 리처드 같은 딱한 경우도 마찬가지다.

TFA 법무 자문위원인 트레이시-엘리자베스 클레이는 이 단체 활동 참여자들이 처음부터 자신과 TFA 사이의 중개자 역할로 부모를 내세우려는 경우가 종종 있다고 말했다. 이들은 TFA에 이런 식으로 말한다. "저는 이런 신규 채용 정보를 부모님에게 늘 말해 왔는데, 이 정보를 우리 부모님에게 전화로 알려 줄 수는 없을까요? 이런 내용을 부모님에게 전화로 설명해 주시는 것이 제가 되풀이해서 설명하는 것보다 한결 손쉬울 것 같거든요. 전 부모님의 조언을 듣고 싶습니다."

물론 자녀들은 부모의 조언을 듣고 싶어 하고, 부모들도 그런 조언을 주고 싶어 한다. 그러나 고용주는 젊은 직원들의 성숙함과 자신감 넘치는 모습을 보고 싶어 한다. 고용주는 또한 직원들이 일을 감당할 수 있는 능력, 즉 스스로 업무를 처리할 만한 역량을 갖추기를 바란다.

부모의 행동이 자녀의 앞길을 망친다

나의 어머니는 중등학교 교사들에게 과학 교수법을 가르치고, 과학 교육에 평생을 바쳤다. 나는 이런 어머니를 통해 학생들을 가르치는 것이 얼마나 힘든 일이며, 또 미국 전역에서 많은 교사들이 불과 2년 만에 교편을 포기하고 있다는 사실도 잘 알고 있다. 이런 상황에서 TFA는 주로 빈곤층이 모여 살고 재원이 부족한 도시 지역 학구의 여러 학교에 교사를 파견하는 역할을 담당하고 있다. TFA는 미국에서 가장 뛰어나고 명민한 대학 졸업생 약 6000명을 학교에 배치한다. 이 우수한 인재들의 근무 환경은, TFA 활동을 거친 몇몇 사람들이 말한 것처럼, 아마도 이제까지 겪은 근무 체험 중에서도 가장 힘들고 어려운 체험일 것이다. 만약 밀레니얼 세대가 굉장히 힘든 과업을 수행할 의지와 능력이 자신에게 있는지를 검증해 보려 한다면 많은 사람들이 참여하고 명성도 높은 TFA에 참여해 빈곤 지역 교사로 일해 보는 것보다 더 좋은 방법은 없을 것이다.

TFA 지도부는 이 운동에 참여하는 젊은이들이 정서적인 면에서 극심한 어려움을 겪을 수 있다는 점을 잘 알고 있다. 이 활동 중에서도 군 복무나 경찰, 소방 업무, 응급의료 업무 등에서는 예측할 수 없는 일이 되풀이해 일어나고, 그때마다 그런 돌발 사태나 상황을 처리해야 하기 때문에 일이 매우 힘들다. 이런 업무의 특성상 TFA는 '근성'과 '회복력'을 갖춘 젊은이들만 이 운동에 참여시킨다. 요즘 근성과 회복력은 힘겨운 도전을 이겨 내고 끝까지 버틸 수 있는지 여부를 가려내는 두 가지 유행어로 눈길을 끌고 있다. TFA는 참여한 젊은이들이 부모에게서 대단한 심정적 뒷받침을 받을 것으로 기대하고 또 그것을 존중한다. TFA는 또 부모의 뒷받침이 TFA에 대한 옹호로 바뀌고, 여러 가지 활동과 특정 학교에 대한 지원으로 이어지면서 적잖은 도움을 받고 있다.

하지만 TFA 지도부는 이 운동 참여자들의 교직 활동에 부모의 관여 폭이 여전히 커지고 있다는 점을 놀랍게 생각한다. TFA의 샌프란시스코 만안지구 담당 책임자인 에릭 스크로긴스는 "저는 다 큰 자식을 대신해 부모가 나서는 것을 볼 때마다 늘 허를 찔린다는 생각이 듭니다"라고 말했다.

에릭이 부모한테서 받는 전형적인 전화 내용은 대개 이런 것들이다. 딸이 학교로 출퇴근하는 길에 매일같이 불쾌한 사람들과 부딪친다거나, 딸이 볼일이 있어 한낮에 교실을 비운 것이 학교 방침에 어긋난다는 이유로 교장에게 꾸중을 들었다거나, 학생이나 다른 교사와 교감하는 데 어려워하거나 불안해한다는 것 등이다. 그러면서 부모들은 에릭에게 이런 부탁을 한다. "우리 딸이 일하기엔 적절하지 않은 곳입니다, 안전도 보장되지 않습니다, 다른 학교로 옮겨 줘야 합니다, 합당한 뒷받침을 받지 못하고 있으니 책임자가 그런 지원을 해 줘야 합니다, 누군가가 딸과 함께 날마다 교실에 있어 줘야 합니다" 등등.

통화를 하면서 이런저런 이야기를 나누다 보면 안심을 하고 마음이 한결 가벼워진다는 부모들도 있다. 그러나 아무리 설명해도 납득하지 못하고 고집을 부리는 부모들도 있다. 이런 부모는 먼저 큰소리로 호통부터 친다. 예를 들면, "우리 회사 같으면 도저히 용납될 수 없는 방침들을 내세우는 무능하기 짝이 없는 교장 밑에서 일하고 있습니다"라면서 "이런 충격적인 행태를 즉시 그만두고 조치를 취해야 합니다"라고 한다.

TFA의 지도부는 자녀가 어려움을 겪으며 안간힘을 다하고 있다는 소식을 들은 부모 마음이 무거울 것이라는 점을 충분히 이해한다. 또한 많은 부모들이 품고 있는 걱정의 근원이 저소득 지역에 대한 막연한 불안감이

2부 과잉보호를 중단해야 할 이유

라는 것도 이들은 잘 안다. 그 때문에 이들은 여러 사실을 부모들에게 분명하게 알려 주기 위해 최선을 다한다. 즉, 부모가 듣는 이야기는 일방적인 것이며, 학교엔 저마다 규율과 문화가 있고, 이런 규율과 문화는 부모자신의 직업적 체험과는 크게 다를 수 있다고 알려 준다. 그리고 TFA에 참여하는 젊은이들은 학교가 소속된 학구의 직원이기 때문에 TFA가 원하더라도 어떤 해결책을 제시하지는 못한다는 것도 말해 준다.

투자은행에 입사했던 리처드와 마찬가지로 TFA 운동에 참여한 젊은이들도 부모가 TFA 사무실에 전화를 건 사실을 몰랐을 수 있다. 에릭은 이렇게 말했다. "이들은 우리에게서 이야기를 전해 듣고 깨달았을 겁니다. 그들이 부모에게 털어놓은 이야기 때문에 부모들이 우리에게 전화를 걸었고, 그런 전화는 결국 우리에게 자신들의 미성숙을 드러나게 했을 것이라는 점 말입니다. 대체로 상황은 그 정도로 끝이 납이다. TFA 참여자들이 하나의 학습 훈련으로 생각하고 끝내는 겁니다. 우리는 이런 과정을 통해 이 젊은이들에게, 그들의 말이 부모에게 어떤 충격을 안겨 주는지를 이해시켜 주려고 합니다."

에릭이 부모와 TFA 문제에 관해 이야기를 나눈 것은 내가 데니스 포프 박사와 함께 스탠퍼드 신입생 학부모들과 가졌던 자리를 연상케 한다. 우리는 학부모들에게 신입생들이 집에 전화를 걸어 이야기할 법한 여러 통화 사례를 하나하나 들면서 통화 내용을 구별하는 방법을 설명해 주었다. 즉, 자녀가 부모에게 "무엇인가를 해 달라"고 부탁하는 것인지, 아니면 속에 쌓인 감정을 "쏟아 내면서" 이야기를 귀담아 들어 줄 사람이 필요한 것인지를 가려서 들으라는 것이다. 흔히 볼 수 있듯이 자녀들은 부모가 자신의 얘기를 귀담아 들어 주기를 바라는 경우가 많다. 그리고 부모가 그들에게 관심을 기울이고 사랑한다는 점을 안다는 사실만으로도 어려움에서 벗어나 확신을 가지고 자신의 일을 할 수 있다. 우리는 자녀들을 건강하게, 자기를 실현하는 독립성을 갖춘 사람으로 키울 수 있다. 자녀들이 살아가는 동안 우리는 그들의 이야기를 들어 주기 마련인데, 어떻게 들어 주느냐에 따라 그 역할은 좋은 것일 수도, 아닐 수도 있다.

면밀한 관리 속에 보낸 유년 시절이 자업자득이 될 수 있다

직장에서 생기는 문제 가운데는 부모와는 무관하게 신입사원 자신 때문에 빚어지는 경우가 적지 않다. 이는 부모가 회사에 나타나거나 전화를 걸어 고함을 지르거나 해서 생기는 문제가 아니다. 신입사원의 틀에 박힌 사고방식 때문에 일어나는 문제이다. 이런 문제는 늘 무엇을 하라는 지시만 들었을 뿐, 스스로 위험을 감수한 일이 전혀 없었던 성장기 때문에 빚어졌을 가능성이 크다.

TFA의 자문역을 맡고 있는 트레이시-엘리자베스는 이렇게 말했다. "이들에게 A, B, C, D를 하라고 지시하면 열심히 헌신적으로 매달려 잘 해냅니다. 그러나 이들에게 이렇게 말한다면 어떻게 될까요? '자, 우리는 지금 D를 얻으려고 노력하고 있다. 이제 A를 보여 주고 C의 절반을 보여 주겠다. 그런 다음 혁신적인 방안을 찾아 그 문제를 스스로 해결해 보라.' 그러면 이들은 정말 쩔쩔맵니다. 이들의 심리상태는 이렇습니다. '나에게 방향을 일러 주면 아무리 힘들어도 그 방향을 좇아가겠다. 그러나 혼자서 그 방향을 찾으라면? 그건 못 하겠다.' 여기서 우리가 볼 수 있는 것은 이들에게 자율성과 독립성이 부족하다는 사실입니다." 이것이 부모의 면밀한 통제 속에 성장하면서 몸에 밴 심리상태다. 학생들은 이미 그런 마음가짐이나 심리상태를 가지고 대학에 들어온다. 대학에 진학할 때까지 18년 동안 부모의 과잉보호 아래서 형성된 심리상태를 대학 4년 동안에 바꿔 놓기는 어렵다.

직장 문화는 쉽사리 바뀌지 않는다

일부 기업에서는 밀레니얼 세대와 부모 간의 긴밀한 관계를 그대로 수용한다. 가령, 구글과 링크드인LinkedIn(비즈니스 네트워크상의 인맥 쌓기 사이트—옮긴이)은 '평일 일터에 부모 모셔오기Bring Your Parents to Work Day' 캠페인을 시작했다. 펩시콜라의 최고경영자CEO가 ≪하버드 비즈니스 리뷰Harvard Business Review≫에 소개한 내용을 보면, 이 CEO는 채용절차가 진행되는 중에 부모에게 전화를 걸거나 "자녀의 재능이 회사에 기여할 수 있게 해 준 데 대해 감사하는 내용"의 편지를 보낸다고 한다.

현재 여러 기업들은 직장 분위기를 행동방식이 다른 밀레니얼 세대에 맞추는 식으로 바꾸어 가고 있다. 에른스트 & 영Ernst & Young(미국의 거대 컨설팅 업체로 주력 서비스 분야는 보험과 세무 관련 분야이다—옮긴이)의 인재담당 글로벌 부회장인 낸시 알토벨로도 그런 시도를 하는 사람 중 하나다. 현재 에른스트 & 영에 근무하는 전문직 19만 명 중 절반 이상은 밀레니얼 세대에 속하는 젊은이들이다. 낸시는 이들을 매우 아낀다. 그러나 어떤 대상과 원만한 관계를 유지하려면 그 대상을 잘 알아야 하고 그래야만 가까이 다가갈 수 있다.

"우리는 지난 10년 동안 밀레니얼 세대와 어떻게 하면 가장 원만하게 일할 수 있을까 하는 점을 열심히 궁리해 왔습니다. 이를 위해 이들이 원하는 근무 시간과 근무 장소, 팀 내 역할, 이들의 의견 청취 여부 등을 면밀하게 점검했습니다." 불황에 뒤이은 개편 과정에서 전체 인력 중 밀레니얼 세대가 차지하는 비중이 전례 없이 커질 것이라는 점을 인식한 낸시와 동료들은 밀레니얼 세대에 적응하면서 이들의 능력을 최대한 활용할 수 있는 방법을 찾아내려고 했다.

"이들은 할 일을 말해 주길 바랍니다. 이들은 전후 상황을 확인해야만 그 일에 뛰어들어요. 이들은 또 공정성에 관심이 많기 때문에 투명성이 중요하죠. 이들은 어떤 문제에서 누가 책임을 지는지 알고 싶어 합니다. 우리는 또 이들이 색다른 방식으로 일을 처리하려는 욕구가 대단하고, 신축성이 있다는 사실을 알았습니다. 그렇다고 이들이 반드시 일을 적게 하려 한다는 것은 아닙니다. 이들은 일을 처리하는 방식에 재량권을 가질 수 있느냐에 굉장히 관심이 많아요. 그 때문에 우리는 일정한 환경을 만들어 주는 데 신경을 많이 쓴 다음, 어떤 결과를 기대하는지를 설명하고 그런 결과를 이끌어 내는 방법에 관한 것은 이들에게 일임하는 식으로 합니다. 우리가 경험한 바에 따르면, 이들에게 흥미롭고 도전적인 과제를 주고 어떻게 하는 것이 비즈니스의 목적에 부합하는지를 납득시키면 다른 연령층이나 세대만큼—더 열심히는 아니더라도—부지런히 일하고 놀라운 방식으로 결과물을 만들어 냅니다."

낸시는 부모가 자녀의 직장생활에서 여전히 큰 역할을 한다는 점을 잘 알고 있다. 그러나 때로는 지나친 경우가 있다고 생각한다. 이와 관련해 그는 이렇게 말했다. "지난해 어느 직원의 아버지로부터 전화를 받았습니다. 이 아버지의 이야기는 이런 내용이었어요. '제 딸의 하루 수면 시간이 얼마나 되는지를 그냥 알고만 있었으면 합니다. 제가 이런 전화를 했다는 것을 알면 딸애가 크게 당황할 겁니다.' 그 직원을 주의 깊게 살펴보니, 아버지의 말이 정확했음을 알 수 있었어요. 그러나 그 직원이 아버지에게 이렇게 말했다면 좋았을 것 같습니다. '저는 정말 열심히 하고 있어요. 정말 힘이 들어 도움이 필요하지만 잘 견디는 것처럼 회사에 비쳤으면 해요. 저는 무엇을 해야 할까요?' 만약 아버지가 딸과 이야기를 나누고 딸이 힘들어하는 문제를 회사와 의논할 준비를 갖추도록 도와주었다면 결과는 이보다 훨씬 좋았을 겁니다. 그런 것이 부모의 크나큰 역할이죠."

부모라면 누구나 취업한 자녀들이 투자은행의 그 못된 상사 대신에 낸시 알토벨로 같은 상사를 만났으면 좋겠다고 바랄 것이다. 그러나 그런 일을 부모 마음대로 할 수는 없다. 거칠고 힘든 일터에서도 자녀가 일을 잘 해내도록 북돋아 주고 성공할 기회를 잡도록 도와주는 것이 부모가 할 일이다.

10장
과잉보호는 부모에게도 큰 스트레스를 안겨 준다

인류가 지금까지 수천 년 동안 성공적으로 수행해 온 자녀 양육 문제를 두고 이토록
혼란을 겪는 이유는 무엇일까? 부모의 역할은 자녀 양육에 관한 정보가 넘치는 오늘
날의 전자 게시판이나 전문가들의 검토를 거친 연구보고서들이 나오기 오래전부터
잘해 왔던 일이다. 왜 수많은 어머니와 아버지들 이 부모 노릇을 일종의 위기로 느끼
고 있을까? '위기'란 표현이 지나치게 비칠지 모르겠으나 데이터에 비춰 보면 별로
그렇지도 않다는 것을 알 수 있다.

—『기쁨은 크고 재미는 없다: 현대 자녀 양육의 역설』의
저자 제니퍼 시니어의 TED 강연

과잉보호는 자녀들에게 상처를 입힐 뿐만 아니라 부모 자신도 해를 입는
다. 오늘날의 부모는 기진맥진하고 불안하고 우울하며 두렵기까지 하다.

심리학자들은 '자녀 양육의 역설'이라는 표현을 쓴다. 자녀를 키우면서
한편으론 말할 수 없는 기쁨을 느끼지만, 다른 한편으론 그에 따른 불안감
과 우울증을 느낀다는 뜻이다. 물론 부모로서 자녀를 키우며 느끼는 즐거
움은 헤아릴 수 없을 정도로 크다. 그러나 부모가 느끼는 우울증은 그 크
기를 헤아릴 수 있다. 미국 부모들 중 우울증을 느끼는 비율은 일반인에
비해 두 배쯤 높고, 그 숫자는 약 750만 명에 이른다. 2006년 ≪소아과 보
건 학술지Journal of Pediatic Health Care≫에 실린 연구보고서를 보면 자녀 출
산과 양육 과정에 있는 여성 중 우울증 증세를 보이는 비율은 3분의 1을

웃도는 것으로 나타났다.

한편 잡지 ≪페어런팅Parenting≫은 2013년 "자낙스(불안 증상을 가라앉히는 신경안정제인)로 더 튼튼한 엄마 만들기"라는 기사를 실어 한바탕 소동을 일으켰다. 이 기사에서 여러 여성들은 자신들을 괴롭히는 일상적인 스트레스와 불안 요인들을 자세히 밝히고, 그 때문에 약물을 찾게 된다고 말했다. 하지만 한 비평가는 정신의학과 약학 산업이 사람들이 정상적으로 느끼는 슬픔을 우울증으로 바꾸어 놓았다면서 "부모 노릇 하면서 일상적으로 느끼는 롤러코스터 같은 감정"을 다스리는 데 굳이 약물이 필요한 것은 아니라고 주장했다. 그러나 내가 아는 많은 부모들은 자녀 양육에서 오는 롤러코스터 같은 감정 기복을 예사로운 일로 본다는 견해에 화를 낼 것이 분명하다.

자녀들은 부모가 겪는 긴장을 잘 알고 있다. 연구원 엘린 갈린스키는 어린이 1000명에게 제일 바꾸고 싶은 부모의 일정이 무엇이냐고 묻는 설문조사를 했다. "어린이 중 부모가 자신과 마주 앉아 대화하는 시간을 더 늘려 주었으면 좋겠다고 응답한 경우는 거의 없었다. 이들이 가장 바란 것은 어머니와 아버지가 덜 피곤하고 스트레스를 덜 받았으면 좋겠다는 것이었다." 자녀들도 부모의 스트레스에 '영향'을 받는다는 것을 보여 준 것이다. 여러 연구 조사 결과를 보면 정신건강에 문제가 있는 부모들의 자녀는 정신건강 면에서 부정적인 영향을 받을 위험성이 더 큰 것으로 나타났다.

한부모 양육의 여러 가지 위험

저술가인 제니퍼 시니어Jenifer Senior는 2014년 TED 강연과 자신의 저서 『기쁨은 크고 재미는 없다: 현대 자녀 양육의 역설All Joy and No Fun: The

Paradox of Modern Parenting』에서 이렇게 말했다. "아이들은 문제가 없다. 지금 여기, 이 순간, 자녀 양육에 관한 어떤 것이 문제다. 부모가 모든 것을 시도하지 않는다면, 이는 부모가 아무것도 하지 않는 것과 같다."

웰슬리 대학 사회학과 부교수인 마켈라 B. 러더퍼드Markella B. Rutherford는 2011년에 출간한 저서『어른에 대한 감독의 필요성: 부모와 자녀를 위한 개인적 자유와 공적 억제Adult Supervision Required: Private Freedom and Public Constraints for Parents and Children』에서 자녀 양육 문제를 다루는 잡지에 오랜 기간 실린 다양한 조언 및 권유형 칼럼 내용을 검토 분석하는 방식으로 자녀 양육 행태가 한 세기 동안 어떻게 바뀌었는지를 추적했다. 러더퍼드 교수는 사람들이 그동안 '하나의 마을이 아이를 키운다it takes a village to raise a child'는 의식을 잃어버렸다고 지적했다. 전에는 지역사회의 비공식적인 관계망에 의존해 공적 영역에서 '우리 자녀들'을 키우는 데 도움을 받을 수 있었지만, 지금은 부모들이 저마다 개인적인 영역에서 '내 자식'만을 따로 키우면서, 어떻게 하면 우리 자식들이 바깥세상에서 잘 살수 있도록 충분히 가르치고 대비시킬 수 있느냐 궁리하느라고 홀로 걱정하며 안간힘을 다하고 있다고 했다.

2012년 ≪자녀와 가정 연구 저널≫에 실린 연구보고서는 5세 미만의 어린 자녀를 키우는 어머니 181명을 관찰하면서 이들의 자녀 양육 행태 중 부모의 정신건강에 부정적인 결과를 가져올 수 있는 행태가 어떤 것인지를 찾아냈다. 연구팀은 '철저한 양육 태도'를 보인 어머니들이 정신건강에 부정적인 결과를 가져올 가능성이 더 높다는 점을 밝혀냈다. 좀 더 구체적으로 살펴보면, "부모 중 가장 중요한 쪽이 어머니라고 믿는" 여성은 인생에 대한 만족도가 낮았고, 자녀 양육은 힘겨운 일이고 전문적인 지식과 기술이 필요하다고 믿는 어머니는 "그런 전문적인 지식이 꼭 필요한 것은 아니라고 생각하는" 어머니에 비해 스트레스를 더 많이 받고 우울증에 더 많이 시달리는 것으로 나타났다. 자녀 양육의 일상적인 행태를 면밀하게 관찰했던 사회학자 아네트 라로Annette Lareau는 중·상류층 부모를 '집중 양육'에 얽매인 채 자녀 양육 문제를 하나의 '프로젝트'처럼 접근한다고 표현했다. 저술가 주디스 워너Judith Warner는 2005년에 펴낸 저서『더할 나위 없는 광기: 불안의 시대를 사는 모성Perfect Madness: Motherhood in the Age of Anxiety』에서 [베티 프리단(미국의 여권운동가이자 저술가—옮긴이)의 저서 제목『여성의 신비Feminine Mystique』를 슬쩍 비틀어 만든] '엄마의 신비'라는 신조어를 소개했는데, 이 신조어는 자녀를 끊임없이 가르쳐 길들이거나 통제하다가 그런 노력에 거의 매몰될 지경에 이르는 어머니의 충동적 욕구를 가리키는 표현이다. 정신지료사 베스 사눙은 보스딘 외곽에 있는 자신의 클리닉에서 이런 '집중 양육'과 '엄마의 신비'를 확인하고 있다. 그녀는 이렇게 말했다. "교육수준이 높은 여성들이 자녀 양육에 많은 노력을 기울입니다. 이들은 자신의 판단으로 육아 전문가가 된 상태죠. 이들은 엄청난 스트레스와 불안감, 우울증을 겪으면서도 자녀에게 아낌없이 투자합니다. 그 때문에 내가 한 걸음쯤 뒤로 물러서면 안 되겠느냐고 하면 펄쩍 뛰면서 굉장히 모욕적인 언사로 받아들이죠. 그래서 저는 정신치료와 모욕감 피하기 사이에서 아슬아슬한 곡예를 벌여야 합니다."

결혼 자체가 위태로운 상태에 빠지다

스테이시 부딘은 부모로서 겪는 극심한 스트레스와 압박감을 겪는 생생한 모습을 목격했다. 부딘은 팔로 알토에서 정신과 의사로 일하면서 날마다 진료실을 찾아오는 불안한 부모들을 만난다. 이런 부모 중 결혼 자체가 위태로운 지경에 빠진 사람들도 종종 만나게 된다.

결혼해서 첫아이가 태어나면 부부관계는 아무래도 뒤로 밀리게 된다. 그리고 시간이 흐르면서 자녀의 양육 문제가 계속 우선시되고 부부관계가 뒷전으로 밀리다 보면 부부 사이가 시들해질 수 있다. 이런 일이 벌어지면 그 영향이 자녀에게도 미친다. "만약 자녀에게만 너무 신경을 쏟아 부부 간의 유대감이 없어지면 그런 부부의 가정생활이 온전할 수가 없습니다." 물론 부딘은 막내가 대학에 진학할 때까지 온갖 어려움을 견뎌 내면서 결혼생활을 "꿋꿋이 지켜 내는" 사람들을 많이 알고 있다.

존이라는 사람의 결혼생활은 끝까지 유지되지 못한 경우다. 그는 무엇이 잘못된 것인지 돌이켜 볼 때 아내가 자녀 양육에 지나치게 신경을 쏜 데 큰 잘못이 있다고 보고 있다.

존은 실리콘밸리에 있는 첨단기술회사의 중역으로 일하고 있다. 그는 30대 후반의 젊은 나이에 이미 첨단기술회사의 부사장급으로 승진했고, 그가 거쳐 온 유명 기업 중에는 휼렛패커드, 이베이, 세일스포스 닷컴 같은 회사들이 즐비하다. 또한 딸의 고등학교 졸업 기념으로 메르세데스 벤츠 승용차를 사 줄 정도로 부유했다.

그러나 존이 최상류 1% 집안에서 자란 것은 아니다. "저는 육체노동자 집안에서 자랐고, 아버지가 일자리가 없을 때는 교회와 정부의 실직자 지원에 의지해 연명했어요. 또한 걸핏하면 드라이어가 고장 나기도 하고, 세탁기가 돌아가지 않아 쓰레기봉투에 빨랫감을 잔뜩 넣어 빨래방으로 지고 가고, 승용차가 여기저기 고장 나거나 전깃불이 나가는 일이 끊임없이 반복되던 어린 시절의 기억도 생생합니다." 존은 11살 때부터—딸기 따기나 정원 손질, 그 밖의 허드렛일을 포함해—잡다한 일을 하면서 돈을 벌어 군郡 박람회장까지 갈 차표를 사고, 또 친구들이 보고 '비웃지 않을 만한' 교복을 사 입었다. 성적은 보통이었지만 운동선수로는 뛰어난 재능을 보여 대학 미식축구 선수로 발탁되었다. 하지만 장학금이 충분치 못해 그저 라면과 땅콩버터, 젤리 샌드위치로 끼니를 때워야 할 정도밖에 안 되었다. 그래서 그는 다시 일자리를 잡아야 했다. 이번엔 첨단기술회사에 인턴으로 들어갔는데, 그곳에서 능력을 인정받아 정식 사원이 되었다. 그 이후 미식축구에 대한 열정이나 미련이 사라지고 첨단기술 관련 업무에 전념하면서 승진가도를 달리게 되어 마침내 엄청난 성공을 거두었다.

그 과정에서 존은 출신 배경이 비슷한 여성을 만나 결혼했다. 그러나 두 자녀를 키우면서 아이들이 '성공'할 수 있도록 돕는 방법을 놓고 부부의 생각이 다소 엇나갔다. 존의 아내는 가능한 한 자녀들에게 많은 도움을 주고 싶어 했다. 그런 도움을 준다는 것은 한가한 시간이라 할지라도 아이들에게 집안 허드렛일을 시키지 않고 마음 놓고 놀게 하고, 숙제를 다 했는지 확인하고 거들어 주는 것이라고 생각했다. 그러나 존은 아이들에게 도움이 될 것이라는 이런 일을 정반대로 보았다.

"지난 인생을 돌아보면 책임감이야말로 저에게 자급자족하는 법을 가르쳐 주었다고 100퍼센트 확신합니다. 자신이 원하지 않더라도 해야 할 일이라면 속이 쓰리더라도 받아들여 어떻게든 감당해 내는 것, 바로 그런 것이 저에게 겸손과 직업윤리, 책임감, 업무의 완결성 등을 가르쳐 준 것으로 확신합니다.

헤어진 아내는 우리 아들과 딸을 늘 지켜봐야 한다고 생각했어요. 무엇을 해야 하는지 알려 주고 이런저런 일을 잊지 않도록 일러 주어야 한다고 생각했어요. 그러나 아이들이 할 일을 안 하면 계속해서 되새겨 주다가 실망한 뒤 또 이렇게 되풀이합니다. '이젠 숙제 시작해야지'. 그래도 아이들이 움직이지 않으면 '진짜 숙제해야 할 시간이야'라고 강조합니다. 그래도 아이들은 꿈쩍하지 않아요. 이처럼 잔소리를 되풀이하다 보면 아이들은 그런 이야기를 한귀로 듣고 흘려버립니다. 아무런 효과가 없는 거죠."

존은 딸이 명문 공립대학에 진학했다가 1년 만에 자퇴하는 것을 보고 실망했지만 별로 놀라지는 않았다. 이처럼 대학생활에 실패한 것이 주로 어린 시절에 책임감과 의무감을 기르지 못한 데 있다고 보기 때문이다. "저는 6살과 8살 즈음에 요즘 10대들도 하지 않는 일을 해내면서 자랐어요. 나무 집을 짓고, 아버지가 무언가를 만들거나 고치면 일을 거들었어요. 요즘에는 해머를 휘두르는 법을 아는 청소년을 찾아보기 어렵죠."

존은 아내와 헤어진 지 5년이 넘었고, 고등학생인 아들에 대한 양육권을 공동으로 행사하고 있다. 아들이 아버지 집에 머무는 날이면 이혼한 아내는 존에게 전화를 건다. 학부모 사이트에 들어가 아들의 수업 일정을 보고 모든 과제물을 제출했는지 확인하라고 한다. 그리고 아들의 이야기와 사이트에서 확인한 내용에 차이가 있을 때는 교사에게 전화를 걸어 알아보라고 당부한다. 존은 시키는 대로 하면서도 깊은 한숨을 내쉬었다.

"헤어진 아내가 이런 일을 저보다 훨씬 잘한다는 점은 칭찬해 줘야죠. 하지만 저는 아이 자신뿐만 아니라 저를 위해서도 아이들에게 어떤 여지를 만들어 주어야 한다고 생각해요. 저는 날마다 학부모 사이트를 살펴보고 싶지 않습니다. 그건 우스꽝스러운 일이에요. 우리 아이들도 자신의 과제에 대해서 책임감을 가져야죠. 그런 과제라면 그들 스스로 감당하고 해결해야 할 문제일 뿐입니다. 요즘엔 부모들이 아이들의 발걸음 하나까지 낱낱이 살필 수 있습니다. 저는 그런 접근방식이 잘못되었다고 생각합니다. 흔히 직장에서는 이를 두고 세부관리 대 자율권 부여로 대비시켜 부르는 경우가 많습니다. 제가 어떤 직원의 업무 처리과정을 미세한 부분까지 감시한다면 사람들은 그런 행태를 세부적인 관리라고 부르죠. 반대로 직원에게 자율권을 주어 위험을 부담하면서 스스로 결정을 내리게끔 한다면 사람들은 그런 방식을 권한 위임이라고 부릅니다. 제가 부하직원들에게는 자율권을 주면서 내 자식들에게는 왜 그런 권한을 주어서는 안 될까요?"

미국에서 볼 수 있는 나쁜 형태의 모성적 양육

미국의 자녀 양육 방식을 세계 다른 지역의 양육 방식과 비교해 보면 미국 부모들이 일반적인 표준으로 생각되는 것으로부터 얼마나 크게 벗어났는지를 실감할 수 있다.

캘리포니아 남부 산타 클라리타 시에서 어린이들에게 바이올린을 교습하는 헝가리 출신의 어머니는 한 학부모에게 이렇게 물었다. "여기서는 왜 모든 어린이들이 그렇게 스트레스를 받죠?" 학부모가 이렇게 대답했다. "여기선 거의 다 그렇습니다." 이스라엘의 어느 어머니는 미국에서 여러 해 동안 유학한 뒤 이스라엘로 돌아가 숙련도가 높은 전문직에 종사하다가 팔로 알토로 옮겨 왔는데, 와서 보니 "일 대신에, 자녀가 가야 할 곳이라면 어디든 태워 주고 자녀의 이력 쌓기에 열심인 정말 유능한 여성들 무리 속에 있음을 알게 되었다"고 말했다. 미니 밴은 오늘날 하나의 상징이 되었다. 우리가 갈망하는 명문 대학에 진학시키려고 온갖 곳에 아이들을 태워다 주고 데려오며, 거리와 낯선 사람들의 위험으로부터 아이들을 보호해 주는 수단이 돼 있기 때문이다.

저술가 파멜라 드러커먼은 2012년에 출간한 저서 『갓난아기 키우기』에서 미국 부모들에게 프랑스의 선례를 따르라고 촉구했다. 프랑스 부모들은 자녀의 자율성 배양을 우선시하고 이들이 어떻게든 스스로 문제를 해결하게 만드는 것을 값지게 여기기 때문이다. 이렇게 함으로써 부모들은 자신을 위해서도 자아의식과 온전한 정신건강을 그대로 유지할 수 있다.

저술가 아일릿 월드먼Ayelet Waldman은 2009년에 펴낸 에세이집『고약한 어머니Bad Mother』에서 여성들이 자신에 대해, 그리고 주변의 다른 부모들에 대해 끊임없이 평가하는 것을 탄식하면서, 자신은 자녀 양육에 자유방임적인 방식을 택하고 자녀와의 관계보다 남편과의 관계를 더욱 중시함으로써 자녀 양육에만 매몰되지 않도록 노력할 것이라고 밝혔다. 그러나 월드먼은 이런 내용의 수필집 때문에 심한 비판을 받았다. 어머니에게 자아의식과 온전한 정신건강을 지킬 권리가 있다는 이야기를 어떻게 감히 입에 올릴 수 있느냐는 비판이었는데, 이런 권리야말로 프랑스 어머니들은 자유롭게 누리고 있다.

나는 2014년에 월드먼에게 전화를 걸어 논란의 대상이 된 그의 에세이집이 2009년에 출간된 이후 지난 5년 동안 생각이 어떻게 바뀌었는지에 대해 알아보려 했는데, 그녀의 목소리가 전하는 어조로 미루어 보아 자신에 대한 다른 사람들의 생각 따위로 흔들리거나 아파하지 않는다는 것을 이내 확연하게 느낄 수 있었다. 그는 미국의 자녀 양육 방식에 대해 이렇게 말했다. "우리는 흠잡을 데 없는 완벽한 모습을 만들어 내기 위해 스스로를 채찍질하면서 스트레스에 시달리고 있어요. 그러나 별다른 성과를 거두지 못합니다. 우리가 추구하는 것이 진짜 결실이 아니기 때문이죠. 즉 안에 있는 맛있는 당밀을 외면한 채 진짜가 아닌 껍데기를 추구하기 때문입니다." 그는 안에 있는 당밀이란 사랑이고 웃음이며 단순한 것에서 얻을 수 있는 성취감이라고 나에게 말했다.

내가 부모들에게 자녀들을 과잉보호하고 지나치게 감독하며 세심한 도움으로 긴장과 불안감을 덜어 주려고 안간힘을 다하는 이유를 물으면 이렇게 대답한다. "그래야 내 자식이 행복해지고 성공할 수 있기 때문입니다." 다시, 그렇게 안간힘을 다할 때의 마음이 어떠냐고 물으면, 스트레스가 굉장히 심하다고 대답한다. 또 그토록 심한 스트레스를 감내할 만한 가치가 있다고 생각하는 이유는 무엇이냐고 물으면 "그래야 내 자식이 행복해지고 성공할 수 있기 때문"이라는 대답이 돌아온다. 결국 개가 제 꼬리를 물겠다고 뱅글뱅글 도는 것처럼 동어반복에 골몰하고 있는 셈이다. 결국 그런 고통에 압도된 나머지, 그토록 심한 스트레스를 겪는 과정이 그들 자신은 젖혀 두고라도 자녀의 행복에도 도움이 되지 못하는 비논리적 상황에 떨어지고 만다.

제니퍼 시니어는 자녀에게 행복과 자신감을 안겨 주겠다는 부모의 목표가 온당치 못한 것이라고 지적했다. 이런 목표를 내세움으로써 부모들이 "자녀의 자존감을 지키는 관리자"가 되긴 하겠지만 그런 목표는 섣시리 달성할 수 없다. 부모가 자녀에게 밭갈이나 자전거 타는 법이야 가르칠 수 있겠지만 행복해지고 자신감을 갖게 하는 것도 그런 식으로 가르칠 수 없기 때문이다. 그녀는 말했다. "행복감과 자신감은 다른 일의 부산물로 누릴 수 있는 것이지, 그 자체가 진정한 의미의 목표가 될 수 없다. 자녀의 행복은 부모의 어깨에 매우 부당하게 얹힌 짐이다." 이런 지적에 한마디 덧붙인다면 그 반대의 경우도 마찬가지라는 점이다.

그릇된 대상에 둔 부모의 에고egos

많은 부모, 특히 어머니들은 자신이 대학, 어쩌면 대학원에 다닐 때나 직장에 근무할 때 하던 방식 그대로 '자녀 양육'을 계속하고 있다. 즉 자녀 양육에 전력투구하고 학부모회나 미식축구 간식 일정을 꾸려 나가는 것도 과거 학생 조직이나 기업체의 회의 자리를 이끌던 방식 그대로 하고 있다.

또 자녀가 마치 소규모 기업체의 상품이라도 되는 것처럼 자녀의 삶을 온통 떠맡을 듯이 나선다. 자녀가 다른 사람들 눈에 어떻게 비치는지, 무엇을 먹는지, 옷을 어떻게 갖춰 입는지, 어떤 활동을 추구하는지, 무엇을 이뤄 내는지 등 모두가 부모 자신들의 모든 것을 그대로 반영하고 있다. 부모가 부모 자신을 어떻게 바라보는지를 그대로 반영하는 셈이다. 그 때문에 자식들의 삶은 곧 부모의 성취나 다름없고 이들의 실패는 곧 부모의 잘못이 되고 만다.

많은 부모는 자녀가 무용을 하거나 경기장에서 야구 배트를 휘두르거나 또는 시험을 치르는 모습에서 자아의식과 인생의 목적을 찾는다. 내가 미국 전역의 어머니들에게 들은 내용 중 일부를 소개하면 다음과 같다.

■ 빌헤미나는 댈러스에 사는 어머니로 4살짜리 딸이 웅변대회에 나가 우승했다. "이제 딸아이가 대회에 두 번째 참가하는데, 앞서 우승했다는 명성이 있는 만큼 그런 명성을 지켜야 했어요. 딸아이 차례가 되어 연단으로 나아갈 때 제 가슴은 심하게 뛰었죠. 그때 혼자 이런 생각이 들었어요. '지금 뭘 하고 있는 거야. 아이는 겨우 4살밖에 안 됐잖아!' 하지만 그때의 제 맘속엔 아이가 잘할 수 있도록 확실하게 뒷받침할 책임이 저에게 있다는 생각이 들어 있었던 겁니다."

■ 캘리포니아 멘로 파크에 사는 멜리사라는 어머니는 친구들이 자식과 그들 자신의 성공을 자랑하는 널찍하고 탄탄한 플랫폼으로 소셜 미디어를 활용하고 있다고 전했다.

■ 시애틀에 사는 티나라는 어머니는 이렇게 말했다. "이젠 사람들이 자식 자랑을 하는 시대예요. 그런데 사실은 그들 자신을 자랑하는 것일지 몰라요. 황당무계한 문화인 거죠."

■ 캘리포니아 남부에 사는 모리나라는 어머니는 40대에 뒤늦게 첫아이를 가져 자식이 그 나이 또래인 어머니들에 비해 나이가 10~20살 많았다. "저는 이런저런 트로피를 받는 그런 세대가 못 됩니다. 사람은 이길 때도 있고 질 때도 있어요. 그리고 일부를 얻을 때도, 아무것도 얻지 못할 때도 있고요. 그러므로 그런 것을 담담하게 받아들이는 법을 배워야 했죠. 그러나 요즘 어머니와 아버지는 자신의 삶이 온통 멋졌다는 소리를 듣고 싶어해요. 이들은 자신이 굉장히 좋은 어머니와 아버지라는 소리를 들어야만 만족하는 것 같아요. 자녀들은 이런 관심의 수혜자가 되어야 하지만 실제로는 그렇지 못하죠. 왜냐하면 부모 자신이 수혜자가 되기 위해 그렇게 하기 때문이에요."

■ 댈러스에 사는 니키라는 어머니는 자녀가 5명이다. 그녀의 욕심은 끝이 없어 자신의 소망을 이렇게 표현한다. "저는 자신의 분야에서 최상의 위치에 오를 챔피언급 아이들을 키워 내야 합니다. 그래야만 큰 영향을 끼쳐 이 세상을 어떻게든 변화시키기 때문이죠. 저는 그럴 만한 능력을 갖춘 인재를 길러 낼 책임이 있어요. 그런 인재로 만들어 내놓으면 그것이 제가 이 세상에 남겨 놓는 유산이 될 거예요."

부모들은 자신의 가치를 자식이 이룩한 성취로 측정한다. 그런데다 성취의 목표를 너무 높게 설정하다 보니 그런 목표를 이루기 위해 자녀의 온갖 일에 전력을 다해 지속적으로 관여하게 된다.

그래서 자녀를 아침에 깨우고 학교에 데려갔다 데려오며, 마감시간을 잊지 않도록 상기시켜 주고, 깜빡 잊은 과제물과 점심 도시락을 가져다준다. 비가 오나 눈이 오나 시합이 있을 때는 경기가 끝날 때까지 옆에 지켜서서 보고 있으며, 코치나 교사와 하기 힘든 대화를 나누기도 한다. 자녀와 함께 또는 대신해서 어떤 과제나 에세이를 준비하는 것은 모두 시간과 에너지가 들어 기력이 빠지는 일이지만 그래도 (당장은) 값진 구실을 한다고 생각한다.

댈러스에 사는 사업가이자 성장한 딸의 어머니인 미아는 이렇게 말했다. "딸이 크는 동안 제가 내린 모든 결정은 제가 좋은 어머니로 비치고자 하는 것과 연관된 것임을 알게 되었어요. 저는 좋은 어머니라는 평판과 실제의 저 사이에서 갈등을 겪었죠."

기업체 엔지니어로 일하다 지금은 댈러스에서 다섯 자녀를 키우는 니키는 이렇게 말했다. "저는 자녀 양육 문제를 극단적으로 받아들이고 있어요. 아이들이 자신감을 갖고 끝없이 발전하려는 마음가짐을 갖지 못한다면 저는 부모로서 제구실을 해내지 못하고 있다고 생각할 거예요. 저는 어머니라는 이유로 제 정체성을 망각하는 경향이 있어요. 제 자신도 사람이라는 사실을 잊고 있다는 생각이 들어요. 제 자신을 위해 해야 할 여러 가지 일을 하지 않고 있는 거죠."

변호사이자 댈러스에서 두 아이를 키우는 세이스 빌헬미나는 이렇게 말했다. "한 달이나 두 달간 저는 밤새 게임에 빠져 지내요. 조금도 나아지지도 않으면서요. 저는 날마다 아침 5시에 일어나요. 심지어 토요일과 일요일에도요. 이게 얼마나 오래 계속될지 모르겠어요."

이런 말들은 주디스 워너가 종합적으로 분석한 미국 모성의 특성에 그대로 나타난다. 어머니들은 오늘날의 전형적인 어머니가 되기 위해 한 사람으로서의 정체성을 포기하고 있다. 실리콘밸리에 사는 퀸이라는 어머니는 이런 모성의 종합적 특성이 자신을 어떤 식으로 벼랑 끝까지 내몰았는지를 이렇게 말했다. '모든 것을 다 할 수 있는' 어머니가 되고자 했는데, 2년 터울의 세 자녀에게 모든 것을 다 해 주려고 하니 할 일이 엄청나게 늘

2부 과잉보호를 중단해야 할 이유

어났다. 그래도 '슈퍼 엄마'가 되겠다고 안간힘을 다했다. 그러자니 학부모회의 임원이 되어 학교가 주최하는 경매와 도서 전시회를 주관하며, 학교에서 가는 온갖 여행에 동행해야 하고, 학교를 포함해 아이들이 가야 할 여러 곳으로 태워다 주어야 했으며, 또 24시간 아이들이 어디에 있는지를 파악하고 있어야 했다.

"제가 하는 모든 활동은 아이들과 연관된 것이었어요. 저는 제가 좋아하는 것도 잊어버렸고, 남처럼 돈이 넉넉하지 못한 것이 불만스러워 남편을 미워하게 되었어요. 또 모든 어머니들과 경쟁의식을 갖게 되면서 마음이 아주 불안했어요. 저는 집에서 벗어나 제가 입을 새 옷을 사고 얼굴에 여유 있는 미소를 머금고 아이들을 데리러 가고 싶어요." 비록 별것 아닌 것 같지만 퀸에게는 옷을 사는 것이 자신을 위해 할 수 있는 의미 있는 일이 되었고, 빈틈없이 짜인 일상에서 숨을 쉴 수 있는 방편이 되었다.

어느 시점이 되자 퀸은 자녀가 다니는 학교에서 이런저런 표준을 만드는 사람과 보조를 맞추려다 보니 무리가 생기기 시작했다. 그녀는 이렇게 말했다. "이 동네에서 회사의 CEO가 아닌 여성이라면 그 사람은 자신이 무엇인가를 할 수 있는 능력이 있다는 점을 증명하기 위해 이런저런 온갖 일을 해야 한다고 느낄 거예요. 학부모회에서 벌어지는 술책들을 보면 비정하다는 느낌이 들어요. 누가 무슨 일을 왜 했는지, 또는 누가 무슨 일을 왜 안 했는지 등의 이야기가 떠돌아다니죠. 또한 어떤 어머니가 중심이 되면 그 어머니의 성향에 맞춰 일이 돌아갑니다. 활동 중에는 내내 미소를 짓고 고개를 끄덕여야 하고, 서로 커피를 나눠 마셔야 해요. 그러다 보면 녹초가 되도록 움직이게 되죠. 사실상 미칠 지경이에요. 그러다가 마침내 서점을 찾아가 '자기를 도와주는 책'을 찾게 되는데, 이것이야말로 제가 어떤 상태에 와 있는지를 나타내는 증거죠." 어느 날, 가까운 친구가 퀸에게 이렇게 말했다. "넌 지금 굉장히 괴로워 보여. 주위의 모든 사람에게 화를 내고 있고, 매사에 과잉반응을 보이고, 모든 것이 힘들어 보여." 친구의 이런 충고는 퀸의 주의를 일깨워 주는 경종이나 다름없었다. 퀸은 친구 말이 맞다고 시인했다.

팔로 알토의 정신과 의사인 스테이시 부딘은 "자식의 성공을 바라는 것은 누구에게나 자연스러운 일"이라면서 이렇게 말했다. "그러나 우리 사회에서 볼 수 있는 과도한 욕구는 별로 건강하지 못한 측면을 드러내고 있습니다. 가령, 자녀들이 발군의 능력을 발휘해 어느 한 분야나 모든 면에서 반짝반짝 빛날 정도가 되어야 한다는 욕심이 그런 예죠. 이런 정도의 목표를 이루려면 자녀들을 엄청나게 압박해야 하는데, 그러기 위해서는 어머니의 삶도 온통 거기에 초점이 맞추어지게 됩니다. 어떤 어머니들은 자식의 대입적성시험 성적을 빼놓으면 입에 올릴 화제가 없을 정도예요. 또 대학 진학 문제가 나오면 자식이 지닌 경쟁력과 비교 평가, 자랑 따위가 마구 쏟아져 나오는데, 그런 것은 자랑거리를 가진 소수를 제외하고는 모두에게 듣기 거북한 이야기입니다."

더구나 이 같은 엄청난 성취 경쟁이 모두 완전히 망가진 대학 입학 제도를 두고 일어나고 있다.

11장
망가진 대학 입학 과정

뉴욕 시에서 가장 좋은 레스토랑은 어디일까? 이런 질문에 한 가지 정답을 내놓기는 불가능하다. 여기서 '가장 좋다'는 것은 사람에 따라, 먹고자하는 음식에 따라 좌우되기 때문이다. 대학도 마찬가지다. 그래서 매년 최우수 대학을 가려내는 별책부록을 펴내는 ≪유에스 뉴스 & 월드 리포트 U.S. News and World Report≫(이하 ≪유에스 뉴스≫)의 노고에도 가장 좋은 대학을 가려내기는 어렵다.

지난 30년 동안 이 별책부록은 불안감을 떨쳐 버리지 못하는 학생과 학부모들에게 대학에 대한 평가를 알려 주면서 돈을 벌었다. 그런데 이 평가란 측정 가능한 몇몇 요소의 평가치를 합해 놓은 것에 불과하며, 진학한 학생이 받게 될 교육의 질적 수준과는 거의 관련이 없다. 억만장자 모티머 주커먼은 ≪유에스 뉴스≫ 모회사의 소유자로서 최우수 대학 관련 정보에 대한 미국 사회의 갈증을 풀어 주면서 적잖은 이득을 얻고 있다. 대학 관련 뉴스를 다루는 주간지 ≪고등교육신문≫이 ≪유에스 뉴스≫가 2007년에 발표한 대학 순위가 정당한지를 두고 미국 사회가 논란을 벌이는 것에 관해 주커먼을 인터뷰하고자 했으나 "그는 다소 퉁명스럽게 방어적인 태도"를 보이다가 1분 30초 만에 인터뷰를 끝냈다.

미국에는 4년제 단과대학 및 종합대학으로 인가받은 고등교육기관이 약 2800개나 된다. 만약에 자신이 존경하거나 성공했다고 생각하는 사람 10

명을 골라 비즈니스 네트워크 인맥 사이트인 링크드인에 들어가 출신 대학을 살펴보면 아마도 7명에서 10명이 각기 다른 대학을 나온 것을 알게 될 것이다. 또한 학자들에게 어느 대학에 자녀를 보내면 최상의 대학 교육을 받을 수 있겠느냐고 조언을 부탁하면 이들은—강의실에서, 연구 과정에서, 개인지도 등에서—교수진과 정기적이고 긴밀하게 교감하는 대학에 보내는 것이 좋다고 대답할 것이다. 따라서 미국 전역 어디에서나 훌륭한 학부 교육을 받을 수 있는 셈이다. 즉, 소규모 인문대학이나 공립 초급대학, 공·사립대학, 또 대단한 명성을 자랑하는 일부 명문 대학에서도 물론 그런 교육을 받을 수 있다.

대학의 브랜드는 외형을 반영한 경우가 많아 반드시 질적으로 가장 뛰어난 대학이라고 볼 수는 없다. 학계에 있는 사람들은 누구나 최우수 대학 순위라는 것이 교육의 질적 우수성이라는 측면에서는 아무런 의미가 없다는 점을 잘 알 것이다. 그럼에도 이렇게 순위를 발표하는 것은 대학 지원자들을 소수 명문 대학으로 휘몰아 가는 데 상당한 위력을 발휘하고 있다.

그렇다, 과잉보호와 과잉보호의 해독에 관한 온갖 논의에서 뻔히 보이는데도 짐짓 외면한 난제가 바로 대학 진학 문제다. 이제 이 문제를 논의할 때가 되었다.

내가 1984년에 스탠퍼드 대학에 입학원서를 낼 때만 해도 경쟁은 사뭇 치열했다. 모집 정원이 약 2400명인데, 지원서를 낸 학생은 약 1만 9000명에 이르렀고, 대학의 입학 제안을 수락한 학생이 1600명이었다. 따라서 합격률은 12.6%였고, 전체 정원 중 입학 제안을 수락한 학생의 비율(즉, 합격자 중 등록한 비율)은 67%에 이르렀다. 2014년에는 입학 정원이 2200명으로 줄었는데 지원자는 4만 4000명으로 엄청나게 늘어나 합격률은 스탠퍼드 개교 이래, 또 미국 전역에서 최저인 5.02%로 떨어졌다. 입학 정원 숫자가 줄어든 것은 요즘 합격자 중 등록한 학생 숫자가 늘어났기 때문이다. 2014년에는 합격자 중 등록자 비율이 77%에 이를 것으로 예상되었다. 입학 및 학자금 지원 책임자 리처드 쇼는 스탠퍼드의 합격자 대비 실제 등록비율이 79%에 이르렀다고 나에게 밝혔는데, 이는 아마도 퇴직하기 전 함께 일했던 동료들이 추가 합격자들의 등록을 적극 권유했기 때문일 것이다. 나는 스탠퍼드 출신이자 학생과장으로 일했던 사람으로서 모교가 지난 반세기 동안에 지역 대학에서 전국적인 명성을 지닌 대학으로, 다시 세계적으로 유명한 대학으로 발돋음한 것이 무척 기뻤다. 그러나 그동안에 스탠퍼드 대학 입학이 굉장히 어려워진 것도 사실이다. 오늘날 대부분의 동문과 마찬가지로 나도 입학과 관련된 모교의 여러 통계 수치를 보면서 "지금 같았으면 나도 스탠퍼드에 들어가지 못했을 것"이라는 생각이 들었다.

시도니어 댈비는 스미스 대학의 입학관리 책임자이다. 그는 스미스 대학이 있는 지역의 여러 고등학교와 지역 센터에서 대학 입학 과정에 접근하는 방식에 관해 학생이나 학부모에게 도움이 되는 이야기를 해 주고 있다. 시드('시도니어'를 말한다―옮긴이)는 자녀에게 가장 적합한 대학을 고르는 문제에 대한 강연을 끝낸 뒤 청중들에게 이렇게 물었다. "만약 비가 올 확률이 5~10% 정도라면 사람들은 비옷을 입을까요? 안 입는다고요? 그렇다면 합격할 가능성이 5~10%라면 사람들은 자신이 불합격할 90~95%에 들어갈 것이라고 생각할까요, 안 할까요?"

사람들은 이런 이야기를 듣고 속으로 적잖이 놀랐을 것이다. 사실 나도 2014년 봄에 시드와 직접 통화하면서 같은 취지의 말을 나에게 할 때까지도 우리 아이들은 가장 우수한 명문 대학에 들어갈 것이라고 기대하고 있었다. 이렇게 기대하는 근거는 이렇다. 남편과 내가 다 같이 스탠퍼드 대학에 들어갔는데, 우리 아이들에겐 왜 그런 기대를 해서는 안 되는가? 나는 아이들이 태어난 뒤, 아니 태어나기 전부터 내내 그렇게 느끼고 있었다. 그러나 시드와 통화한 뒤 몇 주일 동안 5~10%의 가능성이라는 숫자가 내 머릿속에서 계속 맴돌았다. 하지만 나는 좀 더 합리적으로 생각하기 시작했다. 다른 아이들의 최상위권 성적, 표준화된 시험 성적, 그리고 그 밖의 대학이 지원자에게서 기대하는 사정 평가 요소들을 두루 감안해 보면서 우리 아이들이 대학에 합격하는 경우를 생각해 보게 되었다. 그럴 때 우리 아이들은 어떻게 될까?

내가 우리 아이들만은 명문 대학에 합격하는 행운을 잡을 것이라고 생각한 이유는 무엇일까? 또 아이들이 그런 행운을 잡기를 희망한 근거는 어디에 있을까? 예일대 교수를 거쳐 사회비평가로 활동하는 빌 데레저위츠의 말이 생각났다. "우리는 가능성이 희박한 목표를—종종 적합하지 않은 목표를—이루기 위해 아이들을 압박한다. 그런 우리의 행위가 아이들에게 스트레스를 주고 그들을 잘못된 길로 이끌며 그들을 그르치는데도 말이다." 그는 2014년에 출간한 저서 『뛰어난 양들』에서 이렇게 반문하고 있다. "우리는 왜 계속 교육 자원을 인위적으로 희소稀少하게 만들어 얼마 안 되는 자리를 놓고 우리 자녀들을 경쟁하게 하는가? 왜 이들을 공포와 절망 속으로 내몰려고 하는가?"

≪유에스 뉴스≫가 매년 발표하는 대학 순위의 왜곡성

오늘날 대학 졸업장은 필요하다. 1975년에는 25~29살 연령층의 학사 학위 보유율이 21.9% 수준이었다. 오늘날에는 이 보유율이 33.5%로 뛰었다. 대학 졸업장이 있는 젊은 구직자의 비율도 5분의 1에서 3분의 1로 늘어났다.

일단 대학을 졸업하면, 급여가 높은 사무직 일자리를 얻을 수 있고 경쟁에서도 유리하다는 것을 뜻한다.

그렇다. 실제로 대학 졸업장은 중요하다. 그러나 21세기 들어서면서 대학 진학과 관련된 스트레스가 더욱 늘어나고 있어서 문제다. 이런 스트레스 유발 요인 중 큰 몫을 차지하는 것이 바로 어느 대학에 들어가느냐가 중요하다는 그릇된 인식이다. 해마다 9월이 되면 ≪유에스 뉴스≫는 '최우수대학 순위'를 별책부록으로 발행한다. 이 부록은 모두 1400개 종합대학과 학부 중심의 문과대학을 대상으로 삼고 있다. 대학 순위 평가의 75% 이상은 객관적인 데이터로 보이는 것을 바탕으로 삼는데, 이런 데이터라는 것을 대학이나 ≪유에스 뉴스≫ 쪽에서 조작하는 경우도 종종 있다. 여기서 객관적인 데이터란, 신입생의 학업 지속률retention rate, 교수 1인당 학생 수, 입학 정원, SAT/ACT(대학진학적성시험과 대입학력고사) 성적, 등록률, 학생 1인당 지출, 졸업률, 졸업생의 기부금 규모 등이다. 순위 평가의 나머지 22.5%는 '평판' 조사 결과를 바탕으로 삼는다. 이 조사는 학장이나 총장 같은 대학 행정관리 업무의 최고 또는 고위 책임자들이 다른 대학들의 강의 프로그램을 평가해 가령 1점(가)부터 5점(수)까지 평점을 매기게 한 결과인데, 학장이나 총장들 사이에서는 이런 과정을 '미인대회'라고 부른다.

해마다 가을이 되면 ≪유에스 뉴스≫는 특보 형태로 '최우수 대학 순위'를 발표하는데, 그 결과를 인터넷으로 보고자 하는 사람들의 페이지 뷰page view가 1천만에 이른다. 이 주간지의 2개월간 페이지 뷰가 평균 50만 정도인 것을 감안하면 엄청난 규모의 숫자다. 이런 순위가 발표되면 학장이나 총장 또는 대학 이사들은 그 결과를 면밀하게 검토한다. 순위가 오르거나 내리면 대학 재정 상황에 직접적인 영향을 미치기 때문이다. 그런데 대학 순위를 열심히 살피는 또 다른 주요 집단은 고교와 대학생 자녀를 둔 학부모들이다. 이들은 이런 순위가 각 대학 교육의 상대적 값어치를 평가한 진정한 지표인 양 착각한다.

대학 지원 과정을 살펴보면 마치 국제관계에서 벌어지고 있는 군비 경쟁 같다. 내신과 SAT 성적, 에세이, 과외 활동, 추천서, 등록금 납부 능력(!) 등은 모두 비축된 무기와 같다. 또한 어떤 무기들(가령, GPA 4.0)은 다른 무기들(가령, GPA 3.5)보다 위력이 더 크다고 알려져 있다. 누구든 가장 강력한 무기를 가장 많이 보유한 사람이 승리한다. 무슨 승리를 거둔다는 것일까? 그건 최상위권 대학에 입학한다는 뜻이다. 강력한 무기를 비축하고 있는 나라들이 힘을 얻고, 세계에서 유력한 위치를 차지하는 것과 같다. 오도된 인식이 그대로 통용되는 셈이다.

≪유에스 뉴스≫가 발표하는 최우수 대학 순위에는 25개 대학 명단이 오르는데, 이런 대학이 최상위권 대학으로 인식되기 때문에 지원자가 많이 몰린다. 이런 대학은 해를 거듭할수록 상위권 대학이라는 인식이 더욱 굳어지면서 신입생의 SAT/ACT의 평균 점수가 끝없이 올라가고, 또 내신 점수도 만점(4.0)이나 다름없는 수준에 근접하거나 웃돈다. 빌 데레저위츠는 프로이트의 이론을 빌려 이런 현상을 "작은 차이에 의존하는 자아도취증"이라고 불렀다. 즉 "자신과 흡사한 수준에 있는 사람들에게 의미를 찾을 수 없을 정도의 작은 차이를 앞세워 우월감을 느낀다"는 것이다. 그러나 인간적인 면모를 가늠하는 척도라는 점에서는 아무런 의미가 없더라도, 그것이 지원 학생의 입학 여부에 영향을 미칠 수 있는 유일한 요소라면 그 요소가 입학 지원자의 입장에서는 중요한 요인으로 비칠 법하다. 학생과 학부모는 이런 '하찮고 무의미한 차이'에서 우위를 차지하는 쪽으로 나아가고 있다. 그런 차이가 학생의 명문 대학 진학 가능성에 영향을 미친

다는 점을 잘 알고, 잘못된 믿음이지만 이들이 보기에 이런 명문 대학이 최상의 교육으로 학생들에게 성공적인 삶을 이룰 수 있는 최선의 기회를 제공한다고 생각하기 때문이다. 이런 군비 경쟁 때문에 학생들은 더 많은 고교 심화학습 과정을 거치고, 더 많은 과제물을 제출하고, 시험을 치를 때마다 1점이라도 더 따려고 안간힘을 쓰고 아우성을 치게 된다. 그 때문에 가끔 학교에서는 최고 수준의 내신점수를 받은 학생들이 여러 명이 나오기도 하는데, 이들 간의 평점 차이는 소수점 이하 0이 4개나 붙을 정도의 미세한 차이를 보일 뿐이다. 어떤 학생은 고급 중국어에서 더 높은 점수를 받아 졸업식에서 고별사를 읽는 학생으로 뽑혔다고 해서 동료 학생과 다른 학부모들로부터 손가락질을 당했다. 이 학생이 중국어를 모국어로 쓰기 때문이었다. 이런 일은 하찮은 축에 들어간다.

완벽으로 휘몰아 가는 무자비한 압박

현재와 같은 대학 입학 제도 아래서는 학생(과 학부모)들이 숙제 준비와 실험, 리포트, 퀴즈, 시험 등을 치를 때마다 완벽해야 한다는 압박을 받을 수밖에 없다. 심지어 중학생들까지도 대입 제도의 영향을 받는다. 수학의 경우, 많은 학구에서는 6학년 때의 성적을 바탕으로 학생들을 능력별 학급으로 편성하기 시작했다. 가령 학업 능력이 부족했거나, 흥미가 없었거나, 또는 교사의 가르치는 능력이 부족했거나, 생활환경이 안 좋았거나, 수업시간에 딴 생각을 했거나 하는 등등의 이유로 6학년 때의 수학 성적이 뛰어나지 못하면 8학년 때 대수代數, algebra 수업을 받을 수 없게 된다(몇몇 학구에서는 현재 이런 기준이 한층 높아져 기하학 수업을 받지 못한다). 또한 고등학교 상급 수학 과정top math lane에서 배제될 수 있다. 그런데 많은 대학은 학생들이 가능한 한 가장 높은 과정들을 이수하고 그런 과정에서 A학점을 따도록 요구하다시피 한다. 만약 학생이 대학 입학 과정에서 원하는 결과를 얻지 못했다면 6년 전인 6학년 때의 학업 부진을 탓해야 할지도 모른다.

내가 그런 일을 당했다. 9학년인 내 아들 소여는 중급 수학 과정middle math lane인 기하학을 배우고 있었지만, 미적분학 BC와 AP 테스트를 받을 수 있을 만큼 높은 수준의 기하학 성적은 받지 못했다. 나는 잠시 걱정하다가 아들이 수학을 좋아하지 않지만 정규 기하학 과정을 잘하고 있다는 것을 깨달았다. 만약 모든 과목에서 가장 어려운 등급을 따지 못했다고 해서 대학이 소여를 원하지 않는다면 그건 할 수 없는 일이다(나로서는 최소한 며칠간은 그렇게 담담할 수 있겠으나 그 이후로는 다른 학부모와 마찬가지로 걱정에 휩싸일 것이다).

2013년, 시카고에 있는 초·중·고를 아우르는 사립학교 시카고 라틴 스쿨의 졸업반 학생인 블라이크 영은 교지에 이런 내용의 글을 기고했다. 자신과 학교의 반 친구들이 이런 학업 경쟁에서 겪고 있는 스트레스의 강도가 1950년대 정신병원 환자들이 겪는 스트레스와 비슷하다는 것이다.

나는 블라이크가 졸업반이었던 해의 4월 어느 날 그녀와 통화했다. 당시 그녀는 반 친구들과 대학 쪽의 입학 제의를 받아들일 것인지 아닌지를 숙고하는 중이었다. 또 학교 전통에 따라 졸업반 학생들이 진학할 대학의 스웨터를 입고 5월 1일 축제에 참여하는 문제를 놓고 마음을 쓰고 있었다. 블라이크나 친구들이 다 같이 중요시한 것은 진학할 대학의 이름이었다. "우리는 다른 대학에 가면 더 훌륭한 강의와 더 나은 교육을 받을 것이라는 점을 잘 알고 있지만 그런 점을 무시해요. 결국 중요한 것은 대학의 이름이 사람들에게 어떤 인상을 주느냐 하는 거예요. 지금은 모든 사람들이 다른 사람에 대해 모든 것을 샅샅이 알고 있는 세상이에요. 소셜 미디어 때문에 무엇인가를 감추고 살 수 있는 세상이 아니죠."

처음 통화할 때 블라이크의 목소리는 밝고 예의 발랐다. 그녀는 뛰어난 사립학교에 다닐 만큼 운이 좋았다는 점과 대학 진학이라는 그 지루하고 힘겨운 과정이 끝났다는 점이 만족스럽다고 말했다. "드디어 저는 어딘가에 들어가거나, 무엇인가를 할 수 있다는 것을 남에게 증명하기 위한 것이 아닌, 학문을 위해 학문을 할 수 있는 기회를 갖게 되었어요."

블라이크는 초등학교 4학년 때부터 "대학 진학을 의식해 색다른 노력"을 기울이기 시작했다고 지난날의 이야기를 들려주었다. "저는 숙제를 할 때는 늘 정상으로 보기 어려울 만큼 정성을 쏟았어요. 날마다 몇 시간씩 숙제에 매달렸어요." 고등학교를 졸업하기 한 해 전까지 밤에 7시간씩 숙제에 매달리기도 했다. 이처럼 초등학교 4학년부터 고등학교를 졸업하기까지 8년 동안 "끊임없이 자신을 압박하고 채찍질하고 또 밀어붙였다." 그렇게 만든 것은 동급생 집단과 시카고의 면학 분위기 때문이었다. 그녀는 대학 진학의 성과에 대해 잠시 생각하는 듯하더니, 수학 실력을 충분히 쌓지 못한 것이 후회스럽다고 말했다. 그 원인이 초등학교 1학년 때의 산수 수업에 있다는 것이 블라이크의 생각이었다. "저는 그때 산수를 전혀 이해하지 못했어요. 그때 제가 수업을 열심히 들었다면 지금 수학 실력이 더 좋았을 거예요. 그게 아직도 마음에 좀 걸려요."

블라이크는 미국 최상위권 공립대학에 진학할 예정인데, 이제 대학 입학 과정이 그에게 끼친 영향에 관해 이야기를 들을 수 있었다. 전화 인터뷰가 30분쯤 계속되던 중 밝던 그녀의 목소리는 다소 퉁명스럽게 들렸고, 말하는 태도에서도 피곤해하는 기색이 보였다.

블라이크는 교지에 투고한 자신의 글에 대해 들려주었다. 글의 제목은 "광기, 정말 광기에 빠지라고? 우리 학교에서 느끼는 스트레스 정도"였다.

그녀는 졸업을 한 해 앞둔 봄 방학 때 역사 과목 AP(고등학생들이 대학 수준의 수업을 미리 듣고 학점을 따는 일종의 선행학습 또는 고교학습 심화과정이라 할 수 있다—옮긴이) 학습을 하도록 학교에서 숙제를 내 준 것이 실망스러워 이 글을 썼다. 그녀는 이 글에서 고교생들의 정신건강 상태를 정신병원에 입원한 환자들에 비교했는데, 그 구체적인 증거를 제시하지는 않았다. "나는 우리가 극한상황까지 몰려 있고 인간으로서 감내할 수 없는 한계에 이르렀다는 명확한 증거를 보여 줄 수 있기를 간절히 바란다. 그러면 우리가 정말 열심히 공부하고 있다는 것을 알게 될 것이다. 우리가 느끼는 불안감의 정도는 터무니없을 정도로 높아 지붕을 뚫고 나올 지경이다. 학교에서 우리는 '공황 발작이 일어나고 숨을 쉴 수 없는 지경'이라고 말한다. 하지만 그런 병적 상태에 있으면서도 사람들은 그런 상황에 자부심을 느끼고 있다."

블라이크의 글은 다음과 같은 희망을 밝히면서 끝을 맺었다. "나는 궁극적으로 유년 시절이 회복될 것이라는 기대를 품고 있다. 아마도 언젠가는 우리를 마비시키는 스트레스가 아니라 우리를 앞으로 나아가게 하는 긍정적인 형태의 스트레스를 받을지 모른다." 나는 블라이크에게 유년 시절의 회복이라는 것이 무엇을 의미하느냐고 물었다. "자유를 말합니다. 지금은 더 이상 여름이 없는 셈이에요. 여름방학 중에도 인턴과 같은 일을 해야 하죠. 여름방학을 즐길 여유가 없어요. 숙제 없는 여유를 누릴 수 없어요. 그런 일은 아예 불가능해요. 그냥 어린이나 청소년으로 남아 있을 여지가 없어요. 온갖 것들에 얽매여 있기 때문이죠. 그러니 한순간도 재미있게, 자유롭게 즐길 수 없어요. 전화와 학교, 갖가지 목표나 기준에 얽매어 있기 때문이에요. 자발적으로 무엇을 할 여지도 없어요. 여름철에 풀장에도 갈 수 없고요. '지금 공부하거나 일하러 가야 한다'는 식으로 여유를 갖지 못하죠. 행복하지도 마음이 편하지도 않죠. 더 중요하다고 생각되는 무엇인가를 하고 있지 않으면 무슨 죄를 짓는 것 같은 느낌이 들기 때문이에요." 블라이크는 제도에 완전히 묶여 있는 느낌을 갖는 것 같았다. 어떤 면에서 그녀의 말은 맞다.

내가 시간을 내 주어서 고맙다고 블라이크에 말할 때 현관문이 열리는 소리가 들렸다. 고등학교에 다니는 아들 소여가 집으로 돌아온 것이다. 소여는 지금부터 다시 서너 시간 동안 숙제를 해야 한다. 나는 아들을 맞으러 현관 쪽으로 가면서 어머니와 교육자의 입장에서 이런 문제를 해결하는 데 어떤 기여를 할 수 있을까 생각해 보았다. 나는 나 자신이 이런 제도의 일부 기능을 담당하고 있는 점을 블라이크에게 사과하고 싶었다. 그러나 사람들은 이런 제도가 그 나름의 장점을 지니고 있다고 생각한다. 나중에 나는 블라이크와 인터뷰한 내용을 정리해 소여에게 보여 주었다. 그러자 소여는 유년 시절의 회복이라는 표현에 대해 이런 반응을 보였다. "맞아요. 제대로 짚었어요."

SAT, 어디에 쓸모가 있을까?

학생들이 느끼는 이런 압박감은 입학 업무를 관장하는 대학 당국과 학부모의 공동책임이라 할 수 있다. 이런 압박감은 학생의 값어치를 재는 척도가 된 SAT(대학진학적성시험) 성적이 끈질기게 활용되고 있을 뿐만 아니라 남용되고 있기 때문이다(입학생의 SAT 성적이 우수하면 외부의 재정지원도 더 많이 받는다). 학생들의 치열한 무기 경쟁(입시 경쟁)에 탄약을 제공해 주는 것들로는 SAT 성적과 내신성적 끌어올리기, AP 학점 따기, 주목할 만한 대학 지원 에세이 쓰기 등이 있는데, 이런 것을 돕겠다고 나선 것이 바로 대입준비 산업이다. 이런 산업으로는 번화가에 자리 잡은 교습학원이나, 주말에 1만 4000달러씩이나 받고 해 주는 에세이 지도, 집으로 찾아와서 지도해 주는 가정교사 등이 있는데, 해마다 성장을 거듭하고 있다. 이제 이런 산업 부문은 한 해 매출이 수십 억 달러에 이를 정도로 확대되고 있다.

바버라 크로넌은 뉴욕 시에 있는 대학위원회College Board의 마케팅 책임자이다. 대학위원회는 미국의 SAT와 PSAT(미국 고교생들이 SAT에 대비하기 위해 치르는 예비 대학 수학능력 평가시험—옮긴이), AP 시험 등을 관장하는 비영리조직이다(SAT와 비슷한 형태의 시험인 ACT는 대학위원회와 경쟁관계에 있는 ACT, Inc.에서 관장한다). 대학위원회의 임무는—이민자 자녀와 취약계층 출신 자녀를 포함한—청소년들에게 대학 교육의 중요성과 대학생활에 적응하는 방법, 학자금 조달 방법 등을 알려 주는 것이다. 바버라는 자기 집안에서 처음으로 대학을 나온 사람으로 대학위원회에서 일하게 된 것에 크게 만족하고 있다.

대학위원회는 PSAT와 SAT가 평형화equalizers 구실을 한다고 보고 있다. 즉 출신 배경과 학교에 관계없이 모든 학생들에게 입시 경쟁이 치열한 대학에 들어갈 기회를 준다는 것이다. 보통 4년제 고등학교의 2학년이나 3학년생이 PSAT 시험을 본다. 표준화한 시험이 여럿 있지만 그중에서 PSAT로 많이 몰린다. 대학위원회는 PSAT 성적 관련 데이터를 대학에 판매하고, 대학은 이런 데이터를 바탕으로 일정 수준의 대학 수학능력을 갖춘 고교생들을 파악한다. 대학위원회의 레이더에는 빈곤한 지역이나 재원이 부족한 학교의 학생들까지 다 잡히는데, 사실 이 같은 시스템이 없다면 이런 학교의 학생들은 대학에 접근하기조차 어려울 것이다. 대학들은 대학위원회의 데이터를 통해 수학능력이 파악된 학생들에게 대학 안내책자를 보내기 시작하고, 그와 함께 전자우편도 예비 수험생들에게 많이 보낸다. 이런

우편물 공세는 1, 2년 뒤 대학 입학 시즌이 끝날 때까지 이어진다. 대학위원회는 이런 과정을 통해 PSAT 시험 결과가 대학 입학에서 수행하는 역할을 믿고 있다.

그렇다면 대학들은 이런 시험을 어떻게 활용할까? 현재 대학들은 PSAT 성적 관련 데이터를 구매하는 것을 두고 광범위한 비판을 받고 있다. 이들 대학은 이런 자료를 바탕으로 입학시킬 생각이 전혀 없다시피한 학생들에게까지 대학을 소개하는 책자를 발송한다. 단순히 지원자 숫자를 늘리기 위해서다. 이런 식으로 지원자 숫자를 늘리면 대학의 '선택성(경쟁률)'을 높일 수 있고, 이것이 다시 ≪유에스 뉴스≫의 최우수대학 순위 발표에서 순위를 끌어올리는 데 도움이 된다. 그렇다면 SAT는 대학 입학 과정에서 어느 정도의 활용 가치가 있을까? 대학위원회는 SAT가 입학 첫해의 성공적인 수학 가능성을 예측하게 해 주는 자료라고 주장한다. 그러나 대학 입학관리 책임자들의 의견을 들어 보면 거의 전부가 SAT의 효용성에 이의를 제기한다. 이들은 SAT가 수학 적합성을 테스트하는 것이 아니라 이 테스트에 대비해 공부를 할 수 있는 능력, 다시 말하면 그런 시험 준비를 뒷받침을 할 수 있는 재력을 측정하는 것이라고 본다. 가령 이런 식이다. SAT에 대비해 공부를 하면서 테스트를 거듭 거치다 보면 SAT 성적은 향상된다. 즉 많이 공부하고 시험을 여러 번 보면 볼수록 성적이 점차 높게 나오는 것이다. 이는 결국 SAT 성적이 수학능력보다는 사회경제적인 수준과 더 높은 상관성을 보여 주고 있다는 것을 의미한다. 저술가 아일릿 월드먼은 『고약한 어머니』에서 자유방임적인 양육 방식을 공개해 많은 사람들을 놀라게 했는데, 그도 이 문제에 대해 이렇게 말했다. "표준화된 이런 시험들을 우리 아이들이 보게 되면서 이를 준비하기 위해 많은 돈을 들인 것을 생각해 보면 정말 패씸하다는 느낌이 듭니다. SAT라는 것이 부모의 노이로제 증세가 어디까지 와 있는가를 드러내 주고 시험을 뒷받침할 부모의 지불 능력을 재 보는 것일 뿐인데도 대학이 그것을 무슨 잣대라도 되는 것처럼 계속 활용하고 있으니 개탄할 일입니다."

대학들은 SAT가 학부모의 재력을 측정하는 것임을 잘 알고 있다. 이들은 SAT 고득점이 수험 비용을 감당할 수 있는 부모의 지불 능력을 나타내는 증거임을 잘 알고 있다.

대학위원회도 이런 사실을 안다. 본래 내세웠던 취지에 비춰 볼 때 이런 외부의 비판은 매우 언짢았을 것이다. 그 때문인지 대학위원회는 2014년에 SAT의 내용과 구성을 대대적으로 개편했다. 부유층만 좋게 해 주는 SAT 시험 준비 산업에 더 이상 휘둘리지 않겠다는 의도가 부분적으로 작용한 결과였다. 대학위원회는 개편된 새로운 SAT가 (단순히 암기력을 테스트하는 것이 아니라) 대학생활과 일반 사회생활에 필요한 지식을 활용하는 능력을 더욱 효과적으로 평가하는 것이 되기를 바라고 있다. 이런 개편으로 수험생이 갖춘 본래의 지식수준을 측정하는 데 주력하되, 많은 준비와 잦은 시험을 거쳐 점수를 올리는 역할은 약화시키고자 했다. 그러나 대학위원회는 SAT 준비의 실효성을 인정해 칸 아카데미**Khan Academy**(교육자 살만 칸이 2006년 원하는 사람은 어느 국가의 그 누구에게나 무료로 세계적 수준의 교육 기회를 제공한다는 취지로 설립한 비영리 교육기관으로 온라인 학습과 교육에 주력한다—옮긴이)와 손잡고 원하는 사람이라면 누구에게나 무료로 SAT 대비 학습을 할 수 있게 했다. 이처럼 대학위원회는 SAT가 본래의 취지에 걸맞게 만들려는 노력을 계속 기울이고 있다. 이런 노력에 따라 SAT가 실제로, 자녀의 명문대 진학을 노리는 특권층의 도구가 아니라 평형화 구실을 하는 데 더욱 큰 역할을 할지는 앞으로 두고 볼 일이다. 개편된 새로운 SAT는 2016년에 온라인으로 그 모습을 드러낼 예정이다.

테스트와 순위에 대한 비판

많은 대학 관계자들이 SAT의 취지와 효용성에 대해 이의를 제기한다. 그런데 해마다 발표되는 ≪유에스 뉴스≫의 대학 순위 조사 결과의 효용성에 대해서는 이보다 훨씬 많은 사람들이 부정적인 견해를 나타내고 있다. 대학 관계자들은 특히 다른 대학에 대한 자신들의 평가 결과로 나온 이른바 '미인 선발대회'에 거부감을 크게 드러낸다. 많은 사람들은 '아무도 들어 보지 못한 몇몇 대학에서도 미국 최고의 대학 교육이 이뤄지고 있다고 생각한다. 그런데도 대학들은 무엇 때문에 ≪유에스 뉴스≫의 대학 순위 발표를 외면하지 못하는 것일까? 대학들은 순위 발표를 외면하지 못하는 것과 같은 이유로 입학 과정에서 SAT 성적의 비중을 낮게 반영하지 못한다. 대학이 이런 조치를 취하면 순위에서 손해를 보기 때문에 다른 대학이 함께 보조를 맞추지 않는 한 어느 대학도 SAT의 반영 비율을 대폭 낮추려하지 않는 것이다. 그렇다고 어떤 변화를 일으키기 위해 함께 힘을 모으려는 기색도 보이지 않는다.

로이드 태커Lloyd Thacker는 대학 입학 과정에서 겪는 수험생들의 스트레스를 해결하고 고등교육 본래의 여러 가치에 부합하도록 2004년 입학 과정을 재조정하기 위한 비영리 교육조직 에듀케이션 컨서번시The Education Conservancy(교육보호협의회)를 만들었다. 그는 뜻을 같이하는 대학 학장과 입학관리 업무를 관장하는 책임자들과 함께 어떤 조치를 취할 수 있는지를 검토했다. 이런 과정을 보면 로이드의 열정과 조급증이 눈에 띄지만 그렇다고 이런 뜻을 돈키호테 같은 비현실적인 열정일 뿐이라고 생각할 필요는 없다. 그의 취지에 반대하는 쪽에는 미국의 일반적인 정서와 대학 지도부의 불안감, 수십 억 달러 규모의 관련 산업 돈주머니가 있다.

이미 몇몇 대학은 ≪유에스 뉴스≫의 대학 순위 조사에서 손을 뗐다. 가장 두드러진 사례가 오리건에 있는 리드 대학이다. 이들 대학은 자체 데이터를 보내지도, 다른 대학에 대한 의견을 내지도 않고 평가 결과도 받아들이지 않는다. 뉴욕 브롱스빌의 사라 로렌스 대학은 2005년부터 SAT를 받지 않았다. 이 시험 성적이 "해당 학생의 대학 내 학업활동을 예측하는 데 거의 아무런 도움이 되지 못하고, 대비 과정의 고비용을 감당할 수 있는 수험생에게만 유리해 입학 과정을 크게 왜곡시키기" 때문에 받지 않기로 결정했던 것이다. 그러자 ≪유에스 뉴스≫는 사라 로렌스 대학에 이렇게 통보했다. SAT 점수를 통보해 주지 않으면 지원 수험생들의 점수가 비슷한 수준의 다른 대학들에 비해 낮은 것으로 간주해 SAT 평균 점수를 다른 대학보다 200점 정도 낮게 책정하겠다는 것이었다. 결국 사라 로렌스 대학이 협력하지 않아 이를 응징하겠다는 의도를 그대로 드러낸 이 매체의 횡포를 보여 준 것이다.

태커는 대학 순위 발표의 아성에 맞서기 위해 세력을 모으고자 했다. 지금까지 대학들이 대부분 ≪유에스 뉴스≫의 보복이 두려워 리드와 사라 로렌스 대학 같은 조치를 내리지 못했다면 이제 여러 대학을 모아서 수적 우세로 한번 맞서보겠다는 것이었다. 그즈음 태커는 관련 조직 지도자들의 에세이 모음인 『대학 순위 없애 광적인 대입 열풍 잠재우자College Unranked: Ending the College Admissions Frenzy』라는 책을 펴냈다. 이들 지도자는 빅퓨처BigFuture라는 포괄적인 대학 검색 도구를 만들기 위해 모였다. 빅퓨처는 ≪유에스 뉴스≫의 대학 순위 발표에서 찾을 수 있는 데이터보다 훨씬 정보가 다양한, 쌍방향 형태의 웹사이트이다. 하지만 이 같은 노력에도 ≪유에스 뉴스≫의 대학 순위 자료는 여전히 가장 많은 사람들의 눈길을 끄는 대학 관련 정보 자료이다.

공영방송인 PBS 뉴스아워News Hour 진행자인 그웬 아이필은 대학 순위 발표를 비판하는 여론이 들끓자 ≪유에스 뉴스≫의 브라이언 켈리 편집국장을 인터뷰했다. 아이필은 ≪유에스 뉴스≫의 대학 순위 발표가 미국의 스포츠 전문 주간지인 ≪스포츠 일러스트레이티드Sports Illustrated≫가 특별부록으로 내는 아카데미아 수영복 특집 같은…… 일종의 마케팅 도구입니까?"라고 물었다. 그러자 켈리는 이렇게 대답했다. "잘 아시겠지만 우리는 분명히 비즈니스 활동을 하고 있습니다. 우리는 언론 단체입니다. 우리는 출판도 하지만 돈도 법니다. 우리가 만들어 우리가 팔기 때문에 그런 식으로 말하는 데 대해서 부끄럽게 생각하지 않습니다.…… 그리고 대학 순위가 일단 발표되고 나면 그것은 우리 손에서 조금 벗어나게 됩니다." 아이필이 ≪유에스 뉴스≫의 대학 순위 특집부록을 ≪스포츠 일러스트레이티드≫의 연례 수영복 특집부록과 같은 차원에서 비교한 것은 현명한 판단이었다. 두 주간지의 재정 건전성이 다 같이 이 같은 특별부록에만 의지하고 있기 때문이다.

밥 스턴버그도 태커와 마찬가지로 제도 개선방안을 모색해 왔다. 코넬 대학 인간개발학과 교수인 스턴버그는 SAT에 대한 분석적 평가의 바탕구실을 한 일반 이해력 이론보다 훨씬 폭넓은 성공적 이해력 이론을 개발했다. 그는 또 여러 표준화 시험과 대학 입학 과정에서 이런 시험 성적을 활용하는 문제를 여러 해 동안 연구한 사람으로, 예일 대학 교수와 터프츠 대학 예술과학대 학장, 오클라호머 주립대학 교무처장 등을 거쳤다. 이런 경력을 가진 스턴버그가 나에게 이렇게 말했다. "보통 명문 대학에 지원한 학생 중 3분의 2는 수학능력을 갖추고 있습니다. 이들의 합격 여부는 SAT가 710점이냐 730점이냐, 또 GPA가 3.7이냐 3.9냐 하는 미세한 차이로 결정됩니다. 더 나은 사회를 만들고 싶다면 SAT 성적이나 평점 따위에 눈길을 돌리지 않아야만 합니다."

스턴버그는 동료들과 함께 여러 해에 걸쳐 '레인보Rainbow', '칼레이도
스코프Kaleidoscope', '파노라마Panorama' 등 (활용하는 대학별로 명칭을 달리하
는) 일련의 평가방식을 개발했다. 이런 평가방식은 스턴버그의 성공적 이
해력 이론을 측정하는 것으로, 그 이론 속에는 SAT로 측정된 분석력뿐만
아니라 창의력과 상식 및 실용 감각, 지혜 및 윤리기능이 포함된다. 그는
동료들과 함께 2000년 초에 대학위원회의 지원 아래 학생 약 1000명을 대
상으로 레인보를 활용해 조사를 진행했는데, 그 결과 그의 테스트가 신입
생의 한 해 학업수행 성공도에 대한 예측 면에서 SAT 단일 평가방식보다
두 배나 높은 것으로 나타났다. 또한 학업성과 면의 인종별 차이도 줄어들
었다. 이런 결과는 신뢰도가 매우 높아 관련 분야 최우수 학술지의 머리기
사로 소개되었다. 그러나 대학위원회는 스턴버그의 테스트를 '확대'해 전
국적인 차원에서 의미 있게 활용하는 것이 불가능하다고 판단해 이 프로
젝트에 대한 지원을 중단했다.

래리 모모는 현재 뉴욕의 명문 사립학교 트리니티 스쿨의 대학 진학 지
도교사로 일한다. 그는 컬럼비아 대학에서 입학관리 책임자도 지낸 터라
입시제도라면 신물이 날 정도로 신경을 썼던 문제다. 그는 대학위원회 포
럼에서 신임 위원장의 의견에 맞서 대학 입학 과정에서 표준화 시험의 반
영 비중을 낮추도록 "무슨 조치를 취하라"고 촉구하기도 했다. 그는 대학
진학 방식을 바꿔야 한다고 주장하면서 이렇게 말했다. "지원자에게 학업
능력이 있다는 점을 확인하면 지원 서류에 첨부된 표준화 시험 성적 따위
를 빼 버림으로써 사정위원회에서 그런 성적을 골치 아프게 살펴보는 일
을 피할 수 있지 않을까요? 다른 자료만으로도 충분히 결정을 내릴 수 있
습니다. 그렇게 성적을 뺐다고 해서 어느 해에 대학 지원자의 평균 성적이

떨어진들, 그것이 무슨 큰 문제인가요?"

별다른 부작용 없이 이런 변화를 단행할 수 있는 곳은 이름이 브랜드화된 떵떵거리는 몇몇 유명 대학들뿐이다. 이런 대학은 지원자의 SAT 평균 점수가 좀 내려간들 별다른 문제가 생기지 않는다. 이런 문제만 다루는 데도 책 한권 분량이 필요하겠지만 이 책에서는 그런 문제를 집중적으로 다루진 않는다.

저당 잡힌 유년 시절

망가진 SAT 제도는 엉망이 된 대학 입학 과정 전반에 비춰 보면 그 일부에 불과하다. 이런 대입제도 아래 치러지는 여러 가지 시험 성적으로 말미암아 고교 시절의 귀중한 학습체험이 희생되고, 그릇되고 썩어 빠진 규범 때문에 성년으로 가는 계발과 성장이 희생되고 있다. 빌 데레저위츠는『뛰어난 양』에서 이렇게 지적하고 있다. "엘리트 계층은 자녀의 행복을 희생시키는 대가로 자기영속성을 손에 넣었다. 청소년들이 이뤄 내기 힘든 과정이 많으면 많을수록 그것을 가능케 하는 비용이 그만큼 많이 들게 되니, 이런 성취는 결국 소수에게게만 허용되는 셈이다. 그러나 이런 소수도 힘든 과정을 많이 넘어서야만 하기에 그만큼 더 비참해진다.…… 이런 소수의 학부모는 다른 사람의 자녀들을 찍어 눌렀다고 생각하겠지만, 나중엔 결국 자신의 자녀를 찍어 누른 셈이 되고 만다."

제도 자체가 망가지다 보니 아이들은 유년 시절을 저당 잡히고 있다. 그러나 반드시 이런 식으로 흘러갈 필요는 없다. 다른 선택방안이 있고, 좀 더 좋은 방법이 있기 때문이다. 그런 점을 3부와 4부에서 다룬다. 부모는 자녀와 부모 자신을 위해 함께 변화를 모색하는 데 열심히 나서야 한다.

3부

다른
방안

12장
다른 방안을 위한 사례

산이 너를 부르기 전에, 네가 이 집을 떠나기 전에
내 자신에게 가르치려 하듯이, 네 가슴에 믿음을 가르쳐 주고 싶네
그러나 때때로 달에게 묻노니, 너에게 마지막으로 달빛을 준 곳이 어디냐고
그러다가 고개를 가로젓고 웃으면서 이렇게 말하리. "이 모든 것이 너무 빨리 지나갔
네."

— 싱어송라이터 다 일리엄스의 노래 〈알고 있는 사람〉,
앨범 ≪비의 아름다움The Beauty of the Rain≫ 중에서

다 윌리엄스Dar Williams는 내가 좋아하는 음악가 중 한 사람이다. 그녀의
가사는 작은 이야기들이며, 그녀의 목소리에는 숨 막힐 듯한 현실성이 배
어 있다. 기타 솜씨도 뛰어나다. 나는 그동안 윌리엄스의 노래 〈알고 있는
사람The One Who Knows〉을 수백 번이나 따라 불렀지만 늘 목이 메어 (위에
인용한) 마지막 구절까지 다 부르지 못했다. 부모의 사랑이란 이처럼 뼈에
사무치고 절절하고 아름답다. 그래서 때때로 자식이 지금 어디에 있는지
모르는 상황은 고사하고, 집을 떠나는 것만으로도 그것을 이겨 낼 수 있으
리라고 상상하기는 어렵다. 그러나 부모는 자식들에게 생명을 주었고, 인
생은 자식들이 살아가야 할 몫이다.

아무튼 우리는 포유동물이다. 옷을 걸치고 휴대전화를 쓰는 포유동물일
지라도 포유동물이긴 마찬가지다. 우리 같은 포유동물들은 야생 세계에서

새끼들이 자신을 스스로 방어할 수 있을 때까지 보호하고 기른다. 양육 기간은 몇 주, 몇 달, 몇 년씩 걸리기도 하지만 그런 기간에 관계없이 어느 시점이 되면 어린 포유동물은 독립한다. 사실, 부모 없이도 스스로 잘 클 수 있는 자식, 그래서 나중에 그다음 세대를 키울 수 있는 자식을 양육함으로써 그 일에서 벗어나는 것이, 포유동물의 부모가 해야 할 일이다. 이런 과정은 부모 포유동물의 생물학적 책무인 셈이다. 그러나 다른 포유동물들은 새끼를 떠나보내는 데 인간보다 훨씬 능숙하다.

물론 우리는 야생에서 생활하지 않고, 21세기의 중·상류층 미국인들의 행태에 두드러지게 영향을 미치는 요인이 우리 자신의 죽음도, 자식의 죽음도 아니라는 것은 다행스러운 일이다. 그렇다. 바깥세상은 무섭고 험악하다. 테러의 공포가 어른거리는가 하면, 경제 상황은 때때로 위기에 빠지며, 중산층은 줄어들고, 대학을 졸업해야 좋은 직장을 얻을 수 있으며, 대출 받은 학자금 빚은 많은 젊은이들에게 큰 부담이 되고, 또한 정보와 첨단기술 중심의 경제가 끊임없이 변화하기 때문에 성공할 수 있는 취업의 형태를 예측하기도 어렵다. 더구나 좋지 않은 경제 상황에서부터 젊은 구직자들의 실업률과 비싼 생계비에 이르기까지, 다 큰 자식들에게 이들이 자립할 수 있을 때까지 재정을 지원해 줘야 하고, 이뿐만 아니라 부모의 인맥과 지식을 동원해 자녀들의 취업을 돕고, 나아가 성인 자녀들이 어려울 때는 부모 곁으로 되돌아올 수 있게 해 줘야 할 이유는 차고 넘친다.

그렇다면 부모가 포유동물의 기본적인 책무, 즉 자식을 성년으로 또는 배우자와 자녀를 거느린 가장으로 제대로 생활할 수 있게끔 자리를 잡아주는 구실을 하지 않는다면 자녀는 어떻게 될까? 오늘날에는 부모가 자녀를 보호하고, 이끌고, 자녀 대신 처리해 주는 일이 너무 많다 보니 오히려 부모가 자녀의 성장 자체를 막는 꼴이 되었다. 올바른 성장은 자녀가 인간으로서 온전한 성년으로 발전하는 데 꼭 필요하다. 또한 부모가 자녀를 돕고 뒷받침하려는 열의가 강한 바로 그 이유 때문에, 과거 사춘기와 갓 성년이 된 젊은이들이 공통적으로 요구했던 독립성에 대한 욕구가 사라지고 있다. 이것은 부모가 이들의 욕구를 없애 버린 것과 마찬가지다. 오늘날의 자녀들은 대체로 부모가 곁에 있는 것을 고맙게 생각하고 또 편안하게 느낀다. 그렇다면 부모들은 독립하려는 다음 세대의 욕구를 제대로 부추기고 있는 걸까? 클라크 대학의 심리학 교수로 '성인 발현기emerging adulthood'라는 새로운 개념을 만들어 널리 전파시킨 제프리 젠슨 아넷Jeffrey Jensen Arnett은 최근 『30살 되기: 20대 시기로 나아가는 부모 가이드Getting to 30: A Parents Guide to the 20-Something Years』라는 제목의 책을 펴냈다. 정말 부모 가이드가 있단 말인가? 다윈이 무덤 속에서 놀라 꿈틀거릴 일이다.

자아의 핵심

부모는 자녀가 10대 후반과 20대 초반 사이의 나이가 되면 슬하에서 떠나보내고자 한다. 그 나이가 되면 자녀는 여전히 부모를 사랑하고 부모를 보고 싶어 하지만, 그래도 여러 가지 생활의 지혜와 함께 "나도 할 수 있다고 생각해, 정말 할 수 있어!"라는 마음가짐과 독립적인 생활을 할 수 있는 수단을 갖게 된다. 이런 마음가짐과 연관된 또 다른 용어로 '자기 효능감'이 있다. 심리학 분야의 핵심적인 개념으로, 1970년대에 저명한 심리학자 앨버트 반두라가 발전시킨 것이다. 자기 효능감이란 어떤 일을 수행하고 목표를 달성하며 상황을 관리할 수 있는 자신의 능력에 대한 믿음을 의미한다. 이 개념은 자신의 능력을 믿는 것이지, 자신이 하는 일을 돕거나 대신

해 주는 부모의 능력을 믿는 것이 아니다.

자기 효능감은 『무엇이든 할 수 있는 조그만 기관차The Little Engine That Could』에 등장하는 푸른색의 꼬마 기관차처럼 자신을 믿는다는 것에 그치지 않는다. 자기 효능감은 자신의 성취를 (부풀리지도, 깎아내리지도 않고) 있는 그대로 인식하는 현실감각과 연관된 것이다. 또한 처음에는 성공하지 못했으나 거듭 시도함으로써 거의 성취로 볼 만한 지경에까지 이르게 되고, 나중에는 정통한 수준까지 오를 수 있게 배워 나가는 것과도 연관되어 있다. 자기 효능감은 자신의 값어치나 추구하는 가치에 대한 믿음을 의미하는 자존감과 다르다. 자존감이 자기 효능감에 영향을 미치지만, 자기 효능감은 일을 수행하고 그런 노력의 결과로 나타나는 성공을 확인하는 과정에서 형성된다. 또한 자기 효능감은 주로 유년 시절에 시행착오를 계속 겪으며 형성된다. 사실 자기 효능감이란, 흔히 '유년기'로 불리는 시기가 성장하고 있는 사람의 삶에 미치는 영향인데, 이런 영향은 과거부터 늘 미쳐 왔던 것이고, 또 부모가 자녀의 일상사 대부분을 대신 해 주기 시작한 비교적 최근까지도 그랬다.

믿든 안 믿든 자녀는 언젠가 18살이 된다. 그때 자녀를 끔찍이 사랑하고 자녀를 위해 온갖 일을 기꺼이 해 주던 부모라도 자녀가 18살이 될 때까지 계속 부모에게 의존하게 내버려 뒀다가 성년이 되면 불쑥 현실 사회로 내던진 다음 작별인사를 하고 싶지는 않을 것이다. 부모는 유년기 초기부터 자녀에게 성인다운 의식과 나이에 걸맞은 행동양식을 깨우쳐 주는 형태로 자녀를 양육해야 한다.

따라서 이런 의문이 다시 제기된다. 성년은 무엇을 의미할까? 우리는 2부의 첫 장인 6장에서 이런 의문의 해답을 찾아보기 시작했다. 나는 해답을 찾기 위해 매우 존경하는 학자에게로 눈길을 돌렸다. 스탠퍼드 대학의 교육학 교수이자 스탠퍼드청춘기연구센터의 소장인 윌리엄 (빌) 데이먼 William (Bill) Damon이다. 데이먼 교수는 인간 발달 분야의 세계적 명성을 자랑하는 학자로서, 그 자신도 몇 명의 자녀를 키웠고 그들은 현재 30, 40대의 나이로 활동하고 있다. 그는 자신의 연구 성과를 바탕으로 '청춘기'를 "사춘기의 시작과 성년의 사회적 역할에 대한 확고한 참여 의지를 갖는 시기 사이의 기간"이라고 정의를 내렸다. 나는 2014년 가을 스탠퍼드 캠퍼스의 연구실로 데이먼 교수를 찾아가 이 같은 정의의 뒷부분을 설명해 달라고 요청했다. 즉, 성년의 사회적 역할에 대한 확고한 참여 의지를 갖는다는 것이 무엇을 의미하고, 또 부모는 자녀가 그런 정도까지 성숙하게 만드는 데 어떻게 도울 수 있는지 물었다.

이에 대해 데이먼 교수는 성년의 사회석 역할이란 본질직으로 부모와 연관된 것이 아니라고 설명했다. 그 속에는 부모 되기나 일자리에서 헌신적으로 일하기, 또는 군 복무 등이 두루 포함된다. 이 같은 성년의 사회적 역할의 고유한 요소는 개인적 관심과 즐거움을 넘어서는 책임과 의무를 지는 것이다. 그렇다면 자녀들이 (부모에게 의존한 채) 연장된 청춘기에 젖어 세월을 보내지 않고 성년의 사회적 역할에 대한 확고한 참여 의지를 가질 수 있도록 키우려면 부모의 역할은 어떠해야 할까?

부모의 유형

버클리에 있는 캘리포니아 대학의 발달심리학자인 다이애나 봄린드Diana Baumrind는 1960년대에 각기 다른 양육 방식과 그런 방식이 자녀에게 미치는 영향을 연구했다. 그는 1967년에 발표한 논문에서 자녀 양육 방식을 관용적, 독단적, 권위적 방식 등 3가지 형태로 나눠 설명했는데, 이 같은 분류는 그 이후 15년 동안 발달심리학 분야에서 하나의 표준이 되었다. 그러나 1983년 심리학자인 엘리너 매코비Eleanor Maccoby와 존 마틴John Martin은 봄린드의 분류방식을 수정해 '관용적'을 '관대형'으로 대체하고 '무관심형'을 추가했다. 이제 전 세계 발달심리학자들은 대체로 이 네 가지 방식을 최종적인 분류로 받아들이고 있다.

네 가지 자녀 양육 방식은 한쪽으로는 부모가 자녀에게 요구하는 게 많고 적음을, 다른 한편으로는 자녀의 요구에 부모가 부응하는 정도가 크고 적음을 일정 정도로 나타낸 것이다. 이를 데카르트좌표를 기반으로 하는 간단한 차트로 구성해 보면, X축은 요구가 적은 왼쪽에서 요구가 많은 오른쪽으로 이어지고, Y축은 부응이 적은 아래쪽에서 부응이 큰 위쪽으로 이어진다.

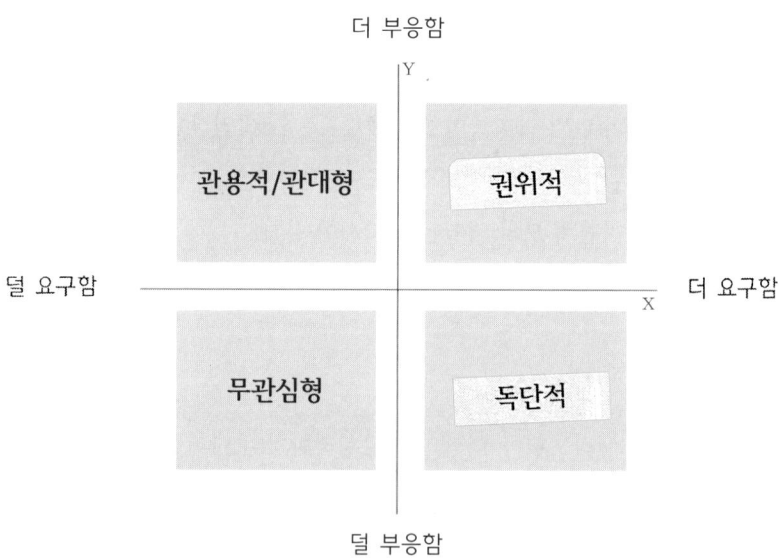

네 가지 형태의 자녀 양육 방식을 살펴보면 다음과 같다.

■ **독단적 양육 방식: 부모가 자녀에게 요구하는 게 많고, 부모는 자식의 요구에 부응하는 정도가 낮다.** 이런 부모는 엄격하고 복종과 존경을 요구하며, 자녀가 부모 요구대로 따르지 않으면 벌을 준다. 이런 부모는 자신의 행동에 대한 논리적 근거를 제시하지 않는다. "내가 그렇게 말했으니까"라는 식이다. 이들은 성취와 명령, 규율, 절제를 중요시한다. 이런 부모의 자녀는 가정에서는 맡은 책무가 많고, 가정 바깥에서는 거의 자유를 누리지 못한다. 이런 양육 방식의 특성은 특히 농업과 산업화 시대에 중요시되었다. 오늘날에는 빈곤층과 노동자 계급의 가정, 이민자 가정, 흑인과 멕시코, 라틴계 가정에서 이런 양육 방식을 많이 볼 수 있다. 그러나 부유한 중국계 미국인으로 '호랑이 어머니Tiger Mom'를 자처한 에이미 추아도 이런 양육 방식을 택한 것으로 볼 수 있다. 만약 공포를 앞세운 접근방식과 딸들의 관심을 완전히 무시하는 양육 방식이 풍자가 아닌 사실에 가깝다면 말이다(추아는 자신의 책『호랑이 어머니의 군가』 내용이 부분적으로 패러디성이라고 넌지시 변명한 만큼 그가 실제로 얼마나 독단적이었는지는 알 수 없다).

■ **관용적/관대형 양육 방식: 부모가 자녀에게 요구하는 게 많지 않고, 자식의 요구에 부모가 잘 부응한다.** 이런 부모는 자녀의 모든 욕구를 세심하게 살피고, 모든 요구를 들어주고자 하는 성향을 보인다. 이들은 규칙을 만들거나 큰 기대를 품는 것을 내켜 하지 않기 때문에 기강 같은 것을 세울 필요성을 느끼지도 않는다. 이들은 무언가를 떠올리는 말을 성가신 잔소리처럼 들릴 만큼 되풀이하지만 위협적인 말을 실행에 옮기는 일은 드물다. 이들은 번번이 '양보'하고, 안 된다고 말하거나 내놓은 말을 실행

에 옮기기를 꺼리면서, 우리 아이가 잘못된 짓을 할 수 없다고 생각한다. 이들 중 일부는 자녀의 삶 주변에서 좀처럼 떠나지 않는다. 이들은 자녀가 그들을 좋아하기를 바라고, 부모보다는 친구처럼 행동한다. 일부는 자녀의 실제 활동에 끼어들지 않으면서도 겉보기로는 자녀 주변을 맴도는 일이 많다. 관용적인 부모는 다른 형태의 부모보다 부유하고 교육수준도 높다.

■ **무관심형 양육 방식: 부모가 자녀에게 요구하는 게 많지 않고, 자식의 요구에 부모가 잘 부응하지 않는다.** 이런 부모의 태도는 좋게 보면 '무간섭'이고 나쁘게 말하면 범죄적 태만이다. 이들은 자녀의 학교생활이나 가정생활에 간섭하지 않고, 감성적으로도 거리가 멀며, 곁에 없는 경우도 많다. 이런 부모에게서는 의식주를 제공받는 것도 기대하기 어렵다. 이들은 빈곤하게 살 가능성이 높고, 자녀에 대한 무관심이 빈곤이나 우울증과 불안감 같은 정신건강의 문제에서 비롯될 수 있다.

■ **권위적 양육 방식: 부모가 자녀에게 요구하는 것도 많지만, 자식의 요구에 부모가 잘 부응한다.** 이런 부모는 표준도, 기대도, 한도도 높게 설정하는데, 이런 설정들은 결과로 나타난다. 이들은 또 감성이 따뜻하고, 자녀의 감성적 요구에 잘 부응한다. 이들은 논리적인 설명으로 자녀를 설득하고, 학습에 도움을 주기 위해 자녀와 의견을 주고받는 일에 열의를 보인다. 이들은 자녀에게 자유를 주어 스스로 탐구하고 실패하며 선택할 수 있게 한다.

헬리콥터 부모의 양육 방식은 독단적 방식과 관용적/관대형 양육 방식 중 어느 하나이거나 또는 두 가지 모두에 해당하는 형태다. 이런 부모가 자녀들이 어디에 관심을 기울이는지 개의치 않고 실패에 대한 두려움을 심어 주면서, 학업과 과외 활동, 가정생활에 대한 지시를 고압적인 자세로 내린다면 독단적인 양육 방식으로 아이들을 양육한다고 볼 수 있다. 또한 부모가 자녀를 즐겁게 해 주고, 아이들을 칭찬하면서, 실패하거나 상처받지 않도록 보호하고, 능력 신장이나 철저한 직업윤리, 강한 개성 등에 개의치 않으며 사회에서 자녀를 옹호하는 데 주력한다면, 이들은 관용적/관대형 양육 방식을 취하고 있다고 볼 수 있다. 세 번째의 '무관심형' 양육 방식은 자녀의 성장 욕구에 전혀 관심을 기울이지 않는다는 점에서 헬리콥터 부모의 태도와 정반대이다.

　네 번째의 '권위적' 양육 방식은 '독단형' 방식과 '관용형' 방식이 합쳐진 것으로 생각되는데 실제로도 그렇다. 권위형 부모는 독단형 부모와 마찬가지로 정해 놓은 규칙을 강제하지만, 그러한 규칙을 정한 이유를 설명하고, 자녀를 독립적이고 합리적인 개체처럼 대하면서 마음으로 따뜻하게 감싼다는 점이 독단형 부모와 다르다. 권위형 부모는 관용적/관대형 부모와 몇 가지 특성이 같다. 즉 자녀의 생활에 관여하면서 이들의 요구에 부응한다는 점이다. 그러나 권위형 부모는 관용형 부모와 달리 자녀들이 잘못을 저질렀을 때 그대로 넘어가지 않는다. 권위형 부모는 따뜻함과 엄격함, 감독과 자유 사이의 균형을 맞추는 데 힘쓴다. 이런 이유 때문에 탐사보도 저널리스트인 아만다 리플리는 '권위형' 부모가 '독단형' 부모와 '관대형' 부모의 가장 좋은 점을 모두 가지고 있다고 지적했다.

　리플리는 전 세계 교육 강국들을 소개한 책으로, ≪뉴욕 타임스≫ 베스트셀러이기도 한『세상에서 가장 똑똑한 아이들』에서 미국 학생들이 전세계 수십 개 나라의 학생들에 비해 학업 성취도 면에서 뒤떨어지는 이유가 어디에 있는지를 설명하면서, 자녀 양육 방식이 일정한 구실을 한다고 밝혔다. 그는 독단형 부모는 "학습하는 데 훈련과 연습을 지나치게 많이 시키고," 관용적/관대형 부모는 "어려서 응석 부리기와 놀이에만 골몰하는" 아이로 키운다고 지적했다. 따라서 가장 좋은 양육 방식은 엄격함과 따뜻함이 적절하게 조화되어 자녀의 믿음과 존경을 받을 수 있는 권위형 방식이라고 결론을 내렸다. 그는 자신의 결론을 뒷받침하기 위해 다른 학자의 조사 결과를 소개했다. 노스웨스턴 대학의 젤라니 만다라Jelani Mandara는 5000명에 가까운 미국 10대 청소년과 이들의 부모를 대상으로 조사한 결과, 권위형 부모 밑에서 자란 학생들이 학업 성취도가 뛰어나고 우울증 증세가 적게 나타나며, 공격성과 불복종, 그 밖의 반사회적 행동 같은 문제를 덜 일으킨다는 사실을 밝혀냈다.

이런 여러 가지 양육 방식과 그 특성을 눈여겨보면 자신이 어떤 형태의 부모에 속하고, 또 어떤 자녀 양육 방식을 원하는지를 금방 알 수 있다. 그러나 실제로는 그렇게 간단한 문제가 아니다. 많은 부모들은 자녀의 가장 가까운 친구가 된 듯한 느낌이 들 때 정말 큰 기쁨을 느낀다. 또한 많은 부모들은 자신들이 가장 좋다고 확신하는 분야를 공부하도록 강요하지 않으면 자녀가 인생에서 실패할 것이라고 두려워한다. 이와 관련해 에이미 추아는 이렇게 말했다. "어지간한 부모라면 모두 자녀에게 최선이 될 수 있게 해 주려고 한다. 중국 사람들은 그런 일을 하는 방식이 전혀 다를 뿐이다." 실제로 부모는 모두 올바른 노력을 기울이고자 한다.

따라서 3부에서는 권위적 양육 방식을 수련할 수 있는 구체적인 방법을 다루고자 한다. 이런 양육 방식을 익힌다는 것은 쉬운 일이 아니다. 연습과 시행착오를 거쳐야 한다. 잘못해 넘어지기도 하고, 크나큰 성취로 만족감을 느낄 때도 있겠지만, 그 뒤에는 곧바로 실수로 끝날 수도 있다. 그러나 자신의 부족한 결과를 조금 눈감아 주고, 성공을 규정하는 정의를 덜 엄격하게 적용하며, 자녀와 자신을 무조건 사랑하는 방법에 집중하다 보면 부모로서 제구실을 할 수 있다.

그러기 위해서는 자녀가 살면서 부딪치는 온갖 일을 통제할 수 있다거나 만들어 나갈 수 있다는 환상을 버리고, 자녀가 스스로 헤쳐 나갈 방안을 궁리하는 이 중요한 일에 매달릴 수 있게 해 주어야 한다. 또한 자녀들이 스스로 모든 것을 감당하면서 능력과 자신감을 키울 수 있게 해야 한다. 자녀가 무엇이 문제이고 무엇이 중요한지를 다른 사람에게 묻지 않고 스스로 생각하도록 가르쳐야 한다. 자녀의 개성과 노력의 정도를 감안해서 기준과 기대를 정하고, 또 그런 기준과 기대를 성취하게끔 강력하게 실천할 수 있을 정도의 성숙함도 갖춰야 한다. 또한 부모 자신의 불완선성과 자녀의 결점도 받아들여야 한다. 부모나 자녀나 늘 일을 잘 풀어 갈 수는 없다. 이런 점을 인정한다면 인생은 한결 즐거울 것이다.

부모에게는 자녀의 인생이 활짝 꽃필 수 있도록 도와주어야 한다는 두렵고 조심스러운 과제가 있다. 자녀에게 다른 무엇보다도 가장 필요한 것은 부모의 사랑과 뒷받침이다. 자녀가 올바른 어른으로 성장하려면 여러 가지 능력과 마음가짐을 익히고 갖춰야 하는데, 그 과정에서 즐거움과 함께 어려움도 겪어야 한다. 바로 이럴 때 부모의 후원과 사랑이 필요하다. 권위적 양육 방식의 '장점'—관용적 방식과 독단적 방식의 가운데쯤에 있지만 무관심형과는 전혀 무관한 양육 방식—은 자녀가 진정 성공적으로 살아갈 수 있도록 부모가 자녀를 이끌고 양육하는 데 도움이 된다. 그 같은 자녀의 삶은 자녀뿐만 아니라 부모에게도 자랑스러운 일이 될 수 있다.

13장
자녀에게 체계적인 계획과 관계없는 자유 시간을 주어라

"우리는 매우 독립적이었고 많은 자유를 누렸다. 그러나 오늘날 그런 많은 자유를 아이들에게 준다는 것은 상상하기 어렵다. 이것은 사회적으로 큰 손실이 되는 일 중 하나이다. 그러나 나는 자유롭게 놀고 이웃끼리 게임을 즐기는 그런 기쁨과 경험을 되찾을 수 있으면 좋겠다고 생각한다. 그런 놀이와 게임은 우리 세대의 사람들이 자랄 때는 당연한 것이었다. 그런 놀이와 게임은 우리가 자녀들에게 줄 수 있는 최상의 선물 중 하나일 것이다."

—힐러리 로댐 클린턴, 2001년

어린 시절이 빡빡한 일정과 점검표로 채워지면 아이는 진정한 의미의 자유로운 놀이를 즐길 시간도, 기회도 갖지 못할 것이다. 심지어 놀이도 부모나 자식이 다 같이 짬을 낼 수 있을 훗날을 위해 부모가 계획을 세우고 진행하게 될 것이다. 그렇게 계획된 놀이에 부모가 함께 가고, 놀이의 내용도 이따금 부모가 아이디어를 내며, 또 아이들이 놀이가 끝나야 할 시간에 끝나지 않거나 누군가가 아이들에게 못된 짓을 할 경우에 대비해 부모가 놀이 현장을 지킨다. 빈틈없이 돌아가는 우리의 일상을 고려한다면 부모가 자녀의 놀이 일정을 짜는 일은 필요해 보인다. 그러나 부모가 자녀의 놀이 시간을 만들더라도 놀이 방식에는 끼어들지 말고 한 걸음 뒤로 물러나 있어야 한다. 놀이야말로 아이들이 성장하기 위해 감당해야 할 최초의 진정한 '과제'이다.

놀이가 중요한 이유

미국 역사학자 하워드 추더코프Howard Chudacoff는 놀이의 도사라 할 만한 사람이다. 그는 2007년에 펴낸 책『미국 어린이 놀이의 변천 과정Children at Play: An American History』에서 지난 4세기 동안 미국 어린이들의 유년기 놀이 모습을 살펴보고, 오늘날 자유롭게 논다는 놀이의 모습이 지난날의 모습과는 전혀 다르다는 점을 자세하게 설명하고 있다. 그는 특별한 형태의 자유로운 놀이에서 어른들의 감독과 일정한 구성에 따라 진행되는 공식적인 활동에 이르기까지 그동안의 놀이 모습의 변화 과정을 살펴본 뒤 다음과 같이 결론을 내린다. "적어도 사춘기 이전의 어린이들을 위해서, 놀이―돔 소여가 말하는 '하는 수 없이 하는 일이 아닌 것'―가 왜 어린 시절에 누리는 개인적인 영역이 되어야 하는지를 좀 더 신중하게 생각해 볼 필요가 있다.…… 어쩌면 우리는 언제, 어떤 형태로 자녀에게 독립심을 더 많이 길러 줘 주변을 탐색하고 놀이 거리를 만들어 내며, 다른 아이들과 서로 영향을 주고받으면서 어린이로서 마음 놓고 즐길 수 있게 해야 하는지를 곰곰이 생각해 봐야 한다."

보스턴 대학의 피터 그레이Peter Gray 교수는 추더코프의 견해에서 한 걸음 더 나아가, 자유로운 놀이가 어떤 점에서 어린이들의 정신건강에도 꼭 필요한지를 자세하게 설명했다. 그레이 교수는 건강한 심리 발달과 관련해 이렇게 밝혔다. "어린이의 활동은 어린이 스스로 선택하고 꾸민 뒤 그 자체로 진행되어야지, 그 활동 자체와 동떨어진 목적을 달성하기 위해 이뤄져서는 안 된다." 그레이는 또한 "어떤 움직임을 지도하거나 이끄는 어른이 있다면 그런 활동은 놀이가 아니다"라고 말했다.

리처드 루브Richard Louv는 어린이와 자연 네트워크Children & Nature

Network의 회장인데, 이 단체는 어린이와 가족을 자연과 재결합시키는 운동을 벌이는 비영리 조직이다. 그는 2005년 베스트셀러가 된 책『숲 속의 마지막 어린이: 자연 결핍증에서 우리 어린이 구해 내기Last Child in the Woods: Saving Our Children from Nature-Deficit Disorder』에서 야외 놀이의 크나큰 장점과 함께, 꽉 짜인 환경과 실내에서 보내는 시간이 점차 늘어나는 현실이 어린이들에게 미치는 나쁜 영향을 상세하게 밝혔다. 그는 사람들이 시간을 쪼개 아껴 쓰는 가운데 자신도 모르는 사이에 "꿈꿀 수 있는 시간을 없애고" 있다는 느낌이 든다고 지적했다.

심지어 국제연합UN조차 놀이의 중요성에 주목해「어린이 권리 협약」을 통해 "어린이들은 긴장을 풀고 놀 권리가 있다"고 선언했다. 우리는 보통 UN 하면 극도의 빈곤이나 인권 침해로 고통을 겪는 머나먼 나라의 국민들을 돕는 기관으로 생각한다. 실제로 그런 구실도 한다. 그러나 우리 코앞에서 벌어지고 우리 손으로 저지르는, 어린이들이 긴장을 풀고 즐길 놀이 시간을 빼앗아 버린 행위에도 UN은 눈을 감지 않는다. 우리의 마음가짐과 우리의 온갖 안간힘 속에 빚어진 현상이다.

한마디로 놀이는 중요하다.

자녀들이 놀게 하는 방법

언제 어디에서 자녀가 마음대로 놀 수 있게 하느냐는 자녀의 나이와 능력, 또는 남다른 욕구, 집안과 동네 환경, 또 시간 여유의 정도에 달려 있다. 이런 여러 가지 제약 요인을 감안하면서 전문가들이 자녀의 심리적 건강 상태와 개인적인 성장, 어른이 되기 위한 준비 면에서 매우 중요하다고 보는, 자유로운 놀이의 수준을 향상시키는 몇 가지 방안을 제안해 본다.

1. 자유로운 놀이를 소중하게 생각한다. 자녀가 5살이건 15살이건 부모라면 마음대로 놀게 하는 것을 값지게 생각해야 한다. 그러나 가령 잠처럼 귀하게 생각하지 않으면 이런 놀이는 더 긴급하고 더 중요해 보이는 일에 밀리게 될 것이다. 따라서 놀이는 자녀의 성장 과정에서 꼭 필요한 것으로 받아들여 가족 일정표에 어떻게든 끼워 넣을 방법을 궁리해야 한다. 또한 자녀에게 자유를 더 많이 줄 수 있는 방법이 무엇인지 부모 자신에게 물어본다.

2. 자녀를 잘 파악한다. 누구보다도 부모가 자녀를 가장 잘 안다. 그렇다면 자녀에게 어느 정도 자유를 줄 준비가 되어 있는가? 불안감을 떨쳐 버리려면 시간과 장소, 활동 형태 등 몇 가지를 제한할 수 있다. 그러나 안전 문제가 걱정스럽겠지만 자유롭게 놀게 하면서 자립심과 능력을 길러 주는 것이 부모의 역할이기 때문에 이 양자 사이의 적절한 균형도 맞춰 가야 할 것이다.

3. 다른 부모들과 의견을 모은다. 자녀는 다른 아이들과 함께 놀고 싶어 한다. 그러나 많은 가정의 자녀와 부모들이 빡빡한 일정에 매인 채 생활하기 때문에 자녀가 함께 놀 친구가 있는지 확인하려면 먼저 부모가 나서야 한다. 먼저, 자녀 친구의 부모들을 만나 주말이나 방과 후처럼 따로 할 일이 없어 자유롭게 놀 수 있는 시간을 찾아낸다. 마음대로 놀 시간을 짜낸다는 것이 얼핏 듣기에 모순된 표현처럼 비치겠지만, 긴장의 연속인 부모와 자녀의 삶이 압박감을 조금 덜 받으면서 편안해질 때까지 일상에서 벗어나 자유로운 시간을 자녀에게 주려는 노력을 게을리해서는 안 된다.

■ 놀이 시간을 즐기려면 늘 미리 계획을 짜야 한다고 생각하지 말고

불쑥 놀 수도 있도록 노력한다. 그래서 계획에 없더라도 자녀가 친구 집에 전화를 걸어 지금 함께 놀 수 있는지를 물어보게 한다. 주말에는 이런 방식으로 함께 놀 수 있는 가능성이 크다. 함께 놀자는 전화가 걸려 올 때는 시간을 탄력 있게 조정할 수 있도록 애쓴다.

4. 물품과 장비를 제공해 상상력을 키우는 놀이를 하게 만든다. 현대적인 장난감은 대부분 놀이를 즐기며 상상력을 자극하는 것이었다. 예를 들면, 바구니에 가득 담긴 레고 블록 1천여 개로 아이들은 갖가지 모양을 만들 수 있는데, 이런 놀이를 통해 상상력을 계발할 수 있다. 레고 세트에는 단계별로 블록을 쌓거나 연결시키는 설명서가 붙어 있는데 (만약 그런 사용법을 무시하면) 원하던 구조물을 만들지 못한다. 여러 가지 놀이 재료—나무 블록이나 플라스틱 컵, 천 조각, 소꿉놀이용 그릇이나 냄비, 인형, 박스, 운동기구, 레고 블록, 쌓기용 장난감, 조립식 장난감 팅커토이, 미술과 공작 재료 등—를 제공하되, 그런 재료로 무엇을 만들거나 할 것인지는 스스로 결정하게 한다. 흔히 어린이들은 안에 들어 있는 장난감보다 장난감 상자를 더 좋아한다는 농담이 있는데, 실제로 그럴 만한 이유가 있다. 상자가 배나 썰매, 집, 침대, 성채, 구멍, 무대, 산 모양이기 때문이다. 그러나 상자 속 장난감은 어린이들이 만드는 대로 무엇이든 된다는 것이 제조업체의 설명이다.

5. 자녀가 어떤 놀이로, 어떻게 놀 것인지를 결정하게 한다. 놀이용품은 온갖 것이 다 있는 만큼 관건은 자녀에게 마음대로 가지고 놀 수 있게 해야 한다는 점이다. 부모는 놀이용품이 있는 쪽으로 손을 흔들어 주고 물러나는 것이 좋다. 어떻게 놀아야 한다거나 놀이의 아이디어를 전해 주는 일

따위는 삼가야 한다. 자녀가 스스로 생각하게 해야 한다. 놀이가 우스꽝스럽거나 비생산적이거나 아니면 부모 눈에 하찮게 비치더라도 아이들이 원하는 대로 하게끔 내버려 둔다. 따분해할 때도 그대로 놔두면 지루함에서 벗어나는 방법을 찾아내는 식으로 문제 해결 능력을 키울 수 있다.

6. 부모 자식 사이의 공간을 점차 넓히도록 노력한다. 자녀가 집 안이나 마당, 바깥의 다른 장소에서 노는 모습을 지켜보려면 평소보다 먼 거리에서 살펴보는 연습을 한다. 이런 거리는 자녀가 나이 들수록, 또 편안한 마음으로 바라볼 수 있을 정도까지 점차 넓혀 나가면 좋다. 낯선 사람의 납치 위험에 관한 온갖 수치는 모두 미디어가 터무니없이 과장한 것으로 실제로 그럴 위험성은 매우 낮다. 자녀를 데리고 공원에 있을 때는 아이가 노는 동안 벤치에 앉아 책을 읽도록 한다. 아이들이 무엇을 서로 갖겠다거나 차례를 지키는 등의 문제로 티격태격할 때 끼어들고 싶은 생각이 굴뚝같겠지만 참는다. 그래야 아이들이 그런 문제를 스스로 풀어 나갈 방법을 찾게 된다. 어떤 일이 벌어졌을 때 어떻게 해야 한다는 이야기를 시시콜콜 이야기해 주고 싶은 욕구를 참아야 한다. 오히려 아이들이 와서 그 일을 이야기하게 해야 한다. 그렇게 이야기할 때는 현명한 질문으로 부모의 관심을 드러내면서 동시에 자녀가 겪으면서 배웠던 문제를 더 깊이 이해할 수 있도록 대화를 이끌어 간다(이런 질문을 던지는 요령에 대해서는, 생각하는 법을 자녀에게 가르치는 문제를 다룰 장에서 더욱 자세하게 설명한다).

7. 놀라더라도 자녀를 호되게 야단치지는 않는다. 자녀가 다칠 때도 있겠지만 별다른 문제는 아니다. 곧바로 안아 주거나 1회용 밴드를 붙여 주고 괜찮다고 안심을 시킨다. 아이들이 마음 놓고 뛰놀 때는 피부가 까지거나

팔다리가 접질리는 등의 탈이 날 수밖에 없는데, 이런 일을 예방하겠다고
나서지 않는 것이 좋다.

8. 집 밖에서 마음 놓고 노는 문화를 만들어 준다.

- 더 많은 이웃을 만나도록 한다. 변한 것은 부모들만이 아니다. 우리
  이웃들도 이웃이라기보다는 그저 함께 사는 사람들이라고 할 정도
  까지 바뀌었다. 우리가 옆집에 버터 한 덩이나 설탕 한 컵을 빌리기
  위해 찾아갈 만큼 이웃을 잘 알고 있을까? 버터와 설탕 빌리기는 좋
  은 이웃을 나타내는 전형적인 상징적 표현이다(그러나 요즘에는 식습
  관이 많이 바뀌어 버터나 설탕을 즐기는 사람이 거의 없다!). 만약 이웃들을
  아직 많이 모른다면 자녀와 함께 거리에서 만나는 이웃들과 인사를
  하고 얼굴을 익힌다. 동네 파티를 여는 것도 좋은 방법이다. 이웃들
  과 얼굴을 익히고 믿음이 가면 자녀가 바깥에서 자주 놀고 싶어 한
  다는 점을 이들에게 알린다. 또 어떤 문제가 생겼을 때 자신에게 연
  락할 수 있는 방법을 알려 준다.
- 야외 공간을 안전지대로 지정한다. 이웃들과 친구들, 지방 공무원들
  과 힘을 합쳐 동네를 기분 좋고 안전한 놀이공간으로 만든다. 이런
  공간에서 아이들은 마음껏 달리고 탐구하고 창조적인 것을 만들어
  나간다. 거리의 일부분이나 전체, 앞마당이나 뒷마당, 공원, 빈터,
  학교 운동장 등을 안전지대로 만들 수 있을 것이다. 모두 지역사회
  의 형편, 자녀의 나이와 홀로 돌아다닐 수 있는 범위의 확대 등에 따
  라 좌우될 수 있는 문제다. 일부 지방자치단체에서는 지정된 시간
  에 거리의 차량 통행을 막음으로써 아이들이 마음껏 뛰놀 수 있게
  하고 있다.

- 구역별로 보호책임을 진 부모를 지정한다. 아이들이 마음 놓고 돌아다닐 수 있는 지역과 시간을 지정하고 싶다면 그런 시간에 아이들을 지켜보고 보호해 줄 부모를 정해 놓는 문제를 생각해 봐야 한다. 이런 부모는 아이들이 노는 곳에 너무 가까이 접근해 얼쩡거리거나 놀이를 지시하거나, 아니면 순서를 안 지키고 서로 감정이 상해 아이들이 티격태격하는 데 끼어드는 것이 아니라, 가만히 지켜보면서 간식을 챙겨 주고 샤워실로 데려가고, 또 아주 어린 아이에게는 주위에 어른이 있음을 알려 안심시키는 역할만 수행한다.

- 자녀에게 휴대전화를 준다. 아이가 휴대전화를 가지고 있으면 눈에 띄지 않고 멀리 떨어져 있더라도 한결 안심이 된다. 아이들이 집 주소와 전화번호를 외우게 하는 것도 좋다. 물론 스마트폰의 비튼을 누르면 그런 정보가 모두 나오겠지만 역시 머릿속에 담아 두는 것이 낫다.

- 휴대전화 이용을 제한한다. 휴대전화가 편리한 도구이긴 하지만 저녁식사 시간이나 다음 계획을 위해 거두어들일 필요가 있다. 화창한 날 야외 잔디밭에 나와서도 휴대전화만을 들여다보는 아이들이 많다는 것은 서글픈 일이다. 부모라면 일정한 규칙을 만들 필요가 있다. 다른 학부모와도 의논해서 휴대전화 사용을 제한하는 방법을 찾아야 한다.

9. 감화를 받게 한다.

- 캘리포니아 버클리에 있는 어드벤처 플레이그라운드Adventure Playground와 뉴욕 이타카에 있는 칠드런스 가든Children's Garden 같은 곳은 어린이들에게 무언가를 탐구하고 만들고 어설프게 고치는 등

의 활동 기회를 주기 위해 만들어진 곳인데, 이런 놀이공원에 자녀를 자주 데려가는 것이 좋다. 영국에도 이와 비슷한 어린이 놀이공원으로 '더 랜드The Land'라는 곳이 있는데, 한나 로신은 2004년 이 공원을 다룬 기사 "과잉보호되는 어린이"에서 이런 공원을 조성하는 방법을 소개하고 있다. 이 기사를 읽어 보면, 어린이들이 이런 식의 놀이를 즐길 수 있는 방법을 지역사회의 실정에 알맞게 변형시켜 제공할 수 있다.

■ 아이들을 여름 캠프에 보내 마음껏 놀게 한다. 캘리포니아 하프문 만에 있는 1박 2일의 여름 캠프장 기버 툴리스 팅커링 스쿨Gever Tulley's Tinkering School도 그런 캠핑장이다(샌프란시스코에서 태평양 연안을 따라 30분 정도 달리면 닿을 수 있다).

10. 지역사회의 변화를 촉진시킨다. 지역사회에서 어린이 마음껏 놀리기 캠페인의 적극적인 주창자로 나선다. 독서모임이나 학부모회, 주민센터 등에서 자신의 주장을 널리 알린다. 또한 지역의 선출직 공직자나 사법기관 등에도 자신의 취지를 적극 알린다. 어린이들이 안전하고 따뜻한 환경에서 마음껏 뛰놀면서 독립심을 기를 수 있도록 하기 위해 지역사회가 어떤 일을 할 수 있을까? 어린이들이 빡빡한 일정에서 벗어나도록 하는 데 지역사회가 어떤 구실을 할 수 있을까? 주민들은 저마다 어떤 기여를 할 수 있을까?

11. 모범적인 구실을 한다. 어린이뿐만 아니라 어른들도 놀거나(놀아야 한다), 부모가 앞마당이나 뒷마당, 현관 또는 길거리에 친구와 앉아 음료를 마시면서 웃으며 이야기를 나누는 모습을 자녀들이 본다면, 즐거운 인생

이란 이처럼 느긋한 기분으로 친구와 함께 시간을 보내는 것임을 직접 보는 셈이 된다. 또한 부모가 '자신을 위하거나 단순한 재미로' 하는 취미활동이나 그 밖의 일도 아이들이 보고 무엇인가 느낄 수 있게 만들 수 있다. 차고에서 무언가를 고치고 손보는 일, 기타 연습, 수많은 조각을 하나하나 맞추는 퍼즐 게임, 그 밖에도 지금까지 재미로 했던 온갖 일도 마찬가지 노릇을 한다.

누구나 할 수 있다: 놀이동네 사례

마이크 란자Mike Lanza는 캘리포니아 멘로파크에 있는 자신의 동네에 아이들의 놀이터를 되살리고 있다. 실리콘밸리에서 사업가로 성공한 마이크는 아내와 함께 어린 세 자녀가 집 안과 마당, 거리, 동네에서 자유롭게 뛰놀수 있게 하겠다고 결심했다. 부부의 친구인 그레고리 가빈은 "흐르는 물의 매력을 보여 주는" 가구와 조각품을 만들어 학교나 미술관, 공공장소에 설치하는 사업을 하고 있어 마이크는 그에게 의뢰해 강물처럼 물의 흐름이 이어지는 장치를 앞마당에 설치했다. 도로 쪽 가까이에는 편안한 의자 여러 개와 대형 나무 탁자를 놓았다. 또 뒤뜰에는 지붕이 경사진 놀이집을 만들고, 그 안에는 지붕에서 곧바로 연결되는 자리에 트램펄린을 놓아두었다. 마이크는 이런 노력을 상세하게 기록하고, 또 자신이 가장 중요시하는 원칙을 밝힌 책 『놀이동네Playborhood』를 펴냈다.

어느 날, 나는 마이크를 만나 그의 앞마당에서 세 아들과 보내는 일상적인 생활과 놀이의 복원에 그가 접근하는 방식에 대해 많은 이야기를 들었다. 우리가 대화를 나누는 동안 4살짜리 아들은 세발자전거를 타고 거리로 나갔는데, 얼마 뒤 도로 쪽에서 청소차가 끽하고 급정거하는 소리가 들려 깜짝 놀랐다. 그러자 마이크가 말했다. "걱정하지 마세요. 저 아이는 주의를 기울이는 방법을 잘 알고 있어서 별일 없어요." 뭐라고? 그런데 나는 초등학교 2학년짜리 아들도 학교에서 집까지 혼자 자전거를 타고 돌아올 뿐만 아니라 아버지와 이발소에 함께 갈 때도 시내 중심부까지 자전거를 타고 간다는 사실을 알게 되었다. 아버지가 늦으면 아이는 먼저 이발소 의자에 앉아 이발사에게 이렇게 저렇게 깎아 달라고 말한다. 머리를 깎고 나면 아이는 자전거 수리소를 찾아 브레이크 강도를 조절한다. 이 아이는 지금 8살밖에 안 되었다. 내가 이런 마이크를 좋아한다고 해서 놀랄 일은 아니다. 또한 마이크의 이웃 중 일부는 그가 미쳤다고 생각한다고 해도 이 역시 놀랄 일은 아니다.

마이크는 어린이들이 사는 동네야말로 아이들이 자신의 기능과 힘을 기를 수 있는 특별한 장소라고 생각한다. "어린이들은 그가 누구이건, 또 능력이 어떠하건 간에 성장할 수 있도록 도움을 받아야 합니다. 또한 가르침을 받고 잘 돌보아져야 하죠. 동네는 집 바깥에 있는 특수한 지대로, 아이들이 어디에 있고, 만나는 사람이 누구인지를 모를 만큼 뚝 떨어져 있지 않아요. 동네는 아이들이 다른 시도를 해 보고 다른 일을 하면서 달라지는 모습을 보일 수 있는 장소입니다."

마이크 부부는 가끔씩 이웃집 아이들을 불러 세 자녀와 함께 놀게 했다. 그는 길거리에서 무리 지어 떠들고 노는 아이들의 모습을 찍었는데, 이런 사진을 보면 얼룩진 얼굴과 더러워진 옷을 입은 아이들의 모습이 해적 떼 같아 보였다. 그는 자신의 어린 시절을 이렇게 되새겼다. "어린 시절 제가 동네 친구들과 함께 몰려다니면서 온종일 무언가를 탐구하고 깨우치고 놀고 경험을 주고받은 때가 저의 됨됨이를 형성시킨 참된 체험기였어요. 이 것을 하다가 다른 것도 해 보는 등 모든 것을 내 마음대로 할 수 있었죠."

마이크는 자신의 세 자녀와 이웃 아이들을 위해 자신의 어린 시절과 비슷한 형태의 놀이동네Playborhood를 구상하게 되었다. "아이들은 고치 안에 들어앉아 뇌가 저절로 성장하기를 기다릴 것이 아니라 무엇인가를 끊임없이 하면서 깨우쳐 나가야 한다"는 것이 그의 지론이다.

나는 마이크와 헤어져 돌아오면서 그의 세 자녀는 분명 특이한 환경에 놓여 있지만 다행스러운 경우라고 생각했다. 한나 로신이 영국 놀이공원의 모습을 다루면서 말했던 어린이들과 마찬가지로 마이크의 놀이동네는 어린이들이 바라는 놀이의 한 가지 대안이 될 수 있다. 이런 곳이 많지 않기 때문이다.

학교에서 아이들 풀어놓기

논다는 것은 마음을 풀어놓고 열린 순간순간을 탐색하며 즐기는 것이다. 이런 놀이의 원칙과 이점을, 아이가 학교에 들어간다고 해서 뒷전으로 밀어 놓아서는 안 된다. 일부 학교에서는 학습에 이렇게 접근하는 방식을 채택하고 있다.

예를 들면, 몬테소리Montessori 교육을 살펴보자. 이 교육방식은 고등학교까지 12년간의 교육과정을 대상으로, 학생 중심의 적극적인 학습방식을 100여 년 동안 활용해 왔다. 학생들은 학습을 스스로 주도하면서, 특히 다음 단계의 학습을 어떻게 할 것인지를 스스로 생각해 낸다. 학습 평가는 표준화한 시험이 아니라 경험이 많은 교사들이 내린다. 몬테소리는 학생들을 '틀에 넣어 만드는 것'이 아니라 학생들을 '풀어놓는다'.

몬테소리 교육방식에 따라 학업을 마친 사람들은 창의성과 자유로운 사고력이 뛰어난 것으로 널리 알려져 있다. 이들 중에는 제프 베조스(아마존 닷컴 창업자), 조지 클루니(아카데미 상 수상 배우이자 영화 제작자), 헬렌 켈러(갤럽 여론조사에서 20세기의 가장 존경받는 사람 중 한 사람으로 선정된 저술가이자 사회운동가), 가브리엘 가르시아 마르케스(노벨 상 수상 작가), 세르게이 브린과 래리 페이지(구글 공동 창업자), 윌 라이트(비디오 게임 개척자) 등 사회 각 분야에서 대단한 성공을 거둔 인물이 썩 많다.

윌 라이트는 ≪월스트리트 저널Wall Street Journal≫과 한 인터뷰에서 몬테소리 교육을 이렇게 평가했다. "몬테소리는 나에게 무언가를 발견하는 즐거움을 가르쳐 주었다. 몬테소리는 가령 피타고라스 이론처럼 매우 복잡한 이론도 블록 놀이를 통해 흥미를 느낄 수 있다는 것을 보여 주었다. 이런 교육방식은 교사의 설명에 의존하는 것이 아니라 자기 방식대로 배워 나가는 방식이다."

몬테소리의 자기주도식 학습방식이 성공적인 인생으로 나아가는 도약판 구실을 하고 있음에도 몬테소리는 아직 미국 교육의 주류 모델이 되지 못하고 있다. 그러나 그동안 계속 발판을 마련해 왔던 중·상류층과 백인 사회뿐만 아니라 공·사립 학교에서도 점차 호응이 커지고 있다. 또한 저소득층 학생을 포함해 전체 학생의 구성이 다양한 학교, 가령 캘리포니아 오클랜드에 있는 어번 몬테소리 차터 스쿨Urban Montessori Charter School은 새로 만들어졌는데도 학생 수가 계속 늘고 있다.

CNN이 2014년 3월에 보도한 것처럼 현재 중국에서는 몬테소리에 대한 관심이 점차 커지고 있다. 중국 교육부는 중국 학생들이 나란히 앉아서 무엇인가를 외우는 데는 우수하지만 새로운 사고에서 비롯되는 자기주도적 학습 능력 면에서는 뛰어나지 못한 점을 걱정했다. CNN 보도는 2013년 ≪워싱턴 포스트≫의 보도에 뒤이은 것인데, 당시 ≪워싱턴 포스트≫는 중국 교육부가 학교를 평가하는 수단으로 학생들이 학교에 머무는 시간과 숙제의 양, 시험 성적 따위에 덜 의존하도록 촉구하고 있다고 전했다. 세계적으로 유명한 학자이자 저술가, 강연자로서 세계화와 첨단기술이 교육에 미치는 영향을 집중적으로 다루는 용 자오 오리건 대학 교수는 "중국은 그동안 시험에 지나치게 역점을 두어, 학업이 창의성과 혁신, 학생들의 심신 양면의 행복에 미친 폐해를 충분히 보았다"고 지적했다.

만약 13억 중국인들이 자유롭게 사고하는 교육방식을 받아들이려는 의식이 점차 고조된다면 아마도 이곳 미국에서도 그런 움직임을 외면할 수 없을 것이다.

아이들에게 '몰입'을 경험하도록 도와준다

놀이동네 구상을 추진했던 마이크 란자는 세 아들이 '몰입flow'을 체험하게끔 만들고 싶다는 희망을 밝혔다. 여기서 몰입이란, 우리가 어떤 대상에 관심이 있거나, 그 대상을 감당할 능력이 어느 정도 있지만 도전 과제나 상황이 현재 우리가 가진 능력을 살짝 넘어설 때, 그 대상에 대해 우리가 느끼는 감정이나 우리가 '빠져들어 있는' 처지를 말한다. 미하이 칙센트미하이Mihaly Csikszentmihalyi가 창시하고 명명한 긍정심리학positive psychology 분야에서 나온 개념이다. 나는 스탠퍼드 대학 디자인 스쿨 교수들이 소개해 칙센트미하이를 알게 되었다. 이들은 내가 디자인 사고design thinking에 관한 강의를 맡을 수 있도록 교육시키는 과정에서 칙센트미하이의 저술을 소개했다.

우리가 '몰입' 상태에 있으면, 눈앞에 놓인 난제가 우리의 역량 수준을 약간 웃돌아 이를 극복해 보려고 노력하다 보면 시간 가는 줄 모르고 배고픔이나 피곤함도 느끼지 못하며, 그 일을 계속 이어 갈 수 있다는 느낌을 갖게 된다. 사람에겐 본디 무슨 일을 하고 있건 그에 대한 보답은 따르기 마련이라는 동기부여 요인이 내재해 있다. 스포츠에서 이런 몰입과 비슷한 개념을 찾자면 '존zone'에 있는 상태이고, 음악에서는 '리듬groove'을 탄다는 의미로 풀이될 수 있다.

옛날 식으로 자유롭게 노는 자연스러운 놀이는 어린이들이 몰입을 경험할 수 있는 환경을 만들어 준다. 그러나 빡빡한 계획에 묶여 있는 어린이들, 예를 들면 학업과 과외 활동, 체육 활동 등이 모두 특정한 대학 입학이나 부모의 고집에 따라 설정된 주관적이고 때로는 모호한 목표를 이루기 위한 것일 때, 이들은 몰입을 경험할 기회를 거의 얻지 못한다.

나는 2011년과 2012년에 스탠퍼드 대학 학부생을 대상으로 몰입에 관한 강의를 했는데, 그때 많은 학생들이 지난 몇 년 동안 그런 몰입을 경험한 적이 없다고 말해 깜짝 놀랐다. 많은 학생들은 어린 시절에서 그런 경험을 찾았다. 그러나 일부는 대학에 들어와서 몰입을 경험했다고 말했다. 가령 생물학 실험실이나 영문 과제, 공학 문제 같은 학업에 필요한 탐구 활동이나 장거리 자전거 여행 같은 과외 활동을 벌이면서 그런 경험을 했다고 한다. 사람들이 몰입 상태에 있음을 안다는 것은 어떤 일을 즐겁게 한다는 점을 인지한다는 것을 뜻한다. 우리가 어떤 체험을 돌이켜 보면서 그때 몰입 상태에 있었음을 깨닫는다면 우리는 '우리 자신'에게서 중요한 실마리 하나를 얻는 셈이다. 그것은 그때 나에게 중요한 의미가 있는 어떤 일을 하고 있었음을 짐작하게 하는 단서인 것이다. 이를 통해 의미 있는 작업과 취미를 알 수 있다.

이제 나는 지난날을 돌이켜 보면서 내가 몰입 상태에 있었던 때가 언제인지를 알아내고자 노력할 생각이다(사실 몰입 상태에 있는 동안은 자신이 몰입하고 있다는 점을 인식할 수 없다. 그런 인식을 한다는 것이 몰입 상태를 깨뜨려 버리기 때문이다). 나는 앞으로 살아가면서 가능한 한 몰입 상태에 많이 놓이고자 애쓸 것이다. 나는 우리 아이들도 이런 몰입을 경험할 수 있게 해 주고 싶다. 그러기 위해서는 빡빡한 계획에 얽매이지 않고 자유롭게 놀 수 있는 시간을 주어야 한다. 그것이 몰입을 경험할 수 있는 최상의 조건이다. 조지루카스교육재단The George Lucas Educational Foundation은 칙센트미하이와 인터뷰를 갖고 어린이들이 몰입을 경험하는 형태와 부모가 그런 경험의 여지를 넓혀 줄 수 있는 방법을 물었다. 이 재단 웹사이트에 소개된 인터뷰에서 칙센트미하이는 몰입을 경험하는 아이들의 부모는 자녀에게 기대하는 수준도 높지만 기회도 많이 준다고 말했다. "예를 들면, 집에서 자주 무언가에 몰입하는 아이는 스스로 모든 것을 할 수 있는, 자기 혼자만의 영역으로 느낄 만한 장소를 가지고 있다. 그러면 곧바로 이렇게든 생각했다. '아, 그렇다면 부잣집 아이들이나 그런 장소를 갖겠구나.' 그렇지 않다. 부잣집 아이들은 가난한 집 아이들보다 사생활을 보호받을 기회가 더 많지 않다. 여기서 혼자만의 영역이라 느낄 만한 장소란 무슨 큼직한 장소가 아니고 아이가 '여기라면 내가 하고 싶은 것을 할 수 있다'라고 생각할 만한 장소일 뿐이다. 그래서 그 장소가 지하실이나 지하실 한구석이 될 수도 있다. 자녀 방에 텔레비전을 설치해 주는 것은 몰입의 기회를 앗아 가는 최악의 선택 축에 들어간다. 결국 손쉬운 방식에 기울어졌다가 지루하면 텔레비전을 켜기 때문이다."

평생의 혜택

놀이는 아이들에게 당장 좋은 영향을 미칠 뿐만 아니라 연구자와 사상가로 크는 데도 도움이 된다. 또한 직장에서 높이 평가하는 여러 가지 능력을 기르는 데도 직접적인 영향을 미친다. 버몬트에 사는 임상성장심리학자 낸시 코튼Nancy Cotton은 학술지 ≪어린이 정신의학과 인간 성장Child Psychiatry and Human Development≫에 발표한 논문에서 놀이가 나중에 취업에 필요한 여러 가지 능력을 키워 주는 방식 네 가지를 다음과 같이 밝혔다.

1. 놀이는 어린이들에게 능력을 키워 줄 새로운 솜씨를 익히고, 닦아 나가고, 완벽하게 다듬을 수 있는 기회를 준다.
2. 놀이는 일상생활에서 부딪치는 엄청난 경험에서 비롯된 불안감을 극복할 수 있는 자연스러운 방법으로, 환경에 대처해 나갈 수 있는 능력을 크게 키워 준다.
3. 놀이는 무의식과 의식 속 현실을 조정하는 자아 능력을 키우는 데 도움을 주고, 이런 점은 자아의 힘ego strength을 크게 좋아지게 한다.
4. 놀이는 어린이의 일상생활에 활력을 불어넣어 주는 즐거운 경험을 반복하거나 확인해 준다.

(9장에서 다룬 것처럼) TFA의 트레이시-엘리자베스 클레이는 일부 참여자들이 A 지역이나 B, C, D 지역을 가리지 않고 잘 적응한다고 밝혔는데, 이들에게 스스로 D 지역으로 가서 일하라고 하면 이들이 거부할 리가 있을까? 이런 유연한 능력도 자유로운 놀이에서 기대할 수 있다.

모든 사람의 인생에서 놀이가 중요한 구실을 한다는 점을 역설하는 미국놀이협회The National Institute for Play의 창설자 스튜어트 브라운 박사도 이런 견해에 동조한다. 그는 2008년 미국 비영리 재단 TED가 운영하는 강연회에서 미국항공우주국NASA이나 제트추진연구소JPL, 보잉사 같은 곳에서는—아무리 명문 공대 출신이라 하더라도—어릴 때 손으로 직접 무엇인가를 만들어 보았음이 확인되기 전에는 연구개발 분야의 문제 해결 전문 인력으로 채용하지 않는다고 밝혔다. 서툰 솜씨로 무엇인가를 고치거나 만들 만큼 큰 호기심을 갖고, 그런 가운데 중요한 것을 배우는 것이 우주항공 분야와 아마도 다른 분야에서도 문제 해결 능력의 선행조건이라고 보는 것이다.

한나 로신이 2004년 영국 어린이 놀이터에 관해 쓴 기사를 보면, 영국의 어린이 놀이터는 아이들이 마음껏 놀 수 있도록 하기 위해 무슨 물건을 만들거나 놀이를 즐기는 데 필요한 온갖 재료와 물품을 갖춰 놓고 있다. 미국에서는 이런 놀이터 비품이 아이들에게 위험하고 불안하다고 생각할 것이다. 미국 공영방송 PBS 뉴스아워 진행자인 주디 우드러프는 로신과 인터뷰를 하고, 영국의 어린이 놀이터와 또 부모로서 그런 모습의 어린이 놀이터를 보고 무엇을 느끼고 무엇을 알게 되었는지를 물었다. 로신은 이렇게 답변했다. "사람들은 심정적인 측면에서 어떤 일이 벌어지기 전에 그 상황에 끼어들고 싶어 합니다. 요즘에는 그렇게 하는 것이 부모의 올바른 도리처럼 되었죠. 저는 (영국의 어린이 놀이터를 지켜보고 느낀 바로는) 부모의 올바른 도리에 대한 정의가 약간 바뀌어야 한다고 생각합니다. 자녀를 안전하게 지키면서 동시에 아이가 스스로 생각하고 또 위험을 부담하면서 개성을 키워 나갈 수 있는 기회를 만들어 주는 것이야말로 훌륭한 부모의 구실이라는 거죠. 저는 아이들을 저버릴 수도, 이들에게 소홀할 수도 없습니다. 저는 아이들의 장래에 도움이 될 만한 올바른 구실을 해야 합니다."

14장
인생을 살아가는 솜씨를 가르치다

등산가는 산 정상에 깃발을 꽂으면서 자부심을 느낍니다. 정상에 오르기까지 많은 어려움을 겪었기 때문이죠. 만약 헬리콥터를 타고 정상에 올랐다면 그런 느낌을 가질 수 없을 겁니다. 부모는 자식의 성공을 돕는다는 이름으로 자식이 스스로 성공에 이를 수 없도록 확실하게 보장하는 역설적인 일을 저지릅니다.

—데이비드 매컬로 2세(웰슬리 고등학교 교사이자 『너는 특별하지 않아 You Are Not Special: and Other Encouragements』의 저자)

중류층과 중상류층 가정의 자녀들은 그들보다 못사는 집안의 자녀들에 비해, 학업을 포함한 일상적인 일을 부모(또는 고용된 도우미나 돌봐 주는 사람)가 대신 해 주는 경우가 많다. 이처럼 아침에 잠자리에서 깨우거나 소지품을 챙겨 주거나 식사를 준비해 주는 등의 일을 부모가 해 주는 것은 자녀를 사랑한다는 표시이거나, 자녀의 생활을 편안하고 쉽게 해 주기 위해, 또 어쩌면 이런 일을 제대로 하지 못하리라는 노파심에서, 그리고 부모 자신의 인생에서 좀 더 큰 목적의식을 갖기 위해서이다. 또한 자녀들이 해야 할 산더미 같은 숙제와 많은 과외 활동 때문에 과거와 같은 일상적인 생활 과제를 능히 해낼 시간이 거의 없기 때문이기도 하다. 그렇다고 좀 못사는 집안의 부모가 자식들을 덜 사랑하는 것은 아니다. 이들은 가족에게 눈비를 피할 수 있는 보금자리를 마련해 주고, 먹고살 수 있게 해 주기 위해 시간 조정도 하기 어려운 여러 가지 일을 감당하느라고 바쁘기 때문에 못 하는 것이다. 결국 자녀를 대신해 여러 가지 일을 해 줄 수 있다는 것은 곧 시간과 돈의 여유가 많음을 뜻한다.

이처럼 부모가 자녀 대신에 모든 일을 해 주는 것은 더없이 따뜻한 의도에서 비롯된 것이다. 그러나 살아가면서 출세를 한다는 문제와 연관시켜 볼 때, 가령 어느 장소에 시간 맞춰 도착한다든지, 배낭이나 서류 가방의 내용물을 잘 챙긴다든지, 요리법을 알고 있다든지 하는 생활의 지혜나 솜씨는 학업이나 피아노 수업, 운동 경기만큼이나 중요한 일이다. 성년이 된 자녀의 학력이 아무리 훌륭하더라도 세상살이의 지혜나 솜씨를 제대로 익히지 못하면 그것은 사회생활에서 성공할 준비를 제대로 갖췄다고 볼 수 없다. 혹시 하루 온종일 따라다니면서 갖가지 일상적인 요구를 들어주는 사람이나 조수, 시종 또는 부모가 있다면 모르겠지만. 부모가 성년이 된 자녀 곁을 늘 지킬 수 없는 노릇이니, 자녀가 집을 떠나고 또 먼 미래에 부모가 세상을 떠났을 때 자식이 스스로 모든 일을 감당할 수 있다고 믿어야 하지 않을까?

인생살이의 솜씨가 중요하다

평생을 떠받들린 채 살아오면서 모든 일을 늘 다른 사람들에게 맡겨 처리해 온 사람은 앨버트 반두라 심리학 교수의 '자기 효능감' 이론의 핵심인 숙달이라는 개념을 배울 기회를 갖지 못한다. 여기서 자기 효능감이란 일을 끝내서 목표를 이루고 상황을 관리할 수 있는 자신의 능력을 믿는 것을 말한다.

누군가 다른 사람에게 어떤 일을 대신 처리하게 만들고 그 결과도 제대로 관리하지 못하면 '학습된 무기력learned helplessness'에 빠질 수도 있다.

학습된 무기력은 크리스토퍼 피터슨Christopher Peterson과 마틴 셀리그먼 Martin Seligman 등 두 심리학 교수가 창안하고 발전시킨 개념으로, 사람이 상황을 관리하지 못한다고 느낄 때 어떻게 포기하게 되는지를 설명해 준다. '학습된 무기력'은 원래 나쁜 일들이 통제될 수 없을 때에만 나타나는 것으로 판단했다. 그러나 최근 셀리그먼은 자녀가 어떤 일을 해냈든 관계없이 부모가 자녀를 칭찬하는 식의, 즉 좋은 일이 통제불능일 때에도 '학습된 무기력'이 나타날 수 있다고 밝혔다. 셀리그먼에 따르면, 사람은 '수반성 인지contingency'를 경험하는 것이 매우 중요하다. 여기서 수반성 인지란 '자신의 행동이 중요하고 그런 행동이 중요한 결과들을 통제한다는 점을 깨닫는 것'을 뜻한다. 어린아이들이 행동과 결과 사이의 '비수반성 인지noncontingency'를 경험하게 되면 '수동성과 우울증, 신체적 건강의 약화'에 시달리게 된다.

베이트 추바Beit T'Shuvah는 지난 수십 년 동안 로스앤젤레스 일대 주민을 대상으로 알코올과 약물 중독 환자를 치료해 온 중독치료센터이다. 예전부터 이 센터 환자의 주 연령층은 30대와 40대였다. 이 센터 직원들의 말에 따르면, 최근 갓 성년이 된 젊은 환자들의 숫자가 갑자기 늘어나고 있는데, 이들 중 상당수는 '학습된 무기력'과 '자기 효능감' 결핍에 시달리는 환자로 보인다고 한다. 이처럼 환자의 연령이 낮아지자 이 센터는 예방 프로그램을 만들어 로스앤젤레스 지역은 물론 미국 다른 지역의 학교와 주민센터에서 봉사활동을 펼치고 있다. 이 센터가 목표로 삼는 대상은 부모인데, 부모가 자식을 대신해 온갖 일을 돌봐 주는 것이 겉보기엔 자애로운 행위처럼 비치지만 그 때문에 자녀가 알코올과 약물 중독에 빠져들 수 있다는 사실을 집중적으로 강조하고 있다.

레이첼(실명이 아님)이 바로 그런 아이였다. 내가 2014년 봄에 레이첼을 만났을 때 그녀의 나이는 23살이었는데, 주로 베이트 추바의 치료에 힘입어 지난 3년 동안 알코올과 약물에 전혀 빠져들지 않았다. 나는 그녀에게 알코올과 약물 중독에 빠져들게 된 그동안의 행태와 경험을 상세하게 이야기해 달라고 요청했다.

레이첼은 로스앤젤레스에 사는 부유하고 보수적인 유대인 집안에서 태어났다. 부모는 레이첼은 물론 그녀의 세 동생에게도 늘 높은 성적을 기대했다. 레이첼은 그런 기대에 부응하는 일이 별로 힘들지 않았다. 동기부여 의식이 강한 레이첼은 열심히 공부해 중학교와 사립고등학교 과정의 모든 학과목에서 계속 평점 A만을 받았다. 그러나 레이첼은 어릴 때부터 '삶의 의미 상실meaninglessness'을 겪기 시작하다가 그런 무의미성이 심해지면서 하루하루를 보내려고 이상섭식과 약물, 알코올에 눈을 돌리게 되었다.

"크면서 제가 해야 할 수많은 일을 다른 사람이 대신 해 주었어요. 저는 이부자리를 개거나 빨래 같은 간단한 일도 해 본 적이 없어요. 제 스스로 한 일이 아무것도 없었어요." 먹는 것은 마음대로 할 수 있어 그나마 레이첼의 숨통을 틔워 주었다. 레이첼은 10살 때 처음 섭식장애가 나타났다. 부모는 그 뒤로도 여러 해 동안 이런 장애를 몰랐다.

레이첼이 고등학교에 진학하자 딸을 대신해 부모가 학교 안팎의 모든 일을 처리했다. 예를 들면, 레이첼이 친구와 갈등을 빚거나 학교에서 어떤 문제가 생겼을 때 부모가 자신들의 일인 양 나서서 처리했다. "늘 부모님이 나서서 '처리'했어요. 제가 나서서 해결한 일은 없어요. 물론 시늉은 했죠. 일상적 삶도 이어 갔고요. 그러나 진정한 의미의 삶에 뛰어든 것은 아니었어요. 두려웠어요." 레이첼은 14살 때 알코올, 다른 약물과 함께 코카인에 빠져들기 시작했다. "제가 가장 잘할 수 있는 것은 술을 마시고 약물을 사용하는 것이었어요. 그래야만 인생에 아무런 의미가 없다는 느낌에서 벗어날 수 있었거든요." 레이첼이 고등학교 졸업반이 되자 어머니가 '비서인 양' 레이첼의 일상 구석구석과 특히 대학 입학 과정을 관리했다.

여러 대학에서 입학 허가서가 도착하자 레이첼은 그중 어느 한 곳을 선택해야 하는 즐거운 고민에 빠졌다. 레이첼은 남부에 있는 명문 사립대학을 선택했다. 이 대학 의예과에 입학한 레이첼은 혹독한 과정을 잘 견디면서 전 과목 평점 A를 받았다. 하지만 여러 해 동안 받았던 과잉보호의 대가를 치르기 시작했는데, 그 결과는 참혹했다.

"대학에 입학해서 보니 전 세상살이의 지혜라는 것이 전혀 없다시피 했어요. 학업 능력은 믿을 수 없을 정도로 뛰어났어요. 그러나 그뿐이었어요. 다른 재주는 아무것도 없었어요. 전 아는 사람이 아무도 없는 그런 환경에 놓여 있을 뿐만 아니라 혼자 힘으로 꾸려 나가야 할 형편이었지만 어떻게 해야 할지 알 수 없었어요." 레이첼은 일상생활을 꾸려 나가는 방법을 몰라 쩔쩔매다가 날마다 술을 마시는 것으로 그런 당혹감을 진정시켰다. 나중에는 애더럴에 중독되기도 했다. 19살로 대학 2학년이 되던 해 12월에 레이첼은 자살을 시도했다. 그러자 레이첼의 부모는 대학을 휴학시키고 딸을 베이트 추바에 입원시켜 중독 치료를 받게 했다.

레이첼의 이야기는 극단적인 예라 볼 수 있다. 그러나 이 경우는 오늘날 부유한 집안의 자녀들에게 생기는 여러 가지 안 좋은 일을 걱정하는 사람들이 날로 많아지는 이유가 어디에 있는지를 똑똑히 보여 주는 셈이다. 연구자 수니야 S. 루사Suniya S. Luthar는 2013년 ≪사이콜로지 투데이 Psychology Today≫에 실린 「부유한 자녀에 나타나는 문제점」이라는 논문에서 레이첼처럼 부모가 모두 살아 있고 교육수준이 높은 고소득 집안의 자녀들이, 정반대 처지에 있는 자녀들보다 약물과 알코올에 중독되는 비율이 훨씬 높다고 밝혔다(반대일 것으로 예상했던 루사 자신도 이런 결과에 크게 놀랐다). 루사는 이 논문에서 이렇게 지적했다. "어느 지역에서나, 또 공립이건 사립이건 구분 없이 중상류층 집안의 젊은이들이 심각한 장애를 일으키는 비율이 놀랄 정도로 높다."

인생살이 요령을 가르치는 방법

인생살이의 요령을 어떤 방법으로 익히는지를 연구한 자료는 지금까지 거의 없다. 짐작건대, 건강하게 정상적으로 잘 큰 아이들은 유년기를 거치면서 그런 솜씨를 자연스럽게 익히기 때문에 간과되었거나, 또 많은 아이들이 이런 지혜를 배우지 못해 적극적으로 가르쳐야 한다는 사실을 최근에야 깨닫기 시작했다는 두 가지 이유 때문인 듯하다.

그러나 특수한 요구가 있는 아이를 다루는 연구자나 치료사와, 이런 요구가 있는 자녀의 부모들은 인생살이의 요령을 당연히 필요한 것으로 생각한다. 이들은 아이들이 언젠가는 사회생활에 본격적으로 뛰어들어 독립적인 역할을 할 수 있도록 이런 요령을 배우게 도와주는 것을 목표로 삼고 있다. 따라서 다소 역설적이지만 특수한 요구가 있는 어린이들은 외부의 적절한 개입이 있기 때문에 생활의 요령을 익히는 훈련을 잘 받는(시행착오를 거치면서 근성도 길러 가는) 경우가 많지만 부모의 과잉보호 속에 크는 오늘날의 '전형적인' 아이들은 그런 요령이 부족하다.

내 친구 스테이시 애슈런드는 특수한 요구가 있는 어린이들의 부모들과 모임을 함께하고 있다. 스테이시는 자녀가 둘인데, 아들이 시각과 청각에 장애가 있다. 스테이시는 남편과 함께 아들의 성장과 발달을 돕고 뒷받침할 수 있는 가장 좋은 방안을 찾다가 응용행동분석ABA 방식을 알게 되었다. 이 방식은 워싱턴 대학의 관련 교수진이 행동심리학자 B. F. 스키너B. F.

Skinner의 연구 성과를 바탕으로 1960년대에 이끌어 낸 행동변화 시스템으로, 1980년대에는 자폐증 치료에 활용되었다. ABA는 한마디로 바람직한 행동에 보상을 함으로써 행동을 변화시키는 방식이다. 스테이시 부부는 관계발달중재Relationship Development Intervention, RDI도 알게 되었다. 이 방식은 국제적으로 저명한 학자인 스티븐 거즈타인Steven Gutstein 박사가 개발했는데, 발달장애가 있는 어린이들을 뒷받침하기 위한 것이다. RDI는 돌봐 주는 사람과 어린이의 관계가 조금씩 만들어지고 실패가 곧 배움이라는 점을 분명하게 가르치면서, 최종 결과가 아닌 과정에 초점을 맞추면서 성장을 기대하는 방식이다. 스테이시는 ABA와 RDI, 그 밖의 다른 방식들을 종합해 자녀의 생활 요령을 키워 주는 다음과 같은 단계적 접근방식을 만들었다.

- 첫째, 우리는 너 대신에 그 일을 해 준다.
- 그다음, 우리는 너와 함께 그 일을 한다.
- 그다음, 우리는 네가 그 일을 할 때 지켜본다.
- 그다음, 네가 완전히 홀로 그 일을 한다.

이 같은 원칙과 방식에는 자녀 양육의 본디 목적뿐만 아니라 모든 아이들이 독립심을 길러 나가도록 이끄는 현실적 방향까지 폭넓게 담겨 있다. 또한 심리학자 매들린 레빈의 다음과 같은 경고와도 궤를 같이한다. "아이들이 이미 할 수 있게 된 일이나 거의 할 수 있는 일은 하지 말라. 우리가 자녀를 과잉보호하면 첫 번째 중요 목표에서 두 번째 목표로 옮겨 가는 일이 늦어지고, 두 번째 목표에서 세 번째 목표로 가는 것은 사실상 묶여 버리다시피 해 결국 네 번째 중요 목표에는 절대로 다다르지 못할 수 있다.

그래도 우리는 해내야 한다. 현실 세계는 우리 자식들이 네 번째 중요 목표에 다다를 수 있는 능력을 요구할 것이다."

스테이시의 아들은 처음에 의사들도 교육자들도 누구 하나 예측하지 못했던 형태로 차근차근 나아가고 있다. 먼저 아이가 예사롭지 않을 정도로 똑똑하고, 부모가 응용행동분석과 관계발달중재 같은 방식을 적절히 실행하면서, 또한 여러 가지 효과적인 자원을 적극 활용하고 엄청난 노력과 정성을 기울였는데, 이런 것이 전문가들의 예측을 빗나가게 한 요인이었던 것 같다. 스테이시가 잘 알고 있는 것처럼, 자녀에게 요령을 가르치는 이런 방식은 능력이나 요구의 특수성에 관계없이 모든 아이들에게 그대로 적용할 수 있다. 스테이시의 둘째 아이는 (특별한 요구 없이) '정상적으로' 크고 있지만 부부는 같은 방식으로 두 아이를 키우고 있다.

아이들이 배워야 할 생활 요령

베이트 추바 중독자 치료시설에까지 들어갔던 대학생 레이첼은 부모가 모든 일을 대신 해 주었기 때문에 무력감을 느꼈다고 말했다. 그렇다면 딸에게 직접 하도록 시키지 않고 부모가 대신 해 주었다는 일은 도대체 어떤 일이었을까? 앞서 말한, 생활의 요령을 가르치는 방법과 마찬가지로 생활의 요령이 과연 무엇을 의미하는지도 별로 알려지지 않았다.

'가정교육 네트워크Family Education Network'의 부편집인인 린지 허튼 Lindsay Hutton은 2012년에 쓴 기사에서 연령별로 익혀야 할 생활의 요령을 예시했다. 교육출판 분야의 거대 복합기업 피어슨이 운용하는 '가정교육 네트워크'는 1996년에 만들어져 자녀 양육 문제를 조언하는 가장 오래된 웹사이트로 알려졌다. 권위적 부모가 되려면 기대와 함께 자녀를 위한 규칙도 정해야 한다는 점을 기억하기 바란다. 아래 소개하는 내용은 자녀들이 스스로 할 수 있어야 하는 일들을 정리한 목록으로, 그들에게 처음 갖게 될 여러 가지 기대를 모아 놓은 것이라 할 수 있다.

2~3살: 자질구레한 일과 기본적인 몸단장. 자녀는 이 나이부터 기본적인 생활 요령을 배우기 시작한다.

3살까지는 아이가 다음과 같은 일들을 할 수 있어야 한다.

- 가지고 놀던 장난감을 치우는 일을 거든다.
- (부모의 도움을 받으며) 옷을 입는다.
- 벗은 옷은 빨래 바구니에 넣는다.
- 밥을 다 먹으면 그릇을 치운다.
- 상차림을 돕는다.
- 도움을 받으며 양치질을 하고 얼굴을 씻는다.

4~5살: 중요한 이름과 숫자. 자녀가 이 나이가 되면 안전에 관한 요령도 우선순위의 윗자리에 오른다.

다음과 같은 것들을 알고 있어야 한다.

- 자신의 정확한 이름과 주소, 전화번호를 알고 있어야 한다.
- 비상호출을 할 줄 알아야 한다.이런 것도 할 수 있어야 한다.
- 손이 닿는 곳의 먼지 털기와 같은 간단한 청소를 하고, 밥을 다 먹은 뒤에 식탁을 닦는다.
- 애완동물 먹이를 챙겨 준다.
- 지폐에 적힌 금액을 구분하고, 돈 쓰는 매우 기초적인 개념을 알고 있어야 한다.

- 다른 사람 도움 없이 양치질을 하고, 머리를 빗고, 낯을 씻는다.
- 입었던 옷을 치우고, 더러워진 옷을 빨래통에 넣는 등의 기본적인 세탁 일을 돕는다.
- 입을 옷을 고른다.

6~7살: 기본적인 요리 기술. 이 나이의 아이들은 식사 준비를 돕기 시작해 다음과 같은 일을 할 수 있다.

- 섞거나 젓거나, 날이 날카롭지 않은 칼로 음식 재료를 썬다.
- 샌드위치 같은 간단한 먹을거리를 만든다.
- 식료품을 보관장소에 넣는 일을 거든다.
- 설거지를 한다.
- 집안의 간단한 청소도구를 안전하게 사용한다.
- 화장실을 사용한 뒤 정리한다.
- 다른 사람의 도움 없이 잠자리를 정리한다.
- 혼자 목욕한다.

8~9살: 개인 소지품에 자부심 갖기. 이 나이가 되면 자녀는 개인 소지품을 자랑스럽게 생각해 잘 관리한다.

- 옷을 개어 놓는다.
- 간단한 바느질법을 배운다.
- 자전거나 롤러스케이트 같은 야외 놀이기구를 잘 간수한다.
- 부모의 지시가 없더라도 개인위생에 신경을 쓴다.
- 빗자루와 쓰레받기를 잘 활용한다.
- 조리법을 읽고 간단한 음식을 만든다.

- 식료품 구매 목록 만드는 일을 거든다.
- 계산대에서 계산을 하고 거스름돈을 받는다.
- 휴대전화 문자 메시지를 받는다.
- 물을 주고 화단의 잡초를 뽑는 등의 간단한 잔디밭 손질을 돕는다.
- 쓰레기를 내다 버린다.

10~13살: 독립심을 키워 나간다. 10살이 되면 아이들이 몸에 익힌 생활 요령이나 지혜를 혼자 실천하기 시작할 나이다. 따라서 다음과 같은 방법을 알고 있어야 한다.

- 집에 혼자 있기.
- 가게에 가서 혼자 물건을 산다.
- 자신의 침대 덮개를 갈아 씌운다.
- 세탁기와 건조기를 돌린다.
- 몇 가지 재료로 먹을 것을 만들 계획과 준비를 한다.
- 오븐으로 먹을 것을 굽는다.
- 상품 라벨의 내용을 읽는다.
- 옷을 다린다.
- 손으로 쓰는 간단한 공구의 사용법을 익힌다.
- 잔디를 깎는다.
- 자신보다 나이가 어린 동생이나 이웃 아이들을 돌본다.

14~18살: 좀 더 복잡한 생활 요령을 배운다. 14살이 될 때까지 자녀는 앞서 언급한 여러 가지 일상생활의 요령이 몸에 배어 있어야 한다. 이에 더해 다음과 같은 일도 할 수 있어야 한다.

- 진공청소기 오물 봉지를 갈고, 스토브를 청소하고, 막힌 하수구를 뚫는 일처럼 청소와 정리 정돈과 연관된 한층 복잡한 집안일을 한다.
- 승용차에 기름을 넣고, 타이어 공기압을 맞추거나 타이어를 간다.
- 약병에 붙은 라벨과 사용법을 읽고 내용을 파악한다.
- 면접을 거쳐 일자리를 얻는다.
- 요리할 준비를 갖춰 음식을 만든다.

성년이 된 나이: 독립적인 생활을 준비한다. 자녀가 대학에 진학하거나 집을 떠나면 자립하는 방법을 알아야 한다. 그렇게 독립적인 생활에 나서기 전에 알아야 할 몇 가지 생활 요령이 있는데, 그중에는 다음과 같은 것이 포함된다.

- 정기적으로 의사와 치과의사를 찾아가 검진을 받고, 건강과 관련된 다른 중요한 진료도 빠뜨리지 않는다.
- 돈 관리에 대한 기본적인 이해가 있어야 한다. 이를 위해 은행계좌와 잔고 확인, 공과금 납부, 신용카드 사용 내역 등을 잘 관리한다.
- 아파트 임대나 자동차 리스 같은 계약관계는 그 기초적인 내용을 잘 파악한다.
- 각종 오일 교체 등 자동차 관리의 기초적인 일정을 잘 지킨다.

이런 목록을 죽 읽다 보면 움츠러드는 사람도 있을 것이다—사실 내가 그랬다. 이 목록을 죽 훑어보고 소여와 애버리가 커 온 과정을 돌이켜 보면 우리 부부가 남매 대신에 해 준 일이 엄청나게 많았음을 깨닫게 된다. 우리는 아이들이 스스로 더 많은 일을 하면서 즐거움을 느끼게 만들어 주기는커녕 그런 즐거움을 빼앗아 버렸다. 사실 아이들 대신에 그런 일을 해 주면 즐겁기도 했지만, 그게 아니라도 그냥 우리들이 대신 해 버리는 것이 한결 손쉬울 때가 많았다는 점도 솔직히 인정한다. 내가 우리 부부의 방식이 잘못되었고 아이들에게 일상생활의 요령이 부족함을 깨달았을 때 두 아이는 트윈세대(8~12살 어린이를 이르는 말로 10대 청소년으로 불리는 13~19살과 7살 이하 어린이 사이between에 끼었다는 의미에서 트윈tween이라 부른다—옮긴이)였다. 둘은 이렇게 물었다. "왜 지금이에요? 이런 게 중요하다면 어쩌다가 우리는 늘 그런 것을 하지 않고 지냈어요?"(이들은 부모의 관대하고 방임적인 성향에 익숙해 있었다) 나는 아이들의 이런 논리적으로 추궁하는 듯한 질문에 독단적 부모처럼 "내가 그렇게 말했으니까 그대로 따라"라는 식으로 대꾸하고 싶은 욕구를 강하게 느꼈지만, 이를 잘 참아 낸 뒤 권위적 부모처럼 이렇게 사리에 맞게 응답했다. "너희들이 이런 일을 감당할 요령을 알아야 하고, 우리가 그동안 계속 이런 것을 가르쳤어야 했기 때문이야." 나는 책임감을 느꼈고, 이제 두 아이도 그런 책임 같은 것을 느끼고 있는 듯했다. 나는 스테이시 방식에 따라 이런 요령을 가르칠 준비를 갖췄다. 처음 아이들 대신에 어떤 일을 하다가 그다음에는 아이들과 함께 그 일을 하고, 다시 지켜보는 과정을 거쳐 스스로 하도록 완전히 맡기는 3, 4단계로 나아가는 건너뛰는 방식 말이다.

세 번째 중요 목표에 다다르기: 부모는 자녀가 하는 것을 지켜본다

일상생활의 요령을 가르치는 스테이시의 접근방법 중 첫 두 단계의 중요 목표—즉, 먼저 부모가 아이를 대신해 어떤 일을 해 주고, 그다음에는 아이와 함께 하는 것—는 비교적 실행하기가 쉬운 반면, 세 번째 중요 목표―아이가 그 일을 하는 것을 부모가 지켜보는 것―는 아이들을 믿는 것은 물론, 그 일을 해야 할 환경, 특히 부모가 통제할 수 있는 위치를 벗어난 환경에도 크게 안심할 수 있어야 한다.

2010년 9월, 소여는 6학년과 중학교 1학년 과정을 시작했다. 소여는 수업이 시작되기 하루 전날 등록할 예정이었는데, 중학 과정에 들어가는 학생 200명만 모였다면 등록이 간단하게 끝날 수도 있었다. 그러나 학부모 수백 명이 해당 학생뿐만 아니라 동생들까지 데리고 학교에 나와 길게 줄을 섰다. 그 때문에 줄지어 선 인원은 등록 학생 200명의 2~3배쯤 되었다. 게다가 등록할 학생들이 나처럼 학교로 나올 부모를 기다리면서 친구와 시시덕거리며 노는 탓에 등록절차도 잘 이뤄지지 못했다. 이런 상황에서 나도 아이들 스스로 할 수 있을 법한 등록 일을 대신 해 주는 학부모와 다름없게 되었다.

이런 상황은 (아이들과 함께 하는) 2단계 목표에 딱 알맞은 사례이며, 내 생각에 소여는 이 정도의 일은 충분히 할 수 있을 것이라고 생각했다. 나는 차례를 기다리며 줄을 서 있다가 소여를 불러 등록 신청서 양식을 읽어 보게 한 뒤, 차례가 되어 등록 담당자에게 신청서를 건넨 다음 예상되는 질문 내용을 간단하게 설명해 주었다. 우리 차례가 되자 나는 3단계 목표로 넘어갈 준비가 되었다고 생각했다. 나는 아들이 등록 담당자와 등록 과정을 진행하는 동안 뒤로 물러나 있겠다고 소여에게 말했다. 신청서를 제출한 뒤 학생증과 앨범 사진을 촬영하는 절차가 다른 줄에서 진행되고 있었다. 나는 아들에게 이 절차는 혼자 끝내라고 말했다. 모든 등록절차를 탈 없이 끝내고 집으로 돌아온 뒤 나는 그 과정에서 내내 아들과 함께 움직인 것을, 아니 학교까지 따라간 것을 자책했다. 내가 중학교 과정인 6학년의 등록을 아들 혼자 처리하게 만들지 못한다면 7학년이나 8학년 등록 때도 학교에 따라갈 것인가? 아니 고등학교 과정에 들어가고 대학에 진학할 때도? 만약 중학교 과정이 중요해 내가 그 자리에 있어야 한다면 앞으로 사회로 진출하기까지 과정별로 중요도는 한층 높아질 텐데, 내가 그때마다 끝도 없이 자식의 곁을 지켜야 한단 말인가?

애덤 민델은 베이트 추바 중독치료센터의 경영관리팀에서 일한다. 그는 이 센터에서 부모 프로그램을 관리하고 있는데, 그가 '경계 없는 어머니 모임'이라고 즐겨 부르는 이 프로그램의 후원단체들은 중독된 자녀의 삶을 보살피는 데 거의 모든 힘을 쏟는 경우가 많은 중독자 부모를 뒷받침하는 조직이다. "이들은 자녀가 안간힘을 다하거나 두려움을 느끼는 것을 두고 보지 못합니다. 그래서 자녀와 관련된 온갖 일을 틀어쥔 채 자녀가 스스로 생각하고 행동하는 것을 허용하지 않습니다. 그래서 23, 24, 25살짜리 '어린이'가 생겨나죠. 이런 성년 어린이를 둔 부모는 늘 자식의 일상 활동을 보살피는 일에 신경을 씁니다. 다 큰 자식을 아직도 품에 안고 있는 것과 마찬가지죠. 저는 부모들이 해야 할 일은 자식들을 품에서 내려놓는 일이라고 일깨워 주려 노력합니다."

흔히 둘째 자녀는 이런 실수를 되풀이하지 않는 경우가 많다. 즉 둘째부터는 부모가 한결 편안한 마음으로 자녀를 품에서 내려놓을 수 있다. 그에 따라 3, 4단계로 한층 신속하게 넘어갈 수 있는데, 나는 둘째인 딸 애버리에게 그렇게 했다. 중학교 과정인 6학년 등록을 하루 앞두고 나는 애버리와 절차 문제를 의논하다가 딸이 혼자 감당할 수 있으리라는 느낌이 들어 학교에 혼자 보냈고, 애버리는 기대한 대로 등록을 잘 끝내고 돌아왔다.

두 번째 기회는 소여가 7학년으로 올라가기 직전인 여름철에 다가왔다. 그때 소여는 피플투피플People to People이라는 단체가 주관하는 12일간의 캐나다 서부 지역 여름 여행을 가기로 되어 있었다. 피플투피플은 해외 여행으로 미국 청소년들이 새로운 문화에 눈뜨고 또 이해하도록 돕기 위한 단체였다. 처음 여행 목적과 일정을 안내하는 책자가 도착했을 때 나는 소여가 이 여행을 하면서 생활 요령을 조금이나마 익히는(캐나다의 멋진 문물도 많이 배울 수 있는) 기회가 되겠다고 생각했다. 그 뒤 6개월간의 기대와 계획, 그리고 마지막에 오리엔테이션 15시간을 거치고 나서 우리는 소여와 함께 마음의 준비를 갖추었다. 남편은 여행 가방을 싸고 물건과 돈을 잘 챙기는 법을 가르쳐 주었다. 한편, 나는 입이 까다로운 아들이 캐나다에서 입에 맞는 음식을 찾지 못해 고생할 것을 염려해 미리 영양을 보충해 주려고 애를 썼다(그러나 내 예상은 빗나가 아들은 캐나다 여행을 하면서 음식 때문에 고생한 일이 없었다). 출발하는 날 새벽 4시 30분, 샌프란시스코 국제공항에는 많은 부모들이 나와 있었다. 우리도 다른 부모들처럼 12살짜리 아이한테서 멀찍이 떨어진 채, 2주 가까이 외국으로 내보내지만 별로 걱정이 되지 않는다는 표정을 짓고 있었다.

밴쿠버행 여객기의 발권 창구가 열리자 부모들의 움직임이 두 갈래로 나뉘었다. A 그룹 부모들은 자녀 대신에 체크인 과정을 모두 부모가 했고, 아이는 곁에 가만히 서 있었다. B 그룹 부모들은 뒤로 한 걸음 물러서서 아이들이 체크인 과정을 직접 하게 했다. 우리는 B 그룹처럼 뒤로 물러서 있었다. 공항의 체크인 절차가 아이에게 어렵게 느껴진다면 우리가 근처에 있는 상황에서 국내 공항에서 한번 겪게 해야만 밴쿠버에서 환승해야 할 때 어느 정도 자신감을 갖고 하지 않을까 하는 생각 때문이었다. 달리 표현하면 부모가 지켜보는 가운데 어떤 일을 스스로 하게 만드는 3단계를 거쳐 혼자서 어떤 일을 온전하게 감당하는 4단계로 넘어가는 것이다.

A 그룹에 속하는 부모들은 보안지역 바로 앞까지 아이들을 따라 우루루 몰려가다가 국토안보부 산하 교통안전청TSA 직원들의 제지로 더 이상 들

어가지 못했다. 그러나 소여는 혼자 거리낌 없이 보안지역으로 들어갔다. 나는 아들이 바깥세상으로 처음 나서서 여객기에 오르고 보안지역으로 들어서고, 또 내 시야에서 사라지는 순간 무슨 일이 일어나지 않을까 하는 불안감이 스쳤지만, 다른 한편으로는 거리낌 없이 우리 곁을 떠나는 아들을 지켜보면서 자랑스럽고 대견하기까지 해 가슴이 뿌듯했다. 소여는 12일 뒤 자신만만한 태도로, 그리고 가져간 물건을 98%쯤 그대로 간직한 채 무사히 돌아왔다. 모자가 다 같이 임무를 완수한 셈이었다.

네 번째 중요 목표에 다다르기: 아이들이 완전히 홀로 하게 한다

이웃집 부부 로리와 에릭은 16살 맏이부터 10살 막내까지 네 아이를 키운다. 그중 맏이인 재커리가 소여의 친구이다. 그런데 가만히 지켜보니 로리와 에릭은 네 아이에게 일상생활의 요령을 가르치는 면에서는 우리 부부보다 한 수 위였다. 몇 년 전, 재커리가 우리 집에 놀러와 내가 두 아이의 점심을 준비하고 있는데, 재커리가 불쑥, 자기 집에서는 학교 가는 날에는 자기와 세 동생이 모두 아침 식사를 스스로 만들어 먹고 도시락도 각자 싸가지고 간다고 말했다.

나는 그 소리를 듣고 하마터면 커피 잔을 떨어뜨릴 뻔했다. 그때 재커리의 막내 동생은 5살쯤 되었는데, 막내까지도 스스로 밥을 차려 먹게 하지는 않았겠지? 그러나 이는 잘못된 추측이었다. 재커리의 어머니 로리가 나중에 나에게 말해 준 것처럼, 4살 때부터 아이들의 아침 식사는 스스로 해결하도록 함으로써 로리와 에릭은 샤워를 하고 여유 있게 출근 준비를 할 수 있었다. 나는 상상할 수 없는 일이었다. 먼저, 그 어린 막내가 손을 뻗는다고 필요한 재료를 잡을 수나 있을까? 재커리가 다시 놀러 왔을 때

나는 어떻게 아침 식사를 준비해 먹는지를 자세하게 이야기해 달라고 말했다. 내가 "감이 안 잡힌다"고 중얼거릴 때, 우리 아이들은 나와 애써 눈을 마주치지 않으려 했다. 재커리는 다음과 같이 예사롭게 대답했다. "시리얼을 찬장의 맨 아래쪽에 넣어 두고 접시나 컵도 마찬가지예요. 우유도 냉장고의 아랫부분에 놓아두죠. 제가 어릴 때 아버지 어머니가 이런 재료로 어떻게 아침 식사를 준비하는지를 보여 주었고, 남동생과 여동생들은 내가 하는 것을 보고 식사 준비를 해결했어요." 듣고 보니 복잡한 일이 아니었다. 그 밖에 재커리는 혼자 할 수 있는 여러 가지 일을 털어놓았는데 얼굴 표정과 말투에 자부심이 배어 있었다. 자부심뿐만 아니라 자신감도 느껴졌다. 그에 반해 우리 아이들은 그들 대신에 물건을 정돈해 주고 문제를 해결해 주는 데 만족하고 있었다.

캘리포니아 맨로파크에 있는 공립초등학교 오크놀 스쿨은 2013~14학기의 학년 주제인 '자신감 배양'의 하나로 『프리-레인지 키즈』의 저자 리노어 스케너지의 의견을 구했다. 이 학교의 심리 전문가인 제니 라이언은 『프리-레인지 키즈』를 읽고, 학교 지도부와 회의를 열어 '자유로운 성장 프로젝트'의 형태로 스케너지의 지혜를 교내에 구현하는 방안을 생각해 보자고 권유했다.

실행에 옮긴 이 프로젝트가 끝난 뒤 나는 전화로 제니와, 오크놀의 두 공동 교장인 크리스틴 그래셔와 데이비드 에이커먼과 이야기를 나눴다. 이때 에이커먼은 나에게 이렇게 말했다. "우리는 용기와 자립에 관해 시류를 좇는 수많은 이야기를 듣고 있습니다. 우리는 아이들이 자립심이나 용기와 같은 특성을 갖추기를 바라지만 그런 이야기를 입에 올리기만 할 뿐, 그런 능력을 기를 구체적인 계획은 갖고 있지 않습니다. 그렇다면 부모가 지켜보고 감시하고 지도할 실제적인 연습방식을 아이들에게 가르쳐 줄 수 있는 방법은 없을까요? 그 질문에 우리는 이렇게 답변했습니다. '좋습니다, 저희는 앞으로 자유로운 성장 프로젝트를 펼칠 생각입니다.'"

이들 학교 지도부는 이 프로젝트에 학부모들을 참여시켜 그들이 어린 시절에 했던 여러 가지 일과, 그들이 어릴 때 누렸지만 지금은 자식들에게 줄 생각이 없는 자유를 돌이켜 보도록 권유하면서 그런 이유가 어디에 있는지 생각해 보게 했다. 그런 다음 아이들에게 눈길을 돌려 (부모의 동의를 받아) 그들이 스스로 해 보고 싶은 일이 있으면 꼽아 보게 했다. 이 프로젝트에는 희망하는 사람만 참여했는데 모두 150명 가까운 학생들이 참여했다. 이 프로젝트에는 자전거 타기와 혼자 걷기, 부모가 주차장에 대기하는 동안 상점에 가서 물건 사 오기, 집에서 자신이 먹거나 가족에게 차려 줄 음식 만들기 등의 다양한 활동이 포함되었다. 학생들은 부모와 함께, 또는 부모가 지켜보는 가운데 이미 해 본 일들을 꼽았다. 따라서 4단계 중요 목표를 실행에 옮길 기회를 맞은 셈이었다.

토론팀에는 학생 5명이 선발되어 각자 실행한 세부계획을 분담해 청중석을 가득 메운 학생, 교사, 학부모들의 질문에 답했다. 5학년 남학생은 동네 도서관까지 혼자 걸어갔다가 돌아온 것이 즐거웠다고 보고했다. 그는 "그렇게 걸으면서 저만의 시간을 조금은 누렸어요"라고 말했다. 그러자 청중석에서 "모두들 겁이 나진 않았나요?"라는 질문이 나왔다. 2학년 여학생이 나서서 이렇게 거침없이 답변했다. "전혀 겁나지 않았어요. 제가 그렇게 하기로 했으니까요!"

그래서 교장은 나에게 이렇게 말했다. "부모로서 걱정에 휩싸이기 쉽습니다. 그러나 아이들에게 무엇인가를 선택할 기회를 주면 아이들은 조금 더 앞으로 나아가고 그 뒤에는 자신감이 늘어나는데, 이 점은 명백합니다." 학교 심리 전문가인 라이언은 이렇게 덧붙인다. "실제로 움직인 아이들은 나중에 환한 웃음으로 만족감을 드러냈습니다. 마치 한 뼘쯤 큰 것처럼 보였습니다!"

　학부모와 학생들은 자유로운 성장 프로젝트를 놓고 열심히 의견을 나누었다. 그래서 교장은 이 프로젝트의 가장 큰 소득은 학생과 학부모에게 다 같이 문제의 본질을 깊숙이 들여다볼 새로운 안목을 제공했다는 점이라고 판단했다. "이제 부모는 '안 돼, 그런 걸 하면 안 돼. 넌 너무 어려'라고 곧바로 가로막는 대신, '왜 내가 겁을 내지?'라고 한번 생각해 볼 만한 여유를 갖게 되었습니다. 우리가 학부모에게, 어떤 일을 아이들이 스스로 하게 하는 것이 자신감을 키우는 길이 될 수 있는지 여부를 곰곰이 생각할 수 있는 도구를 제공한 셈입니다."

완벽주의 벗어던지기

자녀에게 잡다한 생활 속 일들을 스스로 하도록 선뜻 받아들이지 못하게 만드는 커다란 요인 중 하나는 여전히 남아 있는 안전에 대한 불안감 말고도, 도무지 자녀가 온전하게 하지 못할 것 같은 느낌 때문이다. 사실 어떤 일을 부모가 한다면 제대로 할 가능성이 크지만 아이들에게 맡기면 제대로 못 해낼 가능성이 많다. 예를 들면, 아이들이 식기세척기에 접시 넣는 것을 보면 마땅치 않게 보일 때가 있다. 그러나 이튿날 식기세척기를 열어본 아이들이 내가 그들 모르게 접시들을 다시 가지런히 끼워 놓은 것을 보면 풀이 죽은 표정을 짓는다는 것을 잘 안다. 이럴 때는 다음 번 식기세척기를 사용할 때 함께 접시를 끼워 넣으면서 가지런히 놓아야만 식기가 더 잘 씻긴다는 점을 설명하고 시범을 보이는 것이 옳은 방법이다. 한정된 범위 안에서 자유를 주어 시행착오를 겪으며 나아지도록 만드는 것이 아이들에게 스스로 일을 감당해 나가는 방법을 가르치는 유일한 방법이다. 완벽주의는 선善의 적일 뿐만 아니라 성인의 적이기도 하다.

레이첼은 베이트 추바의 뒷받침을 받아 새로운 인생을 만들어 가기 시작했다. "그녀는 1년간 약물과 알코올을 일절 입에 대지 않은 뒤 다시 공부를 시작해, 로스앤젤레스에 있는 대학에서 3년 만에 심리학과 신경과학 전공의 학사 학위를 받았습니다. 그러나 더 이상 모든 과목에서 A 학점을 받지는 못했습니다."

"저는 날마다 약물에 의존하면서도 계속 A 학점을 받고자 애썼어요─저에겐 이 학점을 받는 건 매우 중요했고, 제 자존심을 지키는 데도 중요했어요. 그러나 중독치료센터를 거쳐 다시 공부를 시작한 뒤 저는 처음으로 윤리학에서 B 학점을 받았어요. 저에게도 이런 때가 있었죠. 잠깐, 정신이 온전한데 B 학점을 받다니, 이것이야말로 내가 늘 실패라고 생각했던 것 아닌가? 그때 저는 문득 이런 생각이 떠올랐어요. 괜찮아, B 학점 받았다고 못사는 건 아니잖아. 꼭 완벽할 필요는 없어. 완벽주의란 자기혐오에 몰두하는 것일 뿐이야."

레이첼은 현재 UCLA에서 간호학을 전공해 곧 석사 학위를 받을 예정이고, 앞으로 박사 과정도 도전할 것으로 보인다. 그는 또 진화심리학을 공부하면서 그에 매료되고 있다. "수만 년 전에는 청소년들이 스스로 꾸려 나가는 힘과 가족을 먹여 살리는 방법을 배웠어요. 오늘날에는 아이들이 해야 할 일을 부모나 다른 사람들이 대신 해 주죠. 사람은 생물학적으로 자활을 원하고, 또 그런 생존 방식에 따라 움직이도록 프로그램이 짜여 있는데, 현재 사람들이 사는 방식은 유전인자에 새겨진 프로그램과는 모든 면에서 완전히 어긋나고 있어요. 저는 인간이 겪고 느끼는 불행 중 상당 부분은 인류의 진화 행로를 따르지 않는 데서 비롯된다는 생각에 크게 공감해요. 만약 어릴 때부터 생활에 필요한 여러 가지 일을 감당할 수 있는 방법을 배우기 시작한다면, 어떤 목적의식, 즉 스스로 꾸려 나갈 수 있다는 목적의식을 가질 수 있을 거예요."

15장
사고방식 가르치기

(어느 학생이) 나에게, 자신이 배우는 대상에 대해 생각할 기회가 있으면 좋겠는데 그럴 시간이 없다고 말했다. 그래서 내가 모든 학과목에서 평점 A를 받으려고 애쓰지 않겠다는 생각을 해 본 적이 있느냐고 물었다. 그러자 이 학생은 무슨 말도 안 되는 소리를 하느냐는 표정으로 나를 쳐다보았다.

— 윌리엄 데레저위츠(사회비평가이자 『뛰어난 양』의 저자)

사람들은 종종 자녀가 자라면서 어떤 모습을 보여 줄지, 나중에 성인이 되면 무슨 일을 할지, 그리고 어떻게 삶을 의미 있게 설계할지 등을 공상할 때가 있다. 그러다가 자녀가 일터에서 능력을 인정받으며 성공적으로 일하고, 시민으로서 창의적이면서도 바쁜 나날을 보내고, 지역사회에서는 높이 평가받고, 또 언젠가는 누군가의 배우자가 되고, 아버지나 어머니가 되는 모습을 그려 보면, 왠지 모르게 기대감과 자부심으로 마음이 한껏 뿌듯해진다.

이처럼 꿈속의 미래가 현실이 되려면 아이들이 생각하는 법을 배워야 한다. 즉, 어떤 일을 충분히 생각해 그 일을 스스로 해결할 수 있는 방법을 찾아낼 줄 알아야 한다. 아이들은 어떤 일을 손에 틀어쥐고 탐구하거나, 머릿속으로 개념을 정립해 추론한 뒤 다시 조사하거나 판단해서, 해결해야 할 일이 어떤 문제라면 해결책에 다가설 수 있는 방식을 찾고, 어떤 개념이라면 범위를 어디까지 정할지, 왜 찬성이나 반대를 하는지 그 이유를 찾아야 한다. 누구나 자식이 로봇처럼 해답을 기계적으로 내놓거나, 누군가 다른 사람이 지시하는 대로 움직이기를 바라지 않는다. 모두 자식이 깊이 생각할 줄 아는 사람이 되기를 바란다. 그러나 오늘날 많은 학교들은 기계적인 암기와 별다른 생각이 필요 없는 반복 학습을 부추기고, 가정에서는 모든 것을 시시콜콜 지시하고 지나치게 보호하면서 아이들의 손발을 묶어 놓고 있다. 가정 안팎에서 이뤄지는 이 같은 교육 및 양육 방식은 자녀가 스스로 사고할 수 있는 능력을 크게 해치는 셈이다. 어린아이들은 스스로 생각해야 한다. 르네 데카르트는 "나는 생각한다, 그럼으로 나는 존재한다"고 말했다. 부모가 자녀들이 스스로 생각하도록 내버려 두지 않는다면 그것은 곧 그들이 존재하지 못하도록 만드는 꼴이 아닐까?

또한 사고는 이제 존재하는 데뿐만 아니라 경제적 측면에서도 점점 더 꼭 필요한 요소가 되고 있다.

생각이 중요하다

다니엘 핑크Daniel Pink는 2009년에 펴낸 베스트셀러 『드라이브: 사람들에게 동기를 주는 문제에 관한 놀랄 만한 사실Drive: The Surprising Truth About What Motivates Us』에서 21세기 일터에서 근무하는 직원들에게 꼭 필요한 것은 문제를 해결하는 능력이라고 지적한다. 그는 (여러 가지 지시를 받되, 그 중 한 가지 방도로 하나의 결론을 이끌어 내는 식의) '알고리즘적' 과제들은 외부로 하청을 주거나 컴퓨터에 맡긴다고도 밝혔다. 요즘 미국에서 늘어나는 일자리 중 70%는 '스스로 해법을 찾는' 일과 연관된 일자리들이다. 즉 알고리즘이 끼어들 여지가 없기 때문에 과제를 깊숙이 생각하고, 여러 가지 가능성으로 시험을 해 본 뒤 참신한 해결책을 제시하는 일들이다. 21세기의 직장인들은 이처럼 스스로 생각할 수 있는 능력을 갖춰야 한다.

지난 30여 년 동안 학생들에게 비판적 사고법을 집중적으로 가르쳐 온 교육 관련 비영리 단체 '비판적 사고를 위한 재단The Foundation for Critical Thinking'도 이와 비슷한 주장을 펼치며 다음과 같이 경고한다. "날이 갈수록 변화가 가속화하고 복잡성과 상호의존성이 심화하는 세계에서는 이제 비판적 사고가 경제적, 사회적 생존의 필요조건이 되고 있다."

독일의 교육 분야 연구자인 안드레아스 슐라이허Andreas Schleicher는 2000년 각국의 10대 청소년들이 21세기의 대학과 취업 생활, 인생에서 성공하는 데 필요한 사고 요령을 갖추었는지 여부를 판단하는 데 도움을 주기 위해 국제학생평가검사 프로그램PISA, Program for International Student Assessment Test을 개발했다. PISA는 학생들에게 방정식의 해답이나 (외워서 단기적인 기억 속에 넣어 둔) 정의definition를 묻지 않았다. 또 이 시험은 (수많은 가능성을 4개나 5개 항목으로 한정시켜 정답을 추론으로 '찾게' 하는) 4지 또는 5지 선다형을 사용하지 않았다. PISA는 그 대신 머릿속에 든 지식을 활용하고, 비판적 사고와 효율적인 의사소통이 필요한 현실 상황과 시나리오에 맞게 적용하도록 요구한다(여기서 효율적 의사소통이란, 가령 그래프로 취지를 설명하거나, 보건 포스터가 독감 예방주사를 맞도록 홍보하면 효과가 있는지 여부를 따져 보는 것이다). 탐사보도 전문 언론인 아만다 리플리는 『세상에서 가장 똑똑한 아이들』에서 PISA가 지향하는 것이 한마디로, 아이들에게 스스로 생각할 수 있도록 가르치는 곳이 어떤 나라들인가를 밝혀내는 데 있다고 지적했다.

PISA 검사는 2000년에 처음 시행되었다. 당시 미국을 포함한 10여 개 국가의 10대 청소년들이 대상이었다. 그 이후 3년마다 한 번씩 PISA 검사가 시행되었다. 리플리가 밝힌 것처럼, PISA 고득점은 학교 재정이나 인종, 계급과는 아무런 상관이 없었다. 고득점은 주로 교육자와 부모들이 (굉장히 높은 기준을 설정해 놓고 그런 기준에 도달하도록 학생들을 다그치는 식으로) 학업에 엄격하고, 또한 (배운 개념을 활용하는 능력으로 드러나는 이해력의 깊이 같은) 숙달 수준에 엄격한 나라들에서 나왔다.

미국의 10대 청소년들의 PISA 검사 성적은 계속 중간 수준에 머물렀다. 교육과 경제적 생산성, 지도력, 혁신 능력 등을 포함한 여러 분야에서 최고라는 자부심이 대단한 미국으로서는 이런 결과에 속이 쓰릴 수밖에 없다. 결국 미국 청소년들은 엄하게 교육을 받지도 않고, 완벽하게 숙달해야 하는 의무도 없어서, 결국 스스로 생각하는 방법도 제대로 배우지 못하고 있다는 사실이 PISA 검사 성적으로 드러난 셈이다. 아울러 이런 성적으로 보면, 미국 청소년들은 현실 세계를 주도하면서 성공을 거두는 데 필요한 복잡한 의사결정이나 효율적인 의사소통 요령을 깨닫지 못할 것이라고 예측된다.

행동·사회과학연구단체인 미국연구협회American Institutes for Research는 2006년에 다음과 같은 끔찍한 예측을 뒷받침하는 결과를 내놓았다. "뉴스 기사와 그 밖의 문장을 분석하고, 문서의 내용을 이해하고, 또 수표를 끊거나 레스토랑에서 팁을 주는 데 필요한 계산 실력을 갖추는 식의 다소 복잡한 교양 과제를 처리하는 능력이 부족한 비율이, 4년제 대학생의 경우 50%, 2년제 단과대학의 학생은 75% 이상이었다."

비판적 사고란 단순히 뉴스의 내용을 정확하게 파악하고, 수표책의 잔고를 맞추는 것(그 자체가 철겨운 결제방식이다)을 의미하지는 않는다. 그보다 훨씬 폭이 넓고 깊은 개념이다. 빌 데레저위츠는『뛰어난 양』에서 많은 청소년들이 '양처럼' 온순하게 부모와 교육자, 사회가 그들 앞에 점차 높게 쳐 놓은 장애물들을 차례차례 뛰어넘어 마침내 찬사와 함께 높은 등급과 점수를 받아 낸다고 전했다. 그에 따라 이들에게 명문 대학 진학의 길이 열리고, 얼마 안 되는 좋은 전문직을 얻을 수 있겠지만, 이들의 마음은 닫혀 있다는 것이 데레저위츠의 지적이다. 이들은 여러 형태의 모호한 지적 영역에서 고심하고 그들이 암기한 사태나 상황의 옳고 그름을 가려내고자 논쟁하는 방법도 배우지 못했다. 이들은 하기로 되었다고 생각되는 일을 그냥 할 뿐, 하기 전에 먼저 그 일을 자신이 실제로 하고 싶은 것인지, 하고 싶다면 그 이유가 무엇인지를 생각해 보지 않는다. 이는 사고와 배움보다는 성취와 업적을 중요시하는 사회적, 문화적 환경에 매몰되어 있는 '시험 중심의' 학교 교육과, 독단적 또는 방임적 부모와 생활하는 가정생활 때문에 빚어진 결과이다.

사고능력을 잠식하는 학교

스탠퍼드의 교육자이자 비영리 조직인 챌린지 석세스의 공동 설립자인 데니스 포프는 저서 『학업』에서 미국 초·중등학교에 널리 퍼진 이른바 시험 중심 교육이라는 심리를 깊이 있게 다루었다. 그는 이런 식의 교육을 받은 아이들은 학교에서 배운 대로 정보나 지식을 머릿속에 담은 다음 숙제나 학교 시험, 표준화한 시험에 그런 지식과 정보를 그대로 쏟아 내는 로봇처럼 움직인다고 지적했다. 연방정부가 2002년에 공포한 낙오아동방지법No Child Left Behind은 '시험 중심 교육'이라는 심리 상태를 촉진시켰을 뿐이다. 사실 포프는 2001년에 펴낸 저서에서 생각하는 젊은이들을 기르는 데 엄격함과 완벽하게 숙달해야 함을 부추기는 대신, 이런 문제점을 지적하는 데 주력했다. 영화제작자 비키 에이블스가 2010년에 개봉해 미국 전역에서 격찬을 받은 다큐멘터리 영화 〈목표 없는 경쟁〉은 포프가 연구대상으로 삼은 청소년들에게 인간적인 면모를 씌워 주었다.

포프가 저서에서 밝혀낸 청소년의 모습은 이렇다. 청소년은 '학교에서 교육을 받지만' 결국 깨우침을 얻지 못하고, 이런 교육방식 때문에 엄청난 스트레스(건강한 스트레스가 아니라 심리적으로 해가 되는 스트레스)에 시달리며, 제대로 성적이나 등급을 받기 위해서나 아니면 그냥 갖가지 숙제를 해치우기 위해서 '수단과 방법을 가리지 않겠다'는 마음가짐을 가진다. 포프는 수단과 방법을 가리지 않는다는 심리에는 부정한 방법을 동원하는 일도 포함되는데, 그런 행태가 전염병처럼 번져 나가고 있다고 밝혔다. 숙제는 학생들의 과제나 내용, 대상에 깊숙이 파고들게 만들 때는 쓸모 있지만 그 과제가 힘만 들고 별로 쓸모가 없을 때는 가치가 없다. 포프는 이와 관련해 최근 "교사와 교육 당국, 학부모 쪽에서 엄격한 학업과 숙제라는 무서운 짐 사이에서 큰 혼돈을 일으키고 있다"고 밝혔다. 저술가이자 사회비평가인 알피 콘Alfie Kohn은 비판적인 시각으로 숙제 문제를 폭넓게 살펴본 뒤, 숙제를 해서 얻을 수 있는 학업의 이점은 없다고 단정했다. 그러나 지금도 학생들에게는 계속 숙제가 떨어지고 있다.

'비판적사고재단Foundation for Critical Thinking'은 '시험 중심' 교육방식을 '어미 울새' 방식이라고 부른다. 어미 울새가 새끼에게 먹일 것은 모두 꼭꼭 씹어서 새끼 부리에 넣어 주기 때문이다. 시험 중심의 교육방식도 이와 비슷하다고 여긴다. 이 재단은 이런 방식으로 교육을 받은 아이들은 배운 것을 그대로 되뇔 수는 있겠지만 실제로 무엇인가를 깨우치지 못해서, 그런 지식이나 정보를 다른 정황에 적용할 능력이 부족하고, 따라서 그런 지식을 진정으로 알고 있다고 말할 수 없다고 지적했다. 그 때문에 아이들은 무엇이건 말하고 생각하고 실행하는 방법과 내용을 정확하게 일러 주지 않으면 이해하지 못하는, 그런 사고방식을 가지고 있다고 이 재단은 진단한다. 따라서 이들에겐 그들 자신을 위해 풀어야 할 일이 필요하다. 이들이 부모와 교사에게서, 그리고 교과서에서 받아들인 것을 되뇌는 것 그 이상의 어떤 일도 할 엄두를 내지 못하기 때문이다.

사고능력을 잠식하는 가정

가정에서 많은 부모들은 자녀가 숙제나 실험, 과외 활동, 선택 문제, 과제물 등을 처리하는 데 스스로 해결방안을 찾아 감당하도록 내버려 두지 않고, '어미 울새'가 먹이를 씹어 새끼들 입에 넣어 주는 식으로 모든 것을 다 해 주려고 한다. 부모가 어떤 식으로 하고 있는지를 1부의 내용을 되새기며 살펴보면 다음과 같다.

1. 부모의 과잉보호: 부모는 자녀를 보호하는 완충장치이자 가드레일 구실을 한다. 부모는 자식에게 닥칠지 모를 위험을 판단하고, 언제 도로를 횡단하는 것이 안전한지, 핼러윈 축제 때 사탕을 받으면 먹어도 되는지를 일러 주며, 또 나무에 올라가거나 도구를 사용하지 말라고 타이른다. 부모는 위험을 싫어해 상점이나 야외, 등·하교 때도 늘 보이는 곳에 자녀를 두고자 하며, 낯선 사람에게 말을 걸지 말라고 주의를 준다. 또한 언제나 자녀 칭찬을 아끼지 않고, 학업 성적이 평균 이하일 때도 사정관이나 교사에 맞서 자녀를 편들며, 무슨 노력이건 '완벽해'라고 칭찬한다.

2. 부모의 과도한 간섭과 지시: 부모는 자녀의 놀이 형태, 공부할 과목, 열의를 보일 만한 과외 활동의 내용과 그 정도 등을 시시콜콜하게 지시한다. 대학 진학 문제와 관련해서는 눈길을 돌릴 만한 대학들과 전공분야를

지정하고, 사회에 진출할 때는 어떤 경력과 전문직으로 나아가야 할지를 알려 준다. 이처럼 부모는 자식을 위해 온갖 문제를 해결해 주고 자식들이 꿈꾸는 방법까지 일러 준다.

3. 부모의 의지처 노릇hand-hold: 부모는 자식 대신에 교사와 코치들을 만나 많은 의견을 나눈다. 부모는 자식의 생활에 필요한 온갖 잡일을 대신해 준다. 부모는 권위 있는 인물들의 판단과 결정을 추측한다. 자식의 수학 숙제를 고쳐 주고, 에세이를 바로잡고, 잘 편집해 주거나 지원 서류를 대신 작성해 준다.

기본적으로 부모가 자녀를 과잉보호하면서 키운다는 것은 자녀의 머릿속으로 들어가 그 속에서 지내는 것과 다름없다. 영화 〈존 말코비치 되기 **Being John Malkovich**〉(스파이크 존스 감독이 1999년에 제작한 블랙 코미디로, 인형을 조종하는 남자가 배우 존 말코비치의 머릿속으로 들어가는 통로를 발견하면서 벌어지는 판타지이다. 이루지 못한 꿈과 욕망 때문에 다른 사람으로 살아 보려는 남자를 통해 인간의 욕망과 정체성을 묻는 영화다—옮긴이)를 개인적으로 해석하는 것과 비슷한 모습이다. 부모는 긴장한 모습과 단단한 각오로 쉼 없이, 또한 휴대전화로 자녀의 삶에 끊임없이 파고듦으로써 이들의 생각을 부모의 생각으로 바꾸고 있다. 부모는 이것이 사랑이라고 생각하고, 또 자녀의 성공을 보장하는, 즉 취업에 성공하고 인생에서 성공할 기회를 잡는 것이라고 생각하기 때문이다. 그러나 이런 식으로 자녀를 키우면 그 자녀의 유년시절은 스스로 생각하는 법을 배우는 훈련장이 되지 못한다. 이런 자녀는 점검표에 올라 있는 이런저런 활동을 하면서 유년기를 보낼 뿐이다. 부모가 자녀에게 생각하는 방법—생각하게 만들고, 또 생각하도록 허용하는 것—을 가르치지 않는다면, 자녀는 대학, 직장, 인생에서 성공할 수 있는 준비를 하지 못하는 셈이 된다.

부모가 어떻게 해야 할까

학생들에게 스스로 어떤 일이나 문제를 해결하도록 가르치는 문제만 놓고 보면 학교 교육이란, 좋게 표현하더라도 엉망인 것처럼 보인다. PISA는 주로 미국 청소년들이 비판적 사고능력이 부족해 대학과 취업, 인생살이 전반에서 성공할 만한 준비가 갖춰져 있지 않다고 지적했다. 2009년, 이런 경고에 부분적으로 대응하기 위해 나온 것이 '국가공통기준 도입운동The Common Core State Standards Initiative'(학업 성취도를 끌어올리기 위해 일부 교과목에 전국적인 공통기준을 설정해 시행하는 정책—옮긴이)이었다. 그러나 캘리포니아의 소노마 주립대학에 있는 비판적사고재단은 지난 30여 년 동안 교육자들을 대상으로 학생들에게 비판적 사고법을 가르치는 교수법을 전하기 위해 노력해 왔다. 그 과정에서 이 재단은 교육자들조차 대부분 비판적 사고법을 가르치는 방식은커녕, 그 내용조차 제대로 파악하지 못하고 있다고 지적했다. 사실 학교에서 비판적 사고법을 가르치는 방식을 향상시킨다는 것은 간단한 문제도 아니고, 이 책에서 다루려는 핵심 주제도 아니다.

그러나 가정에서 부모들도 자녀가 스스로 생각하도록 도와줄 수 있고, 또 그렇게 해야 한다. 즉, 자녀가 배우고 겪고 판단을 내리는 문제들을 놓고 부모가 자녀와 자주 대화함으로써, 정보나 지식, 인생 체험을 기계적으로 대입시켜 반응하거나 대처하지 않고 스스로 생각해 어떤 문제나 일의 해결방안을 찾도록 해야 한다.

이제 방법을 생각해 보자. 가장 기초적인 차원에서 살펴보면, '비판적 사고'란 '생각' 그 자체를 뜻하고, 또 '곰곰이 생각해 문제의 해결방안을 찾고' 나아가 '지식과 정보를 새로운 상황에 알맞게 적용하는 것'이라고 단순하게 이해할 수 있다. 비판적 사고라는 개념은 소크라테스까지 거슬러 올라갈 수 있다. 소크라테스는 제자들―그중에서 가장 두드러진 인물이 플라톤―에게 계속 질문을 던져 문답을 이끌어 가는 방식으로 이들의 생각에 대한 논리적 근거를 보여 주고, 이들의 추론이 확실하거나 오류인지를 명확하게 인식하게 만들고, 나아가 그런 인식을 다른 정황에 적용할 수 있게 했다.

나는 1990년대 하버드 대학 로스쿨에 다닐 때 '소크라테스 방식'의 강의와 토론 수업을 들었다. 로스쿨 교수진 대부분은 다른 분야의 교수들과 다름없이 이런 방식을 활용했다. 이는 유효성이 확인된 방식으로, 어떤 상황이나 사태를 제대로 인식하고 파악할 수 있게 해 준다. 따라서 기계적인 암기나 문제를 해결하는 방법, '정답'이나 믿을 만한 것을 전해 듣고 배우는 방식과는 크게 대조된다.

어떤 문제나 개념, 아이디어를 스스로 찾아내 생각하고 해결책을 찾는 어린이는 어떤 문제가 있다는 단순한 사실이 아니라, 그 문제가 있게 된 과정이나 이유를 밝힐 수 있고, 또 그렇게 배운 것을 새로운 상황에 적용할 수 있다. 일부에서는 소크라테스 방식이 권위에 이의나 의문을 제기하도록 가르치기 때문에 어린이들에게 적절하지 못하다고 주장한다. 그러나 비판적사고재단이나 발도르프학교Waldorf Schools(20세기 초 오스트리아의 루돌프 슈타이너가 제창한 교육사상과 실천을 바탕으로 독일에서 시작된 대안학교―옮긴이), 일부 몬테소리 교육자들은 소크라테스 방식을 단순화해서 활용하면―즉 어떤 문제나 정보를 계속 물으면 그것을 파악하거나 그것을 판단하는 데 도움을 줄 수 있다는 면에서—어린이들이 정보나 해답을 교사(나 부모)에게 의존하지 않고 스스로 문제를 파악하거나 해결방안을 찾아내는 데 꽤 도움이 된다고 생각한다. 『자녀의 강점 키우기: 부모와 교사를 위한 안내서Your Child's Strengths: A Guide for Parents and Teachers』의 저자이자 교육자인 제니퍼 폭스Jennifer Fox도 그런 의견에 동조했다. 제니퍼는 이 책에서 부모가 자녀에게 "왜 그런가?"라고 5차례 질문을 던지면 어떤 문제의 핵심을 파악하는 데 상당히 도움을 줄 수 있다고 설명했다. 나는 이런 방식을 지속적 의문제기 방식이라고 이름 붙였다.

자녀에게 스스로 생각할 수 있도록 가르치는 요령

자녀가 스스로 생각할 수 있도록 만들고자 한다면 부모는 언제라도 자녀와 대화할 수 있는 자세를 갖추고 있어야 한다. 이런 자세를 갖추려면 자녀에게 해답을 알려 주거나 어떤 상황에 대해 알고 있는 점을 일러 주거나, 또는 문제를 해결하는 방법을 가르쳐 주려는 유혹부터 떨쳐야 한다. 이런 자연스러운 욕구를 억제하지 못하면 대화도 못 하고, 자녀의 사고능력도 약화된다. 자녀가 유아이거나 아장아장 걷는 정도라면 부모가 주위 상황에 관한 이야기를 혼잣말처럼 계속 들려줌으로써 아이들이 말을 배우는 데 도움을 줄 수 있다. 그러나 아장아장 걷는 정도를 지나 조금씩 대화가 가능한 수준이 되면 부모는 여러 가지 재미있는 질문을 던져 대화를 이끌어 내야 한다.

　대화야말로 비판적 사고능력을 기르고 그 결과를 확인할 수 있는 가장 좋은 방법인 만큼, 아래에 부모와 자녀가 나눌 만한 대화 사례 몇 가지를 소개한다. 이는 부모가 스스로 생각할 수 있게끔 자녀를 가르칠 수 있는 좋은 사례들이다. 이 사례들에서는 지속적 의문제기 방식을 빌려 쓰고 있다. 이런 방식으로 대화를 이어 나가려면 부모는 자녀가 방금 말한 내용에 숨어 있는 '무엇'과 '어떻게', '왜'를 찾아내는 데 계속 신경을 써야 한다. 이런 방식은 자녀의 나이에 상관없이 두루 활용할 수 있다. 하지만 자녀의 나이가 많아지고 지적 수준이 높아질수록 주제의 내용은 바뀌고 복잡해진다. 자녀가 아주 어릴 때는 부모의 질문이 '유도성'으로 기울게 되지만(즉 부모가 자신이 던지는 질문의 답변을 미리 알고 그 방향으로 이끌어 가는 질문 방식) 자녀의 나이가 점점 많아지면 대화 주제를 부모가 이해 못 할 수도 있다. 그래도 부모가 자신이 제기할 질문 내용들을 잘 준비하면 어떤 상황에 대한 자녀의 인식수준을 한층 끌어올릴 수 있다. 이런 지속적 의문제기 방식으로 자녀들에게 스스로 생각할 수 있는 방법을 가르치는 데는 연령에 따라 여러 가지 유형이 있다(이런 점에 지나치게 스트레스를 받지 말아야 한다. 부모들 모두 바쁘게 살고 있어 소크라테스처럼 식구가 모두 둘러앉아 철학을 논할 만한 시간이나 마음의 여유가 없기는 마찬가지다. 따라서 늘 이런 식으로 대화할 필요는 없다. 기회 있을 때마다, 그리고 짬을 낼 수 있을 때마다 자녀와 대화하면서 여러 차례 되풀이해서 질문을 던질 수 있게 준비할 수 있도록 노력하면 된다).

1. 취학 전 아이와 대화하기

다음 대화 사례를 보면, 취학 선 아이는 그 아이가 일고 있는 깃을 칭찬해 주되, 생각하는 법을 가르칠 필요는 없다.

> **아이**: 나비다!
> **부모**: 그래, 저게 나비란다. 잘했어! 그런데 나비가 무슨 색깔이지?
> **아이**: 오렌지색, 검은색.

부모: 맞았어! 똑똑하구나.

같은 시나리오를 가지고 지속적 의문제기 방식을 활용해 대화를 이어나가면 다음과 같이 된다.

아이: 나비다!
부모: 와, 나비가 무얼 하고 있지?
아이: 저 꽃에 앉아 있어. 그런데 지금은 다른 꽃으로 옮겨 갔네!
부모: 나비가 왜 꽃을 좋아한다고 생각해?
아이: 꽃이 예쁘니까.
부모: 그럴지도 모르지, 또 다른 이유는 없을까?
…… 등등

아이와 대화하면 굉장히 긴 시간 동안 이야기를 나눌 수 있다. 계속 물으면 아이가 이미 알고 있는 것에서 벗어나, 알고 있던 것과 연관된 다른 여러 가지 개념을 이해하는 데 도움이 된다. 즉 아이가 깨우치게 된다. 그리고 부모의 관심 그 자체는 어린 자녀에게 훨씬 큰 보상이 된다.

2. 초등학생과 대화하기

부모와 초등학생의 대화는 자전거 타이어에 구멍이 나거나 숙제를 깜빡 잊고 학교에 두고 오는—그래서 부모가 어떻게 해 주기를 바라는 식의—일과 연관된 경우가 많다. 다음은 감당해야 할 상황과 자녀가 스스로 해결책을 찾게끔 도와주는 방법을 보여 주는 대화 사례다. 먼저 바람직하지 않은 대화부터 살펴보자.

부모: 오늘 학교에서 어땠어?

아이: 좋았어요. 그런데 가방을 깜빡하고 안 가져왔어요.

부모: 그럼 안 되지! 내가 학교까지 태워 줄 테니까 갖고 와.

　여기에서 부모는 아이가 그 문제를 어떻게 해야 할지 생각하도록 가르치지 않고 그냥 자식 대신에 문제를 해결해 주겠다고 나섰다. 그 때문에 아이는 그 상황을 꼼꼼히 생각해 보며 해결책을 찾아보는 방법을 모를 뿐만 아니라 앞으로도 가방을 다시 학교에 두고 올 가능성이 더 커졌다. 가방을 잊고 와도 별다른 불편이나 어려움이 없었기 때문이다(아침마다 제시간에 일어나지 못해 부모가 계속 깨워 주는 것도 비슷한 사례다. 이런 자녀는 늦게 일어나 스쿨버스를 놓쳐도 부모가 차로 태워 주기 때문에 별다른 불편이 없다). 바람직한 대화 형태를 살펴보자.

부모: 오늘 학교에서 어땠어?

아이: 좋았어요. 그런데 가방을 깜빡하고 안 가져왔어요.

부모: 그러면 안 되지.

아이: 어떻게 해요?

부모: 나도 잘 모르겠네. 어떻게 해야 할까?

아이: 모르겠어요! 가방을 가져와야 하는데, 학교까지 태워 줄 수 있어요?

부모: 미안하지만 안 되는데. 오늘 오후에 다른 일을 해야 해. 네가 어떻게 할 수 있는지 생각해 봤어?

아이: 친구한테 전화를 걸어 숙제 내용이 무엇인지 물어볼 수 있어요.

부모: 그렇지.

아이: 그런데 숙제할 때 필요한 것이 가방에 들어 있으면 안 되는데.

부모: 흐음, 그렇겠군.

아이: 그렇다면 선생님께 이메일을 보내 제가 깜빡 잊었다면서 다시 물어보면 될 것 같아요.

부모: 그거 좋은 생각 같구나.

……등등. 이렇게 자녀가 해결책을 찾아 나가도록 만든다.

아이는 부모가 이 문제를 해결해 주지 않는다는 것을 알고, 스스로 해결책을 찾아야 한다고 생각한다. 사실 관용적인 부모에겐 이런 '강인한 사랑' 식의 접근방법을 사용하기가 힘들겠지만, 여기서 가장 깊은 사랑을 보여 주는 행위는 자녀 대신에 가방을 가져다주는 것이 아니라 스스로 그 문제를 해결하도록 가르치는 것이라는 사실을 잊어서는 안 된다. 초등학교 숙제는 중학교나 고등학교에 비해 힘들거나 중요시되는 경우가 드물다(등교시간을 잘 지키는 문제도 마찬가지다). 따라서 아이가 이번 일을 교훈 삼아 가방을 깜빡해서 두고 오지 않도록(또는 제시간에 스스로 일어나도록) 지금 가르치는 것이 낫다. 나중에 중학교나 고등학교에 다닐 때는 이런 일로 겪는 어려움이 한층 더 크기 때문이다. 또한 이런 때는 부모도 아이가 한층 어려운 처지에 빠지지 않게 해 주려는 유혹이 더 강해질 수 있다는 점도 유념해야 한다.

3. 중학생 자녀와 대화하기

중학생 자녀는 어린이 티를 갓 벗었지만 곧바로 10대 청소년의 모습으로 바뀐다. 사람들은 어린이와 청소년 사이의 중간 세대라는 의미에서 이들을 트윈tween이라고 부른다. 이들은 부모가 자신들의 생활에 관심을 기울여 주기를 바라지만, 자신들이 느끼기에 그릇돼 보이는 것에 부모가 지나치게 집중하는 것처럼 비치면 곧바로 마음을 닫는다. 바람직하지 못한 대화부터 먼저 소개한다.

부모: 오늘 학교에서 어땠어?
아이: 좋았어요.
부모: 스페인 어 시험은 잘 봤니?
아이: 평점 A 받았어요!
부모: 잘했어!

이 부모는 아이가 배우는 내용이나 아이가 흥미를 느끼는 학과목보다는 평점이나 점수에만 관심을 보였다. 이런 상황에서 바람직한 대화라면 이렇게 전개된다.

부모: 오늘 학교에서 어땠어?
아이: 좋았어요.
부모: 어느 과목이 제일 재미있었어?
아이: 스페인 어요.
부모: 오, 멋지다. 그런데 어째서?
아이: 제가 좋아하는 수업이니까요!
부모: 왜 그렇게 좋은데?
아이: 시험을 보면 늘 점수가 잘 나오고, 숙제도 전혀 어렵지 않아서 한 번도 실패한 적이 없어요. 수업 시간에도 늘 제가 손들고, 또 아무도 모를 때 제 이름이 불리면 "야호! 나만 알잖아!"라는 느낌이 들어요.
부모: 네가 스페인 어를 잘한다는 것을 어떻게 알지?

아이: 선생님이 무언가를 설명할 때 전 그다음에 무슨 말을 할지 예측할 수 있어요. 말의 흐름을 정확하게 알거든요. 그래서 다음에 무슨 말이 나올지를 알아요. 이런 요령을 제 친구들에게 설명해 줄 수도 있어요.

……등등. 그 뒤에도 "왜?"나 "어떻게?"를 계속 묻는다.

아이가 좋아하는 과목을 스스로 아는 것과, 이 대화에서 드러난 것처럼 아이가 자신이 알고 있는 것을 어떻게 알게 되었는지에 관심을 기울일 수 있다는 것은 서로 다르다. 부모가 진정으로 원하는 것은 물론 후자다.

4. 고교생 자녀와 대화하기

고교생쯤 되면 호르몬이 왕성하게 분비되어 그 속마음이 온갖 감정으로 가득할 때이다. 가족과 주변 사람들은 물론, 자신도 속마음을 잘 모를 수 있다. 부모가 그날 학교생활이 어땠느냐고 물으면 대개는 "좋았어요"라는 짤막한 답변이 돌아올 뿐이다. 부모는 좀 더 자세한 이야기를 들었으면 하는 마음이 간절하다. 또한 부모는 아이가 배우고 겪은 일의 근거와 과정을 정확하게 파악하는 데 도움을 줘, 이들이 자신과 다른 사람, 이 세상을 한층 깊게 이해함으로써 더욱 적절한 선택과 결정을 내릴 수 있게 해 주고 싶어 한다. 부모가 자녀의 한 단어짜리 짤막한 답변으로 끝나는 대화를 뛰어넘으려면 자녀의 말에 되풀이해서 (그러나 사려 깊고 창의적인 방식으로) '왜'와 '어떻게'라는 질문을 던져야 한다. 취학 전 아이와 날아다니는 나비로 대화를 나눈 것처럼 자녀의 경험과 배움의 핵심이 드러날 때까지 질문을 던져야 한다. 비판적 사고를 위한 이 같은 대화를 이어 가려면 아이의 이야기를 열심히 귀담아 들어야 한다. 그런 태도 자체가, 숙제를 잘하고 못하고, 점수를 잘 받고 못 받고 또는 체육 팀의 승패처럼 인생에서 부딪치는 주고받기 식 성과나 결과에 관계없이 아이에게 깊은 관심을 기울이고 있음을 똑똑히 보여 주는 셈이다. 이런 대화는 정말 '값진 시간'이 된다. 먼저 바람직하지 못한 대화 형태를 살펴보자.

부모: 오늘 학교에서 어땠어?

아이: 좋았어요.

부모: 숙제는 뭔데?

아이: 수학 숙제가 굉장히 많고, 화학 숙제가 조금 있고, 또 영문 에세이도 낼 때가 되어 한번 써 봐야 하는데……(깊은 한숨).

부모: 그런데 내 생각에 네가 〈시라노 드 베르주라크Cyrano de Bergerac〉(프랑스 극작가 에드몽 로스탕의 5막 시극으로, 17세기 프랑스 실존 인물인 베르주라크의 일생을 모티브로 한 작품이다 — 옮긴이)를 재미있게 읽는 것 같던데.

아이: 네, 재미있게 읽었어요. 그렇다고 그 작품을 에세이로 쓰고 싶다는 뜻이 아니에요.

부모: 그걸 다루면 에세이를 쓸 수 있을 텐데. 시라노란 인물을 재미있게 보았던 걸 생각해 보면…….

아이: 엄마, 그렇게 간단한 문제가 아니에요.

부모: 알았어. 그렇지만 네가 똑똑하잖아. 난 네가 할 수 있다는 자신감을 가졌으면 좋겠어.

자녀: 저도 할 수 있으면 좋겠어요.

여기서 부모는 (에세이 과제에 중압감을 느낀다는) 자녀의 생각을 밀어내고 (〈시라노〉를 에세이에 다뤘으면 좋겠다는) 자신의 생각을 그 자리에 밀어 넣었다. 부모는 또 아이가 노력해 바꿀 수 있다고 느끼게 만들지 못하고, 자신의 입으로만 아이에게 자신감을 키워 주려 했다. 좀 더 바람직한 대화 형태를 소개하면 다음과 같다.

> **부모**: 오늘 학교에서 어땠어?
>
> **아이**: 좋았어요.
>
> **부모**: 뭐가 제일 재미있었는데?
>
> **아이**: 영어로 <시라노 드 베르주라크>를 읽었어요.
>
> **부모**: 왜 그렇게 재미있었어?
>
> **아이**: 우리가 모두 소리 내어 읽었는데, 제가 시리노가 된 기분이었어요.
>
> **부모**: 어땠어?
>
> **아이**: 정말 근사했어요.
>
> **부모**: 어떤 면에서?
>
> **아이**: 시라노가 좋으니까요.
>
> **부모**: 시라노가 왜 좋을까?
>
> **아이**: 모르겠어요. 아마 시리노가 크리스티앙과 록산의 로맨스를 도우려고 하는 일 모두가 마음에 들었던 것 같아요. 그렇게 하지 않아도 될 것 같은데도 말이에요.
>
> **부모**: 그게 무슨 소리지? 그렇다면 시라노가 왜 그렇게 거들고 나섰을까?
> ……등등.

아이는 시라노를 좋아한다는 단순한 생각에서 그 이유가 어디에 있는지까지 파악하면서 한층 깊이 있게 생각하게 되고, 이는 교실에서 작품 토론을 하거나 에세이를 쓸 때도 도움이 될 수 있다.

'시험 중심의 학업'에 빠져들지 않게 하기

데니스 포프가 『학업』에서 밝힌 것처럼, 요즘 학생들은 무엇을 배운다기보다는 '학교에 다니면서' 그저 제몫을 한다는 것만으로도 엄청난 압박감을 느낀다. 이들은 과제를 처리하는 방법이나 다섯 단락짜리 에세이에서 교사가 찾을 법한 구성요소를 갖추는 법, 또는 생물학의 온갖 용어와 수학의 갖가지 공식을 외우는 방법을 배울 뿐이다. 이들이 생각하는 다음번 당면 과제는 특정한 대학에 들어가 인생에서 성공을 거두는 것이다. 이런 마음가짐은 사회로 진출해 사회생활이나 전문직 활동을 벌일 때도 그대로 이어지는 경우가 많다.

나는 예일대 입학관리 과장인 제프 브렌젤에게 전화를 걸어 '시험 중심의 학업' 대 자유로운 사고라는 측면에서 살펴본 학부생들의 행태가 어떠한지를 물었다. "일부 학생들은 대학에서도 여전히 안전 위주, 즉 대학 공부를 일종의 경력 쌓기 단계로 바라보는 경향이 그대로 남아 있습니다. 이들은 이런 성향 때문에 완벽주의를 지향하면서 새로운 시도나 실패, 일정한 틀을 벗어나는 일, 그리고 장기적인 관점에서 도움이 되지 않는 행위나 노력은 모두 꺼리죠. 저는 이들이 그런 마음가짐으로 20년 세월을 보낸다면 중년의 위기에 빠져들면서 굉장한 압박감을 느끼리라고 생각합니다. 교육이란 자신에게 던져지는 것이 아니라 포착하고 파악하는 것이라는 점을 인식하지 못한다면 그것이야말로 해악이 될 수 있죠."

나도 스탠퍼드 대학에서 이런 심리 상태를 직접 보거나 전해 들었다. 학생들이 아무런 제약이 없고 불확실한 문제와 씨름하는 데 어려움을 겪고 있다고 했다. 이들은 성장하면서 익숙해진 방식대로 어떤 일을 계속할 수 있기를 바랐다. 즉 시키는 대로 하는 데 익숙하고, 그런 일은 굉장히 잘한다. 스탠퍼드에서 신입생 작문 강의를 맡은 어느 교수는 수강생들에게 다음과 같은 논평을 붙여 과제물을 돌려주는 일이 흔하다고 나에게 말했다. "더 많이 쓰도록. 어떻게 인식하고 있는가? 여기서 동기부여의 내용은 무엇인가? 또 무엇을 위한 동기부여인가?" 이런 지적을 받으면 수강생들은 애처로운 표정으로 이렇게 호소한다. "무엇을 원하는지 모르겠습니다. 제게 무슨 이야기를 하라는 것인지 제발 이야기해 주세요."

스탠퍼드 대학 토목·환경공학부의 건축설계 프로그램의 책임자인 준 바턴도 비슷한 현상을 느끼고 있었다. 바턴은 기초 드로잉 과정을 강의하는데(건축가는 공학적인 기술은 물론 도면이나 그림을 그리는 솜씨도 익혀야 한다), 많은 학생들이 놀란 표정으로 다가와 그림은 기초적인 솜씨도 없다고 호소한다. "이들은 지금까지 드로잉 과정은 한 번도 교육을 받아 본 적이 없었다고 말합니다. 이젠 이런 일이 해마다 되풀이되고 있습니다."

학생들은 바턴에게 이렇게 하소연한다. "저는 진짜 좋은 대학에 들어가려고, 고교 시절에 할 수 있는 심화학습AP 수업은 다 했어요. 물론 제가 다니던 고등학교에도 미술 과목이 있지만 심화학습 수준은 아니어서 대학 진학에서 유리하게 고려되는 재즈 밴드나 학생 연극 활동 등에 주력했어요. 더구나 어머니와 아버지도 제가 미술 같은 가벼운 과목에 시간을 낭비하지 말라고 권했고요. 그런데 신경을 쓰다 보면 하나 더 할 수 있는 심화학습 수업을 못 듣거든요."

바턴은 수강생들의 고교 시절 학습이 어떤 모습으로 진행되었는지를 이렇게 밝히고 있다. "어느 학생이 화학 심화학습을 받을 때, 교사는 95점은 받아야 A 등급을 받을 수 있고, 과제물과 시험 모두 높은 점수를 받아야 한다고 충고했을 거예요. 더구나 실험실에 일찍 나와서 준비 과정을 돕거나 비커를 씻는 등 늦게까지 남아서 실험실 정돈을 거들면 120점을 받을 수도 있습니다. 따라서 학습은 C 등급이지만 학급 내에서는 A 등급을 받을 수 있죠. 게다가 모든 시험은 에세이나 설명하는 답변이 필요하지 않은 OMR 카드 식 답안지로 처리되고, 실험실 보고서도 강사가 설명하는 양식에 따라 작성되었습니다." 수강생들은 교수가 고교 시절에 함께 교실에서 수업을 진행했던 교사인 양 바라보면서 모두 고개를 끄덕여 동의했다.

뒤이어 바턴은 자신의 강의가 고교 시절과 어떻게 다른지를 수강생들에게 설명했다. "저는 수강생들에게 정확성과 정밀성보다 과정과 고민이 중요하다고 강조합니다. 저는 이들이 정해진 규칙에서 벗어나 가장 높은 가지로 올라가 그런 규칙을 거스르기를 바랍니다. 저는 이들에게, 디자인에서 우리가 할 일은 리스크가 있고 변경이 가능한 문제들을 다루는 것이라고 일러 줍니다. 디자인은 문제를 해결하는 방법론이지 '과제'가 아닙니다. 수강생들은 지금까지 공부를 하면서 자기 과제만을 다뤄 왔기 때문에 이런 문제가 힘겨울 겁니다. 이들이 이제 스탠퍼드 학생이기 때문에 정신 못 차리고 엉뚱한 행동이야 하지 않겠지만 스트레스 지수는 올라가겠죠. 그러나 이것들이 그들이 갈망하고, 결국 끌어안아야 할 것들입니다. 이들이 어떤 일을 할 수 있는지 물어보는 것을 중단하기까지는 시간이 조금 필요합니다. 그런 질문을 받았을 때 제 대답은, '허락이 아니라 용서를 구해라' 또는 '할 수 있나?' 둘 중 하나죠. 1주일쯤 지나면 몇몇 학생들이 이런 응답 중 어느 하나의 답변을 내놓습니다. 제가 이들에게 교육의 인간적 측면을 안겨 주었음을 확인하는 것이 바로 이때입니다."

바턴은 수강생들이 '시험 중심의 학업'에 빠져들지 않게 하려고 애쓴다. 그는 이들에게 생각하는 법을 가르치고 있다. 그러나 일부 학생들과 매우 힘든 싸움을 벌이기도 한다.

학생들에게 생각하는 버릇을 끈질기게 이어 가도록 가르친다

아이들에게는 공부를 열심히 하고 또 더 잘하는 게, 살면서 겪는 가장 힘든 시련일 것이다. 현재의 교육방식을 보면, 정보나 지식을 외우고 반복적으로 학습해서 숙제와 시험, 공통 시험에서 좋은 점수나 평점을 받게 하는 데 중점을 두고 있다. 부모가 아이에게 "똑똑하구나!"라는 칭찬으로 긍정적인 결과를 얻어 내는 경우도 종종 있다고 한다. 그러나 연구 조사 결과에 따르면, 부모의 이런 격려는 자녀가 열심히 공부하도록 부추기지 못하고 오히려 학업 성취도를 약화시킨다고 한다.

스탠퍼드 대학 심리학 교수인 캐럴 드웩Carol Dweck 박사는 국제적으로 널리 인정받은 '성장 의식구조growth mindset'라는 개념을 만든 사람인데, 이 개념은 성장과 학습, 끈질긴 노력을 이어 가는 방편으로 제시되었다. 드웩 교수는 "똑똑하다"는 칭찬을 들은 아이는 똑똑하지 못한 모습을 보이지 않기 위해 그 뒤에 손쉬운 과제를 고르기 때문에 능력을 제대로 발휘하지 못한다는 사실을 밝혀내고, 이를 '고정 의식구조fixed mindset'라고 불렀다. 이와 대조적으로 똑똑한 머리가 아닌 아이의 노력을 칭찬—그것도 쏟은 노력에 특정한 칭찬이되 지나치지 않게—하면, 드웩이 말하는 이른바 '성장 의식구조'를 키워 준다고 한다. 아이는 자기가 노력하면 성공할 수 있다는 점을 깨닫게 되고, 그렇게 계속 노력하다 보면 나중에 더 나아지고 더 많은 것들을 얻을 수 있다. 이런 아이들은 나중에 한층 끈기 있고 자신감이 넘치는 모습으로 바뀌게 된다. 드웩은 "노력을 강조하는 것은 자녀에게 스스로 통제할 수 있는 변수를 안겨 주는 것과 같다"고 하며 이렇게 말했다. "아이들은 스스로 자신의 성공을 좌지우지할 수 있다고 느끼게 된다. 이에 반해 타고난 지능을 강조하는 것은 곧 자녀가 스스로 통제할 수 있는 힘을 빼앗아 가는 것이어서 실패에 적절하게 대응하는 비법이 되지 못한다."

드웩의 웹사이트 'mindsetonline.com'은 '성장 의식구조'를 키울 수 있는 접근방식을 하나씩 하나씩 잘 가르쳐 준다. "사람에 따라 도전과 좌절, 비판을 받아들이는 방식이 다를 수 있다. 고정 의식구조에 갇힌 사람은 그런 문제를 자신의 고정된 재능이나 능력이 부족한 탓이라고 해석할 수 있다. 또한 성장 의식구조를 가진 사람은 그런 문제를, 더 많은 전략을 세우고 더 많이 노력하며, 전력을 다하고, 능력을 더 키워야 한다는 쪽으로 해석할 수도 있다. 어느 쪽이든 그건 여러분에게 달려 있다." 성장 의식구조는 끈질긴 노력으로 문제를 파악하고 해결해 나가는 동기부여의 기본 바탕이 되면서 비판적 사고를 기르는 수단이 된다.

자신을 더 많이 생각하도록 가르친다

요즘에는 아이의 학업과 과외 활동, 개인적인 일 등을 감안하면 다른 문제에 신경 쓸 짬이 없어 보인다. 하지만 그래도 아이 주변에서 벌어지는 여러 가지 세상일을 놓고 대화를 나누고, 그런 일들에 대해 자기 의견을 정립하도록 권장하면 비판적 사고를 키우는 데 도움이 될 수 있다.

교육자나 심리학자들은 요즘, 식구들 일정이 아무리 저마다 숨 가쁠 정도로 빡빡하더라도 저녁 식사를 함께 할 시간을 만들라고 입버릇처럼 강조한다. 연구 조사 결과에 따르면, 식구들이 저녁을 같이 먹으면 아이가 자신이 부모에게 중요한 존재라고 느끼게 되고, 이는 곧 아이의 정신건강에 긍정적으로 영향을 미치면서 자존감도 키우고 학교 성적도 더 나아지게 할 수 있다고 한다. 저녁 자리에서 부모는 아이의 일상생활뿐만 아니라 시사 문제를 놓고 이야기를 나누면 자녀의 비판적 사고를 한 단계 끌어올릴 수 있다. 나중에는 문제를 이론적으로 다루는 수준으로, 또 사회에 관심을 갖는 수준으로, 나아가 그런 점을 아직도 모르고 있었다는 데 대해 부끄러움을 느끼는 수준에까지 이를 수 있다. 이런 과정은 더 많은 것을 알고자 하는 욕구를 불러일으킨다.

아이가 초등학생이라면, 아이가 자기 의견을 밝히고 또 아이가 믿는 바에 대한 반론이 제기될 수 있다. 부모는 자신의 관심 분야와 믿음, 가치관, 자녀들의 나이 등을 고려해 가족 전체에게 알맞은 대화 주제를 정해야 한다. 자녀의 사고능력을 키워 주기 위해 시사 문제를 놓고 대화를 나누는 방법을 소개하면 다음과 같다.

1. 다른 의견이 있을 수 있는 주제를 찾는다. 이런 주제는 책에서 본 내용이거나 최근에 본 영화, 가족이 함께 본 텔레비전 쇼, 교육 정책, 신문 기사, 학부모회나 학교 이사회에서 관심 있게 다룬 의제 등이 될 수 있다. 최소한 합리적인 근거가 있는 몇 가지 다른 의견이 나올 수 있어야 대화가 잘 진행된다. 대화의 수준은 물론 연령을 감안해야 한다. 초등학생 자녀가 이해하려 애쓰는 수준은 되어야 한다.

2. 아이의 생각을 묻는다. 대화의 주제를 어떻게 생각하고, 또 왜 그렇게 생각하는지를 묻는다. 아이의 의견이 어떤 가치나 기존 가정에 근거를 두고 있는가? 자신의 관점이 끝내 반론을 꺾지 못할 경우 어떤 일이 벌어지리라고 생각하는가? 그 결과는 어떻게 될까? 자신의 관점이 반론을 물리치고 관철되면 어떤 점에서 상황이 좋아지리라고 생각하는가?

3. 일부러 반대 입장에 서는 역할을 한다. 아이가 어느 '쪽'의 입장이건 관계없이 부모는 일부러 그 반대의 입장에서 대화를 이끌어 나간다. 이때 부모는 아이가 자신의 견해를 밝히면서 썼던 단어의 숫자와 얼추 비슷한 수준으로 반론을 편다. 반론할 때는 이런 관점이 더 낫다고 판단하는 이유가 어디에 있는지, 근거로 삼은 가치와 가정들은 무엇인지, 그리고 이런 관점을 고수하거나 고수하지 않을 때 어떤 영향이 나타나는지를 설명한다. 토론이 너무 벅차거나 비판적으로 흐르지 않고 재미있고 아이에게 용기를 북돋울 수 있도록 한다.

4. 부모의 견해에 아이가 자신의 주장을 펼치도록 권유한다. 아이가 주제에 관해 첫 의견을 내놓을 때 밝히지 않았던 근거나 이유가 있다면 그것을 제시하도록 권유한다. 이렇게 지적 대화를 계속할 마음의 준비와 열정을 고려하면서 아이가 불편해할 정도로 몰아붙이지 않는다(내가 아는 어느 집 다 큰 딸들은 변호사인 아버지와 저녁 자리에서 이야기를 나누다가 자신의 주장을 옹호하다가 아버지의 호된 비판과 공격을 받고 눈물을 흘리고 말았는데, 이런 지경까지 가서는 물론 안 된다!).

5. 한 걸음 더 나아가면, 역할 바꾸기가 있다. 이제 역할을 바꿔 아이가 처음 의견과 반대되는 주장과 그 논거가 된 가치 기준을 잘 설명할 수 있는지 살핀다. 아니면 새로운 주제를 놓고 처음 생각했던 것을 밝힌 뒤 그 주장을 접고 다른 관점에서 주장을 펼치며 반론을 제기하는 방식으로 할 수도 있다.

식구가 저녁 자리에서 이런저런 세상일을 두고 이야기를 나누는 것은 단순히 밤마다 집에서 흥미롭게 이야기를 나눈다는 의미로 그치지 않는다. 아만다 리플리는 『세상에서 가장 똑똑한 아이들』에서, 부모가 책이나 영화, 시사 문제를 놓고 이야기를 많이 나누는 집의 아이들은 세계 어느 나라에서나 국제 PISA 검사의 독해 부문에서 높은 점수를 받는다고 밝혔다.

스스로 이야기하게 한다

나는 3장에서 어느 스탠퍼드 신입생의 일화 하나를 소개했다. 당시 이 신입생은 대학에서 탐구할 분야 문제로 상담하겠다고 부모와 함께 나를 찾아왔다. 그런데 이 자리에서 내가 신입생에게 직접 묻고 시선도 자주 맞췄는데도, 상담 내내 부모가 이야기를 하고 신입생은 거의 입을 다물고 있었다. 그 때문에 상담시간 20분이 끝날 때까지도 나는 이 신입생이 탐구 문제에 어떻게 생각하는지, 또는 탐구 대상에 관심이나 있는지조차도 알 수 없었다. 정작 탐구 대상에 '굉장한' 관심을 보인 것은 부모였다.

이제 부모와 어른들은 아이가 할 수 있는 일을 방해하지 말고 옆으로 비켜서서 아이가 스스로 이야기하고 주장할 수 있게 해야 한다. 내 생각을 밝히면 다음과 같다.

1. 유년기를 값지게 활용한다. 아이들은 스스로 생각하고, 만나는 사람에게 먼저 입을 열고, 대화에서도 서슴없이 응답할 수 있어야 한다. 짜릿한 뉴스가 되었든, 관심사나 욕구, 또는 제기할 문제점을 설명하는 말이 되었든, 아이들은 언젠가 이런 일들을 오로지 혼자서 감당해야 한다. 유년 시절이야말로 그런 일을 겪으며 계속 단련할 때다.

2. 스스로 목표를 설정한다. 아이에게 기회 있을 때마다 독자적인 목소리를 낼 수 있게 해 주면서 부모도 아이와 함께 그런 능력에 자신감을 가져야 한다. 그렇게 하는 데 성공할 때마다 아이에게, 스스로 생각할 수 있는 그들의 능력을 믿는다고 말해 줘야 한다.

3. 연습하게 한다. 아이가 어떤 성인—가령 팀의 코치나 아이가 참여하는 캠프의 리더 등—에게 무엇인가를 물어보고자 한다는 것을 알았을 때는 그렇게 하기를 바란다는 뜻을 미리 알려 준다. 또 아이가 그런 일을 잘 처리할 수 있다는 것과 아이가 모르는 정보를 메워 주기 위해 곁에 있겠다는 점도 알려 준다. 교사나 상점 직원, 댄스 교사, 팀의 코치 같은 사람들은 아이가 무엇인가를 물어보거나 무슨 아이디어나 관심사를 가지고 다가오면 기쁘게 받아들인다. 아이가 다가와서 무슨 이야기를 하면 어른들은 얼굴에 즐거운 표정을 그대로 드러낸다는 점도 아이들이 직접 보고 확인하게 한다. 한 가지 단서가 있다. 부모가 아이를 가장 잘 안다. 만약 아이가 내성적이거나 수줍음이 많다면 부모의 이 같은 배려가 큰 힘이 된다. 또 특별한 요구가 있을 때는 부모가 그런 요구를 충족시켜 주기를 바라게 된다. 그러나 아이를 위해 어떤 이야기를 할 때도 한 가지 유념해야 한다. 즉 부모는 아이가 아닌 만큼 사실상 아이를 온전하게 대변할 수는 없다는 사실이다. 할 수 있다면 고작 이런 정도다. "재스민이 이렇게 느끼고 있다고 나에게 이야기하더라……"라든지, "조던이 이런 일에 관심이 있다고 나에게 말하더라……"라는 정도다.

4. 끼어들고 싶어도 참고 또 참는다! 말하라고 쿡 찌르거나 귓속말로 권유하지도 말라. 끼어들고 싶은 욕구를 억지로라도 참아야 한다. 아이에게

스스로 어떤 일을 할 기회를 주어야 한다. 가게에 갔거나, 강사 또는 코치를 만날 때도 뒤쪽으로 몇 걸음 물러나서 이들과 눈도 마주치지 않도록 한다. 묻거나 이야기를 나눌 사람이 부모가 아니라 아이라는 점을 분명하게 일깨워 주기 위해서다.

5. 필요할 때 부모의 의견을 보탠다. 대개 아이가 다 자랄 때까지 아이보다 부모가 늘 학과목을 더 잘 알고, 어떤 문제에 대한 견해와 생각도 아이가 아니라 늘 부모의 것일 가능성이 크다. 부모의 생각이 물론 중요하지만 아이의 생각을 대신해서는 안 된다. 아이의 생각에 덧붙이는 정도에 그쳐야 한다. 직장에서 유능한 관리자는 실내에서 가장 젊은 사람(여러분의 자녀)에게 먼저 발언하게 한 다음, 그의 발언 내용을 뒷받침하고 자신의 생각은 핵심이라고 느끼는 내용만을 덧붙이는 선에서 끝낸다. 바로 이런 태도가 이런 젊은 사원들에게 힘을 실어 준다.

아이의 생각, 아이의 인생

내가 스탠퍼드 대학에서 일할 때 금요일마다 오후는 상담시간이었다. 이 시간에 내 사무실을 찾은 학생들은 공부와 개인 문제를 털어놓고 도움말을 구했다. 주로 전공을 선택하는 문제나 대학원 진학 문제, 여름철 캠프나 특강 문제, 조금 여유를 갖거나 다른 활동을 하기 위해 포기해야 할 강의나 활동에 대한 문제들이 상담 대상이었다. 나는 질문을 받으면 이렇게 다시 물어 보면서 이야기를 이끌어 간다. "이것 대신에 저것을 원하는 이유가 무엇이라고 생각하나요?" "자신의 장기적인 계획에 어떤 영향을 미치며, 또 그 이유는 무엇인가요?" "그것을 하지 않는다면 어떤 손실이 있고, 또 그 이유는 어디에 있나요?" "자신이 원하는 것은 무엇이든 할 수 있다면 무엇을 하고 싶으며, 또 그 이유는?" 이처럼 다양한 방식으로 여러 차례 질문을 던지며 파고들면 학생들의 문제를 감싸고 있는 몇 겹의 의문을 하나하나 벗겨 낼 수 있다. 나는 이번 장에서 다룬, 지속적인 질문으로 비판적 대화를 이어 가는 방식을 그대로 활용한 셈이다.

찾아온 학생들이 내게 털어놓은 다양한 문제에 내 나름의 의견은 분명 있지만 그런 해답이나 의견을 불쑥 내놓는 것이 내 역할은 아니다. 내 역할은 적절한 질문을 던지고 대화를 이끌어 가면서 학생 자신의 모습을 자신에게 더 열어 보이게 만드는 것이었다. 나는 학생의 생각, 자신의 장점과 발전의 여지가 있는 부문에 대한 인식, 그리고 두려움과 꿈 등의 밑바탕에 깔린 가치관을 파악하고자 애썼다. 그런 다음 나는 학생이 자기 자신에 대해 알게 된 것을 고려하면서 활용할 수 있는 선택방안을 찾도록 도왔다. 나는 학생이 최종 선택을 하면 그런 선택의 논리적 근거를 마련하도록 가르쳤다. 이때 학생이 권위 있는 인물(나)의 조언을 그대로 따르거나 상투적인 논리적 근거, 즉 "다른 학생들이 모두 그러니까"라든지, "내가 그렇게 하기를 기대하기 때문에" "그럴 수밖에 없다"는 식으로 논리적 근거를 내세우지 못하도록 해야 한다. 이런 변명은 갓 성년이 된 젊은이들의 입에서 자주 튀어나오는 소리다. 상담하는 동안 이야기를 털어놓고 스스로 생각하면서 해결방안을 찾아 가는 젊은이들의 모습을 지켜보면 내 마음이 겸손해지거나 들뜨기도 했다.

아만다 리플리는 『세상에서 가장 똑똑한 아이들』에서 미국 10대 청소년들의 비판적 사고능력이 참담할 정도라고 지적했다. 그러나 그는 미국 곳곳에서 교육과 학습방식을 개선하면서, 학생들이 PISA 검사에서 놀랄 정도로 높은 점수를 받고 있다고 전했다. 리플리는 "미국 10대들이 비판적 사고능력을 측정하는 정교한 검사에서 분명 전 세계 최고 수준의 성적을 거둘 수 있다"는 말로 낙관적인 결론을 제시했다. 어른들은 교수 방식과 자녀 양육 방식을 개선해 아이들에게 새로운 기회를 제공할 수 있다.

16장
열심히 일하기 위한 준비

나는 누군가가 내 놀라운 총명함을 알아주기를 기다리는 것 그 이상의 계획을 세워
야 한다는 점을 깨달았다.

─스티븐 파커스트(밀레니얼 세대 영화감독)

'이들은 상당한 능력을 갖추고 있다. 이들은 자신이 대단하다고 생각하기
때문에 그런 점을 칭찬해 주기를 바란다. 이들은 언제나 해야 할 일을 하
나하나 일러 주길 바란다. 이들에겐 직업윤리라는 것을 찾아볼 수 없다.'
이것이 직장에서 일하는 밀레니얼 세대를 바라보는 일반적인 인식이다.

29살의 야심만만한 영화감독 스티븐 파커스트Stephen Parkhurst는 밀레니
얼 세대를 바라보는 구세대의 생각을 풍자적으로 다룬 비디오 〈밀레니얼
세대: 계속 빨아 대서 미안Millennials: We Suck and We're Sorry〉을 2013년에
제작해 인터넷에 올렸는데, 입소문이 나면서 조회 수가 300만이 넘었다.
파커스트는 비디오 대본에서 밀레니얼 세대의 행태를 인정하면서도 이들
을 키운 부모 세대를 비판하는 내용과 교묘하게 연결 지었다. 나는 이런
점에 주목해 2014년 2월 전화를 걸어 이런 비디오를 제작하게 된 동기가
있는지 물었다.

파커스트는 뉴욕 시에 살면서 딜럭스사에서 디지털 기술자와 영사 기술
자로 일하고 있다. 그가 일하는 딜럭스사는 전 세계 지사망을 이용해 영화
와 텔레비전 산업 부문에 다양한 촬영 후 편집postproduction 서비스를 제공

하는 업체다. 그는 뉴햄프서의 킨 주립대학에서 영화제작을 전공해 2007년 졸업했는데, 그해는 대공황 이후 최악의 경제 상황으로 빠져든 시기였다. 그 이후 딜럭스사의 일을 거들다가 2014년에 상근직원이 되었지만, 한편으로 자신의 영화를 만드는 데도 열정과 끈기를 보였다. 밀레니얼 세대 4명이 내레이션을 맡은 그의 비디오는 첫머리를 이렇게 시작한다. "우리가 빨아 대고 있다는 점을 잘 안다. 우리는 자기중심적이고 능력을 갖추고 있으며, 자기도취증에 빠져 있고 게으르며 미숙하다. 또한 우리는 그런 점을 매우 미안하게 생각한다. 우리는 최악이다! 우리가 부모의 모습을 좀더 닮을 수만 있다면 좋으련만 말이다." 남녀 목소리가 섞여 있고, 도시에 사는 백인 20대로 유행을 좇는 힙스터풍인데, 이들이 내레이션을 하는 장소는 뉴욕 갈색 사암 아파트 바깥의 인도 쪽으로 나 있는 정면 계단의 양지바른 긴 의자다. 이들은 상대적인 자격 요건과 이런저런 실패, 자기 세대의 무감각 등에 관해 거짓된 사과를 하고 있다.

"우리는 무슨 일이 벌어졌는지 모른다. 어른들은 우리를 키우면서 우리가 특별하다고 믿게 만들었다. 너무 특별해서 우리는 그렇게 되기 위해 아무런 노력을 할 필요가 없었다. 나는 축구 경기에 뛰어들어 이 트로피를 받았다(트로피를 보여 준다). 매우 특별한 경우다. 무엇이 잘못된 것인지 알 수 없다. 당신들은 최선을 다했다."

과도한 칭찬 속에 양육된 정황을 빈정거리던 목소리는 이내 베이비붐 정책의 경제적, 사회적 영향 같은 거시적 문제들로 옮겨 갔다. 이런 정책을 시행해 두 번의 전쟁, 주택가격 거품, 대공황, 상근 일자리 부족, 제조업 붕괴, 참담한 상태의 노동조합, 천정부지로 치솟는 대학 등록금, 학생들의 학자금 대출 부담, 지구의 피폐해진 환경 등의 사태가 발생했다.

한 여성이 깊은 생각에 잠겨 있을 때 풍자는 최고조에 이른다. "사람들아, 굉장한 공포를 느끼게 하는 세대가 있다면 미칠 지경이 되겠지?" 뒤이어 비디오는 이렇게 끝난다. "우리는 밀레니얼 세대 모두를 대신해 그렇게 끔찍한 존재가 된 점을 사과하고 싶다. 앞으로 우리는 베이비붐 세대와 똑같이 될 작정이다. 어른들 때문에? 어른들은 성공했다!"

파커스트는 밀레니얼 세대에게 직업윤리가 부족하다는 기사들이 최근에 많이 나와서 이 비디오를 만들었다. 이런 기사로는 2013년 ≪타임 Time≫에 조엘 스타인이 쓴 "밀레니얼 세대: 자기중심적인 세대Millennials: The Me Me Me Generation"나 제니퍼 그레이엄이 2013년 ≪보스턴 글로브 Boston Globe≫에 쓴 "칭찬만 듣고 자란 게으른 트로피 세대A Generation of Idle Trophy Kids" 등이 있다. 비판은 대체로 밀레니얼 세대에게 쏠리는 경향을 보인다. 마치 이 세대가 그들이 처한 상황을 스스로 만들어 낸 것처럼 비판을 받고 있다. 그러나 이런 비난은 누가 봐도 부당하다. 나는 밀레니얼 세대에 속한 젊은이들 수천 명을 겪어 보았고, 그중 수백 명은 비교적 잘 알고 있다. 이런 경험에 비춰 볼 때 이들은 뜨거운 가슴에 희망을 가득 품고 있고, 예전 세대와 마찬가지로 인생에서 성공하기를 바란다. 이들의 행태가 직장에서 부정적으로 비치는 것은 본성의 어떤 결함 때문이 아니라 이들을 키운 부모의 양육 방식 때문이다. 그래서 나는 스티븐 파커스트의 반격을 보고 반가운 마음이 들었다.

사라진 직업윤리

그러나 비난은 접어 두고, 밀레니얼 세대가 직장에서 선배들에게서 볼 수 있는 끈기와 전력투구 같은 것을 보여 주지 못한다는 주장은 그저 냉소적인 투로 내던지는 상투적인 표현에 그치지 않는다. 2013년에 벤틀리 대학은 취업 준비에 관한 조사 연구를 의뢰했다. 이 조사의 응답자 3100여 명 중에는 고등 교육계와 기업계의 지도층 인사, 기업의 노무관리 담당자, 고교 및 대학 재학생, 학부모, 최근 대학을 졸업한 젊은이들이 포함되었다. 그중 밀레니얼 세대가 아닌 응답자 중 74%는 밀레니얼 세대에게서 이전 세대의 직업윤리를 찾아보기 어렵다는 반응을 보였다. 또 70%는 밀레니얼 세대가 "제구실을 다할" 생각이 없다고 응답했다[이에 반해 밀레니얼 세대에 속하는 응답자 10명 중 9명(89%)은 그들의 직업윤리 의식이 탄탄하다고 주장했다. 이처럼 인식이 크게 다른 것은 놀라운 일인데, 직업윤리를 규정하고 받아들이는 데 세대 간에 그만큼 격차가 크다는 사실을 여실하게 보여 준다].

직업윤리를 인식하는 이 같은 격차를 없애는 데 부모들이 조금은 도와줄 수 있다. 12장부터 15장까지 자세하게 다룬 여러 가지 방법과 계획을 따른다면 자녀가 직장에서 소중한 인재가 되도록 준비를 갖추는 데 부모가 큰 도움을 줄 수 있다.

이 장에서는 앞서 다룬 여러 가지 계획과 방법을 살펴보고, 아이들이 열심히 노력하도록 가르쳐—즉, 어떤 일이든 한번 붙잡으면 끝날 때까지 전력투구하도록—이들이 사회생활과 직장생활에서 적극적인 역할을 할 수 있도록 준비를 갖추게 하고자 한다. 부모는 자녀가 스스로 이 일을 해야 한다거나 이 일을 잘 해낼 것이라고 자신 있게 이야기할 수 있도록 만들고 싶어 하며, 자녀도 그렇게 할 수 있기를 바랄 것이다.

허드렛일로 직업윤리 심어 주기

13장에서 다룬 생활 요령—기본적인 몸단장, 소지품 관리, 식사 챙기기,

집안 청소 등—은 사람들이 자신을 돌보기 위해 꼭 해야 할 일들이자 첫 의무이기도 하다. 이 장에서는 그런 생활 요령을 바탕으로 좀 더 많은 과제들을 소개한다. 아이들이 이런 과제를 감당하게 만들려는 이유는 어떤 일이든 한번 붙잡으면 본격적으로 나서서 그 일이 끝날 때까지 최선을 다해 가족과 집안, 팀, 다른 그룹에 도움이 되도록 가르치기 위해서이다. 독단적인 부모들은 이미 아이에게 이런 과제를 감당하도록 고압적인 방식으로 요구하고, 관대한 부모들은 아이에게 이런 요구를 거의 하지 않는다. 결국 생활 요령과 함께 '끈기와 전력투구'라는 마음가짐을 가르치는 것이 자녀의 직업윤리를 강화시킬 수 있는 길이고, 이런 방식은 권위적 양육 방식의 효율성을 뒷받침하기도 한다.

미네소타 대학 가정교육학과 명예교수인 마릴린 '마티' 로스먼Marilyn 'Marty' Rossman은 허드렛일을 하는 자녀가 인생에서 성공할 가능성이 더 많다고 밝혔다. 로스먼이 말하는 '성공'이란 마약을 하지 않고, 양질의 친구 관계나 인적 관계를 맺으며, 제대로 교육을 마치고 순조롭게 직장 생활을 시작하는 것이다. 로스먼은 (12장에서 양육 문제 전문가로 소개되었던) 양육 방식 연구 분야의 권위자인 다이애나 봄린드 교수가 진행한 종단 연구longitudinal study의 자료를 바탕으로, 가장 '성공적인' 젊은이는 3~4살부터 허드렛일을 돕기 시작했지만 10대 청소년기가 된 이후에야 그런 일을 하기 시작한 젊은이들은 성공의 정도가 비교적 뒤떨어졌다는 결론을 내렸다. 로스먼은 정식 논문에 이런 분석 결과를 발표하지 않았음에도 많은 학자와 저자들은 어린 시절부터 허드렛일을 시작한 젊은이들의 성공 가능성이 높다는 그의 결론을 많이 인용했다.

하버드 대학 학생들을 대상으로 학부생 때부터 그 이후의 성년기를 추적 조사한 조지 베일런트George Vaillant의 유명한 종단 연구도 어린 시절의 허드렛일 체험이 그 이후의 삶을 성공으로 이끄는 데 핵심적인 기여를 했다는 결론을 내렸다. 베일런트는 1981년 ≪뉴욕 타임스≫와 한 인터뷰에서 "일은 개인의 삶에서 핵심적인 구실을 한다"라고 밝혔다. 그런 영향이 워낙 크기 때문에 든든한 가족들이 뒤를 받치고 있는 것이 성년 이후의 정신건강을 점쳐 보는 두드러진 지표 구실을 한다고 했다. 하버드 대학 교수를 지낸 정신병 의학자이자 저술가인 에드워드 핼러웰Edward Hallowell은 자잘한 집안일을 하거나 거들다 보면 '할 수 있다거나 하고 싶다는 느낌' 같은 것이 길러지게 되고, 다시 이런 느낌은 무력감보다는 스스로 근면하다는 생각을 갖게 해 준다고 지적했다.

따라서 허드렛일은 상당한 의미가 있다. 그러나 요즘 어린이들은 앞선 세대에 비해 집안의 허드렛일을 하거나 거드는 데 쓰는 시간이 훨씬 적다. 메릴랜드 대학이 2008년에 조사한 결과를 보면 6~12살 어린이가 집안일을 거들며 보내는 시간이 하루 24분에 불과하다고 드러났는데, 이 시간은 1981년보다 25%나 줄어든 수치다. ≪월스트리트 저널≫은 이 조사 결과를 보도하면서 이런 논평을 곁들였다. "완만하게 진행되는 사회 변화의 흐름에 비춰 볼 때 이런 수치 변화는 급감에 해당한다."

웰슬리 대학 사회학과 교수인 마켈라 러더퍼드는 미국에서 최장 기간 발행되고, 자녀 양육 문제를 다룬 월간지로는 가장 인기 있는 ≪페어런츠Parents≫의 기사를 분석하는 형태로 자녀와 이들이 감당하는 허드렛일에 대한 사회적 기대가 어떻게 바뀌었는지를 분석했다. 러더퍼드 교수는 창간호인 1926년 10월호부터 2006년까지 무려 80년간의 기사를 검토 대상으로 삼았다. 그 결과 1930년대부터 1950년대까지는 전문가와 일반 독자들의 글 내용에서 허드렛일이 흔한 주제로 등장했고, 자녀들은 불 보기와 식사 준비, 목공, 은행 계좌 관리, 식구 중 아픈 사람 돌보기와 같은 집안의 자잘한 일을 상당 부분 감당한 것으로 나타났다. 그러나 1960년대부터 1980년대까지 기간 중에는 허드렛일을 다룬 기사나 글이 이 잡지에서 거의 사라졌다. 그러다가 1990년대로 접어들면서 전문가와 일반 독자의 글에 허드렛일 문제가 다시 주제로 등장했는데, 이번에는 허드렛일의 내용이 그 이전 세대가 감당하던 일보다 더 '자잘한 일'로 바뀌었다. 가령, 집안 물건의 정리 정돈이나 애완동물 돌보기, 식사 마친 뒤 식탁 치우기, 세탁물 분류하기 등이었다. 또한 1990년대 이후 ≪페어런츠≫가 허드렛일을 다룬 기사의 내용은 자녀에게 그런 일을 하도록 만드는 방법을 다루는 데 초점을 맞췄다. 가령, 자녀가 장난감이나 좋아하는 물품을 사는 데 '쓸 수 있는' '포인트'를 적립할 수 있게끔 물적 보상을 해 주는 방법 등을 다루었다. 과거의 허드렛일 관련 기사나 글은 보통 먼저 허드렛일을 가정생활을 꾸려 나가는 데 꼭 필요한 일상적인 일로, 또 어린이들은 그런 일을 '잘 처리해 자부심'을 느낀다는 내용으로 다뤄졌다.

중·상류층에 속하는 사람이라면 일상생활이 조상들처럼 힘겨운 일이 연속되지 않는다. 집안일은 대부분 가전제품이나 첨단기술, 또는 도우미의 손길에 맡길 수 있다. 그러나 요즘 부모는 아이의 학업을 돕고, 과외 활동을 풍성하게 만들어 주는 데 일상생활에서 시간을 많이 빼앗기고 있다. 펜실베이니아 대학 사회학자인 아네트 라로는—스포츠와 예술 실기, 개인 교습 같은—과외 활동과 그런 활동을 받기 위해 아이들을 실어 나르고 데려오는 부모의 노력을 묶어 '집중 양육concerted cultivation'이라는 표현을 쓰고 있다. 또한 이런 노력이 부모들을 얼마나 기진맥진하게 만드는지를 하나하나 지적하고 있다. 그런 활동 일정으로 달력을 빼곡하게 채워 놓고 있으면서 어떻게 집안일을 꾸려 나가는지 신기할 정도다.

게다가 학교 숙제라는 부담이 있다. 아이들은 숙제를 해야 한다는 구실로 집안의 허드렛일에서 자연스럽게 벗어날 때가 많다. 베스트셀러인『까진 무릎의 고마움』과『B⁻ 학점의 축복The Blessing of a B Minus』의 지은이이자 심리학자인 웬디 모젤Wendy Mogel은 2014년 9월 교육 관계자와 학부모, 아이들이 참석한 챌린지 석세스라는 단체의 연례회의 자리에서 한 강연에서 자녀가 "시험 있어요" 하고 한마디 하기만 하면 부모는 자녀가 '파시스트 독재자'나 '신체적 장애가 있는 왕족'이라도 되는 양 곁에 붙어 서서 온갖 시중을 든다고 말했다. 옛날에는 숙제를 안 한 상투적인 변명으로 "우리 집 개가 숙제를 먹어 버렸다"는 소리를 할 수 있었지만 지금은 얼토당토않다. 요즘 아이들은 산더미 같은 숙제에 시달리기 때문에 개를 돌보거나 함께 놀 시간이 없다.

과외 활동과 시험, 숙제도 중요하지만 아이에게 생활의 지혜나 요령을 가르치고, 허드렛일을 하면서 얻는 값진 교훈을 일러 주는 것도 그에 못지않게 중요하다. 아이들은 허드렛일을 하며 다음과 같은 것들을 배울 수 있다.

- 집안일이나 팀의 활동에 기여해야 하는 책임감
- 과제를 자율적으로 처리하는 능력
- 정해진 시간과 특정한 질적 수준을 맞춰야 하는 책임감
- 일을 잘 해내야 한다는 다짐이나 결의
- 힘겨운 일을 감당해 내는 끈기
- 시킬 때까지 기다리지 않고 먼저 나서서 일을 할 때의 효용성

아이가 기여하는 땀의 가치sweat equity가 가정을 원활하게 꾸려 나가는데 꼭 필요하지 않더라도, 그런 기여를 해야 하고 그런 기여가 가정 살림

에 어떻게 보탬이 되는지를 알면서 보람을 느낄 수 있어야 한다. 나중에 취업을 하고, 시민으로서 사회생활을 하면서 힘겨운 과제에 부딪쳤을 때 어떻게 하는 것이 올바른 접근법인지를 깨우치기 위해서라도 그런 노력이 필요하다. 한마디로 허드렛일을 하면서 지역사회와 일터에서 강하게 추구하는 직업윤리 같은 것을 키워 나갈 수 있다.

생활의 요령을 넘어: '적극적으로 뛰어들기'와 '일 잘 처리하기'의 마음가짐

아마 아이들은 13장에서 다룬 생활 요령을 익히는 게 중요하다는 점을 이해할 것이다. 아이가 어리다면 스스로 일을 하면서 또 부모를 도우면서 즐거워하고, 나아가 더 많은 일을 하고자 할 것이다. 아이가 10대 초반이나 10대 청소년이 될 때까지 집안의 허드렛일을 시키면서 생활 요령을 가르치지 않았다면 아이들이 조금 거부감을 나타내며 화를 낼지 모른다. 그동안 아이에게 이런저런 과외 활동을 시키면서 그런 일을 하지 못하게 막았기 때문이다. 그러나 아이가 10대 초반이나 10대 청소년이라면 고등학교 졸업이 가까워졌기 때문에 부모는 아이를 어느 방향으로 이끌기에 유리한 위치에 있다. 이제 조만간 집을 떠나 생활해야 하기 때문에, 떠나기 전에 배우거나 익혀야 할 일이 많다는 점을 상기시키면 아이들이 받아들일 것이다. 먼저, 아침에 제시간에 일어나야 하고, 세탁기를 다룰 줄 알아야 하며, 밥도 차려 먹을 줄 알아야 한다. 이 정도 이야기를 해 준다면 여러 가지 생활 요령을 익혀 자신을 보살펴야 한다는 점을 아이에게 납득시키는 데 부족하지 않을 것이다.

그러나 직업윤리는 1등을 차지하는 것 이상으로 신경 써야 한다. 즉, 이는 자신에게 직접적인 이득이 되지 않더라도 어떤 상황에서는 함께 협력하고 도와야 하는 마음가짐이다. 내 어머니는 늘 입버릇처럼 "할 가치가 있는 일이라면 잘할 가치도 있는 법이다"라고 속담을 인용해 말했는데, 직업윤리에는 이런 속담의 취지도 담겨 있다. 생활의 지혜나 요령을 배우는 것이 제 손으로 흘린 오렌지 주스를 닦아 내는 것이라면, 직업윤리란 누군가 다른 사람이 무엇인가를 쏟았을 때 '나와는 상관없는 일'이라고 생각해 그 자리를 떠나는 것이 아니라 함께 힘을 합쳐 닦아 내는 것과 같은 것이다.

그렇다면 아이들이 기본적으로 자신과는 무관한 어떤 일을 돕겠다는 충동을 느끼게 하려면 어떻게 해야 할까? 아이가 태어날 때부터 다른 사람을 돕겠다는 공감과 책무 의식이 강하다면 몰라도 그런 드문 사례를 제외하고는 모두 배워서 그런 마음가짐을 갖게 된다. 그 방법론에 대해서는 로스먼의 연구 결과를 참고하면 도움이 된다. 또한 1990년에 '헬리콥터 부모'라는 신조어를 내놓고 사랑과 논리 연구소Love and Logic Institute라는 기업체를 세운 양육 전문가 짐 페이와 포스터 클라인의 연구 성과와 함께, 2009년에 'education.com'에 실린 패트리샤 스미스Patricia Smith의 글「협력! 자녀의 집안 허드렛일 거들게 만들기」나 2012년에 'parenting.com'에 실린 에스더 데이비도위츠Esther Davidowitz의 글「자녀 거들게 만들기」, 그리고 건강 관련 프리랜서 저술가 애니 스튜어트Annie Stuart가 'WebMD.com'에 쓴「집안 허드렛일 분담하기」등과 같은 웹문서들도 도움이 된다. 여러 자료의 글과 내 자신의 경험을 바탕으로 자녀가 가능한 한 일을 하지 않고 편안하게 자신의 역할을 감당할 수 있게 이끄는 방법에 관한 몇 가지 요령을 설명하면 다음과 같다.

1) 아장아장 걷는 유아와 취학 전 아동

≪웨스트체스터Westchester≫의 편집장을 지낸 에스더 데이비도위츠는 어린아이들을 대상으로 하는 주된 테마는 "이 아기들의 열정을 이용하는 것"이라고 설명한다. 어린아이들은 다 큰 사람처럼 대접받는 것을 즐긴다. 그 때문에 부모가 잡지를 가지런히 쌓으라든지, 걸레를 주면서 먼지를 닦으라고 하든지, 빨래 뭉치를 가리키면서 세탁실로 가져가 흰색과 다른 색깔의 옷을 구분하라고 시키면 좋아한다. 그러나 시킨 대로 제대로 하리라는 기대는 하지 말아야 한다. 이렇게 아이들이 참여하고 거들면서, 아이들은 일을 수행할 수 있는 자신감과, 지시를 따르고 이런 지시를 따를 가치가 있다는 신뢰감을 쌓을 수 있다.

2) 초등학생

초등학생쯤 되면 집안의 여러 가지 일을 많이 거들 수 있다. 예를 들면, 주방과 연관된 일을 살펴보자. 승용차에 싣고 온 식료품을 들고 와 포장을 풀어 가지런히 놓고, 식탁을 차리거나 치우고, 식기세척기에 접시를 넣거나 꺼내는 일을 할 수 있다.

한 가지 일을 단순한 형태별로 나눠 시킬 수도 있다. 예를 들면, 식료품을 포장지에서 꺼낸 뒤 냉장고의 냉동실과 냉장실에 들어갈 것과 식료품 저장실에 넣을 것, 그 밖의 것으로 분류하도록 아이들에게 시킬 수 있다. 그런 다음 식료품을 보관할 제자리에 갖다 놓게 한다. 가령 채소와 과일은 보통 냉장고의 아랫부분에 저장하는데, 자녀에게 그곳에 넣게 한다. 자녀가 초등학교 고학년이어서 키가 좀 크면 우유나 주스처럼 냉장고 윗부분에 저장할 수 있는 식품을 정리하게 한다. 나이가 어린 편이면 식료품 보따리를 좀 큰 보따리에 그대로 넣어 두게 하는 것이 좋다. 그래야 나중에 아이에게 꺼내오도록 시킬 때 손쉽게 찾을 수 있기 때문이다. 초등학생 자녀에게 제대로 깔끔하게 정리하고 보관하리라는 기대를 해서는 안 된다. 아이들에게 이런 일을 시키고 일일이 간섭하게 되면 아이들이 아무런 재미를 못 느낀다. 아이들은 부모처럼 깔끔하게 일을 하지 못한다는 점을 받아들이고 그대로 내버려 두면 시간이 흐를수록 조금씩 나아진다.

주방에서 무언가를 엎질렀을 때가 아이에게 '협력하는' 마음가짐을 가르칠 수 있는 좋은 기회가 된다. 무언가를 엎지르게 되면 가까이에 있는 아이를 불러 "좀 도와다오"라고 말한다. 그럴 때 처음에는 아이들이 어떻게 도와야 할지 몰라 쩔쩔매기 쉽다. 따라서 구체적으로 지시해서 돕게 한다. 가령 스펀지를 이용해 주스를 닦아 내라고 하든지, 현관 신발장에서 빗자루와 쓰레받기를 가져와 쏟은 것을 쓸어 담으라고 말한다. 이때 부모는 쓰레기통을 열고 기다리는 식으로 함께 움직이는 모습을 보여야 한다. 그리고 일이 끝날 때까지 가만히 보고 있거나 쉬면 안 된다. 그다음 "깔끔하게 치웠네"라고 만족감을 표시하고 고맙다는 말도 빠뜨리지 않는다. 이때 과도한 칭찬을 삼가야 한다는 것을 유의해야 한다. 자녀가 마치 에베레스트 정상이라도 정복한 양 호들갑을 떨어선 안 되고 그냥 눈을 마주보며 미소를 짓거나 어깨를 두드리며 부드러운 말로 "고맙구나"라고 한마디 하는 것으로 그친다. 자녀에게 이런 식으로 따뜻함을 전하면 자녀는 그런 칭찬을 다시 받고 싶어 할 것이다.

3) 중학생

중학생쯤 되면 집 바깥에서 이런저런 일을 할 수 있다. 다만 오지랖 넓은 이웃사람이 자녀를 '방치'한다고 걱정할 정도의 일은 피하는 것이 좋다. 집 바깥의 일이라면 날씨 좋은 날 세차를 시킨다든지 집 앞길의 눈을 치우게 할 수 있다. 또 앞마당에서 잡초를 뽑거나 진입로 쪽의 흙더미를 화단으로 옮기는 일, 낙엽을 치우는 일, 핼러윈 축제 때 쓰고 버려 이젠 썩어 버린 호박덩이를 퇴비장으로 치우는 일, 성탄절을 앞두고 여러 장식품을 다는 일 등을 시킬 수 있다. 자전거를 타고 동네 편의점에 가서 필요한 물품을 사 오도록 심부름을 시킬 수도 있다. 그러나 중학생이 되도록 집 안팎의 허드렛일을 시키지 않다가 뒤늦게 일을 시키면 반발을 살 수 있다. 그렇게 되면 부모는 놀란 표정을 짓거나 "뭐라고?" 또는 "왜?"라고 반문하면서 못 하겠다는 이유가 무엇인지 말해 보라고 말한다. 그때 자녀의 변명이 타당하지 않다면 그대로 일을 시켜야 한다. 구구하게 이야기할 것 없이 그냥 "네가 도와줘야겠다"라고만 말하면 된다. 부모들은 대개 일종의 유인책을 쓰면 자녀를 움직이게 만드는 데 도움이 된다고 생각한다. 가령 이런 식이다. "네 도움이 필요하단다. 먼저 낙엽을 긁어모아 치운 다음 문구점에 가서 네가 숙제하는 데 필요한 재료를 사자."

사람이 살다 보면 온갖 힘들고 험한 일에 부딪치게 마련인데, 직업윤리를 배우는 좋은 방법이 그런 따분하고 기분 나쁜 일을 감당하고 겪어 나가는 것이다. 무언가가 쏟아졌다면 누군가가 그것을 치우고 닦아야 한다. 또 쓰레기통과 재활용통을 비워야 하고, 개미가 집 안으로 들어오지 못하게 막아야 하며, 물이 새 곰팡이가 핀 상자들을 모두 들어내야 하고, 개똥을 치워야 한다. 이런 일이야 중학생 자녀가 할 수 있지 않은가? 그런 일을 하면 물론 고맙다고 말하는 걸 잊어서는 안 된다. 그러나 초등학생과 마찬가지로 칭찬이 지나쳐서는 안 되고, 그냥 진심으로 이렇게 말하면 된다. "고맙구나. 그 일이 험한 줄 안다. 고맙다."

중학생쯤 되면 아이가 직업윤리를 조금 더 배울 수 있도록 시도해 볼 수 있다. 가령, 아이가 다음에 할 일을 일러 줄 때까지 기다리지 않고, 자신이 처리한 일과 연관된 다음 단계의 일이나 그 일과 오래 계속 맞물려 있는 일이 어떤 것인지를 생각해 보게 하는 것이다. 이를 위해 다음과 같이 물을 수 있다. "다음번에는 쓰레기통이 넘치지 않았으면 좋겠구나. 그러면 어떻게 해야 할까?" 또는 "화장실의 화장지가 떨어지는 일이 계속되고 있는데, 어떻게 하면 될까?" 다음 단계의 일에 미리 대책을 세울 수 있는 능력은 사회생활을 하는 시민과 근로자로서 아이가 성공을 거두는 데 매우 중요하다. 아이가 다음 단계에 무슨 일을 해야 하는지 모르는 눈치라면 다음 단계가 무엇이라고 생각하는지 물어본다. 이때 아이를 위한 점검표를 만들어 다음 단계를 미리 알려 주고 싶은 유혹을 떨쳐 버려야 한다.

4) 고등학생

고등학생이 되면 덩치가 커져서 부모가 하는 일은 대부분 감당할 수 있다. 또 기계를 다루거나 높은 곳에서 하는 작업, 그 밖의 다른 위험한 일도 처리할 수 있다. 집에서는 냉장고도 청소할 수 있다(오래된 음식이나 식료품을 들어내고, 내부와 받침들을 깨끗하게 닦을 수 있다). 오븐이나 전자레인지, 스토브를 깨끗이 닦을 수 있다. 또 진공청소기의 먼지 주머니를 새 것으로 바꿀 수도 있다. 집 바깥에서는 창문을 닦고, 잔디를 깎으며, 지붕에 올라가 배수구를 씻을 수 있다.

고등학생 자녀가 땀 흘리는 모습을 보고 싶다면, 성탄절 트리를 집 앞 길가로 옮기게 하거나, 망치와 못을 들고 부모와 함께 담장을 고치게 하면 된다. 또 다락방이나 차고를 정리하고 꾸미는 일을 거들게 할 수도 있다. 이처럼 힘을 쓰게 만드는 일을 자주 시키면 자녀의 집중력을 강화시킬 뿐만 아니라 체력이나 근력을 키워 주고, 또 육체적으로 벅찬 일을 했다는 자부심을 느끼게 할 수도 있다.

직업윤리란 소매를 걷어붙이고 해야 할 일을 하며, 그 일과 연관된 다음 단계를 예상하면서 어떤 요청이 올 때까지 기다리지 않고 먼저 사전 대책을 세우는 진취적 태도를 보이는 것이다. 이웃집 할머니가 아침마다 신문을 들여놓거나 쓰레기통을 길가에 내다 놓는 데 힘이 들어 쩔쩔매지 않는가? 그렇다면 부모는 자신이 이웃 사람을 도왔던 시절이 있었음을 10대 자녀에게 들려줌으로써 이들도 부모나 이웃의 삶에 도움이 될 만한 방법을 찾도록 할 수 있다.

부모의 권리이자 책임을 회피하지 말아야 한다

1. 모범을 보인다. 소파에 느긋이 기대 앉아 있으면서 자녀에게 가서 일하라고 말하지 말라. 직업윤리를 가르치는 가장 좋은 방법은 모범을 보이는 것이다. 같은 식구라면 어떤 일을 할 때 나이나 성별, 직위에 관계없이 모두 힘을 합쳐야 한다. 부모가 일하는 모습을 자녀에게 보인 뒤 거들라고 말한다. 주방이나 마당, 차고에서 무슨 일을 시작하려 한다면 자녀를 불러 "이 일을 하려면 네 도움이 필요하구나"라고 말한다.

2. 자녀의 도움을 기대한다. 부모는 자녀의 개인비서가 아니다. 부모는 자녀가 만난 맨 첫 번째 교사다. 자녀에게 직업윤리를 조금씩 가르치는 데 가장 큰 장애가 바로 부모 자신일지 모른다. 특히 여러 형태의 양육 방식 중 관대한 부모 타입으로, 자녀들이 숙제와 과외 활동으로 매우 바쁘다는 점을 잘 안다는 구실을 내세워 아이들에게 행복감과 즐거움을 안겨 주는 데 지나치게 신경을 쓰는 경향이 있는 부모들이 그렇다. 그러나 부모가 자녀를 키워서 내보내고자 하는 성년의 현실 세계는 집 안팎의 허드렛일을

하면서 배울 수 있는 생활 요령이 적잖이 필요하다. 그런 허드렛일은 취업했을 때 겪는 '지루하고 고된 일'의 사전 체험이 되겠지만 이런 일을 통해 '주위의 호감을 사고' 승진을 기약할 수 있다. 자녀들이 어떤 일을 하라는 지시를 받는 것을 싫어하고, 또 그런 지시를 받았을 때 누군가와 통화 중이거나 다른 사무기기 앞에서 다른 업무를 처리하고 있을 수도 있겠지만, 일단 지시 받은 업무를 처리하고 나면 성취감을 맛보게 될 것이다.

3. 사과를 하지도, 시시콜콜하게 설명하지도 말라. 오늘날 중·상류층 가정의 자녀 양육에서 엿볼 수 있는 한 가지 특징은 부모가 끊임없이 이야기를 한다는 것이다. 학교에서 생활한 이야기를 나누면서 그날 하루 자녀가 경험하고 배운 것이 무엇인지를 털어놓게 하는 것은 앞 장에서 다룬 비판적 사고능력을 기르는 효과적인 방법이다. 또한 어떤 문제를 놓고 이야기를 나누는 것은 자녀가 어떤 결정을 내리도록 유도하는 데 도움이 될 뿐만 아니라 자녀에게 부모의 관심을 드러내는 수단이 되기도 한다. 이런 모습은 권위적 양육 방식의 한 가지 특징이기도 하다. 한편 자녀에게 허드렛일을 시키는 것은 권위적 부모가 자녀에게 가정의 규율과 가치관을 분명하게 설명해 줄 수 있는 계기가 된다. 그러나 부모가 허드렛일을 도와 달라고 요청하는 이유나 그런 일을 자녀가 싫어한다는 것을 어떻게 아는지, 그래도 그런 일을 왜 해야 하는지, 또 그런 부탁을 하면서 왜 부모의 마음이 언짢아지는지 따위를 자식들에게 시시콜콜 이야기할 필요도 없고, 또 이야기해도 별다른 도움도 되지 않는다. 지나친 설명은 부모의 요청을 정당화하려 하는 것처럼 비치게 만들 뿐이다. 또 도와 달라고 요청할 때나 아니면 도움을 받고 있을 때나 받고 난 뒤에 미안하다고 말을 하면, 자녀에게 도움을 부탁할 권리와 책임이 있는 부모의 체면이 깎이게 된다. 자녀에

게 그런 일을 시키면 당장은 불평을 늘어놓을지 모르겠으나 나중에는 부모에게 고맙다고 느낄 것이다.

4. 간단하면서도 명확하게 지시를 내린다. 시킬 일을 생각한 뒤 명확하게 전한다. 자녀가 그 일을 처음 한다면 그 과정을 설명해 줘야 한다. 그리고 일을 하는 자녀 주변에서 얼쩡거리지 말아야 한다. 시시콜콜 잔소리도 하지 말아야 한다. 또한 자녀가 부모의 뜻대로 정확하게 그 일을 하게 만들겠다고 애쓰지 않아야 한다. 나중에 부모가 제대로 바로잡아서 하면 된다. 곁에서 간섭을 하고, "이렇게 해 봐라, 저렇게 해 봐라"라고 잔소리를 하면 자녀가 스스로 하는 방법을 배우지 못한다. 그렇게 되면 성취감을 느끼지도, 다시 하거나 더 해 보고 싶은 욕구도 느끼지 못한다. 또 부모가 곁에 붙어 서서 다음에 해야 할 일을 꼼꼼하게 지시한다면 자녀가 다음 단계의 작업에 대비하는 방법을 배우지 못한다. 그런 과정을 통해 시행착오를 겪으면서 배우게 된다. 그런 상황에서는 자녀에게 이렇게 말한다. "일이 끝나면 나에게 알려 다오. 그러면 와서 보겠다." 이처럼 시키는 일이 다소 위험해 감독이 필요한 경우가 아니라면 자녀 곁에 있을 필요가 없다.

5. 적절한 수준으로 고마움을 나타내면서 반응을 보인다. 지나친 칭찬은 피한다. 자녀가 쓰레기를 치우거나 식사를 마친 뒤 그릇을 치우거나 또는 개밥을 주는 등의 간단한 일을 거들 때 "잘했어!"나 "최고야!"라고 과도한 칭찬을 해 주기 쉽다. 그러나 이럴 때는 "고맙구나"나 "잘하네"라는 정도의 간단하면서도 정감 어린 반응이면 충분하다. 과도한 칭찬은 자녀가 정말 노력을 많이 했거나 눈에 띌 정도의 성과를 냈을 때를 위해서라도 아껴 둬야 한다.

자녀들이 일을 버젓이 잘할 가능성이 있고, 경우에 따라서는 굉장히 잘할 수도 있겠지만, 그럼에도 더 잘할 수 있는 방법이 어떤 건지 발전적으로 의견을 건넬 필요가 있다. 나중에 취업했을 때도 무언가를 개선하는 방법을 놓고 발전적인 의견을 주고받는 일은 필요하다. 내 친구 중에 구글에서 밀레니얼 세대로 구성된 팀을 이끄는 고위 관리자로 일하는 친구가 있다. 그가 어쩌다가 한 번씩 젊은 부하 직원에게 발전적인 의견을 제시하면 이런 소리를 듣는다. "네? 전 절대 아닙니다. 전 지금까지 그런 반응이나 충고를 받아 본 적이 없습니다. 문제는 분명 당신이나 구글에 있습니다." 자녀가 직장에서 처음 받는 실적 평가가, 자녀가 처음 받아 보는 발전적 피드백이어서는 안 된다.

자녀에게 허드렛일을 시키다 보면 한두 가지 실수를 해서 다음번에 바로잡아야 할 일들이 생기게 된다. 가령 이런 지적을 받는 경우다. "쓰레기 봉지를 이렇게 들고 있으면 쓰레기가 덜 떨어진단다" 또는 "이 회색 셔츠에 생긴 얼룩이 보이지? 새로 산 청바지를 이 셔츠와 함께 세탁기에 넣고 돌렸기 때문이란다. 새 청바지를 처음 빨 때는 그 바지 하나만 따로 세탁하는 것이 좋단다. 그렇게 안 하면 이렇게 물이 빠져 다른 세탁물에 얼룩이 생기거든."

또 자녀가 어떤 일을 제대로 마치지 못했거나 끝내긴 했지만 제대로 하지 못했다면 그런 점을 지적해야 한다. 가령 이렇게 말이다. "식사가 끝나고 뒤처리 솜씨로는 괜찮았어. 접시 닦는 것을 지켜보았는데, 그런 그릇들은 손으로 직접 닦아야 하고 싱크대도 깨끗이 닦아야 한단다." 이런 말을 할 때는 화가 나서 말하는 것이 아니라 모르는 것을 가르쳐 주려고 한다는 것을 보여 주기 위해 미소를 지으면서 부드럽게 이야기하고 곧바로 돌아서서 하던 일을 계속하는 것이 좋다.

자녀가 집안 허드렛일을 돕는 데 익숙해져 시키지 않아도 일을 알아서 돕기 시작한다면 그때그때 적당한 말이나 눈 맞춤, 또는 몸짓으로 "어떤 일을 돕고 있는지 내가 지켜보았는데, 정말 고맙구나"라는 뜻을 전한다. 이쯤 되면 그런 정도의 의사표시로 충분하다. 길게 이야기하지 말고 자녀가 그 뜻을 알거나 느낄 수 있을 정도로만 짧게 말하고 하던 일로 되돌아가는 것이 좋다. 그러면 자녀는 속으로 흐뭇한 미소를 지을 것이다.

6. 상례화한다. 어떤 허드렛일이 날마다, 주마다, 또는 계절별로 되풀이되는 일이라면 자녀들은 이런 한 가지 사실을 실감하면서 익숙해지게 된다. 즉 어떤 일은 평생 동안 늘 해야 하며, 또 그런 일에 힘을 보태 거들게 되면 자신이 쓸모 있다는 유쾌한 기분이 들면서 능력도 인정받을 것이라는 점 말이다. 세월이 흐르다 보면 부모가 자녀에게 "네가 힘을 보태 나를 도와줘서 기분이 좋구나"라고 이야기할 경우도 있고, 반대로 자녀가 어떤 일을 하면서 힘들어 쩔쩔맬 때 부모가 그 일을 도와줄 때도 있다. 자녀는 이런 과정을 겪으며 가족이나 친구, 이웃, 또는 함께 일하는 사람이 필요로 할 때 '힘을 보태 주는' 방법을 찾아보기 시작할 것이다.

꿈을 이루기 위해 전력투구해야

스티븐 파커스트는 자신이 제작한 비디오를 통해 밀레니얼 세대를 비판하는 미디어들의 태도에 동의할 수 없다는 반응을 보였다. 스티븐은 주변 동료들의 행태를 지켜보며 자신이 속한 밀레니얼 세대에 대한 세간의 비평에 조금은 진실이 담겨 있음을 알았다. "맞아요, 우리에게 특권의식이 있어요. 제 자신이 그런 의식을 갖고 있죠." 스티븐이 나에게 한 말이다. 스티븐의 부모는 그가 자신을 믿기만 하면 무슨 일이든 할 수 있다고 늘 강조했다. 한동안 그는 그 말이 정말 진실인 양 생각하고 또 행동했다. 그는 자존심으로 가득 찼지만 직업윤리 같은 것은 찾아볼 수 없었다. 그런 태도로 오래 버텨 나갈 수는 없었다.

"처음 대학을 졸업한 뒤 저는 제 영화로 성공해 보겠다고 여러 일자리를 전전했지만 뜻대로 되는 일이 하나도 없었어요. 그러자 저는 제가 사는 이 세상에 문제가 있는 것이지 제가 문제가 아니고, 또 아직 제가 제자리를 찾지 못했을 뿐이라는 식으로 생각을 하게 되었어요. 이런 생각을 했던 기억도 나네요. '내가 벌써 25살이다! 그런데 내가 아직까지 왜 유명한 감독이 되지 못한 걸까?' 우리는 주변의 기대에 걸맞은 대학에 들어갔고 열심히 공부했는데도 우리가 마땅히 받아야 한다고 생각하는 그런 보답을 곧바로 받지 못했어요."

2009년 4월, 금융시장이 붕괴된 직후에 스티븐은 모든 것을 포기하고 고향인 메인 주 포틀랜드로 돌아갔다. 그는 일단 영화 제작의 꿈을 접어두고 생계를 위해 어느 호텔의 직원(보이)으로 취업했다. 2년 뒤에 문득 그의 머릿속에 나이 40살에도 여전히 보이 노릇을 하고 있으리라는 끔찍한 생각이 들었다.

스티븐은 또 다른 사람의 호화 승용차를 주차시켜 주면서 절망감에 빠져 있는 순간 이런 생각을 머리에 떠올렸다. 즉 영화 제작으로 성공을 거두는 일이 그에게 저절로 찾아오지 않는다는 사실 말이다. "제가 스스로 '탁월한 능력을 가지고 있다'고 아무리 생각해도 그것에 관심을 기울여 주는 사람은 없었어요. 호텔 보이로 일하는 동안 저는 이런 사실을 깨달았어요. 저의 대단한 명민함을 누군가 다른 사람들이 알아봐 주기를 기다릴 것이 아니라 그보다 훨씬 큰 계획을 가지고 있어야 한다는 것을요."

스티븐은 뉴욕으로 이주해 딜럭스사의 디지털 기술자이자 영사 기술자로 영화산업 부문에서 일하면서 인맥을 넓히고 능력을 쌓았다. 그는 누군가 다른 사람의 작품을 위해 이면에서 일하기보다는 생계수단으로 자신의 영화를 만드는 데 힘을 쏟긴 했지만, 다른 한편으로 영화 제작자가 되겠다는 꿈과 계획을 실현하려면 많은 노력을 기울여야 한다는 점을 새삼 깨달았다. 그에 따라 그의 꿈과 계획은 현재 조금씩 이뤄지고 있다. 그는 상환하지 못한 학자금 대출이 아직 많이 남아 있지만 애인과 함께 뉴욕에서 가꿔 나가는 삶과 딜럭스사 근무, 그리고 자신의 영화를 제작하는 일에 두루 만족하고 있다. "전 이제 제 길로 들어섰다는 느낌이 들어요. 지난 몇 년 동안은 전혀 길이 보이지 않아 황야에서 계속 돌부리에 걸려 넘어지기만 했어요. 이제 '내가 나갈 길이 어디 있는가?' 대신에 '나갈 길이 눈앞에 펼쳐져 있다'라는 기분이 듭니다."

취업 과정에서 시험받는 직업윤리

스티븐은 존중받고 높은 직위에 오르기 위해 지루하고 힘든 일을 마다하지 않을 생각이다. 알렉사 걸리포드는 스티븐 같은 젊은 고용인들이 더 많았으면 좋겠다는 뜻을 밝혔다. 알렉사는 인력소개회사인 그루프 인서치Groupe Insearch의 전무로 일하고 있다. 이 회사는 졸업한 지 얼마 안 되는 젊은이들을 샌프란시스코 만안지구에 있는 첨단기술회사와 금융서비스 업체, 기업형 소매업체 등의 지원 부서에 소개, 취업시키는 역할을 하고 있다(몇몇 업체를 꼽아 보면, 트위터, Salesforce.com, 밴처캐피탈 업체, 헤지펀드사, 세포라, 레스토레이션 하드웨어 등이 있다). 이런 기업들은 뛰어난 젊은이들을 경력직이 아닌, 신입사원으로 채용하기를 바라기 때문에 알렉사는 지원자들을 '가려내고 선발하는' 역할을 담당하고 있다. 그런데 면접 과정에서 (행정업무 같은) '따분하고 힘든 업무' 이야기가 나오면 눈알을 굴리며 싫어하는 기색을 보이는 지원자들이 매우 많다는 것이 알렉사의 하소연이다. 사실 알렉사와 고객 기업들이 찾는 사람은 소매를 걷어붙이고 힘을 합치는 열의를 보이는 젊은이다.

알렉사는 그동안 자신이 관찰한 결과와 고객 기업들의 반응을 바탕으로 젊은 구직자들이 직업윤리를 과시할 수 있는 비결을 밝혔다.

1. 일 자체에 관심을 기울인다. "좋습니다. 관리부서에서 일해도 괜찮습니다"라는 식으로 이야기를 하지 말고, "관리부서 업무를 확실하게 해낼 생각입니다"라거나 "이 일자리와 그곳에서 수행할 업무 때문에 가슴이 크게 설렙니다"라고 말한다.

2. 기회만을 노린다는 인상을 피한다. 이 일자리가 기회를 얻기 위해 기꺼이 먹어야 할 약이라는 식의 인상을 풍겨서는 안 된다. 특히 기회를 노린다는 의미가 내포된 "문지방에 발을 걸친 채foot in the door"라는 말은 입에 올려서는 안 된다. 면접의 대상이 되는 부처의 업무보다는 승진과 장래의 일에만 신경을 쓴다는 인상을 주기 십상이기 때문이다. 기회만을 노리는 지원자를 채용하려는 사람은 아무도 없다.

3. 일단 취업이 되면 진취적인 자세로 앞장서서 한다. 다음 단계에 취할 대책이 어떤 것인지를 예상할 수 있어야 한다. 가령 이런 식으로 생각해 볼 수 있다. "상사가 이 회의를 위해 X를 준비해 달라고 요청했다. 나는 그 뒤에 Y와 Z까지 해야 한다." 알렉사는 취업한 사람이 "다음에 무슨 일

이 벌어질지 알고 있고, 그에 따라 한 걸음 앞서 나가는 방법도 안다"고 속으로 생각하지 못한다면 그의 앞길은 막히게 될 것이라고 지적했다.

나는 알렉사의 인력 소개 활동이나 체험을 들으면서 유년기 때 점검표를 만들어 자녀를 이끌어 주는 것이 초등학교 3학년이나 중학교 2학년까지도 도움이 될 수 있겠지만 그 이후까지 그런 방식을 계속 이어 간다면 이들에게 자칫, 지루하고 힘든 일은 늘 누군가가 나서서 해 주고 또 다음 단계에서 할 일도 늘 챙겨 준다고 믿게 만들어, 나중에 그런 도움이 사라졌을 때는 길을 잃고 헤매게 되리라는 점을 알게 되었다. 이런 속마음을 알아챘는지, 알렉사는 이렇게 덧붙였다. "아이들이 어떤 신호가 오기를 기다리게 가르친 것은 바로 부모들입니다. 아이들은 지시를 기다립니다. 그런 가르침을 받으며 자란 젊은이들의 마음가짐은 고용주들이 원하는 것과 거리가 멉니다."

가정에서 열심히 노력한 사람이 직장에서 승진할 수 있다

25살이며 밀레니얼 세대인 한나는 고용주들이 원하는 마음가짐을 그대로 갖추고 있는 젊은이다. 한나는 듀크 대학에서 정치학을 전공한 뒤 텍사스의 어느 금융서비스 업체에 입사해, 짧은 기간에 여러 차례 승진을 기듭해서 현재 이 회사의 고위 프로젝트 매니저로 활동하고 있다. 그는 나에게 "대학에 들어갈 때까지 저를 키운 부모의 양육 방식이 어떻게 다른지를 몰랐어요"라고 말했다. 그는 샌프란시스코 만안지구에 사는 부유한 집안의 세 자녀 중 맏이로 태어났다. 형편이 넉넉한 탓에 허드렛일을 누군가 다른 사람이 해 줄 수 있었지만 실제로는 그렇지 않았다. "우리 부모님은 저와 제 동생들이 철저하게 독립심을 갖도록 키웠어요. 두 분은 우리들에게 허드렛일을 많이 시켰고, 무슨 일이건 늘 다른 사람의 도움을 받지 않고 스스로 해야 값지다는 점을 가르쳤어요." 한나는 대학에 들어가서, 부모들이 비행기를 타고 달려와 자녀의 기숙사를 꾸며 주고 식료품을 사 주고 세탁기를 돌려 주는 등 '동료 학생들을 응석받이처럼' 대하는 것을 보았다.

한나는 듀크 대학 졸업반이 되자 취업 지원 절차를 밟기 시작했다. 먼저 스포츠 경기를 대규모로 후원하는 업체를 지원 대상 회사로 한정시킨 다음 취업이 되면 어떤 일이든지 마다하지 않고 열심히 하기로 마음먹었다. 부모에게 자신이 쓴 이력서를 한 번 보여 준 것 말고는 모든 절차를 스스로 밟아 나갔고, 자기 자신의 실력으로 취업에 성공했다. 한나의 여러 친구들은 부모의 연줄을 이용해 일자리 얻는 것을 당연하게 생각했다. "오늘날의 경제 현실에 비춰 볼 때 그런 식의 취업을 나쁘다고 할 수도 없지만 저는 제 힘으로 취업하고 제 힘으로 성공하며, 또 처음부터 제 생활비를 스스로 부담하는 것을 중요하게 생각했어요." 이런 말을 할 때 그의 목소리에는 자심감이 가득했다. "이와 대조적으로 부모님이 집세와 자동차 보험료를 대신 내 주는 꽤 많은 친구들은 성년으로 넘어가기 전에 누렸던 편안함을 그대로 누릴 수 있었어요. 이들은 성년이 되면서 감당해야 할 여러 가지 스트레스나 어려움을 겪지 않고 넘어갔죠."

한나는 직장에서는 "성년으로 넘어가는 과정"에 있다는 것을 좋은 조짐으로 받아들이지 않는다는 것을 잘 알고 있다. "만약 젊은이들이 밀레니얼 세대 특유의 상투성에 딱 들어맞는 형태대로 행동하기 시작한다면 직장에서 발전을 해 나가는 데 장애가 될 거예요. 사람이 유년기에 부모의 뒷받침을 많이 받으면 직장에서 특권의식을 갖는다는 것은 상호 연관성이 있는 것 같아요. 어릴 때 허드렛일을 하지 않으면서 자랐거나 부모가 힘든 일은 무엇이건 도와주었다면 이런 자녀는 직장에서 처음으로 그런 따분하고 힘든 일을 겪는 셈이에요."

내가 한나에게 어린 시절에 했던 허드렛일이 어떤 것이냐고 묻자 한나는 이렇게 열거했다. "아침에 일어나면 침대 정리하기, 장난감이나 책 정리하기, 빨래하기, 식탁 차림과 저녁 식사 준비하기, 세탁기 돌리는 일 거들기, 잡초 뽑기와 나무에 물 주기, 정원 손질 거들기, (운전면허를 딴 뒤에는) 어머니 심부름하기, 창문 닦기, 봄철 대청소하기, 창고 청소하기, 세차하기 같은 것들이에요."

한나는 이렇게 말을 이었다. "어려운 시기에 잘 대처하면서 상사나 동료에게 자신의 능력을 과시할 기회는 현장에 있음에도 다른 길로 가는 사람들이 있어요." 한나의 친구 중에는 "다른 길을 찾아 나가다가" 졸업한 지 불과 18개월 만에 벌써 세 번째 직장에서 일하고 있는 친구들도 있었다. "이들은 하는 일이 마땅찮아 직장을 박차고 나왔어요. 이들은 첫 직장이 신입이기 때문에 배우는 데 주력해야 한다는 생각을 하지 못하는 모양이에요. 그렇다면 한층 분발하든지 아니면 직장을 옮겨 다녀도 계속 부족한 생계비를 지원해 주는 부모를 곁에 두든지 해야 할 거예요."

"저와 함께 일하는 제 또래의 어느 동료는 자존감이 대단했어요. 그는 열심히 일하지도 않으면서 어지간한 일은 다른 사람에게 넘겨 버리고, 또 현재 담당하는 업무가 자신의 능력을 제대로 발휘하지 못하게 한다고 생각했어요. 이 동료는 승진 시기가 되었을 때 승진에 탈락해 큰 충격을 받았어요. 그런 일이 있은 뒤 한두 주일 동안 부루퉁한 표정으로 지내던 동료는 계속 오후 2~3시쯤에 퇴근을 했어요. 그가 일은 열심히 안 하면서 어린아이처럼 골난 표정을 짓고 있으니 상사의 눈에도 곱게 비칠 리 없었죠.

동료의 부모는 이런 행태를 만류하는 것이 아니라 오히려 부추기는 식으로 이렇게 말했어요. '바라는 것을 얻지 못한다면 그냥 때려치우면 돼.' 동료는 자신의 일에 온몸을 던져야 한다는 가르침을 받은 적이 없었어요. 부모는 늘 딸에게 '네가 놀랍고 멋지고 최고'라는 칭찬만을 들려주었거든요. 그 때문에 자신의 능력을 동료들과 냉정하게 비교, 평가해 보는 안목이 완전히 왜곡되었던 거죠."

이 동료가 계속 뚱한 표정을 짓고 있는 동안 한나의 책임은 점차 더 무거워졌다. 그는 가끔씩 지원자 면접을 곁에서 참관했다. 이 회사는 지원자가 무엇을 원하는지를 스스로 잘 알고 그런 것을 해내기 위해 열심히 일하는 사람을 가려 뽑고자 했다. 바로 제2의 한나를 채용하고자 했다.

17장
스스로 자신의 진로를 찾게 만든다

저는 아들에게 강요할 수 있지만, 그런 강요에 반발하는 요령만은 아들이 터득하지
않기를 바랍니다.

—세바스티안 스런(유다시티의 공동창업자이자 CEO,
구글 무인자동차와 구글 글래스 개발자)

나중에 커서 무엇이 되고 싶니? 대학에 가면 무슨 공부를 할 거냐? 어린아
이나 대학 진학을 꿈꾸는 학생들에게 어른들이 계속 던지는 질문들이다.
어른들은 이런 질문에 대한 답변을 듣고 만족한 듯 환한 표정을 짓거나 짐
짓 놀라는 표정을 내보이거나, 아니면 언짢은 표정을 짓기도 한다. 대답하
는 상대가 낯선 청소년이더라도 어느 진로가 바람직하고 어떤 것이 달갑
잖은지를 사람들은 잘 안다고 확신한다.

나는 내 딸이 다니는 유치원 선생이 내게 딸아이 그림 솜씨가 대단하다
고 칭찬할 때 속으로는 '아, 그런가요…… 그렇지만 대학 들어가는 데 별
도움이 안 되는데'라고 생각했던 점을 독자 여러분에게 이미 고백했다. 그
때 내 딸 애버리는 4살밖에 안 되었지만 그 아이가 '해야 할 일'은 이미 내
마음속에 새겨져 있었다. 내가 애버리의 예술적 재능을 무시하면서, 그것
이 딸아이에게 얼마나 큰 해독이 되었을지 아직도 제대로 이해하지 못했
다. 그러나 얼마 뒤 스탠퍼드 대학의 신입생 학생과장으로 일하면서 내 생
각이 잘못되었음을 깨달았다. 나는 굉장히 많은 신입생들과 마주 앉아 공

부나 진로에 대한 '모든 사람들'의 기대가 무거운 짐이 된다는 점을 설명했다. 그런 다음 "그렇다면 학생이 진정으로 하고 싶은 것은 무엇인가?"라고 물으면 많은 학생들이 눈물부터 보였다. 나는 학생들과 공식적으로 상담하거나 자유롭게 대화를 나눌 때 주문처럼 되뇌는 말이 있다. 그중 하나가 "내면의 소리를 찾고 그 내용을 존중하라"는 것이다. 그런 다음 이런 식으로 말을 이어 나갔다. "이 세상에서 무엇이 되고자 하고 무슨 일을 하고자 하느냐는 자신에게 달려 있다. 자신이 진정으로 중요하다고 생각하는 것이 무엇인지를 알아내는 실마리는 자신의 내면을 들여다보면서 찾아야 한다. 그리고 그렇게 되고 그렇게 하도록 내면의 소리를 받아들여야 한다."

그리고 나는 집에 돌아오면 180도 달라졌다. 나는 딸이나 아들이 (의사나 변호사, 교사, 사업가 등등처럼) 특정한 인물이 되었으면 하는 기대를 접었다. 나는 또 남매를 내가 조심스럽게 가지를 쳐 내 원하는 모양으로 꾸밀 수 있는 조그만 분재처럼 생각하지 않기로 했다. 그 대신 두 아이를 종류를 알 수 없는 야생화처럼 다루기 시작했다. 알맞은 자양분을 주고, 적당한 환경을 갖춰 주면 독특하면서도 눈부신 아름다움을 뽐낼 그런 야생화처럼 보았다. 나는 먼저 내가 맡은 신입생들과 마찬가지로 우리 아이들도, 스탠퍼드 대학 교육학 교수이자 스탠퍼드사춘기연구센터의 책임자인 윌리엄 ('빌') 데이먼이 말하는 이른바 '목적의식'을 찾게 될 것이라는 희망을 갖기 시작했다.

목적의 중요성

데이먼 교수의 연구 결과에 따르면, 목적의식이야말로 인생에서 행복을 이루고 만족감을 얻는 필수 요인이다. 그는 목적이란 사람의 '궁극적인 관심사ultimate concern'라고 정의하면서, 이런 목적은 나아가 "내가 왜 이 일을 하고 있는가?" "이것이 무엇 때문에 나에게 중요한가?" 같은 질문에 최종적인 해답을 제시해 준다고 한다. 데이먼은 시험에서 평점 A를 받는다거나, 댄스파티에 가서 데이트를 즐긴다거나, 새로운 첨단기술을 개발하거나, 또는 팀에 추가 득점을 안겨 준다거나, 특정한 대학에 입학한다는 식의 단기적인 욕구를 목적과 구별한다. 그는 단기적인 욕구는 장기적인 의미를 지닐 수도, 지니지 못할 수도 있다고 지적한다. "목적은 이와 대조적으로 그 자체로 중요한 것이다."

데이먼은 2003년에 동료들과 함께 미국 전역에서 12~26살 연령층을 대상으로 4년간 '지향하는 목적'을 조사 연구하는 청소년 목적의식 프로젝트Youth Purpose Project를 시작했다. 그 결과 자신의 삶을 헌신하고자 할 정도로 의미 깊은 무엇인가를 찾아낸 청소년은 조사 대상자 중 20%에 불과했다. 또 25%는 진정으로 이루고자 하는 어떤 대상을 의식한 적이 없고, 그런 것을 찾고자 하는 뜻도 없이 그저 '시류를 좇아' 살아가는 젊은이들이었다. 나머지는 어중간한 사람들이었다. 목적을 찾아냈다는 청소년은 20%였는데, 이 수치는 데이먼이 보기에 너무 비율이 낮았다. 그는 최근에 『목적의식으로 나아가는 길: 젊은이들이 인생에서 소명을 찾아내는 방법 The Path to Purpose: How Young People Find Their Calling in Life』이라는 책을 펴냈는데, 이 책은 인간 개발을 연구하는 그의 활동이 절정에 이르렀음을 보여 주는 책이다. 이 책에서 그는 현대사회에서 허무감에 빠져 있는 젊은이들이 굉장히 많다는 점을 감안하더라도 20%라는 비율은 지나치게 낮다고 말한다.

이런 허무감은 목적을 찾는 데 관심이 부족하기 때문에 생기는 것이 아니다. 사람들이 취업을 통해 이 세상을 변화시킬 수 있도록 도움을 주는 비영리 단체인 네트 임팩트Net Impact가 2012년이 벌인 조사 결과에 따르면, 사회나 자연환경에 긍정적인 영향을 미칠 수 있는 일자리를 얻는 것이 행복한 인생에 매우 중요하거나 필수적인 요소가 될 것이라고 응답한 대학생의 비율이 72%나 되는 것으로 나타났다. 또한 2014년에 펴낸 베스트셀러 취업 안내서『20대의 약진The Quarter-Life Breakthrough』에서 수많은 젊은이들에게 삶을 목적지향적으로 돌리는 방법을 예시했던 밀레니얼 세대의 애덤 스마일리 포스울스키Adam Smiley Poswolsky는 자신과 같은 세대에 속하는 주변의 많은 젊은이들이 '의미 있는 활동'을 찾고자 하는 강한 의욕을 가지고 있다고 전한다. 포스울스키가 말하는 의미 있는 활동이란 "개개인의 정체성과 관심사가 반영된 개인적 의도를 보여 주고, 남을 돕는 데 자신의 재능을 나누며, 또 원하는 생활방식을 재정적으로 지탱할 수 있게 해 주는 것"이다. 또한 의미 있는 활동은 '평범한 활동'과 대조된다. 평범한 활동이란 자신의 가치관과 부합하지 않는 활동을 하면서 기본 생활비를 충당하며 그냥저냥 살아가는 것을 말한다. 또 경제적으로는 성공했더라도 "이 세상에 그만의 독특한 기여를 하지 못하는" 활동을 의미하기도 한다.

포스울스키는 내게 이렇게 말했다. "제가 대화를 나눠 본 많은 젊은이들은 결국 개인적으로 숙고하고 조율하기보다는 부모의 압력에 따라 진로를 결정하고 맙니다. 그 때문에 젊은이들은 혼란스러워하고 분노하고, 때로는 불행하다고 느낍니다. 부모들은 (특히 베이비붐 세대로서 겪었던 것과는 전혀 다른 취업 시장에서는) 무엇이 과연 자녀에게 최선인지를 잘 모를 수 있습니다."

나는 학생과장으로서 신입생들이 '의미 있는 활동'을 실행할 수 있는 길로 나아가는 첫걸음을 떼는 한 방편으로 그들이 추구하는 목적에 전념할 수 있도록 돕는 문제에 관심이 많았다. 나는 '주변의 모든 사람들'이 어떤 공부를 하라거나 어떤 인물이 되라고 기대한다는 생각을 떨쳐 버리라고 충고한다. 또 그냥 좋아하는 공부를 하면 주변에서도 따라온다고 강조한다.

나는 또 이렇게 설득한다. "원하는 공부를 하게 되면 여러 강의를 두루 빠짐없이 청강하고 싶은 생각이 들게 됩니다. 또 책도 많이 읽게 됩니다. 아마도 보조적인 독서에도 관심을 기울이게 될 것입니다. 토론 수업에서는 활기차게 의견을 제시할 것입니다. 미리 읽은 내용을 강의 내용과 비교하고, 교수와 토론한 결과와, 나중에 동료 학생들과 나눈 의견과 종합해서 그 주제를 분명히 인식하게 될 것입니다. 좋아하는 공부를 하면 특정 주제를 완벽하게 이해하려는 욕구가 강하기 때문에 나중에 굉장히 좋은 학점을 딸 수 있습니다. 그러나 우수한 학점을 받지 못하더라도 원하는 공부를 하면 받은 학점에 별다른 불만이 없게 되죠. 진정으로 많은 노력을 기울였기 때문입니다. 학점이 좋고 나쁨에 관계없이 이런 노력은 교수에게 깊은 인상을 심어 줘 교수가 자신의 탐구심과 굳은 의지를 매우 높게 평가하는 추천서를 써 줄 수 있게 할 것입니다. 게다가 취업 면접 과정에서는 공부한 주제에 대해 면접위원들의 감탄을 자아낼 정도의 깊이 있는 답변을 내놓을 수 있을 것입니다. 다른 사람이 뭐라고 하든 개의치 않고 자신이 좋아하는 분야를 선택해 공부할 배짱이 있다면 성공의 길로 나아갈 수 있습니다."

'드러커 인스티튜트Drucker Institute'는 클레어먼트 대학원의 사회적 기업으로, '사회를 견실하게 키우는 조직'이라는 본래의 목표에 충실한 단체이다. 이 사회적 기업의 경영책임을 맡고 있는 릭 워츠먼은 "원하는 공부를 해야 한다"는 내 지론에 공감했다. 내가 젊은이들의 인생진로와 목적의식에 대한 인식 문제를 놓고 그와 2014년에 의견을 나눌 때, 그의 딸은 대학을 막 졸업했을 즈음이었다. 탁월한 저술가였던 워츠먼은 딸이 경영관리 분야의 대가인 피터 F. 드러커Peter F. Drucker의 여러 원칙을 자신의 인생에서 어떻게 활용할 것인지를 충고하는 공개편지를 써 ≪타임≫에 실었다. 그는 이 편지에서 "네가 좋아하는 것이 네 강점을 키우게 될 것이고, 가장 큰 성공을 거둘 요인도 그 지점에서 찾게 될 가능성이 많다"고 역설했다. 그는 나와 대화하면서 이렇게 덧붙였다. "젊을 때 원하는 일을 하기 시작하면 남보다 뛰어나고 우위에 오를 수 있게끔 최대한 노력하게 됩니다. 그런 일에 훨씬 많은 시간을 들이기 때문이죠."

한편, 독일 태생의 실리콘밸리의 귀재이며, 무인자동차와 구글 글래스 개발 주역이자 무료 온라인 대학 유다시티Udacity의 공동 설립자인 세바스티안 스런Sebastian Thrun은 목적의식을 갖게 되면 행복감을 느끼고 의미 있는 활동을 할 수 있게 될 뿐만 아니라 성공하기도 한다고 믿는다. 내가 2014년 전화를 걸어 자녀 양육 문제로 의견을 묻자 그는 이렇게 대답했다. "저는 자녀 교육 문제 전문가가 아닙니다. 이 세상에는 온갖 견해가 넘쳐나는데, 그런 것을 다른 사람보다 깊이 알지 못합니다." 그는 이런 전제를 단 뒤 내게, 젊은 사람들이 진로 문제로 조언을 구할 때마다 자신의 열정을 찾아내라는 간단한 충고를 전한다고 말했다. 이 말을 듣고 나는 조금 민망했다. "자신의 열정을 찾아내라"는 말이 한때 모두가 좋아하는 철학적 규범이었지만, 지금은 마치 책 속이나 바위 밑에 있는 것을 찾아내기라도 한 것처럼, 실용적인 메시지가 되었다. 나아가 "신속하게 열정을 찾아내라!"라는 이야기를 대학 입학관리 과장에게 하기에 이르렀다. 나는 세바스티안의 이런 진부한 이야기 속에 어떤 가치가 숨어 있는지를 파악하려고 계속 이야기를 재촉했다.

"저는 내면의 소리에 귀를 기울이고, 자신의 직관적 통찰에 귀를 기울이라고 말합니다. 많은 청소년들이 내면의 감정과 완전히 단절되어 있습니다. 그 대신 이들은 '할 일을 말해 주면 그대로 하겠다'는 마음가짐에 주파수를 맞추고 있습니다. 자신이 하는 일에 열정이 있다면 직업을 찾는 데 어려움이 없을 것입니다. 그러나 자신이 하는 일에 실제로 열정을 느끼는 사람은 비교적 적은 편입니다. 열정이 있는 사람은 다른 사람보다 두 배쯤은 일을 잘할 수 있습니다. 취업을 하고 사회생활을 하면서 성공하겠다고 생각한다면 이렇게 저렇게 하라고 지시하는 사람을 주변에 두지 말아야 합니다. 하고 싶은 일이 무엇인지를 제대로 알려면 먼저 자신부터 잘 알아야 합니다.

어떻게 하면 자녀가 인생에서 온전하게 성공하도록 만들 수 있을까 하는 문제는 스탠퍼드에 입학하는 것보다 더 중요한 문제입니다. 대단한 가문에서 태어났지만 열정이 없는 사람들이 놀라울 정도로 많다는 것을 저는 알고 있습니다. 스티브 잡스나 마크 주커버그, 빌 게이츠를 보세요. 이들의 인생행로는 순탄치 않았습니다. 동시에 똑같은 역량을 갖추도록 이끄는 이런 교육방식은 고장 난 모델입니다. 부모는 누구나 자식에게 아주 잘해 주려 하고, 스스로 온갖 어려움을 견뎌 낼 각오를 가지고 있습니다. 그러나 자녀들은, 이들의 독자적인 생각이나 마음가짐, 스스로 선택한 활동에서 즐거움을 찾는 능력 따위에는 완전히 관심이 없습니다."

나는 자녀들이 원하는 것을 할 수 있는 여지가 축소되리라는 점을 놓고 릭 워츠먼과 이야기를 했는데, 이런 현상이 경제적 어려움을 가져올지도 모른다는 데 의견이 모아졌다. 그런 점은 특히 중·상류층 부모들이 좀체 삭이기 어려운 문제다. 우리 자식들이 우리보다 생활수준이 뒤지는 삶을 살아야 한다? 그렇다면 지금까지 자라면서 익숙해진 그런 생활방식을 누리지 못한다는 것이 아닌가? 부모가 사는 동네처럼 번듯한 지역에 집을 장만할 수도 없다는 것 아닌가? 그럴 가능성이 있는 셈이다. 경제상황과 생계비를 감안하면 그럴 수도 있다. 그렇다면 여기서 성공이 실제로 무엇을 의미하는지를 곰곰이 생각해 볼 필요가 있다. 자녀가 숙제나 과제물이 적어서 하고 싶은 것을 할 때의 표정을 살펴보면 기분 좋고 만족스럽고 즐겁고, 또 어떤 목적을 지향하는 것처럼 보인다. 누가 이런 표정을 보고 그것을 의미 있는 삶이 아니라고 말할 수 있겠는가?

이와 관련해 데이먼은 이렇게 말했다. "청소년들은 자신들이 선택한 목적을 향해 나아갈 길을 스스로 찾아 나간다는 인식을 가져야 하며, 이때 부모는 자녀 대신에 어떤 선택을 해 주어서는 안 된다." 데이먼은 "부모가 자녀의 성격을 선택할 수 없고, 자녀의 삶을 규정하는 대본을 쓸 수 없는 것처럼" 자녀에게 목적을 안겨 줄 수 없고, 그런 목적이 어떤 것이어야 한다고 규정할 수도, 목적의식을 자녀에게 강제로 주입시킬 수도 없다고 경고했다.

그렇다면 부모는 자녀의 진로 설정을 돕기 위해 무엇을 할 수 있을까?

먼저, 자녀의 뜻을 알아채라

'자녀의 뜻을 알아채라'는 말은 뻔하지만 강조할 만한 말이다. 자녀가 무엇을 탐구하고 어떤 공부를 하며 어떤 일자리를 얻는지를 결정하는 것이 부모의 역할이라고 생각한다면, 그런 부모는 자녀의 진면목이 아닌 (그러나 바뀔 것으로 기대하는) 모습에만 관심을 쏟으면서 실제 자녀 모습을 보지도, 존중하지도, 사랑하지도 않을 위험을 무릅쓰게 된다.

친구인 제니퍼 에이어는 팔로 알토의 사립학교인 더걸스 중등학교의 교장이자 10대 딸 셋을 키우는 어머니다. 어릴 때 제니퍼는 '교사와 부모를 즐겁게 해 주는 어린이'로서 자신이 정말 하고 싶은 것이 무엇인지를 몰랐다. "저는 그저 시험 위주의 학교 공부를 하고 시키는 대로 하면서 좋은 성적을 거두는 방법을 잘 알고 있었어요. 저는 타고난 지도자라는 칭찬을 들었지만 도대체 제가 이끌어야 할 대상이 무엇인지 잘 몰랐던 기억이 납니다. 그러다가 나이 서른이 되어서야 비로소 사회생활을 하면서 들었던 온갖 어지러운 이야기를 누르는 내면의 소리에 귀를 기울이는 법을 배우게 되었죠." 제니퍼는 뒤늦게 깨우친 이런 교훈을 자녀 양육과 교육 활동에 활용하고 있다. "저는 자식들이 저보다 훨씬 일찍 내면의 소리에 귀 기울이는 법을 배울 수 있다고 믿어요. 좌절과 안간힘, 실패는 이런 과정에서 반드시 겪게 되는 필수적인 요소들이죠."

제니퍼는 10여 년 전에 아이들이 자신의 열정을 찾을 수 있도록 도와주는 것이 매우 중요하다는 사실을 깨달았다. 당시 그녀는 빙Bing 유치원의 발전기금 모금 활동의 하나로 '챌린지 석세스'의 공동 설립자인 데니스 포프를 집으로 초대해 이야기를 나누었다. 포프가 올 당시 세 딸은 유치원에 다녔는데, 제니퍼는 그때까지, 자신과 남편이 겪어 온 진로를 딸들이 그대로 밟아 초등학교부터 대학원까지 명문 학교에 다니게 될 위험성을 별로 생각하지 않았다. 제니퍼는 나에게 이렇게 말했다. "데니스가 말한 대로 저는 그의 이야기에 깊은 인상을 받았어요. 그날 모두가 떠난 뒤 저는 남편에게 이렇게 말했어요. '난 우리 딸들이 건강하고 도덕심이 있고, 집을 떠날 즈음에도 계속 배움에 애착을 느꼈으면 해. 그보다 더 중요한 것은 없어.' 그러나 남편이 이렇게 말했어요. '그래도 속으로는 여전히 우리 딸들이 다트머스 대학에 들어가기를 바랄 걸.' 그래서 저는 이렇게 대꾸했죠. '이제 그런 욕심을 버려야 돼. 그런 생각이 그런 대로 뜻이 있다면 저절로 이뤄져야 할 걸.' 우리는 유치원에 다니는 세 딸의 부모로서 우리의 마음가짐과 양육 방식을 바꿨어요. 그 이후에는 '딸아이들이 저마다 흥미를 느끼는 대상과 재능을 찾아내 계발하도록 도와주자'는 것이 우리의 주문처럼 되었습니다."

나는 나의 관찰 결과와 함께, 미국 전역의 여러 교육 관계자 및 학부모들과 대화를 나누면서 변화의 초점이 바뀌고 있음을 알게 되었다. 즉 자녀의 진면목이 아닌 모습과 자녀가 할 수 없는 것에서, 자녀의 본래 모습과 자녀가 '할 수 있는 것'으로 관심의 초점이 바뀌고 있는데, 이런 변화는 지역사회와 각 가정에 꼭 필요하다. 나는 이렇게 바뀌는 이야기를 거듭 듣고 있는데, 뉴욕 어퍼이스트사이드에 사는 미셸도 그런 사람들 중 한 사람이다. "이제 우리는 자녀들의 본디 모습에 찬사를 보내야 해요. 그런 칭찬을 찾아보기 어려워요. 반면 '좋지 않은 것'에 대해서는 여기도 부족하고 저기도 부족하다는 식으로 지탄이 심하죠. 자녀들의 좋은 점에 대한 찬사가 매우 부족합니다."

버지니아 북부에서 자식을 키우는 홀리는 심리학자 매들린 레빈의 강연을 듣고 이런 초점의 변화를 가슴에 새겼다. 홀리는 내게 말했다. "제가 매들린 레빈의 강연 내용과 제 자신의 체험을 비교하면서 알게 된 것은, 제 딸이 '재능이 있다'는 소리를 듣는다고 해서 딸아이가 앞으로도 계속 모든 학과목에서 재능을 보일 것이라는 의미가 아니라는 점입니다. 아이는 영어와 역사를 싫어합니다. 그 대신 수학과 과학을 좋아하죠. 그러나 저는 여러 방법으로 아이가 싫어하는 영어에서도 높은 성적을 올리라고 채근했지만 결과는 평점 D였습니다. 그 뒤 매들린 레빈의 강연을 듣고 생각을 바꿨습니다. '내가 왜 모든 학과목에서 재능을 발휘하라고 이야기하고 또 이야기했을까? 우리 부모들은 왜 자녀가 몹시 싫어하는 것도 하라고 시키는 것일까?' 저는 자녀가 모든 면에서 완벽하기를 바라서는 안 된다는 것을 깨달았습니다. 딸애는 화학에서 성적이 좋다가 평점 B로 밀리고 있지만, 이 과목은 굉장히 좋아합니다."

나도 아들 소여가 고등학교 2학년 때 이와 비슷한 경험을 했다. 그때 소여는 일반 과정보다 수준이 한 단계 높은 우등반honors class의 화학과 대수 II/삼각법을 포함해 힘든 과목 수업 여러 개를 들으면서, 내가 권했던 스페인 어 수업도 3년째 받으면서 상당한 열의를 보였다. 아들은 밤마다 다른 과목과 함께 스페인 어 숙제를 열심히 하고자 안간힘을 다했지만 기계적인 암기방식으로는 수준 높은 수업의 이해력을 뒤따라가지 못했다. 그래도 소여는 하루 4시간씩 숙제를 하고 밤이 깊어지면 충혈된 눈을 비비면서 최선을 다했지만 아침에 눈을 뜰 때마다 학교생활이나 일상생활에 아무런 재미나 여유도 느낄 수 없었다. 그는 스페인 어 숙제 부담을 덜기 위해 2주 동안 주말에 얻는 약간의 여유시간을 몽땅 스페인 어 공부에 쏟았지만 그 이후에도 부담감은 줄어들지 않았다.

나는 2주 동안 소여의 이런 안간힘을 지켜보다가 '이건 아니다'라는 느낌이 들었다. 식구가 함께 즐기는 주말의 여유시간에도 소여는 묵묵히 스페인 어 학습에 매달렸다. 나는 남편과 의논하고, 소여의 어려움을 덜 수 있는 방법을 찾아보기로 했다. 스페인 어를 공부하도록 권유한 사람은 나였다. 학창 시절 스페인 어를 열심히 공부해서 유창하게 구사할 수 있었으면 좋았을 텐데 하는 후회가 컸기 때문이다. 우리 부부는 아들과 함께 학업의 균형을 잘 잡을 수 있는 방법을 의논하다가 스페인 어 공부를 포기하는 쪽으로 의견을 모았다. 소여의 얼굴이 당장 활짝 피었지만 이내 '내가 그래야 하나?' 또는 '그래서는 안 되는 걸까?'라는 의문에 휩싸이는 듯했다. 그는 자신의 판단으로 이날 밤 상담 교사에게 전자우편을 보내고, 다음 날 선생님을 만나 조언을 들었다. 상담 교사는 예상대로 "대학은 3년간 언어 학습을 받길 원합니다"라고 말했다. 그러자 소여가 이렇게 설명했다. "그렇지만 지금 스페인 어 때문에 굉장한 스트레스를 받고, 게다가 다른 과목을 공부하는 데에도 영향을 크게 미칩니다. 스페인 어를 포기하면 제가 제일 중요하게 여기는 과목의 숙제를 충실하게 할 수 있는 시간이 생깁니다. 또 스페인 어를 계속하더라도 대학이 원하는 수준까지 능력을 끌어올릴 자신이 없습니다." 소여는 스페인 어 선생님도 만나 의논한 뒤 마침내 스페인 어를 포기하기로 결정했다. 숙제는 그래도 여전히 힘든 수준이지만 하루 3시간 정도만 매달려 있으면 마칠 수 있었다. 소여는 이 문제를 스스로 해결하고, 그 이후 모든 일에 활기찬 자신감을 보였다.

우리 부부에게는 이번 결정이 쉽지 않았다. 아이들에게 외국어를 꼭 가르쳐야 한다고 믿었기 때문이다. 외국어를 공부하면 값진 문화적 체험은 물론 다른 여러 가지 지식을 얻을 수 있지만, 소여는 스페인 어 공부 때문에 날마다 오후와 저녁에 받는 스트레스가 갈수록 커졌다. 나중에는 밤잠을 설치게 하고, 미래조차 어둡게 만들 정도였다. 그렇다면 스페인 어 하나 때문에 다른 모든 것이 희생되기보다는 과학이나 역사, 영어, 사진처럼 소여가 좋아하는 과목을 열심히 하는 것이 더 낫겠다는 것이 우리 부부의 판단이었다. 대학 진학과 관련해 일부 입학관리 책임자들은 스페인 어를 포기한 결정에 궁금해하면서 입학 부적격자로 판정될 가능성이 높다고 말했지만 나는 생각이 달랐다. 소여에게 알맞은 대학이라면 이런 선택을 하게 된 사유를 충분히 이해하리라고 확신했다.

둘째, 자녀가 어리다면 귀를 기울여 실마리를 찾아라

데이먼이나 다른 학자들의 연구 결과에 따르면, 청소년들은 대부분 중학생이 될 때까지는 자신의 정체성을 곰곰이 생각해 보거나 자신의 장래를 생각해 볼 정도로 심신 양면이 성숙하지 못하는 것으로 드러났다. 정체성과 장래 문제를 생각할 수 있는 능력은 목적의식을 가질 수 있는 선행조건이다. 따라서 자녀가 자기를 잘 알고 지극히 중요한 목적의식을 기를 수 있도록 하기 위해 부모가 아무리 애를 쓰더라도 자녀가 '자기 반성self-reflect'을 할 수 있는 연령대―아이들마다 조금씩 다를 수 있다―에 이르기까지는 그런 일이 아예 불가능하다. 그런 나이가 아직 안 되었다면 부모는 자녀의 됨됨이를 면밀하게 관찰하면서 여러 가지 색다른 일에 부딪치게 만들어 아이가 관심을 기울이는 대상이 무엇인지를 주의 깊게 지켜봐야 한다.

이와 관련해 빌 데이먼은 이렇게 지적했다. "부모가 해야 할 일은 가능성 있는 여러 가지 선택지로 자녀를 이끄는 것이다. 부모는 자녀가 그런 여러 가지 선택의 대상을 찬찬히 살핀 다음 자녀의 재능과 관심 분야가 사회적 기회와 필요성에 어떻게 들어맞는지를 깊이 있게 생각하도록 도울 수 있다. 부모는 자녀가 스스로 목적 지향적인 방향을 탐색하도록 뒷받침하고, 나아가 그런대로 쓸 만한 목적의식을 찾아낼 수 있는 잠재적 원천을 열어 주는 일에도 도움을 줄 수 있다. 그러나 이런 부모의 역할은 주도적이 아니라 보조적인 것으로 끝나야 한다. 이런 드라마의 주역은 자녀이기 때문이다. 부모가 자녀에게 줄 수 있는 가장 효과적인 도움이 간접적인 수준에 머물 수밖에 없지만 그 값어치는 헤아릴 수 없을 정도로 크다."

구글 글래스를 개발한 세바스티안 스런의 어린 아들은 스스로 많은 결정을 내리기 때문에 다른 대부분의 아이들에 비해 과외 활동이 적은 편이다. 스런은 이렇게 말했다. "저는 제 아들이 체스를 굉장히 잘 두거나 스키를 굉장히 잘 탈 수 있게 만들 수 있을 것 같습니다. 그러나 아들이 스스로 무언가를 찾아 나가는 능력을 빼앗고 싶지 않습니다. 저는 아들에게 강요할 수 있지만 그런 강요에 반발하는 요령만은 아들이 터득하지 않기를 바랍니다. 제가 더 이상 아들 주위에서 얼쩡거리지 않으면 아이는 스스로 해야 할 일을 감당해 나갈 능력을 키워야 합니다. 여기서 잣대는 제가 아들에게 어떤 일을 할 수 있게 하느냐 여부가 아니라 아들이 그런 일을 할 수 있느냐 여부가 되어야 합니다. 저는 아들에게 이런저런 문제를 생각해 보도록 강요하기보다는 스스로 이 세상을 깨우쳐 나가도록 격려하고자 합니다."

포스울스키도 이렇게 지적했다. "자녀가 창조적이고 무언가를 시도하면서 자신의 행복을 추구하도록 놓아두는 것이 부모가 할 수 있는 최선입니다."

셋째, 특히 10대 초반과 10대 청소년이 분재가 아닌 야생화라는 사실을 기억하라

그렇다면 부모가 지나치지 않게, 또 자녀 대신에 이들의 진로를 정해 주는 일 따위를 하지 않으면서, 데이먼이 말하는 목적의식과 스런의 열정 의식을 자녀들이 키울 수 있도록 도우려면 어떻게 해야 할까? 데이먼의 연구 결과와 포스울스키의 권고 내용, 그리고 내 개인적인 관찰 결과와 체험을 바탕으로 자녀의 진로 설정, 특히 대학 진학과 관련된 외적 압박과 격정에 쉽사리 휩싸이는 10대의 내면적 압박이 고조되는 시기에 그런 진로 설정을 뒷받침하는 방법에 관해 몇 가지 요령을 소개하면 다음과 같다.

1. 부모의 문제가 아니라 자녀의 문제라는 점을 받아들인다. 부모가 생각하거나 규정하는 출세나 성공에 대한 생각을 젖혀 놓는다. 또 남한테 자식 이야기를 자랑스럽게 할 수 있어야 한다거나, 늘 마음속으로 생각하거나 바라는 자녀의 모습이나 활동도 머릿속에서 지워 버린다. 그러나 이런 것이 생각처럼 쉽지는 않다. 먼저, 자녀의 삶이 자신과 무관하다는 믿음을 근본적인 차원에서 확실하게 받아들여야 한다. 많은 부모들이 이런 문제를 놓고 갈등을 겪고 마음고생을 하지만 어떻게든 그런 확고한 믿음을 갖는 것이 중요하다. 부모의 삶을 자녀의 삶과 구분 지을 수 있다는 것은 자녀뿐만 아니라 부모의 정신건강에도 큰 도움이 된다.

2. 자녀의 실제 모습을 파악한다. 자녀가 어떤 일에 재능이 있고 어떤 것을 좋아하는지 알아야 한다. 이런 일은 자녀의 귀하디귀한 인생과 그만의 독특한 삶이 전개되는 일이자 무한한 가능성이 열리는 것과 관련이 있다. 부모가 가정에 있건, 바깥에서 일을 하건, 자녀가 어떤 것에 재능이 있고 어떤 일에 관심이 있는지를 알 수 있는 실마리는 곳곳에서 찾을 수 있다. 예를 들면 자녀가 열의를 가지고 공부하는 과목이 무엇인지, 열띤 토론을 벌이는 과목은 또 어떤 것인지, 그리고 반론이 있을 때 끝까지 주장을 굽히지 않는 주제는 무엇인지 따위를 살핀다. 또 어떤 종류의 책과 잡지를 열심히 보는지, 페이스북에 올리는 포스팅이나 트위터에 올리는 글, 핀터레스트에 올리는 이미지 포스팅의 주제는 무엇인지, 호기심을 나타내며 여러 가지 질문을 던지고 환한 표정으로 관심을 나타내는 때는 언제인지, 무엇인가에 골몰해 그 분위기를 깨뜨리기 어려울 정도의 대상은 무엇

인지, 자녀가 바깥세상에서 걱정하는 대상은 무엇인지, 그리고 자녀가 걱정하는 불의는 어떤 종류인지 등을 주의 깊게 관찰해야 한다.

자녀가 어떤 형태의 사회 참여를 원하는지도 관심을 기울여야 한다. 다른 사람과 상호작용을 즐기는지, 어떤 일을 꾸미거나 만드는 데 솜씨가 있는지, 문제를 해결하는 능력이 있는지도 관심 있게 지켜봐야 한다. 자녀에게 전체적인 상황 파악 능력이 있는가? 아니면 세부적인 사항 하나하나에 관심을 기울이는가? 또 이상추구형인가, 실용중시형인가? 정보를 많이 알고자 하는가? 학교 성적에만 얽매이는가? 사람들과 어울리기를 좋아하는 타입인가? 경쟁심이 강한가? 설득형인가? 손을 써서 무엇인가 만드는 것을 즐기는가? 다른 사람 돕는 것을 좋아하는가?

자녀는 재능이 있는 분야와 좋아하는 대상, 값지게 생각하는 부문이 서로 엇갈려 있는 상태에서 목적 지향의 의미 있는 삶을 누릴 좋은 시기를 맞고 있다. 그 상태에서 자녀는 미하이 칙센트미하이가 제시한 개념인 '몰입'을 체험하게 될 것이다. 당면한 난제가 자녀의 재능이나 역량을 약간 웃도는 수준이어서 자녀의 관심과 동기부여가 강해지는 것이다. 이때 자녀는 자신과 자신의 기여에 만족감을 느끼게 될 것이다. 자녀가 한 일이 무엇인지를 부모가 제대로 인식하지 못하는 경우라도 자녀의 기쁨은 뚜렷하게 드러날 것이다. 바로 그런 점이 중요하다.

3. 진단에 도움이 되는 도구로 찾아본다. '강점'이라는 개념─사람에게 활력을 불어넣으면서 잘 활용하고 연마하면 취업전선에서 성공할 수 있게 만드는 능력─은 여론조사 업체인 갤럽의 도널드 O. 클리프턴 Donald O Clifton이 내놓았다. 클리프턴의 강점탐지 테스트StrengthsFinder test(『강점탐지기』라는 책을 산 사람은 무료로 이 테스트를 받을 수 있고, 또 www.

gallupstrengthscenter.com에서 구매해 이 테스트를 받을 수 있다)로 누구나, 갤럽 조사를 통해 확인된 사람의 가장 보편적인 34개 재능이나 솜씨 중에서 자신에게 가장 두드러진 5가지 강점을 알아낼 수 있다. 세계적인 베스트셀러인『먼저, 온갖 법칙에서 탈퍼하라First, Break All the Rules』와『이제 자신의 강점을 찾아라Now, Discover Your Strengths』의 저자인 마커스 버킹엄Marcus Buckingham은 일터에 '강점 운동'을 몰고 오는 데 주도적인 역할을 한 인물이다. 또한『자녀의 강점 키우기: 부모와 교사를 위한 안내서』의 저자인 제니퍼 폭스는 뉴저지의 사립 여학교인 퍼닐 스쿨의 교장으로 일할 때 '강점'이라는 개념을 고교의 전체 교과 과정과 교수법에 반영시켰다.

부모들은 클리프턴 강점탐지 테스트가 흥미로울 뿐만 아니라, 자녀가 어떤 과정을 거쳐 사회에서 목적 지향적인 의미 있는 활동을 찾아 나가게 될 것인지를 깊숙하게 들여다볼 수 있는 유용한 도구라는 점을 알게 될 것이다. 이 테스트는 15살 이상의 청소년에게 알맞다. 비슷한 형태의 도구로는 개인의 흥미에 부합하는, 가능성 있는 취업 부문을 찾아내는 강력한 흥미 조사목록Strong Interest Inventory과 또 만족하는 사회적 역할과 보람 있다고 느낄 법한 취업 형태를 잘 파악할 수 있도록 도와주는 마이어스-브릭스형 지표Myers-Briggs Type Indicator, MBTI 개성 조사기록 등이 있다. 미국의 모든 고교 상담 교사들과 대학 취업알선센터에서는 이 같은 세 가지 도구를 활용한다. 10~14살 연령층의 자녀들에게는 강점 운동에서 강점-조사기Strengths-Explorer라는 도구를 제공하고 있다.

4. 깊이 관심 있게 지켜보며 도와준다. 자녀가 어떤 일이나 대상에 확 관심을 기울이는 낌새가 보일 때, 빌 데이먼이 권유한 대로 그런 관심의 "불

길에 부채질을 해 주면" 자녀와 부모가 다 같이 아이들의 관심 분야를 정확하게 파악하는 데 큰 도움이 될 수 있다. 특히 가족이 함께 저녁을 먹으면서 대화를 나누는 자리는 자녀가 어떤 문제에 관심이 많은지를 감지해 그런 관심을 부추길 수 있는 좋은 기회이다. 그날 하루 생활한 이야기로 대화를 시작하면 좋다. 학교나 집에 돌아온 뒤 가장 재미있게 보낸 시간이나 활동, 그리고 무엇 때문에 그렇게 즐거웠는지를 화제로 삼을 수 있기 때문이다. 또 그런 시간이나 활동이 즐겁게 느껴지게 만든 요인이 무엇인지 그 핵심을 파악하기 위해 계속 질문을 던져야 한다. 이때 부모가 자녀 대신 대답을 하거나 추측을 하는 일은 삼가야 한다. 이런 과정으로 일단 자녀가 관심을 기울이는 대상이나 활동이 어떤 것인지 감지되기 시작하면 그런 관심을 여러 가지 형태로 뒷받침할 수 있다. 교내 활동이나 여름 캠프에 참여하도록 권유하고, 또 그런 관심을 심화시키는 데 도움이 될 만한 다른 활동을 찾아보게 할 수도 있다.

5. 적극적으로 밀어붙일 때와 뒤로 물러설 때를 잘 파악한다. 자녀가 재능을 헛되이 쓰기를 바라는 부모는 없다. 또 악기 연주처럼 힘겹게 배우기 시작한 일을 중도에서 포기하는 것을 찬성할 부모도 없다. 부모는 자녀가 어떤 활동이나 일을 하고자 할 때 그런 활동이 많은 노력과 시간, 적잖은 경비 등을 들이면서 할 만한 가치가 있는 것인지 여부를 결정하기에 앞서, 자녀가 진심으로 그 활동에 관심을 기울이고 있는지 여부를 판단해야 한다. 물론 그런 판단의 실마리를 찾기 위해서는 자녀를 면밀하게 관찰해야 한다. 만약 자녀가 어떤 일에 재능이나 싹수가 있어 보이고, 또 그 일에 관심이 많으면 가능한 온갖 수단을 동원해서라도 적극 뒷받침해야 한다. 그러나 관심이 부족하면 아무리 그 일에 재능이 있더라도 평생 동안 하고 싶

은 일이 될 가능성은 적다고 봐야 한다. 일종의 위험신호인 셈이다. 이럴 때 자녀에게 그 일에 열의를 갖도록 밀어붙이면, 그런 노력으로 아무리 크게 '성공'하더라도, 또 부모가 남에게 이야기할 만큼 아무리 자랑스럽게 생각하더라도, 결국은 자녀가 크게 반발할 가능성이 크다.

6. 자녀가 멘토를 찾을 수 있도록 돕는다. 데이먼의 연구 결과에 따르면, "우리가 연구 대상으로 삼았던 목적 지향성이 강한 젊은이 중 거의 대부분은 가정 바깥에 멘토들이 있었고, 이들이 목적을 추구하는 젊은이들에게 큰 도움을 주었다"고 한다. 따라서 부모들도 같은 진로를 훨씬 앞서 나아가는 사람들에게 자녀를 소개하는 식으로 힘을 불어넣어 줄 수 있다. 이런 사람들은 자녀의 멘토가 되어 자녀의 관심을 한층 견실하게 만드는 데 도움을 준다. 자녀가 살아가면서 만나는 많은 성인들은 훌륭한 롤모델이 되어 목적을 지향하는 '의미 있는 삶'을 살 수 있는 방법을 많이 가르쳐 줄 수 있다. 혹시 자녀가 과학을 좋아하는가? 그렇다면 과학자인 고모에게 전공 분야에 처음 관심을 갖게 된 것이 언제이고, 또 어떤 과정을 거쳐 그런 관심을 한층 키워 나갔는지 물어보라고 자녀를 부추긴다. 자녀가 비행기를 좋아하는가? 그렇다면 비행기를 만들거나 비행기를 운전하는 대학 친구에게 자녀를 데려가 인사를 시키고, 고모에게 물어본 것과 같은 질문을 던지게 한다. 혹시 자녀에게 좋아하는 작가가 있는가? 그렇다면 저자 사인회에 자녀를 데리고 가서 작가를 직접 만나 보게 한다. 작가를 만난 뒤에는 다시 편지를 보내 어떤 과정을 거쳐 작가가 되었는지를 물어보게 한다. 학교에 다니는 청소년은 누구나 좋아하는 선생님이 한둘이나 서너 명 있다. 자녀에게 이 선생님들을 찾아가 선생님이 된 과정을 물어보도록 권한다. 자녀가 교사 일에 관심이 없더라도 뚜렷한 목적의식이 있는 사

람과 만나 이야기를 나누면, 사람들이 추구하는 목적이 어떤 것인지를 이해하는 데 도움이 되고, 나아가 스스로 그런 목적의식을 지니고자 열망할 수도 있다.

미성년자들은 나이가 많고 적음에 관계없이 어른과 대화를 나누는 데 신경이 많이 쓰일 수 있다. 그러나 내가 학부생들에게 만나 보라고 권한 교수들의 반응을 보면 거의 모두가 학생들의 단순하면서도 사려 깊은 질문에 흐뭇한 느낌이 들었다고 말했다. 가령 이런 질문이다. "현재 연구하고 강의하는 일에 만족하시는 것 같습니다. 언제 어떤 과정을 거쳐 이렇게 교수로 일하고 싶다는 생각이 들었습니까?" 이런 질문을 던지면 나이 든 교수나 성인들과 만날 때의 서먹서먹함이 쉽사리 풀려 대화를 이어 갈 수 있고, 이런 대화를 하면서 나이 든 사람들은 미래의 과학자와 조종사, 엔지니어, 작가에게 관심 분야를 깊이 있게 파고들 수 있는 방법을 권해 줄 수 있다.

7. 앞으로 맞게 될 힘겨운 활동이나 작업에 대비시킨다. 밀레니얼 세대의 영화 제작자 스티븐 파커스트의 경우와 마찬가지로 부모들은 자녀에게 되고자 한다면 무엇이든 될 수 있다거나, 꿈꾸는 사람은 그 꿈을 실현시킬 수 있다는 이야기를 종종 한다. 이런 진부한 이야기는—자신을 믿고 꿈을 갖는 것이 매우 중요하다는 점에서—절반쯤은 옳은 이야기지만 절반은 그릇된 이야기다. 달리 방도도 없고, 꿈을 실현하는 일도 매우 힘들기 때문이다. 흔히 부모는 자녀가 무슨 일을 할 때마다 "잘했어!"나 "완벽해!"라고 지나치게 칭찬을 한다. 그러나 이런 과도한 칭찬은 앞으로 자녀가 사회에 진출해 목표를 이루고자 할 때 얼마나 많은 노력이 필요한지를 잘못 판단하게 만들 것이다. 따라서 자녀가 현실을 정확하게 파악할 수 있도록

부모와 유용한 피드백을 주고받는 일이 매우 중요하다.

이를 위해 현실 세계에서 성공하려면 노력과 준비가 얼마나 많이 필요한지를 자녀에게 알려 줘야 한다. 전력투구는 물론, 인적 관계망을 탄탄하게 형성해야 하고, 끈기와 탄력성을 발휘하면서 얼마간의 운도 따라야 한다는 점을 이야기해 줘야 한다. 데이먼은 "진정한 의미에서 어떤 일에 정통하려면 그 일을 붙들고 늘어지는 것이 중요하다는 점을 분명하게 알려 줘야 하지만, 그 뒤에도 정직하고 솔직한 피드백을 이어 나갈 각오가 돼 있어야 한다"고 강조했다. 여기서 피드백이란, 자녀가 하려는 어떤 일이나 목표에 어떤 난관과 제약이 있는지를 부모가 아는 대로 가르쳐 주되, 자녀가 좌절하거나 스스로 바보 같다는 느낌이 들지 않게 해 줘야 한다. 그 대신 자신의 꿈을 현실로 만들기 위해 얼마나 힘겨운 노력을 기울여야 하는지를 분명하게 인식시키고 그런 각오를 다지게 만들어야 한다.

예를 들면, 아들이 프로 미식축구 선수가 되겠다면 부모는 현실을 이렇게 설명해 줘야 한다. "아들아, 고등학교 때 미식축구 선수로 뛰었던 사람이 대학에 진학해서도 계속 선수로 뛸 수 있는 비율은 3~4%밖에 안 된단다. 그리고 그중 극소수만이 프로 미식축구리그NFL에서 뛸 수 있지.……" 이처럼 고등학교에서 대학 선수로, 대학 선수에서 NFL 선수로 나아가기 위해 얼마나 많은 노력이 필요한지를 다음과 같이 설명해 줄 수 있다. "그래도 꼭 미식축구 선수로 뛰고 싶다면 현재의 연습량을 두 배로 늘리고 체력을 강화하는 데 많이 노력해야 해. 네가 이렇게 노력하겠다고 각오한다면 난 네가 그런 꿈을 이뤄 낼 것이라고 생각해. 내가 너를 적극 뒷받침해 주마."

8. 자녀를 위해 너무 많은 것을 해 주지 않는다. 자녀의 관심 분야에 지나

치게 기대하면 부모는 그런 관심을 더 촉진시키기 위해 과도하게 나서거나 지나친 뒷받침을 하려고 하게 된다. 그러나 운전석에는 자녀가 앉아야 한다. 그 '대상'이 무엇이든, 이루고자 하는 노력은 자녀가 주도적으로 감당해야 한다.

요즘에는 소규모 사업이나 사회적 기업 활동이 청소년 사이에서 대유행이다. "대학에서 지원자가 이런 활동을 벌였는지 관심을 기울이기" 때문이다. 이런 활동은 동기야 어떻든 청소년들이 기량을 계발하고 목적의식 따위를 배우는 좋은 기회가 될 수 있다. 그러나 여기서 잊어서는 안 될 것이 있다. 부모가 사업을 만들어 팔 물건을 주문하거나 물건의 저장방법을 구상하고, 학교나 노상카페에 물품을 배달하며, 그 과정에서 생긴 문제를 해결하고, 하루 일이 끝나면 물건을 다시 싸거나 정리하는 등의 일을 모두 감당한다면, 자녀가 할 일이라곤 간판이나 포스터를 만들어 미소를 지으면서 그 옆에 서 있거나, 고객에게서 돈이나 기증품을 받는 것이 고작일 것이다. 이런 식으로 부모가 일을 대부분 대신 해 준다면 자녀의 특성 같은 것을 계발하는 데 아무런 도움이 되지 못한다. 자녀가 추구하는 목적이 무엇인지를 정확하게 파악하는 데도 장애가 될 것이다. 나와 대화를 나눈 시애틀의 어느 부모는 이런 행태를 두고 다음과 같이 말했다. "자녀가 줄리아 차일드Julia Child(프랑스 요리를 미국에 대중화시킨 인물—옮긴이) 같다고 하면 부모는 부주방장같이 행동한 셈이다." 부모는 한옆으로 비켜서서 가만히 지켜보는 것이 올바른 태도다. 자녀에게 흥미를 유발시키는 것이 무엇인지를 찬찬히 살피는 것이다. 가령 이런 식이다. 그 일이 돈을 다루는 과정에서 자녀에게 어떤 변화를 일으키는가? 새로운 고객을 끌어들이는가? 다른 사람과 대화에 열중하는가? 물건을 모으거나 파는 행위의 이면에 어떤 목적의식이 있는가? 이런 관찰 결과를 종합하면 자녀가 언젠가 추구하게 될 목적이 무엇인지를 파악할 만한 실마리를 찾을 수 있다.

9. 부모도 추구하는 목적이 있어야 한다. 부모는 자신의 언행으로 모범을 보여야 한다. 자녀는 부모가 이런저런 일로 불만을 털어놓는 이야기를 들을 때가 많다. 가능하면 하는 일과 동떨어진 이야기 대신 그와 밀접한 이야기를 자녀에게 들려준다. 예를 들면 이런 식이다. 현재 하는 일에서 어떤 의미와 목적을 찾고 있는가? 찾고 있다면 어떤 면에서 그러한가? 그 일을 통해 개인적인 성장을 체험하고 있는가? 다른 사람에게 도움을 주고 있는가? 지역사회나 사회 전반에 기여하고 있는가? 생계비를 벌어 가족을 모두 안전하고 따뜻한 보금자리에서 살 수 있게 해 준 데 대해 자부심을 느끼는가? 일을 통해 개인적인 의사표현이 이뤄지는가? 부모가 하는 일이 어떤 것이건 그 일에서 목적의식과 의미를 찾을 수 있다면 그 일에 관해 자녀에게 설명해 준다. 가사에만 전념하는 부모라면 자신이 자녀를 키우고 집안 살림을 하는 데 만족하는 이유가 어디에 있는지 자녀에게 이야기해 준다. 밖에서 일한다면 그날그날 직장에서 일어나거나 겪었던 의미 있는 일을 전해 준다. 요즘에는 청소년들이 온갖 대상이나 일에 장난하듯 한 번씩 손을 대 보다 끝내는 탓에 무엇 하나 깊이 있게 알지 못하는 경우가 매우 많다. 이들이 그런 대상이나 일에 관심을 많이 갖고 시간과 열성을 쏟는다면, 그 일을 깊이 있게 파악하거나 온전하게 처리할 수 있을 것이다. 이런 상황에서 부모가 어떤 과정을 거쳐 목적의식을 갖춘 사람이 되었는지를 자녀에게 잘 설명해 이해시킨다면 자녀도 똑같은 과정을 거치고 싶어 할 것이다.

만약 부모가 현재 생계를 위해 하고 있는 일에서 별로 만족하지 못한다면 그런 점도 숨길 것 없이 자녀에게 이야기해도 좋다. 하지만 지나치게 비관적으로 이야기할 필요는 없다. 자녀가 부모의 일자리나 가정생활이 잘못될까 봐 걱정하게 만들 필요는 없기 때문이다. 그러나 부모가 '진정으로 원하는 것'이 무엇인지는 자녀에게 알려 준다. 진정으로 원하는 것이 무엇이든 그런 일에 대한 부모의 열정은 자녀에게 감화를 줄 수 있는 만큼, 그런 계획을 들려주고 또 꿈을 실현시키는 방향으로 성큼성큼 나아가는 모습을 보여 준다.

자녀를 가까이 두고 싶은가?—자녀를 떠나게 하라

흔히 존경받으면서 명예와 직위, 돈이 보장되도록 자녀의 진로를 잡아 줄 때 부모는 이것이 안전성을 추구하는 것이라고 생각하기 쉽다. 많은 부모들은 그런 진로가 자녀를 위한 것이자 훌륭한 자녀 양육의 증거가 된다는 점에서 이런 길을 간절하게 원한다. 이렇게 된다면 부모는 자녀의 인생 설계도를 그리는 건축사가 되는 셈이다. 이런 노력이 '통할' 때도 있을 것이다. 즉 부모의 육감이나 관념이 자녀 특유의 동기부여 요인과 만나는 경우다. 어떤 때는 그런 설계가 그럴듯하게 비치기도 한다. 자녀가 설계대로 의사나 변호사, 엔지니어, 피아니스트, 프로 테니스 선수, 그 밖의 다양한 전문직 종사자가 되기 때문이다. 그러나 이 경우, 어느 시점이 되면 자녀들은 눈가리개를 벗어 던지고 주위에 널려 있는 여러 가지 다른 선택방안을 살펴본 다음, 자신을 위한 새로운 인생을 내세우면서 고통까지는 아니더라도 어느 정도 고뇌에 시달리게 된다.

앞서 살펴본 것처럼 빌 데이먼은 자녀가 자신이 추구할 목적을 찾도록 돕는 부모의 역할이 매우 중요하다고 역설했다. 그러나 이런 경고도 곁들였다. "부모가 자녀에게 어떤 목적을 그냥 안겨 줄 수 있는 것은 아니다.

또 부모가 목적의식을 일깨운다고 과하게 압박하거나 좌지우지하면 부정적인 반발을 불러올 가능성이 크다." 2014년 여름에 나는 심각한 반발을 불러온 한 가지 사례를 전해 들었다. 내가 모르는 어느 성인 남자가 페이스북으로, 내가 이 책을 집필한다는 소식을 듣고 반가웠고 또 어머니가 자신을 키울 때 이런 책을 읽었다면 좋았을 것이라고 말했다. 나는 곧바로 그에게 전화를 걸어 그런 말을 하게 된 경위를 전해 들었다.

타일러(실명이 아님)는 전문 직종에서 성공을 거둔 전형적인 인물이었다. 그는 하버드 대학을 졸업한 뒤 스탠퍼드 로스쿨을 거쳐 30살 때 로스앤젤레스에 있는 유명 로펌에 들어가서 일했다. 그러나 부모의 과잉보호가 인생의 목적을 추구하는 자녀의 능력에 어떤 장애가 되느냐 하는 측면에서는 타일러의 이야기가 여러모로 뜻하는 바가 많다. 그는 웅변조의 강하면서도 따뜻한 목소리로 자신의 성장 과정을 다음과 같이 털어놓았다.

"어릴 때 저는 굉장히 열심히 공부했어요. 부모는 그런 점에 칭찬을 아끼지 않았어요. 여기까지는 아무런 문제가 없었어요. 부모님은 제 대신 숙제를 해 주지는 않았지만 과목마다 수업이 어떻게 진행되는지, 또 과제를 받아 오면 그 내용이 무엇인지를 꼼꼼하게 묻고 확인했어요. 제가 12~13살쯤 되었을 때 부모님은 저를 앉혀 놓고 대학원 진학은 선택이 아닌 필수라며, 그 대학원은 로스쿨이라고 다짐하듯 말했어요. 우리 부모님은 두 분다 변호사예요. 사실 부모가 이렇게 저렇게 하라고 말하면 저는 시키는 그대로 따랐어요. 늘 그렇게 했어요. 부모님의 지시는 이런 식이었어요. '이것이 네가 나아갈 길이다. 거기에서 벗어나지 말아라.' 그리고 진로에서 조금이라도 벗어나면 눈살을 찌푸렸어요."

하버드 대학에 다닐 때 타일러는 행정학을 전공했다. "어머니는 하루에도 몇 차례씩 전화를 했고, 부모님은 시도 때도 없이 저를 찾아왔어요." 이런 지나친 관심은 학업과 관련된 여러 가지 선택뿐만 아니라 다른 학생들과 관계를 맺는 데도 나쁜 영향을 미쳤다. 타일러는 대학을 졸업한 뒤 몇 년 동안 뉴욕의 어느 캐스팅 회사에서 일했는데, 어느 날 부모가 찾아와 "이제 로스쿨에 들어갈 때가 되었다"라고 말했다.

타일러는 부모한테서 좀 멀리 떨어지려고 스탠퍼드 로스쿨을 선택했다. 그러나 부모의 개입은 줄어들지 않았다. "부모님이 아파트를 구해 주었어요. 집주인과 계약도 부모님이 체결했어요. 집세도 내 주었어요. 전 아무것도 할 필요가 없었어요. 심지어 아파트를 꾸미고 정리하는 일까지 대신해 주었어요. 친구들은 밥벌이가 힘들다고 불평을 늘어놓지만 이 친구들에게 이렇게 말하고 싶어요. '그런 불평에도 일리가 있지만 누구나 밥벌이 정도는 감당할 수 있다. 그런데 나는 아직도 부모를 기쁘게 해 드려야 할 처지다.'"

로스쿨에 다니면서 타일러는 동료학생들이 부러웠다. "모두 자신의 뜻대로 로스쿨에 들어와 공부하는 것처럼 보였거든요. 그러나 저는 어머니가 정해 준 진로로 나아가는 다음 단계로 로스쿨에 와 있었어요. 저는 이런 식의 도움에 모두 문제가 있다는 점을 마음 깊이 느끼고 있었어요. 그러나 제가 그런 도움을 어떻게 마다할 수 있겠어요? 제 부모님은 두 분 다 어릴 때 부모님을 잃은 탓에 제 문제에 깊숙이 끼어들고, 저 대신 온갖 일을 해 주는 데 굉장히 기뻐하고 만족한다는 점을 잘 알고 있거든요."

로스쿨에 들어간 첫 학기에도 어머니는 하루도 거르지 않고 아들에게 전화를 걸었다. 어떤 때는 하루에 서너 차례씩 전화를 걸기도 했다. "저는 조용하고 내성적인 성격인데 어느 날은 더 이상 어머니와 통화하고 싶지 않다는 생각이 들 정도로 감정이 격앙되었어요. 결국 이런 감정을 억제하지 못해 터져 나오면서 저는 이렇게 소리를 질렀어요. '내 머릿속에서 온통 어머니 소리밖에 없어! 이제 내 목소리도 들어야겠어.' 이때부터 제가 마음을 추스르면서 본래 모습을 되찾기 시작했어요."

이런 통화를 계기로 타일러와 어머니의 관계는 완전히 바뀌었다. "저는 반년 정도의 진행 과정을 어머니에게 미리 알려 주던 일을 중단했어요. 어머니는 정말 힘들고 고통스러웠을 거예요. 그래서 어머니에게 이렇게 말했어요. '제가 영원히 사라지는 것도 아니잖아요? 그러나 이런 과정은 올바르고 또 필요해요.' 그 뒤부터 저는 본격적인 치유 과정에 들어갔습니다."

타일러는 2년 가까이 치유 과정을 겪었다. 나는 그에게 무엇인가 잘못되었다는 점을 처음 감지한 것이 언제쯤이었는지 물었다. "어릴 때였어요. 제가 가령 곡을 쓰고 음악을 녹음하는 것처럼 순전히 제 뜻대로 무언가를 할 때마다 야단을 맞았어요. 그러나 피아노 레슨은 이력서에 올릴 수 있는 것인 만큼 어머니가 신경을 쓴 탓으로 대찬성이었어요. 15살 때 제가 작곡한 노래 몇 곡이 녹음된 조그만 CD를 집으로 가져오자 어머니가 대뜸 질책하듯이 이렇게 말했어요. '그래, 사람들이 네가 제2의 엘비스라고 말하더냐? 아니지? 맞아, 내 생각이 바로 그거야.' 가끔씩 할머니가 '타일러, 너 노래 부르는 목소리가 진짜 좋구나' 하고 칭찬하듯이 말하면, 어머니가 '너무 그러지 마세요'라고 김을 빼 버렸어요. 아마도 어머니는 제가 자칫 학교를 중퇴하거나 대학 진학을 포기할 위험이 있다고 걱정한 것 같은데, 저는 그런 점을 이해할 수 없었어요. 어머니는 제가 그런 취미활동에서 큰 즐거움을 느낀다는 사실 자체를 인정하지 않았는데―그런 기쁨을 억누르고 가라앉히려고 지나치게 애를 쓰는 나머지 할머니가 제 기운을 북돋아 주려고 나설 정도였는데―이런 태도는 문제가 있었어요."

타일러는 엄청난 우울증에 시달리던 그 시절을 떠올리면서 갈라진 목소리로 이렇게 말을 이었다. "저는 제가 부모님한테 학대받지 않는다는 사실을 날마다 고맙게 생각했지만, 학대받는 청소년들은 어떤 의미에서 최소한 화를 낼 만한 이유가 있다는 것은 분명히 알고 있었어요. 저는 분개하거나 화를 낼 권리가 저에게 있다는 것을 몰랐어요. 그것은 일종의 거꾸로 된 방치였어요. 치유 과정에서 저는 늘 그 자리에 있으나 존재를 인정받는다는 당연한 느낌이 들지 않았어요. 이를 극복하는 데 2년 반이 걸렸어요."

타일러를 포함해 그 누구든, 교육수준이 높고 애정이 깊은 부모가 제공해 준 많은 기회와 조언을 비판하기는 어렵다. "누구나 안전망과 보호막을 제공해 준 것은 고마워해야 할 일이라고 느끼죠. 누군가가 저 대신 진로를 정하고 또 열어 준다면 그것도 좋은 일이에요. 사람들은 이런 경우 운도 좋다고 생각할 거예요. 그러나 진정 독자적이고 정말 열정적으로 자기 일을 하는 사람을 보게 되면, 자신이 자신을 전혀 모른다는 사실을 깨닫게 될 거예요. 그동안 자신을 위해 별다른 목표도 세우지 않은 채 가능한 한 어머니에게만 가장 착실한 사람으로 비치도록 노력했을 뿐이에요. 그런데 부모님은 자신을 독립적인 개인으로 보지 않는다는 느낌이 들 거예요. 자신은 부모님의 한낱 부산물로, 부모님이 원하는 진로를 따라 나아갈 뿐이에요. 따라서 부모님이 베푸는 안전망과 보호막은 자신을 위한 것이 아니에요. 그들의 자만심을 충족하기 위한 것이죠. 따라서 잘하려고 애를 썼을 뿐이라고 생각하는 사람들에게 분개할 수밖에 없어요."

로스쿨을 졸업할 때까지 2년 동안 타일러와 어머니의 관계는 완전히 바뀌었고, 그는 한껏 고양된 느낌을 맛보았다. "그런 상태가 좋았어요. 법 공부 자체가 그렇다는 건 아니고, 26살이 되어서야 대학 신입생 때 느끼는 자유로움을 만끽하기 시작했거든요. 저도 드디어 제 자신을 위해 무언가를 이뤄 나갈 수 있게 된 거죠."

2년 동안 아버지도 타일러를 도왔다. "아버지는 한 번도 저를 숨 막히게 몰아붙인 적이 없었어요. 무슨 일이든 어머니가 생각하는 대로 수긍하면서 수동적으로 따라왔을 뿐이에요. 예전에도 아버지와 이야기를 나누다 보면 이야기가 늘 겉으로만 맴돌았어요. 하지만 어머니와 의사소통이 끊어지자 아버지가 저 대신 나섰어요. 저와 이야기를 나눈 뒤 아버지는 어머니에게 가서 '타일러 이야기에도 일리가 있다'고 전했어요. 한편, 어머니는 친구들에게 '우리 아들이 나에게 미친 듯이 달려들더라'라고 말했어요. 그러면 어머니 친구들은 '내버려 둬. 타일러도 이제 25살짜리 청년이야'라고 대답했어요. 이처럼 어머니 친구들은 제가 성년이 된 사실을 알고 있는데 어머니만 모르고 있었어요. 어머니는 여전히 자기 마음대로 휘두를 수 있는 아들로 보고 있었던 거죠. 어머니는 저와 관계가 끊어지다시피 할 때까지 제가 성인이라는 사실을 모르고 있었어요.

지금은 어머니와 한 주에 한두 번 이야기를 해요. 모든 게 달라지고, 매우 좋아졌어요. 어머니는 '미안하다. 네 여동생과는 더 잘할 수 있다는 걸 알았단다'라고 말했어요. 어머니로서는 그 이상 말하기가 어려웠을 거예요. 저는 어머니가 자신에게 더 많은 관심을 쏟는 대신, 자식에게 기울이는 관심을 좀 줄여야겠다고 이야기하려는 것이 아닌가 하고 생각했어요. 저는 어머니가 저에게 쏟는 관심 중 한 20%만 덜어 어머니 자신에게 기울인다면 저와 관계가 한결 좋아졌을 거라고 생각해요. 자녀가 있는 사람이라면 이럴 거예요. '오, 그런 일이라면 집중해서 그 일을 완벽하게 할 수 있고, 나중에 제대로 관리도 할 수 있다.'

타일러가 자신의 삶을 바꿀 수 있다는 생각을 갖게 만든 것은 저술가인 에크하르트 톨레Eckhart Tolle의 말이라고 했다. "톨레는 어느 인터뷰에서 자녀가 부모의 연장 같은 삶을 이어 가기 때문에 진정한 의미의 자아다운 삶을 영위하지 못한다고 밝혔는데, 그 이야기가 곧바로 제 가슴에 꽂혔어요."

빌 데레저위츠도 생각이 같다. 그는 『뛰어난 양』에서 이렇게 지적했다. "부모의 동의보다 훨씬 더 중요한 것이 있다. 바로 부모의 동의 없이 무슨 일을 할 수 있도록 배우는 것이다. 바로 그런 것이 성인이 된다는 의미이다."

18장
안간힘의 일반화

우리는 함께 눈물을 흘리면서 두려움과 슬픔을 겪을 것이다. 나는 당신의 고통을 없
애 주고 싶다. 그러나 그 대신 당신과 마주 앉아 그런 고통을 느끼는 방법을 가르쳐
주겠다.

—브레네 브라운(학자이자 저술가, 동기부여 강사)

몇 년 전 스탠퍼드 대학의 동료 직원인 아디나 글릭먼은 역경에 대처하는
수단이 부족한 학생들이 점차 늘고 있다고 지적했다. 아디나는 공부하는
요령들을 가르치는 코치로, 학업지원 프로그램을 관장하고 학생들에게 시
간 관리 방법을 가르치며, 시험 불안과 자꾸 뒤로 미루는 버릇을 극복하는
요령, 필기 방법 등을 가르친다. 그는 요즘 학생들이 어떤 일을 할 때 어린
시절처럼 온전하게 처리하지 못하면서도 쩔쩔매는 경우가 점차 느는 것을
걱정해 하버드 대학의 애비게일 립슨Abigail Lipson과 만나 여러 가지 의견
을 나눴다. 에비게일은 하버드 대학에서 성공-실패 프로젝트Success-Failure
Project를 시작하고, 그 결과를 『거부에 관한 숙고Reflections on Rejections』라
는 소책자에 담아 펴냈다. 아디나와 애비게일은 오늘날 '실패를 빼앗긴'
학생들의 숫자가 날로 늘고 있다는 결론을 내렸다.

대학생들은 나이가 10대 후반이나 20대 초반일 터인데, 그제야 인간의
지극히 정상적인 특징인 불완전성이나 결함과 마주하게 된다. 이럴 경우
이들은 "실수한 것을 훌훌 털어 버리고 다시 도전에 나서 또 한번 시도해

끝내 어려움을 이겨 내는" 그런 마음가짐이 부족한 셈이다. 사실 이런 마음가짐은 어린 시절에 기를 수 있고 또 길러야 한다. 아디나는 스탠퍼드 회복력 프로젝트Stanford Resilience Project를 만들어 스탠퍼드 출신들—재학생이나 연방 대법원 판사, 인기 있는 전산학과 교수, 나 같은 사람 등을 포함한 출신들—의 비디오나 PDF 등을 모아 온라인 자료실을 만들었다. 이런 자료들에서 스탠퍼드 출신들은 그들이 겪은 악전고투와 실패, 거부 등의 체험을 공유하고 그런 어려움에 어떻게 대처했고 그 과정에서 무엇을 배웠는지를 털어놓았다. 이 프로젝트의 목적은 안간힘을 '일반화시키고'—학생들에게 그런 고전이 누구에게나 생기는 일인 만큼 그런 체험을 한다고 해서 부끄러워할 필요가 없다는 점을 일깨워 주고—나아가 그런 안간힘을 통해 교훈을 배우고 새로운 가능성이 열린다는 점을 입증해 보이겠다는 것이다. 초기의 검토 결과 스탠퍼드 회복력 프로젝트가 학부생들에게 긍정적인 영향을 미치는 것으로 드러났다.

그러나 스탠퍼드나 하버드 대학 학생들의 문제는 실패를 두려워하고 안간힘을 다하며 맞설 수 있는 능력이 부족한 데만 있지 않다. 세계 다른 지역과 마찬가지로 오늘날 미국의 중·상류층 가정의 삶에서 점차 늘어나는 한 가지 양상에도 문제가 있다.

국제적으로 널리 알려진 교육자 켄 로빈슨Ken Robinson경은 2006년 이 사회가 어떤 형태로 어린이들의 창의력을 질식시키고 있는지를 TED 강연에서 밝혔는데, 이 강연은 2800만여 뷰view를 기록해 TED 강연 사상 최고를 기록했다. 로빈슨경은 이 강연에서 이렇게 지적했다. "우리가 채택하고 있는 교육제도는 실수를 사람이 저지르는 최악의 문제로 보고 있습니다. 만약 잘못될 수 있다는 점을 각오하지 않는 한 누구도 독창적인 것을 내놓을 수 없습니다. 아이들은 대부분 성인이 될 때까지 그런 능력을 상실한 채 지냅니다. 이들은 잘못되리라는 공포에 사로잡혀 있습니다." 군에서 장교로 복무하겠다고 생각하는 아이들도 그런 두려움에서 벗어나지 못한다. 육군사관학교 화학·생명공학과 학과장이자 교수인 레온 로버트 대령은 내게 이렇게 말했다. "육군사관학교와 군에서 살펴보면 젊은 남녀 생도나 장병들이 전에 비해 탄력성이 떨어진다는 말이 많습니다. 고등학교를 졸업하고 사관학교에 갓 입학한 생도들은, 목소리만 높여도 이내 눈에 눈물이 고입니다. 이런 행태를 그 누구도 바로잡아 주지 않았습니다. 누구나 좌절을 겪을 수 있는 만큼 벌떡 일어나 먼지를 툭툭 털고 계속 갈 수 있어야 합니다." 약물 중독자에겐 보통 이런 회복력을 기대하기 어렵다. 로스엔젤레스에 있는 베이트 추바 재활 시설의 해리엇 로세토는 이렇게 밝혔다. "재활의 성공을 가장 명확하게 예측할 수 있는 것은 회복하려는 의지와 근성이 있는지, 실패한 뒤 다시 일어설 만한 능력이 있는지 하는 점이에요. 만약 불안감이나 좌절감을 느낄 만한 상황에서 아예 빠져 있었다면 그런 문제를 감당할 방법 자체를 전혀 모를 거예요." 이런 복원력 부족은 일터에서도 젊은이들에게 영향을 미칠 것이다. 미시간 대학의 취업 안내 전문가인 필 가드너는 "고용주들은 직업윤리와 복원력이 있는 젊은이들을 좋아하는데, 이런 젊은이는 소득수준 면에서 중·하류층이거나 육체노동을 하는 집안의 자녀들입니다"라고 나에게 말했다. TFA의 샌프란시스코 만안지구 책임자인 에릭 스크로긴스도 이에 동조해 이렇게 밝혔다. "우리는 근성과 복원력 중심으로 참가자를 선발합니다. 대학을 졸업한 22살 청년층에서 무작위로 선발하지 않습니다. 우리는 끈기가 있다는 점이 입증되고, 성취도가 높은 상위 15%에서 참가자를 선발하고 있습니다."

다시 스탠퍼드 대학으로 돌아가서, 내가 판단하는 현재의 상황은 이렇다. 온갖 희생을 무릅쓴 채 (놀이와 학업 성과, 교우 관계, 그리고 객관적 평가와 관계없이 "잘했어"나 "완벽해"라고 과도하게 칭찬을 남발하는 등으로) 학업 성취도를 높게 끌어올리고, 학교생활에서 어려운 점을 원활하게 풀어 주기 위해 부모가 계속 신경 쓰고 도와주는 현재의 교육 문화를 그대로 받아들인다면, 대학에 들어간 자녀를 사실상 좌절하게 만들 수 있다. 즉, 학업 성적에서 B나 C, D 학점이 수두룩하고 심지어 F 학점까지 받을 수 있고, 게다가 기숙사에서 한방을 쓰는 동료 학생들의 오해를 사고, 팀이나 동아리, 사교 모임은 물론 여러 가지 기회에서 왕따를 당하거나 배제되는 일이 생길 수 있지만 그때는 부모가 더 이상 그런 결과를 바로잡아 주지 못한다.

밀레니얼 세대를 다룬 비디오를 제작한 전도유망한 영화 제작자 스티븐 파커스트를 기억하는가? 어느 날, 그는 자신의 탁월한 영화 제작 능력을 다른 사람들이 언제쯤이나 인정해 줄지 궁금해하면서, 호텔 보이로 일하는 것은 시간 낭비라는 생각이 들었다. 그는 이런 생각을 하면서 어머니가 자주 했던 말을 떠올렸다. "긍정적인 태도만 가지고 있다면 언젠가 대단한 일이 이뤄질 것이다." 어릴 때는 그런 이야기를 들으면 기분이 좋았지만 성년이 된 뒤 현실에 부딪쳐 나가면서부터는 그런 이야기가 원망스러웠다. "어머니가 한 이야기는 자녀를 응석받이로 키우던 부모의 허풍이었어요." 그는 어머니가 그 시대의 다른 부모와 마찬가지로 자녀에게 힘을 북돋아 주기 위해 그런 말을 했을 뿐이며, 그것이 어머니로서 최선을 다한 것이라는 점을 잘 알고 있었다. 그럼에도 그는 요즘 부모들에게 이렇게 충고한다. "물론 자녀에게 엄청난 일을 할 수 있다고 말해도 좋아요. 그러나 그런 일을 이루려면 얼마나 많이 노력해야 하는지를 반드시 이야기해 줘야 합니다."

육군사관학교의 로버트 대령도 그런 점에서는 스티븐 파커스트와 의견이 같다. "사람들은 개인적인 책임을 질 줄 알아야 하고, 자신이 이뤄 놓은 일이나 활동의 질적 수준을 객관적으로 평가한 것을 받아들여야 합니다. 우리 모두가 슈퍼스타가 아닌 만큼 아무에게나 닥치는 대로 슈퍼스타라고 말해서는 안 됩니다." 빌 데레저위츠도 이런 슈퍼스타 심리구조를 개탄한다. "최고의 자리에 오르고 싶은가? 그런 자리는 없다. 아무리 높게 오른다 해도 그 윗자리에는 누군가가 또 있다.…… 이제 어디쯤에서 그치는 것이 좋은지 알려 주면, 다른 모든 사람들이 오글거리는 중간쯤이 좋다."

부모는 사녀들이 어떤 일이긴 부딪치고 어려움을 극복하는 법을 배우도록 기회를 줘야 하는데, 그럴 기회를 빼앗아 버리고 모든 면에서 1등이 되도록 준비시키는 데만 노력을 집중하고, 다시 그들이 얼마나 대단한 존재인지만 강조한다. 이는 최선을 다하려는 부모의 의도가 여지없이 실패로 끝나는 전형적인 사례다. 아마도 부모들은 자녀가 실패하고 좌절하지 않게 '보호한다는 것'이 이들을 망칠 수 있다는 점을 몰랐을 것이다. 그러나 그럴 수 있다. 이제 우리는 성공을 새롭게 정의해야 한다. 자녀를 훌륭하고 친절한 사람으로 만들고, 성패와 관계없이 최선을 다하는 사람으로 바꿔야 한다. 부모는 자녀가 하는 일이 뜻대로 되지 않을 때도 좌절하지 않고 힘껏 노력하는 회복력을 기를 수 있게끔 도와야 한다. 그러나 어느 부모도 자녀가 어려움을 겪는 모습을 냉정하게 지켜볼 배짱이 없을 테니, 어떻게 그런 마음가짐을 가질 수 있을까?

나는 가끔씩 이런 농담을 던진다. 대학에서 지원자의 끈기와 회복력을 중시한다는 은밀한 정보를 알아낸 학부모들이 자녀를 여름 캠프에 보내 극기훈련을 시키려 한다는 것이다. 그런 정보를 들었다면 끈기와 회복력의 계발을 원천적으로 차단시킨 유년기 양육 방식을 면밀하게 살펴서 대처하는 것이 올바른 방법이다. 그렇다면 여름 캠프의 극기훈련으로 좌절과 실패에서 곧바로 일어나 재도전할 수 있는 회복력이나 끈기를 기를 수 있을까? 요즘에는 명문 대학 입학이 무슨 성배인 양 신성하게 비치면서 이를 차지하기 위해 온갖 이상한 일들이 벌어진다. 그러나 개인지도나 코치, 예비시험, 진학 상담처럼 비용을 지불하고 서비스를 받는 식으로 회복력을 갖출 수는 없다. 회복력은 실제로 고난과 어려움을 겪으면서 기를 수 있지, 비용을 지불하고 살 수 있거나 만들어서 제공할 수 없다.

그렇다면 중·상류층 집안의 자녀들처럼, 부모가 제공하는 특권으로 인생의 험난한 굴곡들이 많이 사라진 가정환경에서 이들을 잘 키우고 또 인생에 충실하면서 인내심까지 배울 수 있게 대비시키려면 어떻게 해야 할까? 어떻게 하면 자녀를, 서로 잡아먹으려 하는 살벌한 현실에서 집으로 도망쳐 오는 송아지 꼴이 아니라 맞서 싸우는 전사처럼 키울 수 있을까? 자녀가 이미 많은 것을 누리고 있어 더 많은 것을 갈망할 뜻이 전혀 없다면, 이들을 어떻게 남보다 뛰어나게 하고 성공을 갈망하도록 만들 수 있을까? 애스파이어 공립학교Aspire Public Schools의 책임자인 제임스 윌콕스는 학교에서는 불우한 아이들을 교육시키지만 집에 가면 부유한 환경에서 세 딸을 키운다. 그는 한숨을 깊이 내쉬면서 말했다. "아이들에게 실패도 맛보게 해야 합니다. 또 안간힘을 다하게도 만들어야 해요. 이런 것이 진짜 기본적인 교육인 듯 보이지만 실천하기는 정말 어렵습니다."

사실 부모들이 머릿속으로는 자녀를 풀어놓아 잘못도 저지르고 실수도 하게 만드는 것이 값지다고 생각할지 모른다. 하지만 실제로는 무슨 일이건 제대로 하기를 간절히 바라기 때문에 그런 권유가 썩 달갑잖은 것이 될 수밖에 없다. 그렇다고 좋은 소식이 없는 것은 아니다. 자녀가 어떤 일이건 맞서 싸우게 만들고 이를 통해 강인함을 쌓아, 성인이 되어 사회에 진출해서도 성공할 수 있게 만드는 방법이 있다. 즉, 실패나 좌절을 딛고 선뜻 일어설 수 있는 회복력을 기르도록 도와줄 수 있다.

자녀에게 회복력 길러 주기

회복력이란 역경을 딛고 일어서는 능력이다. 이 회복력은 사람들이 앞으로 나갈 의지를 길러 준다. 어린 시절에 회복력을 키울 수 있는 방법에 관해서는 여러 분야에서 다양한 지혜와 조언이 쏟아져 나왔다. 의학이나 심리학 분야, 사회사업과 청소년 지도 분야, 종교와 영성 분야, 문학 분야 등에서 그런 권유들이 나오고 있다. 몇 가지 사례를 소개하면 다음과 같다.

스탠퍼드 대학 심리학 교수로서 15장에서 다룬 '성장 의식구조'라는 개념을 만들어 실제 활용하고 있는 캐럴 드웩이 첫 사례로 가장 적합하다. 드웩은 자녀가 똑똑하다는 칭찬을 계속 들으면서 그와 어긋나는 결과나 성적을 받고 싶지 않기 때문에 자연 힘든 과제를 회피하게 되고, 그 결과로 생긴 것이 '고정 심리구조'라면서, 이런 심리구조를 깨뜨리는 데 초점을 맞추고 있다. 이를 위해 부모는 자녀가 더 크게 성취하는 것은 (그들이 좌지우지할 수 없는) 타고난 지능 수준이 아니라 (그들이 좌지우지할 수 있는) 노력에 달려 있다는 것을 자녀에게 가르쳐야 한다고 권유했다. 이 같은 성장 의식구조의 핵심은 계속 나아가고 계속 시도하면서 가고자 하는 곳에서 얻을 수 있는 노력의 결실로 배움을 얻는 것이다. 배움이라는 측면에서 보면 드웩은 회복력을 가르치고 있는 셈이다.

≪뉴욕 타임스≫ 베스트셀러 저자이자 연구자이며 인기 있는 스토리텔러이기도 한 브레네 브라운Brené Brown은 내가 생각하기에 정신적 회복력이라 볼 수 있는 것을 역설하고 있다. 지난 몇 년 동안 그는 독자들에게 깊은 인상을 심어 준 책『불완전성이라는 은총The Gifts of Imperfection』과『대담하게 맞서기Daring Greatly』에서, 부모들이 대부분 토론 주제로 삼기가 매우 어려웠던 취약성과 불완전성, 수치심 등의 문제를 앞장서서 제기하면

서 논란을 주도했다. 이런 마음은 무엇인가 잘못되었거나 좋지 않은 결과가 나올 것으로 예상될 때 마음 졸이면서 드러내는 심정이자, 그런 마음에 끌려 들어가면 회복력이 약화되는 그런 심정이기도 하다. 브라운은 2010년 휴스턴에서 한 TED 강연(1600만여 뷰로 지금까지 네 번째로 많은 뷰를 기록한 TED 강연이다)에서 바로 미국의 이런 예민한 부분을 건드렸다. 브라운은 연구 조사 결과와 설득력 있는 이야기로 시청자와 독자들에게, 우리의 두려움과 불완전성, 취약성을 인정하고 받아들이는 것이 어떻게 우리를 더욱 즐겁고 행복한 삶으로 이끌어 가는지를 생각해 보게 했다. 브라운은 또 '진심 어린 삶'이라는 신조어를 내놓으면서, 밤마다 잠자리에 들면서 "그래, 나는 불완전하고 취약점이 많고 가끔씩 겁도 잘 내지만, 그렇다고 내가 용감하기도 하고 사랑과 친밀감을 느낄 만한 사람이라는 사실이 바뀌지도 않아"라고 생각하는 사람이 '진심 어린' 사람이라고 표현했다."

펜실베이니아 대학 연구원인 안젤라 더크워스Angela Duckworth는 장기적인 목표에 계속 관심을 갖고 노력할 수 있는 힘인 '근성grit'이라는 개념을 내세웠다. 더크워스의 연구 결과에 따르면, 수준 높은 근성을 갖추면 다양한 성과를 낳는 것으로 나타났다. 가령 육군사관학교에서 받는 첫 번째 강도 높은 여름 훈련을 견뎌 낸다거나, 전미철자경연대회National Spelling Bee 최종 결선에 오른다거나, 미군 특전부대에서 버티며 계속 복무하기, 초임 교사들의 교직 잔류와 성과 내기, 시카고 공립고등학교에서 학업 마치기, IQ나 SAT, 그 밖의 다른 학업 성취도 표준화 시험 성적 같은 재능 측정치의 표준 이상에 오르기 등이다. 근성은 또 평생교육의 성취도와 평생 동안의 경력 변화나 이혼과도 상관이 있다. 나는 많은 시간과 노력이 드는 과제를 위한 회복력이 곧 이런 의미의 근성이라고 생각한다.

팀 엘모어Tim Elmore는 애틀랜타에 있는 비영리 단체 '성장하는 리더들

Growing Leaders'의 설립자이자 총재이며, 베스트셀러 25종을 펴낸 작가이다. 그는 젊은이와 기업 조직을 대상으로 지도력 훈련을 주제로 강연하거나 책을 펴내고 있다. 엘모어는 그의 책『밀레니얼 세대: 이들의 미래를 구할 수 있는 마지막 기회Generation iY: Our Last Chance to Save Their Future』에서 부모들이 밀레니얼 세대에게 전한 '7가지 거짓말'을 지적했다. "너는 원하는 대로 무엇이건 될 수 있다, 너는 선택만 하면 된다, 너는 특별하다, 모든 청소년은 대학에 진학해야 한다, 지금 무엇이든 가질 수 있다, 너는 참여했다는 것만으로 이미 승자다, 원하는 것은 무엇이든 얻을 수 있다" 등이다. 그는 부모들이 되풀이한 이런 거짓말 때문에 밀레니얼 세대인 자녀들은 "정서적으로 불안정하고 사회생활 면에서 순진한 상태로 성인이 되었다"고 주장했다. 나아가 엘모어는 자녀에게 회복력을 길러 주려면 실상을 정직하고 솔직하게 이야기해 줘야 한다고 말한다.

소아과 의사이자 청춘기 계발 전문가인 케네스 긴즈버그Kenneth Ginsburg 박사는 청소년 회복력 강화 문제를 폭넓게 다룬 책『어린이와 10대에게 회복력 길러 주기Building Resilience in Children and Teens』를 펴냈다. 미국소아과학회에서 출간한 이 책에서, 회복력은 첫 글자가 알파벳 C로 시작하는 '7C', 즉 능력competence과 자신감confidence, 연고connection, 특성character, 기여contribution, 극복coping, 절제control로 이뤄진다고 밝히면서, 이런 7C는 긍정적 심리운동의 한 산물인 적극적 청년운동에서 비롯된다고 말했다.

스탠퍼드 학생들과 이들의 분투를 지켜본 결과와 내 경험 또는 아이들을 키우면서 느낀 점, 그리고 캐럴 드웩과 브레네 브라운, 안젤라 더크워스, 팀 엘모어, 케네스 긴즈버그 등의 견해를 종합해서 회복력을 간단히 정의하면 자신에게 이렇게 말할 수 있는 능력이다. "난 괜찮다. 난 이렇게 생각하거나 다르게 판단하는 것을 스스로 선택할 수 있고, 또 내가 원한 것이 궁극적으로 이런 것이 아니라고 결정할 수 있다. 어떻든 나는 변함없이 나다. 나는 여전히 사랑을 받고 인생은 계속 흘러간다." 자녀가 이런 식으로 생각할 수 있도록 키우는 방법을 소개하면 다음과 같다.

자녀에게 회복력 길러 주는 요령

1. **자녀와 가깝게 생활한다.** 간섭이 지나친 부모는 자녀 곁에서 맴돌다가 자신이 필요할 때 곧바로 달려온다고 하지만, 여러 연구 결과를 보면 그런 태도가 자녀와 정서적인 측면에서 의미 있는 관계를 맺거나 자녀와 뜻 깊은 시간을 보내는 데도 도움이 되지 못하는 경우가 종종 있다고 한다. 자녀와 가깝게 생활하는 형태로 회복력을 키워 줄 수 있는 방법을 몇 가지 소개하면 다음과 같다.

- **사랑을 보여 준다.** 자녀가 학교나 과외 활동을 마치고 집에 돌아올 때, 또는 부모가 퇴근하고 귀가했을 때는 하던 일을 멈추거나, 컴퓨터 앞에서 물러나거나, 또는 스마트폰을 덮고, 서로 보아서 기쁘다는 표정을 보여 준다. 가족은 서로에게 소중한 존재라는 사실을 모두 알아야 한다. 눈을 맞추는 간단한 동작도 굉장히 중요하다. 그런 행동은 사랑을 보여 주는 첫걸음이고, 사랑을 받는다는 느낌은 회복력을 키워 주는 데 도움이 된다.

- **자녀에게 관심을 기울인다.** 자녀가 관심을 기울이는 것과 자녀의 생각, 경험, 걱정에 관심을 기울임으로써 하루하루 자녀를 조금씩 많이 알아 가도록 노력한다. 어떤 때가 좋은지를 선택한다. 가령 학교에서 돌아온 뒤나 식사 준비를 할 때, 식사 시간에, 차를 함께 타고 갈 때, 개를 산책시킬 때, 잠자리에 들기 전 등에서 적절한 시간

을 고른다. 부모와 자녀의 대화가 빤하긴 하지만, "오늘 학교생활이 어땠니?" "좋았어요"에서 "오늘 학교생활이 어땠니?" "좋았어요." "정말? 뭐가 그렇게 좋았어? 무슨 굉장한 일이라도 있었어? 아님 안 좋은 일이라도 벌어졌어? 그래서 기분이 어떻게 달라졌는데?"처럼 내용에 변화를 주면 좋다.

■ **관심이 많다는 것을 보여 준다.** 부모가 자녀를 아무런 조건 없이 사랑한다는 점을 보여 주기에 가장 적절한 시기는 자녀가 좌절을 겪었을 때다. 자녀가 이렇게 좌절하고 있다면 같이 앉아서 그런 모습 때문에 가슴이 아프다고 말한다. 좌절하는 마음을 잠시 다른 쪽으로 돌릴 수 있게 하는 것도 좋다. 또 다음번에는 다른 결과를 얻을 수 있는 적절한 방법을 찾을 수 있게끔 도와준다. 부모가 비슷한 체험을 겪었다면 그런 경험담도 들려준다. 그러나 실망스러운 결과를 누군가 다른 사람 탓으로 돌리는 어리석음을 저질러서는 안 된다. 그런 태도는 좋지 않은 교사, 편견에 사로잡힌 심판, 부당한 코치, 못된 친구의 행동일 뿐이다. 또 자녀를 좌절시킨 일을 부모가 직접 나서서 해결하려고 해서도 안 된다. 그 대신, 사람이 살다 보면 이런 좌절은 가끔씩 생기게 마련이며, 아직 다시 노력해서 새롭게 시도할 여지는 많이 남아 있다고 힘을 북돋아 준다. 그리고 부모가 여전히 사랑하고 있다는 점을 재확인시켜 준다.

2. 한 걸음 뒤로 물러선다. 자녀가 무슨 일을 할 때마다 곁을 지키고 있다면(또는 휴대전화로 그 일을 하기 전과 하는 중에, 또 한 뒤에도 점검하고 있다면) 그 부모는 간접적으로, "내가 없으면 네가 이 일을 할 수 없을 것이라고 생각한다"는 뜻을 표시하는 것이나 다름없어, 결국 자녀의 자신감을 약화시키

는 셈이 된다. 따라서 스스로 경험을 쌓게 함으로써 자녀의 회복력을 강화시킬 수 있는 방법을 소개하면 다음과 같다.

- **자녀가 스스로 선택하고, 일하는 방식도 직접 결정하게 한다.** 가령 이런 식이다. (자녀가 어리다면) 무슨 옷을 입을지, (중학생쯤 된다면) 날씨가 선선해 코트를 입어야 할지 어떨지, (고등학생이라면) 저녁 활동과 숙제, 허드렛일을 어떤 순서로 할지 결정하게 한다. 세부적인 일을 하나하나 모두 점검하거나 그 결과를 일일이 들춰 내 따지는 식으로 자녀의 일에 시시콜콜 간섭하지 말아야 한다. 자녀가 요령을 익히는 유일한 방법은 실제적인 체험뿐인 만큼 자녀의 판단을 믿고 책임 있는 결정을 내리게 하며, 어려운 상황에 직접 부딪치게 만드는 방법을 부모도 배워야 한다.
- **자녀가 위험을 무릅쓰고 실수를 저지르게 만든다.** 사람은 실수를 하면서 배운다. 자녀의 건강이나 안전이 위태로운 경우가 아니라면, 처음에 두렵거나 힘들게 보였던 일을 감당하면서 위험을 무릅쓰고 실수를 저지르게 하는 것이 자녀에게 진정한 의미의 크나큰 성취감을 안겨 주는 방법이 된다.

3. 경험을 하면서 성장하게 돕는다. 자녀를 위해 아무것도 하지 말라는 뜻이 아니다—모든 일을 해 주라는 뜻도 아니다. 경험을 하면서 스스로 성장할 수 있도록 돕는 몇 가지 방법을 소개하면 다음과 같다.

- **어떤 경험이나 결정, 선택을 거친 뒤에는 그런 경험으로 자녀가 무엇을 배웠는지를 알아내기 위해 질의 중심의 대화 시간을 갖는다.** 이런 대화 과정에서 어떤 문제가 제기되면 자녀가 스스로 생각해서 해결방법을 찾아내도록 도와준다. 가령 이런 식으로 유도한다. "음, 정말

힘든 문제 같구나. 그 문제를 어떻게 처리하는 것이 좋다고 생각하니?" 이때 조언을 할 수도 있다. 우리의 생활 속에서 해결 방안을 찾을 수도 있다. 그러나 자녀 대신에 그런 방안을 찾을 생각은 하지 말아야 한다.

- **목표 설정을 계속 높인다.** 사람은 누구나 성장하고 더 많이 배워 능력이 계속 향상되기를 바란다. 자녀가 신뢰와 뛰어난 판단력을 확실하게 보여 주었다면 부모는 안심하고 더 많은 책임과 기회, 도전 과제, 자유를 줄 수 있다. 이런 과정을 겪으며 능력과 자신감을 키우고, 이 두 가지가 합쳐져 회복력을 강화한다.

- **완벽주의와 싸운다.** "최선만 다하면 된다"라는 말은 아무리 생각해도 비현실적이다. 그냥 최선만 다하면 된다? 최선이란 사람이 발휘할 수 있는 능력의 상한선이다. 그 이상의 능력 발휘는 불가능하다. 그렇다면 어린아이가─아니, 부모들도 마찬가지로─어떻게 온전한 정신으로 높은 수준의 능력을 계속 발휘할 수 있겠는가? 따라서 우리가 "최선만 다하면 된다"라고 말하는 것은 "특정 시점에 할 수 있는 최선을 다한다"거나 "최선의 노력을 기울이도록 애쓴다"는 의미로 볼 수 있다. 또한 이런 표현은 특정 시점에 최선을 다할 수 있는 능력에 제약을 가하는 여러 요소가 작용할 수 있기 때문에, 중요한 것은 시도와 노력을 한다는 데 있다는 점을 인정하는 말이다.

4. 자녀의 개성을 키운다. 요즘에는 부모들이 자녀의 학업 성적과 과외 활동 성과, 대학 진학 문제에만 관심을 기울이는 경우가 많다. 그러나 이런 데만 신경을 쓸 것이 아니라 자녀의 사람 됨됨이에도 관심을 많이 쏟아야 한다. 부모 세대는 중년이 될 때까지 그들의 부모가 그들이 살면서 이

룬 것들을 자랑스럽게 생각하는지 여부에 신경을 쓰면서 안간힘을 다한 경우가 굉장히 많다. 사람은 누구나 사람 됨됨이로 존중받기를 바란다. 사람의 가치는 GPA 성적이 아니라 품성으로 평가한다. 품성이란 다른 무엇보다도 친절함과 아량, 공정성, 열심히 노력하려는 의욕의 정도를 나타낸다. 또한 사람 됨됨이란 요약하면, 지켜보거나 점수를 매기는 사람이 없을 때의 행동거지라고 할 수 있다. 품성이 좋은 사람은 사회로부터 친절과 고마움, 칭찬으로 보답을 받고, 또 불가피하게 좌절을 겪을 때는 여러 가지 후원과 도움을 받는다. 부모는 성적과 등급, 상장이 아니라 자녀의 훌륭한 품성을 자랑스럽게 생각한다는 점을 자녀가 알게 하는 것도 자녀의 회복력을 키우는 데 큰 도움이 된다.

- **자녀의 선행을 눈여겨본다.** 자녀의 선행을 눈여겨본 뒤 나중에 그 이야기를 꺼내 칭찬하는 식으로 자녀의 품성을 좋은 방향으로 키울 수 있다. 예를 들면, 자녀가 누군가가 높은 선반에 있는 물건 꺼내는 걸 도와주었다면 집으로 돌아가는 승용차 안에서 슬쩍 이렇게 칭찬할 수 있다. "그 사람을 도와주는 것을 보니, 네가 꽤 친절하더구나." 또는 자녀가 어린아이나 친구에게 순서를 바꿔 먼저 계산 따위를 하도록 했다면, "양보하는 걸 봤는데 보기 좋더라"라고 한마디 던질 수 있다. 그런데 이게 "완벽해, 정말 대단했어!"라는 식으로 호들갑을 떨 만한 일은 아니다. 그저 이런 식의 의사만 전달하면 된다. 눈여겨보았다, 착해 보였다, 그런 식으로 행동할 때는 네가 자랑스러워진다 등등. 이런 소리를 들으면 자녀는 기분이 굉장히 좋아져서 앞으로도 계속 그런 칭찬을 듣고자 할 것이다.
- **장기적인 안목을 기르도록 돕는다.** 자녀가 자신보다 형편이 어려운 사람들이 많다는 점을 알게 된다면 자신의 현재 처지를 고마워할

것이다. 먼 나라로 눈길을 돌릴 필요도 없다. 현재의 거주 지역 주변에도 먹고살기에 급급한 사람들이 있다. 이런 사람들을 돕는 봉사 활동에 가족이 모두 나선다면 도움을 받는 사람들은 물론, 자녀가 장기적인 안목을 갖추는 데도 도움이 될 수 있다. 이런 안목은 자녀가 의기소침해 있을 때나 먼 미래를 내다볼 때 도움이 될 수 있다.

5. 구체적이고 확실하게 반응한다. 베이비붐 세대의 끝자락에 있는 사람과 X 세대, 밀레니얼 세대의 첫머리에 있는 부모들은 자녀를 비판도, 훈계도 하지 못한 채 지나친 칭찬 일변도로 흐르는 것으로 알려졌다. 그 때문에 입만 뻥긋하면 "완벽해," "훌륭해," "놀라워," "원더풀," "굉장해"라는 찬사를 쏟아 낸다. 그러나 세월이 흐르면서 이런 찬사는 성장하는 자녀의 정신을 해치는 비수가 되고, 결국 회복력을 약화시킨다. 또 이런 식의 찬사를 마구 사용하면 자녀는 자신의 솜씨와 재능을 정확하게 인식하지 못하게 되고, 또 그런 찬사와 어긋나는 흔적이라도 나타나면 자신이 더 이상 훌륭하지 못한 것이 되기 때문에 그런 상황에 겁을 먹게 된다. 그에 따라 자녀는 드웩의 연구 결과처럼, 학과나 과외 활동에서 한 단계 높은 도전을 시도하기보다는 안전 위주로 나아가고자 할 것이다(한 단계 높은 도전은 자녀가 매우 뛰어나지 못하다는 점을 입증하는 결과로 이어질 가능성이 크다). 아니면 자신을 극한까지 끊임없이 매질해 완벽주의자가 되고자 할 것이다. 이런 완벽주의자는 부모나 상사 또는 이들이 중요시하는 다른 사람들이 원하는 것이면 무슨 일이든 하고자 할 것이다. 부모는 자녀가 진짜 오래 갈 수 있는 자부심을 키우기를 바랄 것이다. 이런 자부심은 (부모를 포함한) 3자가 기대하고 생각할 법한 것이 아니라 스스로 노력해 좋은 성과를 얻는 데서 비롯된다. 진심에서 우러나오는 칭찬과 건설적인 비판이 어떻게 자녀의

회복력을 키워 줄 수 있는지 그 요령을 살펴보자.

- **칭찬하는 요령.** 학과나 과외 활동과 연관된 성취나 성과는 수행한 과제만 특정해서 칭찬을 하는 것이 더 많은 애정을 드러내고 회복력을 길러 주는 데 도움이 된다. 예를 들면, 1) 취학 전의 어린아이에게는 "이 그림에서 온갖 색채를 다 사용한 것이 보기 좋구나"라는 식으로, 2) 초등학생에게는 "발레 공연 내내 선생님이 시킨 그대로 발가락이 앞쪽으로 쭉 뻗고 있는 것을 눈여겨보았단다"라는 식으로, 3) 중학생에게는 "네가 학교 행사를 위해 글루건을 쓰면서 능숙하게 일을 했더구나. 다루기 힘든 것인데"라는 식으로, 4) 고등학생에게는 〈시라노 드 베르주라크〉를 다룬 네 에세이를 보니 시라노의 심적인 혼란상을 굉장히 상세하게 잘 언급했더구나. 네가 실제로 그의 머릿속을 용케 파고들었다는 생각이 들었단다"라는 식으로 칭찬한다. 이런 식으로 구체적으로 칭찬하면 자녀의 자신감을 키워 줄 수 있다. 이런 칭찬은 자녀가 실제로 한 일을 부모가 지켜보면서 관심을 보였음을 확실하게 보여 주기 때문이다.
- **비판하는 요령.** 부모는 자녀가 배우면서 성장하고, 또 자신을 향상시키면서 발전하기를 바란다. 그렇게 만들 수 있는 유일한 방법은 자녀의 현재 능력이나 역량을 냉정하게 평가하는 것이다. 비판도 칭찬과 마찬가지로 사람이 아니라 특정한 행동이나 노력을 분명하게 겨냥해야 한다. 가령 이렇게 야단을 친다. "네가 어젯밤 도시락통을 현관에 둔 탓에 지금 그 주위에 개미 떼가 우글거리고 있단다. 빨리 가서 깨끗하게 치워라. 뒤로 미루면 안 된다. 더 미루다간 개미 떼가 더 많이 몰려올 거야." 그런데 이렇게 지적하지 않고, "왜 내 말을 듣지 않니? 내가 그렇게 하지 말라고 말했잖아. 지금 개미 떼가 우

글우글대잖아"라고 자녀 탓을 하는 경우도 있다. 앞서 야단친 방법이 그런 부주의를 바로잡는 데 훨씬 효과적이다. 만약 부모가 달려가서 도시락통을 치우고 개미 떼를 없애 버린다면 아무것도 가르치지 못한다. 이럴 때 부모는 (쉽사리 바꿀 수 없는) 자녀의 됨됨이를 탓하지 말고 (바로잡을 수 있는) 자녀의 행태를 비판해야 한다.

6. 본보기 노릇을 한다. 심리학자 매들린 레빈이 우리 동네 고등학교에서 강연한 것처럼, 자녀는 부모가 마냥 성공을 거듭한 것처럼 생각한다. 자녀는 부모가 지금까지 살아오면서 겪었거나 앞으로 계속 겪게 될 온갖 우여곡절과 좌절을 모른다. 자녀에게 힘겨운 싸움이나 노력이 일상적인 일임을 알게 하고 회복력을 키울 수 있게 만드는 가장 좋은 방법은—직장에서 어떤 일이 실패로 끝나거나 실망스러운 결과가 나오고, 또 가까운 친구와 사이가 틀어지는 것처럼—부모가 좌절을 겪었거나 지금 좌절을 겪고 있어 맥이 축 빠진 상황을 숨기지 말고 자녀가 알도록 하는 것이다. 또 부모가 혹시 일을 잘못 처리했거나 또는 달리 처리했으면 더 좋았을 법한 일이 있어서 교훈을 얻었다면 그런 이야기를 집에서 나누면서 자녀도 듣게 한다. 부모가 반성을 하면서도 웃음을 잃지 않고 씩씩하게 앞으로 나아가는 모습도 자녀에게 보여 주면 좋다.

고약한 일도 벌어지게 내버려 둔다

사람은 누구나 실수를 저지른다. 언제나 그래 왔고 앞으로도 쭉 그럴 것이다. 아이들도 마찬가지다. 사실 어린 시절은 갖가지 실수를 저지르면서 여러 가지 교훈을 얻어 문제를 극복하는 요령과 회복력을 포함한 다양한 능력을 기르는 훈련장과 같다. 자녀들이 이같이 꼭 필요한 경험—마구 달려들었다가 실패하고 쓰러지는 식의 경험—을 계속 겪게 하는 것은 이들이 배우며 성장하는 데 도움이 되는, 좋은 방법 정도가 아니라 가장 좋은 방법이다. 실수야말로 인생의 가장 위대한 스승이다.

교사이자 ≪뉴욕 타임스≫와 ≪애틀랜틱≫(1857년에 창간된 미국 시사문예 월간지—옮긴이) 기고가이며 저서 『실패라는 선물: 자녀의 성공을 위해 스스로 나아가게 하는 부모의 지혜The Gift of Failure: How the Best Parents Learn to Let Go So Their Children Can Succeed』를 펴낸 작가인 제시카 레히Jessica Lahey는 교실에서 과잉보호의 현상을 목격하고 그에 관한 다양한 칼럼을 썼다. 그는 이런 칼럼에서 어린이들이 실수를 저지르면 부모는 "그에 따른 교육적 이득을 선물로 생각해야지, 할 일을 게을리한 것으로 받아들여서는 안 된다"라고 지적했다. "여러 해 동안 살펴본 결과—인생에서 가장 큰 성공을 거두고 가장 행복하게 사는—나의 '가장 뛰어난' 제자들은 부모가 실수를 용납하고 그런 잘못에 책임을 지게 하며, 가능한 한 가장 뛰어난 인물이 되도록 끊임없이 도전하게 만든 학생들이다."

그러나 이른바 인생의 커브볼처럼 사람이 살아가면서 부딪치는 뜻밖의 상황은 어떻게 감당해야 할까? 사람은 모두 실수를 저지른다. 그러나 어느 때는 제대로 온갖 노력을 다했는데도 부정적인 결과가 나오기도 한다. 자녀도 커브볼이 날아올 때가 있을 것이다. 그럴 때 그런 볼이 자녀의 건강과 안전에 위해를 끼치지 않는 한 부모가 잽싸게 달려가 받아 내는 식으로 도움을 주어서는 안 된다. 아이들도 그런 커브볼을 받아 내는 법을 스스로 배울 수 있다. 배울 수 없다면 피하면 된다.

미니어폴리스에서 함께 개업한 심리학자 마이클 앤더슨Michael Anderson 과 소아과 의사 팀 조핸슨Tim Johanson은 2000년대에 끈기와 장기적 안목이 부족한 듯이 보이는 어린이와 갓 성년이 된 젊은이들을 대상으로 조사를 벌이기 시작했다. 자녀들은 물론 실수를 저지르고 커브볼이 들어오는 순간 등을 경험하면서 이런 안목과 끈기를 기른다. 두 사람은 관찰과 조사 결과를 모아 2013년『요점: 인생 수련을 쌓도록 자녀를 키우는 요령GIST: The Essence of Raising Life-Ready Kids』을 펴냈다. 이 책에서 두 사람은 자녀가 성년이 될 때까지 안전하게 키우는 것이 부모의 주된 역할이지만, "그 과정에서 많은 부모들은 자녀의 안전과 학업 성취도에 많은 관심을 기울일 뿐, 이들에게 인생을 살아갈 준비를 갖춰 주는 데는 충분히 노력하지 않는다"고 지적했다.

앤더슨과 조핸슨은 이 책에서 인생을 살아갈 준비를 갖춘다는 것은 어떤 일이 닥치더라도 감당할 수 있는 능력을 기르는 것이라고 규정한다. 이들은 자녀가 성년이 된 이후의 삶에 제대로 대비할 수 있도록 겪어 내야 할 여러 가지 어려운 상황을 표로 만들었다. 일종의 요점 정리이니, 이 표를 보고 위축될 필요는 없다.

부모가 자녀에게 겪게 해야 할 여러 가지 실수와 뜻밖의 상황

- 친구의 생일파티에 초대받지 못했을 때
- 애완동물이 죽었을 때
- 귀한 꽃병을 깨뜨렸을 때
- 열심히 과제를 했는데 여전히 평가가 시원찮을 때
- 집에서 멀리 떨어진 곳에서 승용차가 고장 났을 때
- 심은 나무가 죽은 것을 확인했을 때
- 학과목이나 캠프의 정원이 차서 들어가지 못할 때

- 벌을 받아 방과 후 학교에 남게 될 때
- 할머니를 돕다가 방송 프로그램을 놓쳤을 때
- 가벼운 접촉사고가 일어났을 때
- 자신이 하지 않은 일로 비난을 받을 때
- 다른 사람의 나쁜 짓으로 어떤 행사가 취소되었을 때
- 일자리에서 해고되었을 때
- 대학 대표팀에 들어가지 못했을 때
- 어떤 일에서 꼴찌를 차지했을 때
- 다른 아이에게 폭행을 당했을 때
- 자신이 배운 어떤 내용이 거부당했을 때
- 쓸어 담을 수 없는 이야기를 한 뒤에 깊이 후회할 때
- 친구들이 모두 가는 모임에 초대받지 못했을 때
- 동네 야구 게임에서 맨 마지막으로 뽑혔을 때

부모는 자녀에게 이런 상황을 두루 겪게 하는 것으로 그쳐서는 안 된다. 부모가 이런 경험의 중요성을 충분히 알고 있어야 한다. 앤더슨과 조핸슨은 자녀 양육의 진정한 의미는 "자녀의 삶에서 가능한 한 피하고 싶거나 걱정스럽게 느껴지는 일들을, 지혜와 안목을 길러 주는 '성장-유발적 일 growth-producing events'로 인식하는 법을 배우는 것"이라고 지적한다. 그런 일이 벌어지면 마음속으로 이렇게 외쳐야 한다. "좋았어. 아이의 유년기에 최소한 한 번쯤은 꼭 일어났어야 할 일이야."

심리학자 웬디 모젤도 앤더슨과 조핸슨의 이런 주장에 동의한다. 모젤은 『B- 학점의 축복』에서 자녀에게 이런 어려움을 겪게 하는 것은 '유익한 고생'을 안겨 주는 것이나 다름없다고 지적했다. 자녀는 이런 값진 고

생을 하면서, 성년이 된 뒤 겪을 훨씬 심각한 난관이나 실망스러운 일을 극복할 수 있는 태세를 갖출 수 있게 된다. 모젤은 자녀가 부모 곁을 떠날 때쯤 되면 대체로 이런 식의 '감정의 기복 형태'에 익숙해져야 한다고 지적했다. "나는 기분이 언짢았다. 그러나 내 친구와 이야기를 나누고 / 달리기를 하고 / 지도교수와 면담을 하고 / 잠을 좀 자고 / 남자친구를 끌어들여 재운 점을 가지고 룸메이트와 입씨름을 벌이고 / 축구 실력을 키우기 위한 계획을 세우고 / 헬스장에 다녀오고 / 몇 가지 할 일을 사실상 끝마치고 나니, 지금은 기분이 한결 가벼워졌음을 알 수 있는데, 이런 과정은 부모와 아무런 관계가 없다."

모젤이 상상하는 시나리오 속의 이 젊은이는 "기분이 좋아졌지만 이런 과정은 부모와 아무런 상관이 없었다"라고 결론짓고 있다. 그렇다. 부모의 마음이야 자녀를 보호하고 예상치 못한 패배나 좌절을 미리 막아 주고 싶겠지만, 그래도 그런 충동을 억제하고 뒤로 한걸음 물러서서 입을 다문 채 가만히 지켜보고 있어야 한다. 어떻게든 자녀가 그런 불편한 상황을 견디면서 해결책을 찾고 이겨 낼 수 있다는 점을 분명하게 알 수 있게 해야 한다.

TFA의 샌프란시스코 만안지구 책임자인 에릭 스크로긴스는 자녀의 회복력을 길러 주는 부모의 올바른 노력 중 한 가지 사례를 이렇게 소개했다. "TFA는 교사의 성장과 리더십을 길러 주는 굉장한 호기가 되고 있습니다. 생산적 사고력이 뛰어난 부모들은 그런 점에 착안해 변명거리가 아니라 자녀들의 반응을 떠보는 대상으로 활용하고자 합니다. 이런 부모는 이렇게 부드럽게 이야기할 것입니다. '이 활동은 네가 신청했어. 값진 일은 무엇이든 힘들기 마련이야. 여기서 기대하는 것이 무엇이었지? 필요한 자원은 어떻게 찾고, 활용할 수 있는 자원에는 어떻게 접근하지?' 반면에

역효과를 내는 부모는 이렇게 말할 것입니다. '너는 지금 부당한 처지에 놓여 있어. 그래서 내가 네 대신에 이 일을 감당할 생각이야'라고 말입니다."

특권의식이 낳는 부작용

다소 역설적인 뜻밖의 상황이지만 부모가 육체노동에 종사하는 가난한 집안의 자녀들은, 부모가 재정 형편이나 사회적 자산이 보잘것없으며 자녀의 일이 꼬였을 때 원만하게 해결되도록 신경 쓸 시간도 별로 없는데도, 어려운 생활환경에 단련이 된 탓에 장기적으로 보면 부유한 집안의 자녀들보다 훨씬 강인한 면모를 보이는 경우가 종종 있다. 폴 터프Paul Tough가 『어린이의 성공 비법: 근성과 탐구심, 그리고 보이지 않는 인간 됨됨이의 힘How Children Succeed: Grit, Curiosity, and the Hidden Power of Character』이라는 책에서 다뤘던 상황과 같다.

캘리포니아 오클랜드에 본부가 있는 비영리 조직인 애스파이어 공립학교의 모토는 '대학 진학 확신College for Certain'이다. 이 단체는 저소득 가정의 자녀들을 대상으로 초·중등 12년 교육과정을 가르치는데, 이런 모토를 유치원 과정부터 학생들의 머릿속에 철저하게 주입한다. 애스파이어 학생들이 고등학교를 졸업하고 대학에 진학할 즈음이 되면 학교 안팎에서 이런 표어를 끊임없이 듣는다. 이 단체는 현재 캘리포니아와 테네시 주에서 38개 학교를 운영하고 있는데, 빈곤층 대상 학교로는 미국에서 가장 성과가 큰 학교 축에 들어간다. 지난 4년 동안 애스파이어 졸업생들은 전원이 대학에 진학했다. 애스파이어의 교사 훈련 프로그램은 2014년 10월 ≪뉴욕 타임스≫ 1면에 크게 소개되었다.

애스파이어는 해마다 모금 축제를 벌이는데, 2014년도 축제장에서 애스파이어 졸업생으로 현재 대학을 졸업한 레나 스톤은 애스파이어에서 어떻게 자신의 인생을 가꾸었는지 이렇게 밝혔다. "애스파이어는 제 집이 되었어요. 제가 편안함을 느낄 수 있는 곳이었어요. 가끔씩 저는 애스파이어 모나크 아카데미로 산책을 가서 주차장에 앉아 있거나, 아니면 리드 선생님의 교실을 찾아가 저녁 8시까지 머물면서 그의 일을 방해했어요. 그래도 리드 선생님은 한마디도 불평하지 않고 저를 집까지 태워 주겠다고 했어요." 레나는 대학에 다닐 때 극도로 어려운 처지에 놓이게 되었다. 그가 다닌 대학은 역사적으로 흑인 학생들이 많았던 사립 리버럴 아츠 대학으로 내슈빌에 있는 피스크 대학이었다. "피스크 대학 2학년에 다니고 있을 때 앞길이 꽉 막혀 앞으로 나아가기가 어려웠어요. 한계점에 도달한 저는 제 정신력과 회복력의 진정한 시험대에 올랐죠. 제 앞길을 가로막은 것은 단순한 것이었어요. 학비를 조달하면서 먹고살 길이 없었거든요. 저는 장래를 기약할 것인지 아니면 생존을 도모할 것인지 선택을 해야만 했어요. 애스파이어에 다닐 때 선생님들은 제 인생을 제가 바꿀 수 있다고 말했어요. 그리고 그 인생을 바꿀 수 있는 관건은 다름 아닌 교육이었어요." 레나는 당분간 쉴 안식처도 없는 상태로 학교에 계속 다니기로 결심했다. 결국 피스크 대학을 졸업한 레나는 현재 교사로 일하고 있다.

애스파이어의 책임자인 제임스 윌콕스는 육군사관학교를 나와 8년 가까이 군복무를 한 뒤 스탠퍼드 대학에서 교육학과 경영학 석사 학위를 받았다. 그는 10대 후반과 20대 초반의 세 딸을 키우고 있었다. 그는 레나 스톤과 비슷한 딸들과 '그 밖의 다른 (애스파이어) 아이들' 이야기를 내게 들려주었다. 그는 저소득 가정의 학생들이 거의 계발되지 않은 엄청난 잠재력을 지니고 있다는 점과, 이들이 시련과 비상한 노력을 통해 어느 정도의 의욕과 끈기를 갖추고 있는지 알려 주었다. 그는 또 애스파이어 학생들에 비해 특혜를 누리면서 훨씬 넉넉하게 산 자신의 딸들은 그런 어려움을 겪지도, 비상한 노력을 기울이지도 않아 참을성을 기를 만한 기회도 전혀 없었다고 솔직하게 밝혔다.

윌콕스는 회복력이야말로 도구들을 분류해서 담아 놓은 도구상자들과 다름없다고 생각한다. 한 상자에는 부모에게서 배운 것이, 두 번째 상자에는 학교에 다니면서 익힌 솜씨들이, 그리고 세 번째 상자에는 다양한 인생 경험이 가득 담겨 있다는 식이다. 모든 학생들은 이런 도구상자들을 들고 대학으로 진학한다.

"저는 인생 경험이라는 측면에서 레나 같은 학생들은 엄청나게 많은 도구들을 지니고 있지만 우리 집 딸들은 거의 없다고 생각해요. 레나의 도구들은 엄청난 고난을 거치며, 그런 어려움을 이겨 내고 '직시'하고 또 겪어 내면서 매우 어려운 선택을 통해 만들어진 것이죠. 중·상류층 집안의 학생들은 대부분 이런 어려운 선택이나 진정한 의미의 시련을 겪어 보지 못하죠. 레나는 고등학교 다닐 때에도 한동안 집 없는 생활을 했는데, 저는 그런 경험이 오늘의 그를 만든 요인이라고 확신합니다. 우리 아이들은 그런 경험을 한 적이 한 번도 없기 때문에 대학에 가서 처음으로 혼자 '어려움'을 겪기 시작할 때 활용해야 할 도구상자 같은 것이 통째로 없는 형편이에요. 반면에 레나와 저소득 가정의 학생들은 모두 계발되지 않은 엄청난 잠재력과 함께 대학과 사회생활을 헤쳐 나가는 데 필요한 무수한 도구들을 갖추고 있어요. 이제 부모들은 자녀들이 마음의 상처를 덜 받는 형태로 동일한 도구를 갖출 수 있도록 만드는 방법을 궁리해 봐야 합니다.

한편 레나는 중·상류층 가정의 자녀들이 갖추고 있는 한 가지 도구상자 없이 대학에 진학했어요. 바로 그들이 성공할 것이라는 예상이자 대학에 다닐 만한 자격이 있는 것은 자기들이라는 신념체계죠. 만약 레나 같은 학생들이 그런 예상—'대학 진학 확신'이라는 사고방식—까지 갖춘다면 이들은 그 누구도 막을 수 없는 막강한 힘을 지니게 될 거예요. 이미 근성과 인내심을 갖추고 있는 이들이 사고방식까지 '나에게 대학이 어울리기나 할까?'가 아니라 '여기 내 자리니까 비켜라'로 바뀌게 되는 거죠. 따라서 이들은 인생의 쓰라림을 제대로 맛보지 못한 아이들에 비해 훨씬 강한 마음가짐과 태세를 갖추고 있어요. 이들이 대학 학위와 훌륭한 교육을 받는다면 이 세상을 변화시키는 큰 힘이 될 겁니다.

레나와 애스파이어 출신 학생들이 겪은 인생 경험은 쓰라린 만큼이나 말할 수 없이 값지죠. 이들이 끝까지 뒷받침을 잘 받을 수 있다면 이들은 무슨 일이든 끝까지 해낼 수 있는 용기와 끈기의 도구상자를 갖추게 될 것입니다. 그리고 이런 도구만큼 그대로 복제하기 어려운 것도 없습니다."

그러나 복제가 불가능한 것은 아니다.

19장
대학 문제를 바라보는 폭넓은 마음가짐

우리는 레이크 워비건에 살고 있어요. 우리는 사회경제적으로 혜택을 받은 계층이에요. 이곳의 부모들은 모두 명문 대학을 졸업한 사람들입니다. 우리 지역의 고교 졸업생들만으로도 아이비리그 대학의 정원을 꽉 채울 수 있어요. 대학 교수들은 어처구니없어요. 대학 입학이 불허된 학생들은 SAT 성적이 최상위 2%에 해당하는 학생들인데, 이들은 자유 시간에 사회적 병폐를 치유하거나 주택을 짓고 있어요. 이들의 부모는 미칠 지경이고 학생들은 환장할 노릇입니다.

—윌리엄 리베라(버지니아 맥리언에 사는 아버지)

어느 날, 저녁에 친구들과 술을 한잔하는데, 팔로 알토의 어느 어머니가 아들이 오늘 평점 B를 받아 왔다고 말했다. 그래서 어머니는 아들에게 이렇게 말했다고 한다. "지금 무슨 '생각'을 하고 있는 거냐? 이런 점수를 가지고 스탠퍼드에 들어갈 수 있다고 생각하니? 네가 애리조나 주립대학 정도에나 갈 생각이고, 또 그 대학에 들어가면 등록금을 대 줄 것이라고 생각한다면 그건 절대 아니야!" 이 어머니는 분명 애리조나 주립대학을 대단찮게 생각하는 모양이었다. 분명히 그는 이 대학이 풀브라이트 장학생 배출 상위 10개 대학에 들어간다는 사실과 졸업생 중에 미국 영화사상 두 번째로 많은 수익을 올린 로맨틱 코미디 영화 〈왓 위민 원트What Women Want〉를 제작한 수잔 카트소니스나 그의 핸드백을 디자인한 케이스 스페이드가 있다는 사실을 몰랐을 것이다.

사실 부모는 대부분 어떤 대학이 자녀에게 적합한지를 판단하는 방법을 모른다. 그 대신 이들은 시사주간지 ≪유에스 뉴스≫의 대학 순위 발표에 혹한다. 이 순위는 주로 해당 대학의 입학이 얼마나 어려운지와 교육자들이 그 점을 어떻게 생각하는지를 반영한 것에 불과하다. 교육자들의 판단도 해당 대학의 입학이 얼마나 어려운지를 나타낼 뿐이다. 스탠퍼드 대학 교육학과의 미첼 L. 스티븐스Mitchell L. Stevens 교수는 2007년에 펴낸 책 『계급의 창출: 대학 입학과 엘리트 교육Creating a Class: College Admissions and the Education of Elites』에서 대학이 자체 위상이나 교육의 질적 수준을 향상시킬 대용물이라도 되는 양, 엄격한 입학 선별과정을 다양하게 활용하고 있다고 비판했다. 그는 교육의 질적 수준을 정확하게 평가할 수 있는 제도가 갖춰져 있지 않기 때문에 입학과 관련된 여러 통계 수치들이 대학 위상을 나타내는 대용물이 되었을 뿐만 아니라 '위상 그 자체'가 되어 버렸다고 지적했다. 그는 "입학하고 싶은 사람이 많으면 많을수록 그 대학 졸업생의 엘리트성은 그만큼 강화된다"고 기술했다. ≪유에스 뉴스≫가 보도하는 입학 선정과 관련된 통계가 해당 대학의 교육의 질적 수준이나 자녀에게 알맞은 대학인지 여부와 아무런 관련이 없음에도 부모들은 그런 수치에 홀리고 있다.

또한 자녀도 부모가 이런 수치에 혹하는 것을 모를 리 없다. 스워스모어 리버럴 아츠 대학 행태심리학과 교수이자 베스트셀러『선택의 역설: 왜 많이 몰리는 곳이 부족한가The Paradox of Choice: Why More Is Less』의 저자인 배리 슈워츠Barry Schwartz는 자녀들이 대부분 북동부의 아이비리그 대학에 몰리는 근시안적 선택을 하는 이유는 ≪유에스 뉴스≫의 보도 때문만이 아니라 부모들의 생각 때문이기도 하다고 지적했다. 슈워츠는 이렇게 말했다. "부모가 자녀들에게 흔히 하는 이야기가 최고만이 빛이 난다는 것이다. 부모는 이것이 표준이라도 되는 양 예사롭게 이야기하고 자녀들은 그런 사고방식을 그대로 받아들인다. 그리고 좋은 대학에 들어가야 한다는 불안감이 점차 커지다 보면 그 영향은 무의미한 수준을 넘어설 만큼 고약해진다. 내가 조사 연구한 결과를 보면 최고만이 빛이 난다는 것을 어떤 결정의 근거로 삼는 태도는 결국 무력감과 불만으로 이어지는 것으로 나타났다."

슈어츠는 이런 주제로 미국 전역을 돌며 강연할 때 시사문예 주간지인 ≪뉴요커New Yorker≫에 실린 만평 하나를 자주 보여 준다. 지금은 고인이 된 레오 컬럼이 그린 이 만평을 보면, 젊은 여성이 입은 스웨터에 "브라운 대학에 다니지만 원래 지망은 예일대였다"라는 글귀가 씌어 있다. "요즘 주변에는 굉장한 대학에 다니면서도 다른 대학에 갔어야 한다고 생각하는 학생들이 상당히 많다. 그런 사고방식을 가지고 대학에 다닌다면 대학에서 온전한 경험을 쌓을 수 없을 것이다. 현재 다니는 대학만 해도 큰 혜택인데도 그렇게 생각하지 않는 것이다. 학생들이 계속 다른 대학에 들어갔어야 한다고 생각하기 때문이다. 이들은 별 까닭 없이 대학생활을 불만스럽게 끝내고 말 것이다."

내 생각으로는 부모의 생각 때문에 자녀들이 별 까닭 없이 대학생활을 불만스럽게 느낀다면, 그런 부모의 생각은 교우관계와 인종적, 사교적 공동체, 직업 환경, 집안 환경 등의 영향으로 형성된 관점의 산물이다. 사람들은 위상과 명성, (질적 수준으로 표현되는) 가치 등에 대한 갖가지 생각과 견해 때문에 자녀를 가장 좋은 명문 대학 중 한 곳에 입학시키는 것이 자녀—와 어쩌면 그들 자신—를 정말 자랑스럽게 생각할 유일한 요소라고 느끼고, 불안해한다. 부모들은 이런 생각과 불안 때문에 자녀들에게 눈가리개를 씌워 부모들이 준비해 놓은 일정표나 점검표대로만 움직이게 만든다. 이것이 유년기나 청소년기의 자녀의 삶이자 여정이며 숨 가쁘게 치러야 할 경쟁이다. 부모들은 자녀에게 눈가리개를 씌워 놓고 경주마인 양 자녀들을 휘몰아 결승점으로 달리게 만들고 있다. 부모가 방향을 잡고 어루만지면서 박차를 가하고 채찍질을 함에 따라, 자녀는 이를 악문 채 거의 불가능에 가까운 불리한 처지를 극복하기 위해 혼신의 힘을 다하면서 트랙을 내달리며 더욱 속도를 내게 된다. 그중에는 이런 경쟁을 벌일 만한 준비가 충실하게 갖춰진 자녀도 있겠지만 대부분은 부모의 뜻과는 어긋나는 다른 경쟁을 선택하고, 준비 과정에서도 끝까지 부모의 뜻과 계획을 따르지 않고 유년기나 청소년기를 즐기려 한다. 결국 힘겹지만 끝까지 꿋꿋이 잘 버텨 내는 자녀는 소수에 불과한 셈이다.

뉴욕 시의 명문 사립학교 트리니티 스쿨의 대학 진학 지도교사이자 컬럼비아 대학 입학관리 책임자였던 래리 모모를 기억하는가? 그는 상담 과정에서 이런 눈가리개가 씌워진 학생들을 많이 만나고 있다. 래리는 학생들이 다양한 특성이 있는 단과대학이나 종합대학이 많다는 사실을 굉장히 만족스럽게 생각하지만, 이들이 뚫고 나가야 할 도전과제 중 하나는 바로 그런 다양한 선택을 폭넓게 받아 주도록 가족을 설득하는 것이라는 점을 잘 알고 있다고 전한다. 그러나 그는 성적이 뛰어난 졸업반 학생들 중 자신의 적성에 맞는지 여부를 따지기보다는 게임에서 승리해야 한다는 차원에서 대학 진학 문제를 생각하는 경향이 점차 두드러지는 점을 걱정한다. "우리는 학생들에게, 현실적인 경쟁력이 있다고 판단하는 대학 중에서 관심을 끄는 특정한 대학이 있다면 말해 보라고 합니다. 그러면 요즘 학생들은 이렇게 대답하는 경우가 많습니다. '예일대에 조기 지원했다가 여의치 않으면 하버드, 프린스턴, 스탠퍼드 대학에 정시 지원할 생각입니다.' 이런 태도는 이들 대학의 문화가 각기 다른 데도 이를 무시한 채 최상위권 명문 대학이라는 복권에 당첨되어 보겠다는 자세일 뿐이죠. 우리는 이런 점을 4개 대학의 머리글자를 딴 'HYPS 현상'이라고 부릅니다." 래리는 이처럼 경쟁이 치열한 최상위권 대학의 과도한 엄선 과정과 너나없이 따라하려는 심리가 팽배하면서 졸업반 학생들을 "대학 입학 전형이라는 게임을 자신에게 유리하게 이끌어 가는 능력을 내면화하게 만들었고, 이런 과정은 이들을 불안하고 위험 회피성이나 전략적인 사고로 지나치게 흐르면서 겉늙은이 같은 모습으로 비치게 만들었습니다"라고 말했다.

부모의 이 같은 사고방식과 자녀에게 씌워진 눈가리개 때문에 선발 과정이 까다로운 명문 대학에 지원서를 제출하는 학생 숫자와 지원 횟수도 늘고 있다. 전국대학입학상담협회에 따르면, 1990년만 해도 7개 이상 대학에 지원서를 내는 학생들이 9% 정도였으나 2000년에는 12%, 2011년에는 29%로 늘어났다. 이처럼 여러 대학에 지원하는 학생의 비율이 증가하면서 이미 입학 경쟁이 상당한 수준에 올라 있던 대학들은 실제보다 더 경쟁이 심한 것처럼 비치게 되었다. 결국 실력과 자격을 갖춘 학생들이 최상위권 대학에 더 많이 지원하는 게 아니라 여러 대학에 중복 지원하는 학생들의 숫자나 비율이 늘어난 것이다(결국 지원자들은 나중에 그중 한 대학에 다니게 될 것이다). 그럼에도 이런 최상위권 대학에 들어갈 확률은 5~10%에 불과하다는 사실은 변함이 없다. 즉, 기회는 암울하다.

스미스 대학의 입학관리 책임자인 시드 멜비는 이와 관련해 이렇게 지적했다. "비가 올 확률이 5~10%라면 우비를 입는 사람이 있을까? 없을 것이다. 그러나 어느 대학에 합격할 가능성이 5~10%라는 소식을 들으면 학부모와 학생들은 그런 가능성을 좇을 것이다." '나'는 시드의 이런 지적을 통해 내 자신의 안이한 판단을 확인할 수 있었다. 나도 우리 아이들이 그 정도의 가능성밖에 없는 대학에 진학하기를 기대했기 때문이다.

몇 가지 다른 수치로 합격 가능성을 살펴보자. 지원자의 합격률이 10% 이하인 12개 대학(스탠퍼드, 하버드, 컬럼비아, 예일, 프린스턴, 미해군사관학교, 쿠퍼유니언, MIT, 시카고 대학, 미육군사관학교, 브라운, 앨리스 로이드 칼리지)의 신입생 정원을 모두 합치면 약 1만 5000명이다. 미국에는 공립과 사립을 모두 합치면 고등학교가 약 3만 7000개 있다. 이들 학교마다 졸업식에서 고별사를 읽는 학생—즉, GPA 점수가 전교 1등인 학생—이 12개 대학 중 한 곳에 입학하고자 하더라도 그중 40%만이 합격할 뿐, 나머지는 이들 대학에 입학할 수 없다. 더구나 1만 5000명의 입학 정원 중에는 적잖은 숫자의 외국 유학생이 포함되어 있기 때문에 전교 1등이 이들 12개 대학에 들어가지 못하는 경우는 더욱 늘어난다.

이제 부모는 자녀에게 씌워 놓은 눈가리개를 떼어 자녀는 물론, 부모 자신의 시야도 넓혀야 한다. 그렇지 않으면 부모들은 대부분 대학 진학 과정을 끝마칠 즈음이 되면 지치고, 낙담과 좌절감 같은 것을 느끼게 될 것이고, 자녀도 그와 비슷한 감정에 빠질 것이다. 처음부터 시야를 넓게 가졌다면 자녀들은 대학이라는 다음 단계의 인생을 가슴 설레면서 맞았을 것이다.

1단계: 합격 가능성에 대한 현실적인 판단

대학의 신입생 선발 과정을 중요시하는 사람들이 용기를 내서 자녀의 눈가리개를 약간 뒤로 밀어 넘으로써 대학을 선택하는 이들의 시야를 한층 넓혀 주고자 한다면, 12개 대학 다음으로 전형 과정이 까다롭고 경쟁이 치열한 30개 명문 대학이 눈에 들어올 것이다. 이 대학들은 2013년 지원자의 10~20%를 합격시켰다. 다시 이 눈가리개를 조금 더 뒤로 밀면 전형 과정이 어지간한 50개 대학이 보이는데, 이 대학들은 지원자의 합격률이 20~33%에 이른다. 이처럼 지원자 합격률이 33% 이하인 이 대학들을 모두 합치면 100개가 되는데, 이 대학들이 4년제 단과대학과 종합대학으로 인가받은 미국 전역의 2800개 학교 중에서 "전형 과정이 가장 엄격하다"는 평가를 받고 있다. 미국 전체 대학의 신입생 입학률은 63.9%다. 여기서 부모들은 대학별로 전형 과정의 엄격성이 어느 정도인지에 가장 신경을 쓴다면(사실은 그렇지 않다고 생각할 만한 근거가 충분하다. 이 장 뒷부분에서 다시 말하겠지만 학부생을 교육하는 질적 수준이 최상급에 속하는 몇몇 대학은 지원자가 많지 않아 경쟁률이 높지는 않지만 사실은 묻힌 보석이나 다름없다) '경쟁이 치열한' 100개 대학이 모두 눈에 보일 만큼 눈가리개를 뒤로 확 밀어 놓아도 괜찮을 것이다. 이 대학들은 교수진과 학생이 모두 의욕이 높고, 호기심도 많고, 재능이 뛰어나다. 이들은 또한 여러모로 환경도 좋다. 졸업생들은 폭넓은 교우관계 속에, 좋은 직장을 얻어 인생에 만족을 느끼면서 잘 살고 있다. 이런 점에 신경을 쓰는 것이 아닌가?

나는 경쟁이 심한 대학의 합격률에 대한 시드 댈비의 솔직한 지적이 지금까지 내가 모르고 있던 점을 일깨워 주었다는 사실을 두 번이나 말했다. 그러나 댈비의 이야기로 생각을 바꾼 사람은 나뿐만이 아니었다. 어느 날 뉴잉글랜드 주법원의 어느 판사가 시드에게 다가와 이렇게 말했다고 한다. "우리 지역의 고등학교에서 강연한 내용을 기억하고 있습니다. 그 강연을 듣고 굉장히 큰 깨달음을 얻었습니다. 고맙습니다. 이제 대학에 지원서를 낸 아이의 결과가 어떻든 마음의 준비가 되어 있습니다." 나는 시드에게 그 판사와 접촉해 그런 말을 하게 된 전후 사정을 알아봐 달라고 부탁했다. (판사의 직분상 익명을 요구한) 그의 이야기를 소개하면 다음과 같다.

"저는 남 못지않게 경쟁심이 강했습니다. 전 예일 대학에, 남편은 존스홉킨스 대학에 다녔어요. 우리 딸 스테파니도 지능 면에서 저보다 뛰어났죠. 그래서 우리는 딸이 우리처럼 최상위권 명문 대학에 들어갈 것이라고 생각했습니다. 전 딸이 우리보다 더 낫기를 바랐습니다."

시드의 강연을 듣기 전까지 이 어머니는 스테파니의 대학 지원 과정에 강압적으로 개입하려 했다. 그러나 공립학교를 나온 스테파니는 부모가 참견하는 걸 꺼렸다. 부모가 끼어드는 것뿐만 아니라, 친구들과 달리 진학 상담 전문가의 도움이나 시험 준비 특강 같은 것도 마다했다. 스테파니의 가장 가까운 친구는 대학 지원 과정을 전반적으로 다루면서 조언하는 '전문가'의 도움까지 받았다. 이런 사실을 알게 된 어머니는 딸에게도 그런 전문가가 필요하다고 생각했다. 하지만 스테파니는 그 제안을 거절했다. 심지어 지원 과정에서 제출하는 에세이들을 한번 보자는 어머니의 말—요청—도 거절했다. 어머니는 "그런 에세이를 보지 못하는 부모가 있기나 한가요?"라고 내게 물었다. 옆으로 밀려났으나 딸 곁을 선뜻 떠나지 못하는 이 어머니는 "이건 내가 봐야 해! 내가 너에게 도움이 될 수 있단 말이야!"라고 소리쳤으나 스테파니는 꿈쩍도 하지 않았다. 딸은 지원 과정을 스스로 처리하고 싶었다.

이 어머니는 그즈음에 시드의 강연을 듣게 되었다. "저는 스테파니가 원하는 대로 뒤로 한 걸음 물러나 있으면서도 속으로는 이 문제를 제대로 삭이지 못하고 있었다는 점을 솔직히 인정합니다. 저는 최상위권 명문 대학에 들어가려면 얼마나 치열한 경쟁을 벌여야 하는지를 잘 알고 있었어요. 저는 또 온갖 이점을 동원하고 약간의 강점이라도 있으면 적극 활용해야 한다는 것도 잘 알고 있었어요. 전 필요한 경비를 쓸 용의도 있었죠. 저는 또 다른 모든 사람들도 저마다 자신의 이점을 동원해 자녀를 돕는다는 사실에 얽매이고 말았어요. 그렇다면 한쪽으로 기울어진 운동장을 고르게 해야 한다고 생각했죠. 운동장은 가득 찼고, 스테파니는 이미 수많은 지원자들로 북적대는 운동장에 들어섰어요. 이런 상황에서 말하면 저는 특별한 목표를 가졌던 셈입니다. 저는 제 자신이 옳다는 점을 스테파니에게 확신시킬 수 있는 방법들을 찾고자 했습니다."

이 어머니는 시드의 강연을 듣고 자신의 표현처럼 "생각을 완전히 바꿨다." 그녀는 안도의 한숨을 쉬면서 말했다. "일단 생각을 바꾸자 마음이 한결 가벼워요. 우리는 더 나은 부모가 될 수 있어요. 부모가 자녀 곁을 지키되, 뒷받침을 해 주는 선에게 그친다면 말이죠."

스테파니는 북동부의 여러 명문 대학에 지원서를 냈으나 불합격하자 다른 선택으로 눈길을 돌리기 시작했다. 그 결과 바너드를 선택했다. 뉴욕에 있는 이 대학은 규모는 작아도 당당한 리버럴 아츠 대학으로 컬럼비아 대학과 제휴하고 있었고, 2013년의 지원자 합격률은 20.5%였다. 이 어머니는 그 이후의 상황을 이렇게 들려주었다. "시드 덕분에 우리는 생각을 바꿔 '합격선'에 들어가는 몇몇 대학으로 눈길을 돌리게 되었고, 이런 대학의 긍정적인 측면에도 눈을 뜨게 되었습니다. 시드가 저를 살려준 셈이었죠. 요즘 아이들은 최상위권 성적과 자원봉사 활동, 갖가지 체육 능력 등 온갖 것을 다 갖출 수 있어요. 그런데도 최상위권 명문 대학에 입학하지 못하죠. 이들이 명문 대학에 입학하지 못할 때는 부모가 100% 힘이 되어 이렇게 격려해야 합니다. '네 덕분에 우리 모두 기분이 좋아졌어. 모두가 행복한 느낌이 든다. 이제 네가 대학에서 값진 경험을 쌓을 일만 남았다.' 이것이 중요합니다."

판사의 딸인 스테파니는 바너드 대학에서 성공적으로 생활했다. 댄 에드먼즈 기자는 2013년 ≪타임≫에 스테파니처럼 자신의 실력에 합당한 대학을 선택해 진학한 사례를 이렇게 소개했다. "성적이나 과외 활동 적격성 면에서 충분한 조건을 갖추고 있는 학생들은 전형 조건이 까다로운 상위권 대학에 진학하겠지만 이들이 최상위권의 특정 명문 대학에 입학하기는 어려울 것이다." 이를 달리 표현하면, 눈가리개를 뒤쪽으로 밀어 젖히면 대학 진학이 의자 빼앗기 놀이가 되지 않는다는 것이다. 모든 지원자가 자신에게 알맞은 대학을 한 군데씩 차지할 가능성이 크다.

2단계: 견실한 다른 대학을 자랑스럽게 생각한다

스테파니의 어머니는 다른 학부모들이 "바너드 대학? 처음 들어 보는데……"라고 말하면 "약이 오른다"고 솔직하게 털어놓는다. "그럴 때 속으로 이렇게 생각합니다. '분명히 들어 보았을 텐데, 못 들어 봤다는 게 무슨 소리냐?' 사람들이 그 대학을 잘 모른다는 데 약간 화가 났던 기억이 납니다. 이제는 그렇게 생각할 필요가 없다는 점을 깨달았죠. 일종의 교훈을 얻은 셈이에요. 많은 부모들은 자녀의 선택에 부모의 뜻이 반영되기 때문에 그 결과에 기득권이 걸려 있는 것처럼 생각해요. 저는 그건 올바른 태도라고 생각하지 않아요. 그것은 자녀의 장래이지, 부모의 장래가 아니에요. 부모의 기득권은 자녀의 행복에 걸려 있어야 합니다."

바너드 대학을 아는 사람이라면, 들어 보지도 못했다는 주위의 반응은 물론, 이런 대학에 합격했다고 슬퍼하는 일도 상상하기 어렵다. 유명 대학의 이름값이 많은 사람들의 애를 태우면서 소동을 일으키는 일이 얼마나 부질없는지를 보여 주는 한 가지 사례가 바너드 대학이다. 이런 소동에 휩쓸려 있는 일부 사람들이 뉴욕의 소리 없는 명문 대학 바너드를 모르는 것은 별로 이상할 것이 없다. 바너드 외에 다른 조용한 명문 대학을 꼽으면 위스콘신 주의 벨로이트, 메인 주의 베이츠, 오하이오 주의 안티오크, 오리건 주의 리드 등이 있다. 이들 5개 대학은 일부 사람들만이 '들어 보지 못했을 뿐', 굉장한 대학 축에 들어간다. 사람들은 과거 10대 청소년 시절에 유명 디자이너의 이름이 붙은 청바지에 열광했던 것처럼 유명 대학의 브랜드에 사로잡혀 헤어날 줄을 모른다. 이들은 다른 사람들이 하는 그대로 따라하지 못하면 못 견디는 데다, 미성숙한 탓인지 아니면 자신감이 없는 탓인지, 그 틀에서 벗어나 자신—과 자녀—에게 가장 적합한 선택을 하지 못한다.

나는 유명 대학의 브랜드를 둘러싼 세간의 과도한 흥분이 못마땅한 나머지, 팔로 알토에서 활동할 때 '아무도 들어 보지 못했다'는 견실한 대학 이름 100개를 라디오 방송 대담이나 대화 자리에서 자주 언급했다. 나는 주변의 친구들에게도 그런 대학들을 자주 입에 올리도록 당부했다. 그러자 얼마 뒤에 미네소타 주의 세인트 올라프 대학이 내가 사는 곳의 NPR 지역방송을 후원하기 시작했다! 나는 출근 시간에 전철을 타고 가거나 아이들의 과외 활동을 돕기 위해 승용차를 몰고 가면서 라디오를 듣다가 "세인트 올라프 대학? 그런 대학이 있었나? NPR에서 홍보하는 것을 보니 괜찮은 대학인 모양이네"라고 혼자 중얼거리는 아버지와 어머니의 모습을 쉽게 상상할 수 있었다. 실제로 그렇게 될 것이다. '아무도 들어 보지 못한' 대학에서 자녀가 착실한 교육을 받는 모습을 자랑스럽게 이야기하는 사람들이 점차 늘어나면 내 주변 사람들도 관심을 기울이기 시작할 것이고, 그런 관심은 앞쪽으로 당겨진 눈가리개를 뒤로 밀어 내는 데 도움을 줘 자녀들—모든 자녀들—의 시야를 한껏 넓혀 주어, 그들 자신에게 가장 적합한 선택을 하도록 만들 것이다.

3단계: 경쟁이 덜한 대학에 진학했을 때의 이점을 제대로 파악한다

연구자 스테이시 버그 데일Stacy Berg Dale과 앨런 크루거Alan Krueger는 1999년 아이비리그 대학 8개나 그와 비슷한 수준의 최상위권 대학에 합격했으나 그런 대학을 포기하고 그보다 '경쟁이 덜한'(그러나 100대 명문 대학에는 들어가는) 대학에 들어간 학생들에게 어떤 변화가 있었는지를 연구 조사했다. 그 결과 이 학생들은 20년 뒤, 최상위권 명문 대학 졸업생들과 대체로 비슷한 수준의 수입을 올리는 것으로 나타났다. 크루거와 데일은 최상위권 대학에 합격할 정도로 머리가 뛰어난 학생들이 나중에 소득 면에서는, "출신 대학에 관계없이 다른 사람들과 별다른 차이가 없다"는 사실을 밝혀냈다. 달리 말하면, 성공 여부는 대학이 아니라 학생에게 달려 있다는 이야기다. 오늘날 경쟁이 가장 치열한 대학의 입학관리 책임자들은 지원자들의 면면을 살펴보면 수천 명, 심지어 수만 명의 실력이 입학하는 데 부족함이 없다고 말한다. 그러나 이 대학들의 신입생 정원이 적게는 150명에서 많게는 1700명에 불과해 입학 자격이 충분한 지원자 수천 명 대부분이 나른 대학으로 눈길을 돌려야 한다. 그런데 크루거와 데일의 연구 조사 결과를 보면 나중에 수입 면에서 별다른 차이가 없다고 하니 반가운 소식이다. 혹시 다른 잣대로 평가하면 이들의 장래가 오히려 더 나을 수도 있는 것 아닌가?

가령 최상위권 대학만을 고집하지 않고 다른 대학으로 눈길을 돌리면 '도움'이 될 수 있을까? 빌 데레저위츠는 『뛰어난 양』에서 ≪유에스 뉴스≫가 선정 보도한 미국 최상위 20개 대학의 신입생 중 90% 이상은 성적이 고교 졸업반의 상위 10%에 속하는 학생들이라고 지적했다. 그는 이와 관련해 이렇게 말했다. "나 같으면 이런 대학을 경계할 것이다. 상위 10%가 모두 뛰어난 양은 아니다. 그러나 그중 상당수는 뛰어난 양인 만큼 이들 속에 휩싸이겠다고 결정하기 전에 매우 신중하게 생각해 볼 필요가 있다. 오히려 명문 소리를 덜 듣는 대학의 학생들이 관심이나 호기심이 더 많고 더 개방적이며, 이루어 놓은 성과에 더욱 감사하고, 또 특권의식이나 경쟁심이 덜하다. 따라서 이들은 주변 친구들을 경쟁자가 아니라 동료로 생각하고 행동하는 경향이 있다."

기업 인력관리 부문의 대가이자 아마존 베스트셀러인 『실전 중심 고용Hire with Your Head』과 『인력 채용의 필수 가이드The Essential Guide for Hiring and Getting Hired』의 저자인 루 애들러Lou Adler도 같은 생각이다. 그는 미국 아이비리그 대학들 중 하나인 코넬 대학의 학생들을 예로 들었다. "코넬 대학 학생들을 만나 보면 모두 명민하지만 조금 색다른 면모를 보인다. 이들은 현실적인 감각을 갖춘 듯하다. 이들은 코넬 대학이 아이비리그 대학들 중 하위에 속한다고 보고, 또 일부의 잣대로는 다른 대학 학생들이 그들 '위에' 있다고 생각한다. 그 때문에 이들의 자존심이 상했지만, 그 대신 이들은 대인관계를 원만하게 이끌어 가는 능력을 키우고 현실적인 판단을 하며, 우쭐하거나 거만하지 않다."

말콤 글래드웰은 최상위권 명문 대학에 다니면 당사자에게 해가 되기까지 한다고 극언한다. 그는 자신의 베스트셀러인 『다윗과 골리앗: 강자를 이기는 약자의 기술David and Goliath: Underdogs, Misfits, and the Art of Battling Giants』에서 최상위권 명문 대학에 다니는 학생들은 사실 그런 대학에 들어가지 말았어야 한다고 지적한다. 모든 대학에는 가장 큰 관심과 자원, 기회를 거의 독점하다시피 하는 매우 뛰어난 학생들이 있기 때문이다. 이런 관심과 자원, 기회를 얻으면 그 학생은 대학원에서 더 큰 성공을 거두게 된다. 어느 반에서 하위 절반에 속하게 되면 교수진의 관심이나 전공 분야의 특별한 체험 기회처럼 주인공들이 누리는 대접을 받지 못할 뿐만 아니라 자존심도 손상될 수 있다는 것이 글래드웰의 지적이다. 그는 또 미래의 계획을 설계하는 가장 강력한 도약대로 대학을 활용하고자 한다면 자신이 5~10%의 상위권에 속할 수 있는 대학에 진학하라고 권유한다. 이런 측면에서 유일한 예외가 있다면 별 볼 일 없는 집안 출신이 명문 대학에 들어간 경우뿐이다. 이런 학생은 동급생 중에서 어떤 위치를 차지했건 관계없이 명문대 졸업생이라는 점만이 사회생활에서 부각되기 때문이다. 하버드 로스쿨에서 첫해를 보낸 학생들의 출신 대학을 살펴보면 글래드웰의 이런 지적이 타당하다는 것을 알 수 있다. 약 540명의 2016학년 신입생의 출신 대학은 무려 171개교에 이른다. 이 대학들의 전체 명단을 보면 일부 대학은 많은 사람들이 들어 본 학교지만 그보다 훨씬 많은 대학은 들어 보지 못한 대학들이다.

TFA는 미국에서 대졸자를 두 번째로 많이 뽑는데, TFA의 채용 관련 정보에 비춰 보아도 그런 지적이 타당하다는 것을 알 수 있다. TFA는 2013년에 신입 교사 5900명을 채용했는데, 이들의 출신학교는 무려 800개교에 이른다.

다음으로 구글의 경우를 살펴보자. 구글의 인력운용담당 수석부사장인 라슬로 보크는 《뉴욕 타임스》 칼럼니스트인 토머스 프리드먼Thomas Friedman과 한 인터뷰에서 구글의 인력 채용 기준은 GPA도 출신 대학도 아니라 능력이라고 밝히면서, 여기서 능력이란 신속하게 배울 수 있는 능력과 리더로서 앞으로 나아갈 때와 뒤로 물러날 때를 잘 아는 능력, 주인의식을 갖추고 겸양할 줄 아는 능력을 말한다고 전했다. 프리드먼은 인터뷰를 끝낸 뒤 구글의 인력 채용 원칙을 이렇게 평가했다. "주의할 점은 학위가 무슨 일이든 할 수 있다는 능력을 보여 주는 대용물이 아니라는 것이다. 이 사회가 관심을 기울이는—또 보수를 지불하는—것은 알고 있는 것(그러나 그것을 어떻게 배웠는지는 관심이 없다)으로 어떤 일을 할 수 있느냐 하는 것뿐이다." 보크는 프리드먼에게 성공 가도만을 달려온 사람에겐 뜻하지 않은 함정이 나타날 수 있다는 점을 지적했다. "명민하고 성공적인 사람은 실패를 경험하는 일이 드물다. 그래서 실패를 통해 교훈을 얻는 방법을 배우지 못한다."

그러나 실패는 곳곳에 널려 있다. 곳곳에서 고개를 든다. 되풀이해서.

4단계: ≪유에스 뉴스≫의 대학 순위 명단이 아닌
다른 최우수 대학 명단을 활용한다

사람들이 ≪유에스 뉴스≫의 대학 순위 발표에 얽매어 있지만 사실 이런 순위를 정하는 알고리즘은 대학 교육의 질적 수준과는 아무런 관계가 없다. 또한 대학 체험을 한층 폭넓게 할 수 있다거나 졸업생의 취업 경력이나 인생살이의 결실과도 아무런 관련이 없다. 갓 성년이 된 젊은이들이 입학한 대학에 진정한 의미의 적합성과 소속감을 느끼는지―그런 감정을 최대한 활용함으로써 힘껏 솟아올라 성공을 거둘지―여부는 ≪유에스 뉴스≫의 조사 결과 정도가 아닌, 그보다 훨씬 많은 변수들이 작용한 결과로 나타난다. 만약 부모들이 대학을 뛰어나고 또 거액의 등록금을 낼 만한 값어치가 있는 교육기관으로 만드는 요인이 무엇인지를 폭넓은 시각에서 판단하고, 또 자녀들이 대학 입학 과정에 직접 부딪쳐 본다면 부모는 크게 안도하고 자녀와 함께 겪던 스트레스도 줄일 수 있을 것이다.

≪유에스 뉴스≫처럼 대학의 순위를 정해 발표하는 기관은 적잖다. 저마다 독자적인 기준에 따라 특정 대학의 분위기와 그 대학에 다닐 때의 느낌 같은 것을 알려 주고 또 학부에서 어떤 교육을 받는지를 소개한다. 이런 내용을 소개하는 책자로는 ≪뉴욕 타임스≫의 교육 담당 에디터를 지냈던 에드워드 B. 피스크Edward B. Fiske가 펴낸 베스트셀러 대학 안내서인 『피스크 대학 가이드Fiske Guide to Colleges』가 있다.『피스크 대학 가이드』는 미국 전역의 수백 개 대학을 폭넓게 접촉한 결과를 바탕으로 대학별 주

관적 분석을 내놓는 것으로 유명하다. 최근에는 대학 체험의 질적 수준과 '등록금 대비 교육의 질적 수준Best Buys'을 바탕으로 한 대학 순위도 발표하기 시작했다. ≪포브스Forbes≫(격주로 발행되는 경제전문지—옮긴이)도 '미국 최우수 대학' 명단을 발표하고 있는데, 주로 교육의 질적 수준과 재학생들의 체험, 졸업 이후의 성취도 등을 기준으로 순위를 매긴다. ≪니치Niche≫도 대학생 30만여 명을 상대로 조사한 결과와 그 밖의 여러 곳에서 입수한 객관적 자료를 바탕으로 대학College Prowler 순위를 내놓고 있다. 이 명단의 상위에 오른 대학들은 학생들의 만족감과 학업의 강점, 다양한 공동체 활동, 건실한 환경, 학자금 대출 상환 호조 등에 초점을 맞추고 있다. ≪프린스턴 리뷰The Prinston Review≫의 대학 순위는 대학생들의 의견과 평가만으로 정해진다. 미국 전역의 대학생 13만 명을 대상으로 조사하는데, 조사항목으로는 최우수 수강 체험과 교수진부터 재정 지원과 캠퍼스의 아름다움, 학생들의 만족도에 이르기까지 다양하다.

이와는 전혀 다른 형태의 대학 명단도 있다. 규모가 매우 작은 40개 대학만을 명단에 올린 '삶을 바꾸는 대학들Colleges That Change Lives'은 일종의 생활 및 학습 공동체를 만들어 학생들이 교수진과 또 서로 간에 긴밀히 접촉하며 철저한 탐구활동을 벌여 직장에서 일할 준비를 제대로 갖추고, 나아가 시민으로서 활발한 사회생활을 할 수 있게 한다는 데 초점을 맞추고 있다. 이 리스트는 ≪뉴욕 타임스≫의 교육 담당 에디터를 지냈던 로렌 포프Loren Pope가 처음 만들었다. 포프는 1990년에 베스트셀러가 된 『아이비리그 그 너머의 대학들: 자신에게 알맞은 대학 찾기Looking Beyond the Ivy League: Finding the College That's Right for You』를 출간하면서 대학 입학 문제 전문가 중 한 사람으로 부각되었는데, 이 책에서 그는 200개 대학을 자세하게 소개했다. 포프는 학부 중심의 최우수 대학을 선정하기 위해 대학 캠퍼스를 찾아가 외형과 기풍, 분위기를 파악하고자 했다. 이런 과정을 거쳐 그가 골라낸 40개 대학은 재학생과 졸업생, 교수진, 행정직원이 "이 대학이 내 인생을 바꿨다"는 주장에 다 같이 공감하는 곳이었다.

포프는 2008년 숨졌다. 하지만 그가 떠나고 얼마 지나지 않아 그의 유산을 이어받고자 비영리 단체 '삶을 바꾸는 대학들CTCL'이 설립되었다. 이 단체는 소규모로 운영되는 조직이지만―웹사이트의 업데이트는 자원봉사자들이, 책임자는 시간제 컨설턴트가 맡고, 유급 직원은 한 사람도 없다―로렌의 원칙을 그대로 지켜 나가는 데는 부족함이 없다. CTCL이 선정하는 40개 대학은 입학 경쟁이 별로 두드러지지 않아 지원자의 50~80%가 합격한다. 그러나 (오리건 주 포틀랜드에 있는 리드 대학처럼) 널리 알려진 대학은 그 브랜드 탓으로 지원자의 합격률이 낮은 편이다(이 단체의 웹사이트는 www.ctcl.org).

대학 순위와 관련된 놀라운 자료 중에서 한 가지 더 소개하면 '알럼니 팩터Alumni Factor'가 있다. 2013년부터 나오기 시작한 이 명단은 대학 순위 결정의 전형적 본보기를 벗어나 있다(www.alumnifactor.com). 이 명단을 내놓는 조직의 설립자는 기업계의 거물로 ≪유에스 뉴스≫의 대학 순위 자료가 자기 자녀들의 의미 있는 대학 선택에 별다른 도움이 되지 않는다는 사실을 확인한 뒤 색다른 방향으로 눈길을 돌렸다. 즉 각 대학의 졸업생들이 사회에 진출해 얼마나 기여를 하고 있고, 또한 자신과 자신의 삶에 대해 어떻게 느끼고 있는지를 따지고 평가하는 데 초점을 맞춘 것이다. 그는 225개 단과대학과 종합대학의 졸업생 수십만 명을 대상으로 다음과 같은 10여 개 항목의 성과가 어떻게 나타났는지를 조사했다.

■ 지적인 성장

- 사교 및 의사소통 능력의 계발
- 교우관계 강화
- 성공적인 취업을 위한 준비
- 즉각적인 취업 기회
- 진학 희망자에 대한 모교 선택 권장 의향
- 금전에 대한 가치 기준
- 대학을 선택할 기회를 다시 준다고 해도 여전히 이 대학을 선택할 것인가?
- 졸업생 가족의 평균 소득
- 고소득 졸업생 세대의 비율(연봉 15만 달러 이상)
- 졸업생 가족의 평균 순자산
- 순자산이 많은 졸업생 세대의 비율(순자산 100만 달러 이상)
- 졸업생들의 전반적인 행복도

알럼니 팩터는 이 같은 요소 외에도 이민 문제, 총포 규제, 동성애 결혼, 소수집단 우대 정책, 낙태, 사법 과정에서 인종적 특성을 이용한 범죄 관여 여부 추정, 공립학교의 기도 시간, 언론의 편향성과 같은 사회적, 정치적 이슈에 대한 졸업생들의 견해를 바탕으로 대학의 순위를 선정한다. 이에 따라 대학 진학을 앞둔 학생과 학부모들은 이 같은 이슈에 대한 졸업생들의 의견 성향을 참고해 대학을 파악할 수 있고, 이를 통해 캠퍼스와 강의실, 기숙사의 사회정치적 분위기 속에서 학생들이 소속감이나 소외감을 느끼는지 여부도 감지할 수 있다.

아마도 가장 흥미로운 것은 알럼니 팩터의 '최종 성과' 부분일 것이다. 여기서는 한 쌍의 특성을 바탕으로 대학의 순위를 매긴다. 즉 졸업생들의 재정적 성공과 지적 성장, 재정적 성공과 행복감, 교우관계와 지적 성장이 뛰어난 대학 순으로 순위를 매긴다. '최종 성과'의 6개 항목 모두에서 호조를 보인 50개 대학 중 17위까지의 순위를 알파벳순으로 소개하면 다음과 같다.

버크넬 대학Bucknell University / 홀리 크로스 대학College of the Holy Cross / 다트머스 대학Dartmouth College / 게티스버그 대학Gettysberg College / 미들버리 대학Middlebury College / 포모나 대학Pomona College / 프린스턴 대학Princeton University / 라이스 대학Rice University / 스크립스 대학Scripps College / 스워스모어 대학Swarthmore College / 미공군사관학교United States Air Force Academy / 미해안경비대사관학교United States Coast Guard Academy / 미육군사관학교United States Military Academy / 미해군사관학교United States Naval Academy / 노트르담 대학University of Notre Dame / 워싱턴 앤드 리 대학Washington and Lee University / 예일 대학Yale University

사립고등학교 대학 진학 상담 교사들의 조직인 인디펜던트 스쿨 대학진학상담교사협회 이사장인 샘 모스는 알럼니 팩터의 목록을 일찌감치 활용하기 시작했다. 모스는 조지아 주 롬에 있는 달링턴 스쿨의 대학 진학 상담과장으로, 달링턴 스쿨은 100년 역사를 자랑하는 대학예비학교로 미국 22개 주와 40개국에서 몰려온 학생들이 공부하고 있다. 무려 40년 동안 진학 상담을 한 모스의 책꽂이에는 온갖 대학 안내서들이 잔뜩 꽂혀 있었다. 그는 알럼니 팩터 때문에 학생과 학부모들과 상담하는 내용이 깡그리 바뀌었다고 나에게 말했다.

샘은 우선 학생들에게 이렇게 조언한다. "경쟁률이 굉장히 높은 대학에 지원을 한다면 학생이 다른 학생들만큼 우수하긴 해도 100명 중 95명은 떨어지게 된다는 점을 알고 있어야 한다. 사실 낙방한 지원자나 합격자나 거의 똑같아 보인다. 그러니 불합격을 실패라고 보기 어렵다. 마치 복권 뽑기와 같다. 당첨이 되면 기쁘기 그지없을 것이다. 그러나 다른 쪽으로 눈길을 돌리면 가능성이 한층 높고 또한 다른 대학에서도 똑같이 성공을 거두고 만족감을 느낄 수 있음에도 공연히 9개월씩이나 더 노심초사하면서 보낼 이유가 없다." 그는 마지막 이야기는 바로 알럼니 팩터가 실감나게 보여 준 것이라고 나에게 말했다. "학생들이 관심을 기울이는 것이 재정적 성공이든 아니면 지적 엄밀성이나 인생의 만족감이든 졸업생들이 그런 것을 이뤄 낸 대학들은 굉장히 많아요. 이런 대학의 학생과 학부모들은 색다른 측면에서 대학들을 주목하죠. 투입input에 대비된 결과란 측면에서 바라보는 거죠. 제가 가장 바람직하게 생각하는 것은 조사 대상자인 학생들에게 다른 대학들을 평가하는 것이 아니라 자신이 다니는 대학과 그 대학에서 받는 교육의 질적 측면에 대한 만족도만을 평가하도록 요청하라는 것입니다."

샘이 알럼니 팩터 이야기를 처음 들은 것은 테네시 주 스와니에 있는 모교 사우스 대학의 동창회 자리에서였다. 이때 대학 총장인 존 맥커델 2세가 졸업생들이 모인 자리에서 "대학 평가 문제를 새롭게 바라보는 시선이 있던데, 우리 졸업생들도 모교를 높이 평가하는 듯합니다"라고 말했다. 샘은 학생들에게 나중에 생계 문제도 고려하면서 대학을 선택하도록 권유한 터라 이런 이야기에 귀가 솔깃했다. 버몬트의 미들버리 대학의 총장을 지냈던 맥커델은 알럼니 팩터의 사우스 대학 평가 결과에 만족할 만한 충분한 이유가 있었다. 사우스 대학이 전체 리버럴 아츠 대학 중에서는 16위, 지적 성장 측면에서는 1위, 사교능력의 향상 면에서도 1위, 졸업생들이 모교를 학생들에게 권했는지 여부와 관련된 평가 면에서 2위, 교우관계 강화 면에서는 4위, 성공적인 취업을 위한 준비 면에서는 9위를 차지했기 때문이다. 나도 솔직히 고백하건대, 사우스 대학을 들어 본 적이 없지만 이런 여러 가지 사실을 전해 듣고 놀란 나머지, 여러 가지 자료를 찾아 더 많은 사실을 알게 되었다. 먼저, 사우스 대학은 로즈 장학생(학업 성적과 품성, 지도력, 건강, 봉사 활동 등을 종합적으로 고려해 선발되는 장학생으로 영국 옥스퍼드 대학에서 2년간 공부할 수 있는 장학금을 받는다. 미국에서는 해마다 32명이 장학생으로 선발된다―옮긴이)을 26명이나 배출했고, 졸업생 중 유명인사 한 사람을 꼽자면 사무엘 F. 피커링이 있다. 그는 지금은 고인이 된 로빈 윌리엄스가 주연한 영화 〈죽은 시인의 사회Dead Poets Society〉의 키팅 선생이라는 캐릭터에 영감을 불어넣은 인물이다. 이 대학은 또 (뒤에 다시 설명하겠지만) 시험 성적을 전형상의 선택 부문으로 돌린 대학으로 지원자의 합격률은 61%로 상당히 높다.

비즈니스 전문 소셜 네트워크 서비스인 링크드인www.linkedin.com이 2014년 가을부터 내놓기 시작한 대학 순위도 대학 진학 상담 교사들과 진학 희망자, 학부모들에게 비상한 관심을 끌었다. 현재 세계 최대 규모를 자랑하는 비즈니스 네트워크 인맥 사이트인 링크드인은 사용자가 미국에만 1억 명, 전 세계적으로는 3억 명을 웃돈다. 링크드인은 어느 대학 졸업생들이 산업부문별로 채용 가능성이 가장 높은지를 판단할 수 있는 가장 많은 데이터를 보유하고 있다. 그런 자료 면에서는 그 어느 소스도 링크드인을 따라잡지 못한다. 링크드인은 또―영문학이나 철학처럼―이른바 쓸모없다는 분야를 포함한 모든 전공 분야별로 대학 졸업생들의 현황을 알 수 있게 해 준다. 즉 이런 전공자가 "나도 취업이 될까?"라고 물으면 큰 소리로 "예스"라고 대답해 줄 뿐만 아니라 취업 분야 선택의 '롱테일' 현상(비주류 상품이 대중적인 주류 상품을 밀어내고 시장점유율을 높여 가는 현상—옮긴이)도 여실하게 보여 준다. 링크드인이 발표하기 시작한 대학 순위는 최근 졸업생들이 갖가지 분야에서 원하는 취업에 성공한 과정을 바탕으로 대학의 순위를 매긴다.

지금까지 살펴본 대학 순위 명단을 보면 모두 질적이나 양적 조사 결과를 바탕으로 한 것이지만 링크드인의 순위는 점차 늘어나는 수억 명의 취업자 또는 전문직 종사자들의 최신 자료를 계속 수집 분석한 결과를 바탕으로 한다. 링크드인의 제품관리부장으로 대학 순위를 관장하다가 퇴직한 크리스티나 앨런은 그런 면에서 링크드인의 데이터는 늘 "싱싱하다"고 말한다. 졸업생들의 이 같은 취업 결과에 비춰 볼 때 성공을 거둔 취업자나 전문직 종사자들이 특정 대학이나 전공에 국한되는 깃이 아니라 다양한 대학과 전공 분야에서 나온다는 점이 입증되고 있다. 이와 관련해 앨런은 이렇게 지적한다. "이런 데이터와 시스템의 장점은 대학과 전공 분야를 폭넓게 바라볼 수 있게 해 준다는 점입니다. 흔히 부모들은 자녀가 특정 전공 분야를 선택하지 않기를 바라지만 그럴 때 이 분야를 전공한 사람들도 이렇게 좋은 일자리를 얻지 않느냐고 주장할 근거를 찾을 수 있습니다." 이런 데이터 속에는 놀랄 만한 내용이 한두 가지만 있는 게 아니다. 앨런은 링크드인 사용자인 어느 컴퓨터 과학자의 사례를 소개해 주었다. 그는 아이오와 주에 있는 마하리시 매니지먼트 대학에서 공부했는데, 흔히 컴퓨터과학 분야에서 학위를 받았다면 사람들은 대부분 유명 대학을 떠올린다. 이런 사람들은 마하리시 매니지먼트 대학의 이름조차 모를 것이다. 그러나 이 젊은 과학도는 믿을 수 없을 만큼 뛰어난 면모를 보여 앨런도 관심을 갖게 되었다. "마하리시 대학 졸업생들의 면면에 관한 자료를 살펴보니, 이들은 대부분 마이크로소프트와 구글, 아마존 같은 대기업의 고위

직과 경영관리 직책에서 많은 기여를 하고 있음을 알게 되었다." 결국 링크드인의 데이터는 어떤 대학이 지원할 만한 가치가 있는지를 상투적으로 판단한 ≪유에스 뉴스≫류의 대학 순위를 뒤흔들어 놓기에 충분하다.

5단계: 시험 성적의 전형 비중을 줄인 대학을 고려 대상으로 삼는다

고려 대상으로 삼을 대학의 폭을 수적으로 확대하는 것도 중요하지만, 전형 과정에서 단순히 시험 성적만이 아니라 학업과 품성 등과 같은 지원자의 종합적인 면모를 고려해서 선발하는 대학들을 찾아보는 것도 의미 있는 일이다. 이런 대학을 찾아 지원한다면 전형 과정에 따르는 스트레스도 줄일 수 있고, 나아가 지원자의 적성에 맞는 대학을 선택하는 데도 도움이 될 수 있다.

'공정테스트: 미국개방형공정테스트센터FairTest: The National Center for Fair and Open Testing'에 따르면, 현재 800여 개 대학이 SAT/ACT 시험 성적 제출을 지원자의 선택에 맡기거나 '가변적' 전형요소로 삼고 있다. 이에 따라 이 대학들은 지원자가 제출할 경우 SAT/ACT 성적을 살펴보긴 하지만 그보다는 고등학교 때의 평점이나 에세이, 추천서 등으로 평가할 수 있는 학업 능력과 잠재력을 더 주의 깊게 살펴본다. '가변적' 전형을 하는 대학은 그 밖의 다른 시험으로 지원자를 선발한다. SAT/ACT 성적의 임의 제출 방침을 정해 놓은 종합대학과 리버럴 아츠 대학의 명단은 www. fairtest.org에서 찾아볼 수 있는데, 그중 널리 알려진 대학들을 소개하면 다음과 같다.

아메리칸 대학American University / 애리조나 주립대학Arizona State University / 베이츠 대학Bates College / 보도인 대학Bowdoin College / 란데

이스 대학Brandeis University / 브린모 대학Bryn Mawr College / 클라크 대학Clark University / 홀리 크로스 대학 / 디킨슨 대학Dickinson College / 프랭클린 앤 마셜 대학Franklin and Marshall College / 마운트 홀리요크 대학Mount Holyoke College / 피처 대학Pitzer College / 스와니 대학Sewanee—The University of the South / 스미스 대학Smith College / 웨이크 포리스트 대학Wake Forest University / 웨슬리언 대학Wesleyan University / 우스터 폴리텍Worchester Polytechnic

2014년에는 한 대학이 SAT나 ACT 성적의 지원자 임의 제출조차 허용하지 않아 언론에 크게 보도된 적이 있었다. 한마디로 지원자의 성적을 보지 않겠다는 것이었다. 이 대학은 매사추세츠 주 엠허스트에 있는 햄프셔 대학이다. 이 대학의 입학관리 처장인 머디스 툼블리는 이런 결정을 밝힌 보도자료에서 이렇게 밝혔다. "SAT는 기본적으로 특정 연도 특정 일자에 시행된 한 가지 테스트에 불과하다. 따라서 우리는 한 차례 시행된 SAT 시험성적보다 지원자의 고교 시절 학업 기록과 사회 활동 참여 기록, 멘토들의 추천서 내용, 에세이에서 드러나는 자기소개 능력 등을 통해 훨씬 많은 것을 알 수 있다고 생각한다." 햄프셔 대학은 '삶을 바꾸는 대학들' 명단에 들어 있으며, 졸업생 중 유명 인사로는 넷플릭스의 홍보책임자 조너선 프리들랜드, 다큐멘터리 영화감독 켄 번스, 인지과학자 게리 마커스, 아카데미상 수상 여배우 루피타 뇽고 등이 있다. 이 대학의 2014년도 지원자 합격률은 70%였다.

뉴욕에서 북쪽으로 145킬로미터 정도 떨어진, 뉴욕 주 애넌데일-온-허드슨에 있는 바드 대학Bard College은 2014년 '입학 전형의 혁신적인 실험'을 단행함으로써 언론에 크게 보도되었다. 바드 대학은 이 실험에서 지원자들에게 두 가지 방식 중 하나를 선택하게 했다. 즉 대학 공용지원서 Common App를 이용해 지원하는 통상적인 방식을 택하거나, 아니면 21개 에세이 문항 중 4개를 골라 일정한 길이로 에세이를 써 내게 하는 방식이다. 지원자가 에세이 전형을 선택하면 바드 대학 교수진이 에세이 4편을 심사해 모두 B⁺ 이상의 평점을 받으면 "합격 판정을 받는다. 그 밖의 다른 표준화 시험도, GPA도, 또 거짓된 자원봉사 활동 등으로 부풀려진 CV(이력서)도 필요하지 않다."

레베카 슈먼은 2014년 ≪슬레이트Slate≫(미국 웹진으로 정치, 경제, 문화, 기술 등을 다룬 분석, 논평기사를 많이 다룬다─옮긴이)에 쓴 기사에서 바드 대학의 새로운 입학전형 시험을 "명문 대학 지원 형태로는 미국 유일의 진정한 대안적 방식"이라고 평가했다. 이 기사는 이렇게 이어진다. "바드 대학이 입학시험을 통해 정조준하는 대상은 이런 지원자들이다. 여러 가지 이유 때문에 탁월성이라는 그 지옥 같은 우리에 갇혀 지낼 생각은 없고, 그 대신 바드 대학 교무담당 부총장 겸 입학관리 처장인 메리 배크런드가 나에게 이야기한 대로, '학문을 진정으로 좋아하지만', 아마도 '정신없이 바쁘게 돌아가는' 고교 시절의 일상에 시달리기 싫어 음악이나 예술처럼 경우에 따라서는 '학업'으로 인식되지 않는 분야에 관심을 쏟거나 아니면 제 뜻에 맞는 독서에 열중하는 지원자들이다." 바드 대학의 2014년도 지원자 합격률은 38%였다.

내가 색다른 대학 운용 사례로 자주 꼽는 명문 대학이 매사추세츠 주 매드포드에 있는 터프츠 대학이다. 터프츠 대학의 2014년도 지원자 합격률은 17%에 불과한데, 이런 면에서 터프츠 대학은 위에 언급한 두 대학과는 다른 범주에 속한다고 할 수 있다. 그럼에도 내가 터프츠 대학을 여기서 소개하는 이유는 이 대학이 명문 대학 중에서는 드물게 시험 성적을 전인적holistic 입학 전형 과정의 한 요소로 고려할 뿐 그 과정을 주도하는 핵심적 요소로 보지 않기 때문이다. 학부 입학관리 과장인 리 코핀은 "우리는 시험 성적을 융통성 있게 고려하고자 한다"고 말했다. 나는 코핀의 이런 언급이 제대로 반영된 한 가지 사례를 알고 있다. 팔로 알토에 사는, 내가 잘 아는 어느 학생은 똑똑하고 공부도 열심히 했지만 다른 명문 대학에서 불합격한 뒤 터프츠 대학에 합격했다. 나는 또한 학생들이 대학에 진학하기 전에 좀 더 성숙하고 자신감과 리더십을 쌓을 수 있도록 고교를 졸업한 뒤 대학 입학에 앞서 1년간 자유로운 시간을 갖는 '갭이어gap year' 제도를 터프츠 대학이 환영하고 있다는 점에도 호감을 갖고 있다.

코핀은 대학 입학관리 분야에서는 '말보다 실행을 앞세우는 입학관리 책임자'로 알려져 있다. 이 분야에서 일하는 많은 책임자들이 내학 입학 사정 과정에서 전인적 방식을 확대해야 한다고 주장만 할 뿐 실행이 뒤따르지 않지만, 코핀은 실천을 중시하는 인물로 알려져 있다. 대부분의 입학관리 책임자들은 해마다 변동하는 ≪유에스 뉴스≫의 대학 순위 결과에 촉각을 곤두세우면서 지원자 숫자를 늘려 순위를 끌어올리고자 애쓴다(그러나 명문 대학들은 애써 끌어 모은 지원자 중 80~95%를 불합격시키는 형태로 외면해버린다). 코핀은 또 터프츠 대학 이사회와 총장으로부터 비교적 '매우 견실한 편'이라는 신뢰를 받고 있다. 총장은 몇 년 전 그를 채용할 때 이렇게 당부했다. "저는 지원자 숫자나 합격률, 합격자 대비 등록률 따위에 집착하지 않습니다. 그보다는 해마다 전년도보다 지적으로 더 충실한 신입생들을 터프츠 대학에 뽑는 문제에 더 관심이 많습니다."

그 이후 코핀은 입학관리 업무에 열성을 다했다. "우리의 우선적인 과제는 지원자들이 우리의 교육 과정을 잘 소화할 만한 자격을 갖추고 있는지를 입증하는 것입니다. 즉 터프츠 대학이 제공하는 빈틈없는 교육 과정을 잘 감당할 수 있는지를 파악하는 것입니다." 그러나 다른 많은 대학과 마찬가지로 터프츠 대학의 1만 9000명의 지원자 중 75%는 그런 자격기준을 충족시킨다. 그 때문에 터프츠는 지원자의 여러 가지 품성을 대학 건학 이념에 비춰 평가한다는 것이 코핀의 설명이다. 즉 공동체에 대한 마음가짐과 지적 능력을 통한 사회 변화 추구, 창조적 사색가로 성장할 자질, 다정함 등을 살핀다는 것이다. 내가 "다정함이라고요?"라고 반문하자 코핀은 이렇게 대답했다. "그렇습니다, 다정함. 저는 대학 공동체를, 로봇들의 치열한 경쟁이 펼쳐지는 곳으로 만들고 싶지 않습니다." 스탠퍼드 대학 입학관리 과장인 리처드 쇼도 나에게 이와 비슷한 이야기를 자주 했다. 코핀이 다정함이라는 품성을 제대로 파악하려면 지원자의 평점이나 성적에 얽매이지 않고 그 너머를 주의 깊게 살펴야 할 것이다.

그렇다면 코핀은 학업 성적순으로 정리된 명단의 최상위권부터 일정 수준까지를 합격자로 결정하면 간단할 텐데, 왜 그렇게 하지 않을까? 이런 전형 과정을 채택한다면 시간도 크게 절약될 것이다. 한 가지 이유를 꼽으면, 코핀과 미국 전역의 대학 입학관리 책임자들이 흔히 말하는 "학번별 특성 갖추기shape a class" 때문으로 볼 수 있다. 또한 코핀은 학업 성적이 뛰어난 지원자들을 원하지만 그렇다고 꼭 "그 부류에서 가장 뛰어난 학생들을 원하는 것만은 아닙니다. 가장 뛰어난 지원자들은 품성 면에서 부족한 점이 드러나는 경우가 종종 있습니다. 저는 통계상의 초신성supernova이라는 한 가지 이유만으로 그런 초신성 같은 지원자를 받아들일 생각이 없습니다. 맹렬한 시험 준비로 굉장한 GPA나 놀랄 만한 성적을 얻기는 하겠으나 이런 지원자들에게 학구적 열의가 얼마나 있을까요?" 터프츠 대학의 어느 정치학과 교수가 코핀에게 전해 준 말에 따르면, 권위 있는 트루먼 장학금이나 로즈 장학금을 신청한 졸업반 학생들을 살펴보면 흥미로운 양상을 발견할 수 있다고 한다. "인터뷰를 해 보면 학점이 가장 좋은 학생들이 이들보다 약간 뒤처지는 학생들보다 늘 좋은 평가를 받는 것은 아니라는 것을 알 수 있습니다. 즉 A⁻ 받은 학생이 평점 A 받은 학생보다, 또는 A 받은 학생이 A⁺ 받은 학생보다 인터뷰 결과 평가 면에서 뒤지지 않는다는 거죠. 오히려 약간 뒤처지는 학생들이 학구적 열의 면에서 상대적으로 낫습니다. 품성 면에서도 더 온전해 보입니다. 가령 전문가에게서 시험 보는 요령을 지도받아 평점 A를 받은 학생들이 그런 지침 없이 시험을 치렀을 때도 좋은 성적을 거뒀냐 하면 늘 그렇지는 않다는 것입니다."

코핀은 지원자들이 제출해야 할 추가 에세이의 여러 주제 중 하나로 이런 과제를 던진다. "어떤 것이 자신에게 행복감을 안겨 주는가?" 비평가들은 이런 주제가 별 의미 없는 주제라고 보지만 코핀은 의견이 다르다. "행복감은 인간의 기본적인 욕구입니다. 고교 졸업반 학생들에게 '어떤 것이 자신에게 행복감을 안겨 주느냐'고 묻는 것은 중요한 화두가 된다고 생각합니다." 어느 여학생은 오래된 책이 행복감을 준다고 했다. 오래된 책을 넘길 때 거기서 풍기는 냄새와 촉감, 사각거리는 소리가 행복감을 안겨 주기 때문이다. 어느 남학생은 세 아우를 돌보는 데서 행복감을 느낀다고 썼다. 지원자들의 에세이를 보면 이 주제를 가장 많이 다뤄 제일 인기가 있었음을 알 수 있고, 또 주제별 합격률도 가장 높았다.

적합도와 친화감에 초점을 맞춘다

대학 관련 업무에 오래 종사한 탓으로 대학 진학을 희망하는 학생들과 학부모들이 대학 선택 문제로 내게 조언을 부탁하는 일이 많았다. 그럴 때 내가 제시하는 모범답안은 "적합성과 친화감에 초점을 맞추라"였다. 그러기 위해 대학을 찾아가고, 입학설명회나 비디오, 투어 등 대학 쪽의 공식적인 홍보를 찾아보고, 또한 대학 쪽과 아무런 연관이 없는 순수한 학생들을 몇 사람 만나 이렇게 질문을 던지라고 권한다. "이 대학에 지원할 생각인데, 이곳 대학생활이 괜찮은가요?" 이런 붙임성 있는 질문에 이어 두 번째로 "할 수만 있다면, 무엇을 바꾸고 싶나요?"라고 묻는다. 이 질문에 대한 답변은 대학에 관해 많은 것을 유추할 수 있게 해 줄 것이다(그러나 이런 답변은 특정한 학생의 특이성이 반영된 결과일 수 있는 만큼 다른 학생 서너 명에게도 같은 질문을 던져 확인하는 것이 좋다). 이런 과정을 거치면 대학은 물론, 자신에 관해서도 많은 것을 알게 된다. 공감하는 내용은 어떤 것이고, 외면하고 싶은 것은 어떤 것인가? 이제 교수진에 대해서도 어느 정도 파악하고 싶을 것이다. 교수들이 학부생 대상 강의에 직접 나서는가, 아니면 대학원생들에게 맡기는가? 동료 학생들은 어떠한가? 이들 학생과 강의실이나 기숙사, 실험실, 동아리 등에서 어울리거나 함께 사귀기가 어떠한가? 끝으로 나는 "내가 이 대학에서 본래의 모습을 그대로 지켜 나갈 수 있을까? 내가 타고난 품성 그대로 평가받을 수 있을까?"라고 자문해 보라고 권한다. 이런 자문에 "예스"라는 본능적인 느낌이 든다면 그것이 바로 내가 말하는 적합성과 친화감을 갖게 된 경우다.

나는 스탠퍼드 대학에서 퇴직한 뒤 지금은 대학 진학 문제를 상담하는 업무에 종사하고 있는 만큼 독성이 가득한 대학 입학 전형 과정의 해독제 역할로 학생(과 학부모)들에게 도움을 주고자 애쓰고 있다. 그러나 수십 억 달러 규모의 거대 입시산업 부문은 대학이 원하는 '형태'대로 학생들의 어린 시절을 만들어 나가는 방법을 설득하고 유도하는 데 골몰하고 있다. 그에 따라 전문가로 자처하는 이른바 '대입 일괄 기획자들'과 (학부모를 포함한) 다른 제3자들이 지원자 대신에 에세이라는 가장 개인적 차원의 내밀한 전형 과정을 도맡아 대폭 손질하거나 완전히 새로 쓰는 것이다.

스탠퍼드 대학 신입생 담당 과장으로 일할 때는 대학 진학에 맞춰 유년 시절이 가공되다시피 한 학생들과 별다른 교감을 갖지 못했지만 나중에 학부모 입장이 된 뒤에는 그런 상황이 얼마나 혐오스러운 것인지 실감할 수 있었다. 그렇다고 그런 제도를 내 힘으로 바꿀 수도 없다. 그러나 어느 고교 졸업반 학생과 면담할 기회가 생기자 나는 내 앞에 앉아 있는 남학생에게 직접적인 관심을 기울이면서, 이런 학생들을 지원 과정에서 가장 중요한 위치에 놓고 보고자 했다. 이들은 어떤 사람인가? 그들 자신이 그래야 한다고 생각하는 모습이 아니라 이들의 실제 모습은 어떤 것일까? 이들을 움직이게 만드는 것은 무엇일까? 이 세상에서 이들을 괴롭히는 것은 또 무엇일까? 이들을 기쁘게 하는 것은? 이들은 자신이 알고 있다는 것을 어떻게 알아챌까? 부모는 "자신의 열정을 찾아라" 하는 말을 예사로 던진다. 마치 17살의 청소년이라면 대부분 한 가지 정도의 열정을 지니고 있거나 아니면 뒤늦게 서둘러서라도 한 가지 열정을 가져야 한다는 식으로 그런 말을 하지만 실제로 17살 청소년은 대부분 아직 그런 열정이 없다. 이들은 아직 나이가 어린 탓에 자아의식이 막 형성되는 단계에 있을 뿐이고, 앞으로 이 사회에서 어떤 인물이 되고 어떤 일을 하고자 하는지에 대해서도 명확한 계획이 서 있지 않다. 중요한 것은 이들이 배움에 열중하는 것이다. 이들은 호기심이 많다. 이들은 성장하고 봉사하며, 나중에 목적의식을 가지고 이 사회에 뜻 깊은 일을 하고자 한다. 이들은 그러한 길이 어떤 것인지를 궁리하는 중일 것이다. 나는 그만하면 부족함이 없다고 생각한다. 나는 거듭된 질문으로 고교생이 자신의 참된 모습을 가려내고, 지원한 대학의 입학사정관한테서 평가를 받을 만한 의미 있는 에세이를 쓰는 데 도움을 줄 수 있다.

학부모들은 터프츠 대학의 리 코핀이 "사람의 정을 느낄 수 있는 대학 입학 전형 과정을 운용하고 있는 점"에 감사했다. 사람들은 코핀의 방식과 햄프셔와 바드 대학의 전형 방식, 그리고 SAT/ACT 성적의 제출을 지원자의 선택에 맡기거나 가변적 전형요소로 삼는 대학을 통해 따분하고 고된 공부의 부담을 대폭 줄여 주는 대학 입학 전형 과정이 있다는 사실을 알게 된다. 또 알럼니 팩터와 '삶을 바꾸는 대학들', 그리고 링크드인의 대학 순위에서 배울 수 있는 것은 개인적 차원과 돈벌이 차원에서 성공을 거둔 사람들이 온갖 단과대학이나 종합대학을 나왔다는 사실이다. 이런 대학 중 일부는 사람들이 이름을 들어 본 적이 있겠지만 대부분은 이름조차 들어 본 적이 없다. 학부모가 이처럼 자녀에게 적합하고 자녀가 친밀감을 느낄 수 있는 대학을 찾게끔 격려하는 데 초점을 맞춘다면 그런 도움을 줄 수 있는 도구나 수단이 많다는 점을 알게 될 것이다. 또한 눈가리개를 뒤로 밀어 학부모와 자녀가 가장 경쟁이 치열한 명문 대학에만 눈독을 들이지 말고, 자녀가 지원해 합격한 대학에 자부심을 느낀다면 모든 일이 잘 풀릴 것이다.

성장하는 한 인간에게 4년간의 대학 체험은 인생을 바꿔 놓을 만한 굉장한 시기이다. 미네소타에 있는 대학예비학교 블레이크 스쿨의 대학 진학 상담 주임교사인 프랭크 삭스는 "대학은 치러야 할 경기일 뿐 쟁취해야 할 상prize이 아니다"라고 말했다. 그렇다. 상은 자녀가 정말 알맞은 대학에 들어가 잘 성장하는 것이다.

20장
귀를 기울인다

부모들은 자녀들이 ≪유에스 뉴스≫가 선정한 최상위권 20개 대학에 입학할 수 있게 하려고 점차 필사적으로 매달린다. 이런 상황에서 앤 퍼거슨 Anne Ferguson은 학생들을 보호하는 일선에 나선 많은 고교 진학 상담 교사 중 한 사람이다. 앤은 매사추세츠 주에 있는 대학예비학교 필립스 아카데미의 대학 진학 상담 부서 부책임자이다. 나는 2014년 2월에 그와 전화로 이야기를 나누었는데, 그때는 2학년생과 그들의 학부모들과 대학 입학 상담이 막 시작된 때였다.

"우리가 11학년생(고등학교 2학년생─옮긴이)을 처음 만나면 몇 가지 묻습니다. '대학 하면 제일 먼저 떠오르는 낱말을 색인 카드에 적어 보세요.' 그러면 가장 흔하게 볼 수 있는 것이 'SAT, 스트레스, 자유로움, 독립, 지원' 등입니다. 그다음에는 이렇게 묻죠. '부모에게 딱 한마디만 전할 수 있다면 어떤 말을 하고 싶나요?' 그러면 학생들은 색인 카드에 이런 내용의 당부를 휘갈겨 씁니다. '아버지 어머니가 나를 사랑하고 나를 위해 최신을 다하고 있다는 건을 낄 알고 있지만 그냥 뒤로 한 걸음 물러서서 계실 수 없을까요?' 그다음은 이 학생들의 학부모를 만나 색인 카드를 하나씩 나눠 주고 자녀에게 보내는 쪽지를 쓰게 합니다. 그 내용은 '최선을 다해라', '너도 하버드 대학은 못 들어간다고 생각한다는 걸 잘 알지만 그래도 한 번 시도는 해 보자'라는 식이죠. 그러나 학부모가 자녀의 당부 내용을 보고 난 다음에는 이런 식으로 바뀝니다. '네가 전적으로 주도해라', '난 오로지 네 뒷바라지나 하마.'"

앤이 학생들의 당부 내용을 학부모에게 보여 주면 이들은 대체로 멋쩍어한다. 그리고 자녀에게 한껏 힘을 불어넣는 쪽지를 쓴다. "이런 쪽지 내용은 따뜻하고 솜털처럼 부드럽습니다. 가령 이런 식이죠. '그런 것은 우리 부모가 할 일이 아니다.' 그리고 모두가 제자리를 찾겠다고 다짐합니다." 그러나 정작 대학 입학 지원 절차가 시작되면 학부모들은 열의가 넘치는 나머지 "앞서의 다짐은 사라집니다. 그리고 많은 학부모들은 신경과민의 본래 모습으로 되돌아갑니다."

앤은 부모의 불안감과 초조함이 자녀에게 나쁜 영향을 미친다는 점을 잘 알고 있다. 대학 진학을 준비하는 고등학교 2학년 학생이 진학 상담을 위해 앤의 사무실을 찾아오면 앤은 필요한 자료를 챙겨 놓고 학생의 모습을 살피면서 상담을 어떻게 진행할 것인지를 판단하고자 애쓴다. 찾아온 학생이 의자에 앉은 뒤 두 손으로 머리를 감쌌다. 이럴 때는 아무 말도 하지 말고 자료도 한옆으로 치워 놓은 뒤 잠시 기다려 주어야 한다. 그런 다음 이제 괜찮으냐고 묻지만 학생은 괜찮지 않다고 대답했다. 그는 아버지가 하버드에 들어갈 수 있도록 앤도버 대학예비학교에 다니기를 바란다고 말했다. 그렇지만 "전 수학 성적이 안 좋아 도저히 하버드에 들어갈 수 없어요"라는 것이 이 학생의 고백이었다. 그는 이 때문에 잠도 제대로 못 자고 갖가지 악몽에 시달린다고 말했다.

"우리처럼 대학 진학 상담을 하는 사람들은 아이들에게 나쁜 일이 생기지 않도록 주의하는 일종의 문지기 역할을 수행하려고 노력합니다." 앤이 나에게 한 말이다. 앤은 이런 상황이 되면 학생의 부모를 만나 대화를 나눠야 한다고 판단했다. "이런 일이 학생에게 굉장한 압박이 됩니다. 자녀가 이런 체험을 누리도록 놔두고 그 이후의 상황을 지켜보지 못할 이유가 어디에 있나요?" 앤은 상담실에 찾아와 두 손으로 머리를 감싸고 앉아 있는 학생을 배려하는 투로 이렇게 말했다. "하버드에 들어갈 수 있다는 걸 믿지 않는다는 너의 말은 잘 알겠어. 하지만 건강만큼 중요한 것은 없어. 특정한 대학이 중요한 것은 아니야. 건강이 좋지 않다면 대학에 들어간들 견디지 못해." 학생이 앤에게 신뢰를 보였다. 나는 이 학생이 자신의 이야기에 귀를 기울여 주는 누군가가 있다는 데 안도감을 느꼈을 것이라고 생각한다.

많은 학부모들은 특정한 성과를 얻기 위해 자녀의 생활을 좌지우지하는 데 익숙하다. 그러나 점차 많은 학생들이 전보다 다양한 대학에 지원함에 따라 대학을 찾는 일이 힘겨운 선택이 되고, 요즘에는 특정 대학에 입학시키는 비결이란 것도 누군가의 추측일 뿐이다. 그 때문에 대학 입학 게임이라는 상황과 그런 상황에 영향을 미치기 어렵게 되자 학부모들은 "겁에 질려 있다." 앤은 학부모들이 좀 더 폭넓게 생각하면서 다양하고 놀라운 가능성에 눈뜨면 대입 지원 과정에서 오는 스트레스를 훨씬 더 누그러뜨릴 수 있다는 것을 잘 알고 있다. 그럼에도 학부모는 물론, 학생과 앤에게도 지뢰밭처럼 느껴지는 곳을 헤쳐 나가는 일은 지극히 어려운 과제다.

내가 사는 곳은 주민 모두가 노력하고 패기만만하며 경쟁심이 강한 지역이다. 그 때문에 어릴 때부터 자녀의 이야기에 귀를 기울이는 시간을 거의 갖지 못한다. 전에 팔로 알토에 살다가 오리건 주 벤드로 이사한 매브는 "생활의 질적 측면에서 긴장도가 덜하고, 양육 환경이 다르다는 느낌 때문에 이사했어요"라고 밝혔다. 매브는 또한 이렇게 말했다. "팔로 알토에서 그나마 잘 이뤄지는 부분은 부모들이 자녀와 의사소통이 되는 관계를 맺기 위해 의식적으로 노력하고, 자녀에게 많은 시간을 투자할 수 있다는 거예요. 하지만 팔로 알토에서 잘 이뤄지지 않는 부분은 이곳저곳 바쁘게 움직이면서 자녀의 이야기를 귀담아 듣지 않는다는 거죠. 우리는 바깥 생활에 바쁘고 일에 쫓기는 탓에 가족끼리 진정한 의사소통을 할 수 없다는 것을 알았어요. 우리는 격의 없이 의사소통하면서 서로 느긋하게 지낼 기회를 바랐거든요."

캘리포니아 산타클라리타에 사는 모리나는 나에게 이와 비슷한 이야기를 했다. "우리는 아이들에게 집 밖으로 나오라고 소리를 칩니다. 또 야구할 준비를 하라거나 숙제를 끝내라고 소리를 지릅니다. 집은 오아시스가 아니에요. 집은 바로 재난 현장인 셈이죠." 가정에 머물러 있는 부모와 바깥에서 활동하는 부모 모두가 정신없이 돌아가는 바깥 활동을 얼마간 줄여 사랑하는 가족들과 '함께 보내는' 시간을 갖도록 의식적으로 노력하는 것은 어떨까?

자녀의 이야기에 진심으로 귀 기울이는 방법

미국심리학회는 귀담아 듣고 대화하는 것이 부모와 자녀, 특히 10대 청소년 자녀와 관계를 튼튼하게 유지하는 관건이라고 지적한다. 다음 내용은 이 학회가 내놓은 '부모를 위한 의사사통 요령'을 바탕으로 한 것이다.

1. 짬을 낸다. 자녀가 하나가 아니라면 시간을 쪼개서 한 자녀씩 대화시간을 갖는다. 자녀가 대화를 나누기에 가장 좋은 시간을 알아내 그 시간을 잡는다. 잠잘 시간이 좋을까? 아니면 차로 실습이나 연습 장소로 태워다 주면서 대화를 나눌까? 별로 할 일이 없는 주말 오전은 어떨까? 알맞은 시간을 찾으면 대화를 시작하되, 부모의 머릿속에 떠오른 질문을 던지는 식으로 대화를 시작해선 안 된다. 자녀가 하고 있는 일이나 중요하게 생각하

는 일들에 관심을 나타낸다. 10대 청소년들은 흔히들 부모가 대화하고 싶어 하는 문제가 성적이나 성과, 대학 지원 등에 관한 것뿐이라고 생각한다. 이럴 때 자녀 자신의 문제에도, 즉 자녀가 흥미 있어 하는 일, 즐거워하는 일, 걱정하는 일 등에도 관심이 있음을 보여 준다. 이렇게 관심을 보이면, 가령 언제부터 대학에 제출할 에세이를 쓰기 시작할지 등 부모가 걱정하는 문제를 꺼내기가 쉬워진다.

2. 부모가 자녀의 이야기를 귀담아 듣는다는 것을 알게 한다. 하던 일을 멈추고 자녀의 이야기에 귀를 기울인다. 물론 자녀와 눈을 맞추면서 대화를 나눈다. 자녀의 이야기가 잘 안 들리더라도 이야기를 끊지 말고 경청한다. 자녀가 이야기를 하면 그 내용을 되풀이하면서 확인한다. 예를 들면, "네가 이걸 정말 즐기는구나"라거나 "이 일 때문에 네가 정말 스트레스를 받는다는 걸 알겠구나"라고 말한다. 그런 다음 문제를 해결하기 위해 조언을 구하거나 구체적인 도움을 바라는 것인지, 아니면 기분을 풀려고 하는 이야기를 들어나 달라는 것인지를 물어본다.

3. 자녀들이 듣고자 하는 방식으로 반응한다. 자녀들은 하려는 이야기를 일부만 내놓고 부모의 반응을 헤아린 뒤 나머지 이야기를 털어놓는 식으로 부모를 시험하는 경우가 종종 있다. 이럴 때 부모가 이야기를 잘 들어 주고, 이야기를 계속하도록 힘을 북돋아 주면, 자녀가 하고 싶어 하는 이야기를 빠짐없이 들을 수 있을 것이다. 자녀는 부모가 처음부터 화를 내는 식으로 감정을 드러내면 대화를 외면할 수 있으니 반응에 신경을 써야 한다. 자녀의 감정 흐름에 집중하되, 부모의 감정은 균형을 잃지 않도록 세심하게 주의해야 한다. 부모는 자녀의 관점을 무시하지 않으면서 자신의

느낌이나 생각을 전한다. 자녀와 누가 옳고 그르냐를 따지지 않는다. 그 대신 이렇게 말한다. "네가 나와 생각이 다르다는 점을 잘 안다. 그 문제에 대한 내 생각은 이렇단다."

나는 이 책을 쓰려고 준비하는 과정에서 갓 성년이 된 많은 젊은이들의 이야기에 귀를 기울일 기회가 많았다. 그중 젊은이 3명의 이야기를 소개한다. 젊은이들의 이야기를 '경청'하는 연습도 되고 남의 이야기를 귀담아 듣는다는 것이 얼마나 중요한지를 배울 수 있는 기회도 되리라고 본다. 이들 3명을 고르는 일은 쉽지 않았다. 3명은 대학 신입생과 대학 졸업반, 대학원생으로 부모들이 다 큰 자녀들이 갖췄으면 좋겠다고 생각할 법한 그런 가치관과 능력이 있는 젊은이들이다.

브랜던의 이야기: 자아를 찾는 자유로움

브랜던은 텍사스 주 댈러스 교외 지역 출신이다. 이 지역에서 고교 미식축구팀은 〈프라이데이 나이트 라이츠Friday Night Lights〉(1988년 주 대항 챔피언 결정전에 출전해 조그만 도시를 똘똘 뭉치게 만든 텍사스 주 퍼미언 고교 미식축구팀의 이야기를 다룬 논픽션과 이를 바탕으로 제작된 TV 프로그램—옮긴이)와 비슷한 구실을 했다. 그는 미식축구팀 선수로 활동하면서 세이프티, 리시버, 코너백, 타이트엔드, 라인배커 등 여러 포지션을 맡았다. 내가 2014년 여름에 만났을 때 그는 19살 청년으로 휴스턴에 있는 명문 라이스 대학 1학년 과정을 막 끝마친 뒤였다.

브랜던의 어머니는 대학 재학 중에 임신했는데, "어머니는 저를 여러 의붓아버지 손을 거치게 만들었어요"라고 하며 브랜던은 웃었다. "저는 어릴 때부터 제가 원하는 것을 찾고, 원하는 것을 배우고, 또 원하는 것을 하는 데 별다른 제약이 없었어요." 그는 텍사스 주 사우스레이크에 있는 공립학교인 케럴 고등학교를 다녔다. 고등학교 2학년 때 어머니가 의붓아버지와 이혼하면서 브랜던은 샌프란시스코 만안지구로 가서 친아버지와 계모와 함께 살았다. 그는 같은 공립학교인 산마테오의 애라곤 고등학교로 전학해 3학년 과정을 마쳤다.

"저는 늘 제 마음대로 행동했어요. 초등학교를 졸업하고 중학교에 들어갈 즈음에 순전히 호기심에 트럼펫을 배웠어요. 부모님이 배우라고 강요하지 않았어요. 저는 2년간 트럼펫을 불어 연주 실력이 제법이었지만 미식축구처럼 좋은 것은 아니어서 그 뒤에 그만두었죠. 부모님은 잘 되었다는 표정이었어요. 라이스 대학에 다니는 동료들 중 바이올린이나 피아노를 잘 연주하는 친구들이 꽤 많았어요. 그런데 왜 대학에 들어와서는 피아노를 안 치느냐고 물으면—기숙사 홀 쪽의 공동 휴게실에는 피아노가 놓여 있었어요—부모님이 배우라고 해서 억지로 배웠다는 거예요. 저는 그런 식으로 악기 따위를 배우지는 않았어요. 매사를 그렇게 해 왔어요.

고등학교에 다닐 때 저는 대학 인정 학점을 딸 수 있는 선행학습의 여러 고급반 과목AP을 선택했어요. 2학년에 올라갈 때는 영어가 진짜 싫었어요. 그래서 AP 과목으로 화학과 수학을 선택할 계획을 세우고 어머니에게 영어는 선택하지 않을 생각이라고 말했죠. 그러자 어머니가 언짢은 기색을 보였어요. '그런 판단을 내린 근거가 무어냐?' 제가 그렇게 열심히 공부하고 싶지 않다고 대답하자, 어머니는 '늘 열심히 공부해야지. 그런 식으로 말해선 안 돼'라고 타일렀어요. 어머니는 또 진학 상담 교사처럼 제 대답을 감안해 몇 가지 질문을 던지며 저를 밀어붙이려 했지만 결정은 늘 제가 내렸어요.

의붓아버지는 '씩씩한 타입'으로 약간 독단적인 면이 있었어요. 그는 수석코치처럼 행동했어요. 그래서 제가 승리할 수 있도록 경기장 바깥에서 저를 훈련시키고 기량을 강화시키는 데 온갖 노력을 기울였지만 일단 제가 경기장에 들어서면 그가 할 수 있는 역할은 아무것도 없었어요. 결국 나아갈 방향은 오롯이 제가 결정했어요.

지원한 대학에 제출하는 에세이를 쓸 때에는 그 누구의 도움도 받지 않고 스스로 썼어요. 그런 다음 부모님에게 한 번 보여 드렸는데, 어머니가 붉은색 펜으로 엄청 수정했어요. 저는 수정한 부분을 놓고 이야기를 나눈 다음, 에세이를 들고 제 방으로 올라가 언제나 그렇듯이 어느 부분을 수정하고 어느 부분은 본래대로 그냥 둘 것인지를 스스로 결정했어요. 따라서 어머니가 붉은색 펜으로 고친 부분 중 본래의 원고 내용이 더 좋다고 생각되면 수정한 부분을 무시하는 경우도 있었어요. 숙제가 되었건 대학 지원 문제가 되었건, 붉은색 펜이 최종적인 권한을 발휘하는 일은 없었죠.

제 친구들 중에는 부모님이 대학 입학 과정에 깊숙이 관여하는 경우가 상당히 많았어요. 이 부모님들은 지원하는 대학에 제출할 에세이를 함께 쓰거나, 아니면 전문가에게 돈을 주고 에세이를 써 달라고 부탁했어요. 이런 에세이는 부모나 대가를 지불한 다른 사람의 머리가 아니라 자녀의 머리와 가슴에서 직접 우러나와야 해요. 이런 에세이를 통해 개인의 품성이 가장 순수한 형태로 드러나야 하죠. 지원자의 특성이 어떤지를 잘 드러낼 수 있도록 준비해야 합니다.

대학에 지원할 때가 되었을 때 저는 앞으로 성공하는 데 더 도움이 되고, 원하는 역량을 갖출 수 있는 대학을 골랐어요. 그래서 명문 대학인 스탠퍼드에 지원했지만 떨어졌어요. 저는 아이비리그 대학 몇 군데와 라이스 대학, 캘리포니아의 몇몇 주립대학에 원서를 냈어요. 이처럼 저는 제 자신의 삶을 위한 교육기관을 선택하는 일을 부모님의 결정에 맡길 수 없다고 생각했어요. 이것은 부모님의 삶도, 부모님이 받을 교육도 아니기 때문이죠. 그것은 제 인생이고 제가 받을 교육이에요. 저는 늘 그렇게 생각했어요."

브랜던은 라이스 대학에 미식축구 특기생으로 합격하지는 못했다. 그러나 대학 쪽은 지원 초기에 특기생 입학 의사를 타진했는데 브랜던이 거절했다. "입학하고 4개월 뒤에 미식축구 선수로 뛰고 싶다고 말했지만 그때는 대학 쪽에서 너무 늦다는 이야기를 들었어요." 그래서 그는 미식축구 대신 럭비팀에 들어갔다. "저는 여러 친구들과 몰려다니면서 새로운 사람들을 많이 만났어요. 럭비팀에 들어간 것은 정말 잘한 일이었어요. 가능하다면 앞으로 3년 동안 계속 럭비팀에서 뛸 생각이에요." 브랜던의 목소리에는 여유로움이 배어 있었다. 마치 무슨 일이긴 부딪치면 못할 것이 없다는 투였다.

브랜던은 의학부 진학 과정을 밟고 있다. 그가 추측하기로 그의 반 학생들 중 70%가 그런 과정을 밟고 있다. 의학부 진학 과정에서는 필수과목으로 생화학과 세포생물학을 전공해야 한다. "저는 라틴 어에 관심이 많아서 고전연구를 복수 전공으로 하고 있어요. 졸업반이 되면 아마도 로마에 가서 옛 문헌들을 들추고 있을 거예요. 전 신경조직이 건강에 미치는 영향에도 관심이 많아서, 앞으로 신경조직 연구를 하게 될지도 몰라요." 브랜던의 목소리는 흥분감에 들떠 있는 듯했다.

"의학부 진학 과정에서 함께 공부하는 동료들을 보면 굉장히 경직된 친구들이 상당히 많아요. '넌 앞으로 성공할 거다. 성공하는 데는 의학부 진학 과정이 최고다. 이 문제에 관한 한 다른 선택의 여지가 없다.' 이런 식으로 생각하는 부모님 탓에 그렇게 경직되어 있는 거예요. 우리 부모님은 두 분 다 금융 업종에서 일하는데, 그 때문에 부모님은 저도 금융 쪽에서 일하기를 바라는 것 같아요. 그러나 저는 제가 원하는 것을 찾아내고 공부할 수 있어요. 전 흥미로운 것을 발견하면 그에 대해 더 많은 것을 알고 싶어서 곧바로 실행에 옮기죠. 전 지적인 측면에서 구속을 받지 않아요. 제 관심사는 제 안에서 나오거든요."

브랜던은 '헬리콥터 부모' 밑에서 자랐다고 말하는 친구들을 알고 있다. "이들은 무슨 일이건 내면의 요구에 따라 처리하지 못해요. 생활의 지혜나 솜씨란, 자신이 하고 싶은 일이 무엇인지, 그리고 그 일을 어떻게 해야 하는지를 알고 있다는 거예요. 수강 신청을 할 때도 부모의 지나친 간섭을 받았던 친구들은 어려워해요. '의사가 되고 싶다'는 친구들을 보면 답답할 때가 있죠. 상담 전문가가 어떤 과정을 거쳐야 하는지를 가르쳐 주더라도 이들은 그에 대비하는 방법을 몰라요. 바로 이런 방법을 모른다는 점이 이들의 취약점이죠. 그런 방법을 곰곰이 생각해 본 적이 없기 때문이에요. 부모님이나 주변에서 늘 그런 방법을 일러 주었거든요. 제 친구 중에는 하루에 한 차례씩 부모님에게 꼬박꼬박 전화를 걸어 하루의 일과 내용과 그날 실제로 했던 일을 알려 주는 친구가 있어요. 이 친구는 자신의 목표를 설정하지도 못해요. 지금까지도 그는 어떤 일을 할 때마다 해도 괜찮은지를 부모님에게 묻고 있어요. 그럴 때는 한마디 하고 싶지만 그냥 내버려 두죠.

저는 부모의 역할을 가볍게 볼 생각은 없어요. 부모의 역할은 굉장히 중요하죠. 부모만큼 든든한 뒷받침도 없고, 게다가 온갖 도움을 주니까요. 그러나 저를 키워 주면서 부모가 내린 최선의 선택은 제 인생행로를 스스로 선택하게 한 점입니다."

엠마의 이야기: 이른바 쓸모없다는 내 학위

자녀가 '쓸모없는' 학위를 받은 뒤 부모 밑에 눌려 살면서 아르바이트만 전전하는 모습을 지켜보길 바라는 부모는 아무도 없을 것이다. 2014년 ≪타임≫에 실린 「내가 딸이 '쓸모없는' 학위를 따도록 허용한 이유」라는 글을 보고 나는 속사정을 좀 더 깊이 알아보고 싶었다. 그로부터 1주일 뒤 나는 이 글을 쓴 랜디 호더와 '쓸모없는 학위'를 딴 그녀의 딸 엠마와 전화로 이야기를 나눌 수 있었다.

그때가 2014년 봄으로, 엠마가 스크립스 대학을 졸업한 지 며칠 안 된 때였다. 로스앤젤레스 동남쪽 중심부에 있는 스크립스 대학은 규모는 작지만 리버럴 아츠 여자대학으로는 명문 축에 드는 대학으로, 포모나와 클레어몬트 맥케나, 피처, 하베이 머드 등 자매대학이 4개나 있었다. 이른바 쓸모없다는 엠마의 학위는 미국학 학위다. 우연이겠으나 내 전공과 같다.

엠마의 대학 체험은 로스앤젤레스에서 동쪽으로 3200킬로미터쯤 떨어진 오하이오에 있는 오벌린에서 시작되었다. 오벌린도 소규모의 리버럴 아츠 대학이었다. 그러나 오벌린은 엠마에게 딱 알맞은 대학이 아니지만 첫 학기 수강 때 미국학 소개라는 강좌가 눈길을 끌었다. 결국 이 강의를 계기로 엠마는 미국학을 전공하게 되었다.

엠마는 대학에 처음 들어갔을 때는 '법조인이 되고 싶다, 의사가 되고 싶다'는 식의 생각을 하지 못했다고 한다. 강좌 일람표를 살펴보다가 미국학 강좌가 식민주의와 아메리카 원주민 역사, 교도소 내 공업단지, 도시 지역 식품 공급 등과 같은 주제를 다룬다는 데 눈길이 끌렸다. 이처럼 강의 요강에 소개된 주제가 폭넓고, 담당 교수가 "대단히 매력적"이어서 엠마의 마음을 확 끌어당겼다. "결국 미국학이 제게 탐구의 길을 열어 주었고, 나중에 원하는 공부를 하게 된 셈이었어요." 엠마는 오벌린에서 스크립스로 편입했는데, 스크립스에도 미국학 강좌가 충실하게 갖춰져 있었다. 스크립스로 편입한 뒤 엠마는 학과장을 만나 미국학을 전공하겠다고 밝혔다. 엠마는 정치와 문화, 음식문화에 집중하기로 결정했다.

어머니 랜디가 ≪타임≫에 기고한 글에서 명백하게 밝혔듯이, 엠마의 부모는 딸이 미국학을 전공으로 선택하는 것을 뒷받침했다. 이들은 훌륭한 교육을 받고, 또 그에 대한 열정을 찾아내는 것이 사람의 인생에서 가장 값진 구실을 한다는 원리를 신봉하는데, 바로 딸이 받아들인 전공 부문과 찾아낸 열정이 그런 것이었다. 그렇지만 랜디는 이력을 쌓아 나갈 만한 전망이 뚜렷하지 않은 분야를 자녀가 공부하고자 한다는 점에서는 부모로서 이런저런 걱정이 있다는 점도 분명히 알고 있다고 내게 솔직하게 털어놓았다. "대학 교육의 '투자수익률'에 관해서는 현재 엄청나게 많은 정보나 자료가 축적되어 있습니다. 자녀가 영어나 미국학, 정치학, 음식문화 등을 전공한다면 현재 같은 경제 상황과 사회 현실 속에서 일자리를 얻을 수 있을까 걱정하는 게 부모의 마음입니다."

"미국학이 성장 속도가 가장 빠른 분야라고요!" 엠마가 어머니의 말을 듣고 뒤쪽에서 소리치는 목소리가 들렸다. "전 인턴 자리가 굉장히 많았어요!"

그렇지만 그때는 그런 사실을 몰랐다고 랜디가 웃으면서 말했다. 랜디처럼 인문학의 중요성을 분명하게 인식하고 또 "이공계열 학과가 경쟁사회 속에서 차세대의 성공을 돕는 우리 사회의 유일한 해답이 되어서는 안 된다"는 글을 썼던 사람들에게는 전공을 경제적 성공과 동일시하는 최근의 기사들이 조금 불안감을 안겨 주는 요소였다.

가끔씩 랜디는 친구들에게 엠마의 전공 선택 문제를 설명하면서 지나치게 신경을 많이 썼다. 그러나 세월이 흐르면서 자신이 엠마의 전공을 '정당화'할 필요성을 느끼고 있다는 점을 알고는 더 이상 그렇게 하지 않기로 결심했다. "저는 엠마가 선택한 진로가 안정적인 수입을 안겨 준다는 점을 주변에 그럴듯하게 설명하기 위해 지나치게 안간힘을 쓰고 있었어요. 마치 취업 상태가 엠마의 교육 문제에 관해 우리 부부가 내린 선택의 옳고 그름을 판단하는 기준이라도 되는 것처럼 말이죠. 지금 돌이켜 보면 엠마의 개인적인 성공을 부모인 우리 자신의 성공과 동일시하는 흔한 함정에 빠졌던 거죠."

엠마가 이런 걱정을 잘 알고 있었다 해도 별다른 영향을 미치지는 못했을 것이다. 4학년 때 쓴 졸업 논문은 「우선 요리에 나서자: 미국인들이 주방으로 돌아와야 할 이유와 그 구체적 방안에 관한 탐구」였다. 엠마는 이 논문에서, 가정에서 음식을 조리하는 사람들이 점차 줄어드는 추세와 20세기 중엽에 나타난 이런 생활방식의 변화 요인이 무엇인지, 그리고 텃밭 공동경작이나 식품 교육, 신선한 식품을 구매하기 어려운 지역의 문제 해결 등으로 이런 추세를 되돌리려는 노력 등을 자세하게 살폈다. 그는 멋진 여름철 인턴십을 거친 뒤 푸드52라는 웹사이트에서 일했다. 이 웹사이트는 《뉴욕 타임스》 음식 담당 에디터인 아만다 헤서가 만든 것이었다. 헤서는 요리법을 시험해 본 뒤 기사를 쓰는데, 그 주위에는 최신 유행의 도시 뉴욕에 사는 대단한 여성 경영자들이 많았다. 엠마가 인턴십을 끝내고 캠퍼스로 돌아와 논문 준비로 바쁠 때 다른 학생들도 전혀 다른 흥미로운 주제를 붙잡고 씨름하고 있었다. "한 학생은 컨트리 음악이 9·11 이후의 미국 사회에 어떤 변화를 안겨 주었는지를 다루는 논문을 쓰고 있었고, 어느 학생은 여성 가이드북을 펴낸 역사적 인물을 탐구하는 데, 그리고 또 다른 학생은 심리학적 관점에서 슬픔을 다루는 논문을 준비하는 데 여념이 없었어요. 논문 주제가 모두 굉장히 자극적이었어요."

　나는 엠마와 전화 통화를 했지만 그의 얼굴은 볼 수 없었다. 그러나 그의 말은 빠르고 말투나 목소리도 자신감에 차 있고 명확했다. 엠마는 내가 스탠퍼드 대학에서 일할 때 알았던 제프 올로스키라는 학생 이야기를 꺼냈다. 올로스키는 자신이 공부하고 싶은 분야가 어떤 것인지를 명확히 알고 있는 학생이었다. 그는 스탠퍼드에 들어올 때 인간의 존재를 깊이 파고들 수 있는 철학과 다른 관련 분야를 전공했으면 했다. 사실 이런 분야를 전공하겠다고 하면 흔히 사람들은 "그런 전공으로 앞으로 무엇을 할 건데?"라고 묻기 쉽다. 그런데도 그는 전공으로 인류학을 선택했다. 인류학은 그가 상당한 솜씨를 쌓은 사진 기술과 접목시키기에도 알맞았다. 그는 신입생 때 나와 면담하는 과정에서 《내셔널 지오그래픽National Geographic》에서 일하는 것이 꿈이라고 말하기도 했다. 그는 졸업하고 몇 년 뒤 선댄스 영화제와 에미상에서 상을 받은 다큐멘터리 〈빙하 추적Chasing Ice〉의 감독이자 제작자, 촬영기사가 되어 나타났다. 이 영화는 점차 녹아 없어지는 빙하와 기후 변화의 영향을 널리 알린 작품으로, 올로스키는 《내셔널 지오그래픽》에 이 작품을 판매했다.

　나는 정치와 음식문화에 대해서는 아무것도 모르지만 자신의 연구 및 관심 분야에 대한 엠마의 열정적인 설명에 깊은 인상을 받았다. 마치 제프 올로스키의 이야기를 다시 경청하는 느낌이었다. 그러나 이런 이야기에 입을 삐쭉 내미는 사람도 있을 것이다. 올로스키나 엠마가 그런 반응에 신경을 쓰지는 않을 것이다. 이들은 그만큼 자신감에 차 있다. 이들은 뚜렷한 목적을 가지고 있었다. 열정이라는 것이 바로 이런 것이다.

스테파니아의 이야기 : 솔직히 나는 그 일을 내가 할 수 있다고 생각했다

현재 26살인 스테파니아는 뉴잉글랜드 판사의 딸인데, 대학 입학 과정에 도움을 주겠다는 어머니의 제안을 거절했다. 매사추세츠 주 노덤턴에 있는 공립학교인 노덤튼 고등학교를 졸업한 스테파니는 바너드 대학에 들어가 열심히 공부했다. 말콤 글래드웰이 그런 상황에서 기대할 법하다고 암시한 것처럼 바너드 대학에서 우등생이었던 스테파니아는 여러 명문 로스쿨에 합격했다. 그러나 전혀 뜻밖에도 판사인 어머니는 딸이 학비를 포함해 모든 비용을 면제받는 하류 로스쿨에 들어가기를 바랐다. 예상대로 스테파니아는 어머니의 뜻을 받아들이지 않았다. 그는 하버드 로스쿨에 지원해 합격했다. 스테파니아는 학자금 대출도 받아야 하고 다른 비용도 많이 들어갔지만 하버드 로스쿨에 들어간 것에 크게 만족했다. 내가 그녀와 이야기할 즈음 그는 한창 역량을 키워 나가는 3년차 학생으로서 여름철의 바쁜 시간을 쪼개 어느 로펌과 워싱턴 D.C.의 비영리 단체에서 일하고 있었다.

"모든 것이 제 인생과 실제로 연관된 것이었습니다. 결국 제가 대학 지원 과정에서 어떤 결정을 내리느냐가 매우 중요했어요. 저는 독자적인 판단으로 바너드 대학에 들어갈 수 있다는 것을 알았어요. 사실 이런 판단은 매우 두려웠지만 한 번 거치고 나니까 자신감이 생겼어요. 대학에 들어가서도 제 자신의 판단에 따라 정말 열심히 공부했고, 그런 점이 장기적으로 계속 자신감을 키워 주었어요."

스테파니아는 나에게 "대학에 지원할 때 솔직히 제 스스로 할 수 있다고 생각했어요"라고 말했다. 나는 독자적인 판단을 강조하는 그의 말투가 사뭇 날카롭다는 느낌을 받았다. 학생들이 자신의 판단에 따라 대학 지원 절차를 밟아 가는 것이 얼마나 비상례적인 것인지를 강조하는 것처럼 들렸다. "저는 고등학교 다닐 때도 제가 할 일은 스스로 잘 처리했기 때문에 바깥세상으로 나와서도 다른 사람의 도움 없이 잘해 나갈 수 있을 거라고 생각했어요. 또 고교 서열 면에서 비슷한 수준의 학교에 다니는 친구들을 보면 SAT 개인 지도와 대학 지원 과정에 부모들이 깊숙하게 관여했어요. 그래서 속으로 이렇게 다짐했습니다. '난 혼자 하면서 다른 사람의 도움 없이도 너희들처럼 잘할 수 있다는 것을 보여 줄 거야.' 이런 다짐이 동기로 작용하고 힘이 되었어요. 지금 돌이켜 보면 이런 마음가짐은 어설픈 거였죠. 자칫 남에게 못되게 굴려다가 도리어 자신이 불이익을 당하는, 그런 어설픈 것이었어요. 아마 일이 잘 풀리지 않았다면 분명 그렇게 느꼈을 겁니다." 그러나 일은 잘 풀렸다.

스테파니아의 친구는 '대학 지원 전문가'의 도움을 받아 아이비리그 대학에 들어가 지금은 하버드 대학 대학원에 다니고 있다. "우리는 결국 같은 대학에서 만났어요. 이 친구는 다른 사람의 손아귀에서 제멋대로 놀아나는 친구가 아니었어요. 제 생각에는 다른 사람의 도움 없이도 감당할 수 있었을 거예요."

나는 "다른 사람의 손아귀에 놀아나는 엉터리 같은" 학생들이 대학생활을 어떻게 하느냐고 물었다. "그런 학생들은 불평을 많이 해요. 굉장히 많이 하죠. 동료 학생들은 이런 불평꾼들의 행태를 어느 정도 참아 주지만 교수들은 용인하지 않아요. 교수들은 진정한 의미의 전문가 집단이잖아요. 이들은 자신의 전공 분야에만 관심을 기울이죠. 이들에게 연구하고 가르치는 일은 직업이 아니라 열정의 산물이에요. 만약 학생이 '교수가 강의실에서 할 일은 학생들에게 봉사하는 것이다'라고 생각한다면 교수들은 그런 학생을 존중하거나 용인하지 않아요. 학생들이 교육을 받을 권리를 내세우거나 교육의 질적 측면에 불만을 드러내는 행태를 보이면 교수들은 멀리서도 그런 기미를 이내 알아차리죠. 이런 행태를 보인 학생은 지도를 받거나 학점을 따는 데 큰 영향을 미치는 교수들과 관계가 원만할 리가 없어요.

대학 입학 지원 절차를 스스로 밟을 수 있는 능력을 갖추고 있음을 확인한 것은 제 머릿속에서 어떤 행위를 평가하는 일종의 기준처럼 자리 잡고 있었어요. 그리고 그 이후 제 일을 스스로 처리하는 결정을 내릴 때마다 그런 기준의 효용성은 더욱 커졌어요. 고등학생 때 대학에 제출한 자녀의 에세이를 자녀 대신 멋지게 써 주는 부모들을 많이 봤어요. 대학에 들어와서는 표절한 것도 많이 보았고요. 직장에서도 그런 경우를 많이 볼 수 있었죠. 자신의 일을 스스로 해야 한다는 것을 알았을 때 그 앎은 그 자체가 발판이 된다고 생각해요.

제 오랜 경험에 비춰 보면, 10대 청소년과 이런 나이의 자녀를 바라보는 부모 사이에는 늘 실망과 다툼이 있을 거예요. 자녀가 부모가 원하는 대학에 들어가지 못하면 실망할 수는 있지만 그런 것이 반드시 잘못된 일은 아니에요. 이런 결과 속에도 눈에 보이지 않는 교훈이 많이 담겨 있죠. 저는 제가 희망하는 것을 모두 얻을 수 없는 그런 대학에서 대학 생활을 시작했기 때문에, 제가 지니지 못한 것을 얻기 위해서라도 더 열심히 공부했어요. 저는 나중에 바너드 대학에 많은 애착을 갖게 되었어요. 또 하버드 로스쿨에 들어가게 된 것을 진심으로 다행스럽게 여기고 있어요. 당연히 합격되리라고 생각하지 않았기 때문이죠.

사람들이 대학 지원이나 선택과 연관된 조언을 구할 때 제가 가장 강조하는 것은, 노력 여하에 따라 대학 경험을 자랑할 만한 성과로 바꿀 수 있다는 점입니다. 졸업장에 적힌 대학 이름은 별로 중요하지 않아요. 어느 대학에 가도 학점이나 대학 생활, 과외 활동 등을 통해 대학원 진학이나 취업에 유리하게 작용할 매우 인상적인 이야깃거리를 만들어 낼 수 있어요. 따라서 명문 대학에 집착하지 말라, 자신이 만족스럽게 학업 생활을 잘할 수 있는 대학에 들어가는 게 좋다. 취업이나 대학원 진학 문제와 관련해서 말하면 저는 이렇게 단언할 수 있습니다. 대학원이나 고용주들은 '명문' 대학에 들어갔으나 4년 내내 만족스럽지 못해 인상적인 학업 생활을 보여 주지 못하는 지원자보다는 감동적인 이야깃거리를 내놓는 지원자를 선택할 것이라는 이야기죠. 가령 하버드 대학을 졸업한 무기력한 지원자보다는 조지워싱턴 대학을 나온 활기찬 젊은이가 더 낫습니다. 저는 바너드 대학에서 만족스러운 대학생활을 보냈기 때문에 그곳의 성공적인 학업을 바탕으로 하버드 로스쿨이라는 좀 더 성공적인 결실을 얻을 수 있었어요. 따라서 가장 멋진 이야깃거리를 만들어 낼 수 있는 대학에 들어가야 합니다."

나는 스테파니아에게 부모가 대학 생활에서 어떤 도움이 되었느냐고 물었다. "부모님이 마음속으로 후원하는 감성적인 차원에 머물러 있었던 게 저에게 도움이 된 것 같아요. 특히 신입생 때 그랬어요. 이 시기는 젊은이들의 인생에서 격동기라고 할 수 있잖아요. 부모가 자녀를 어떻게 키웠는지는 통화 내용을 들어 보면 그대로 드러났어요. '엄마, 나 지금 굉장히 스트레스를 받고 있어, 학점이 엉망이야, 사람들이 날 좋아하지 않는 것 같아.' 우는 걸로 감정을 풀어야 할 때가 있지만 아직 아는 사람이 없고, 또 아는 사람이 있더라도 자신의 약점을 드러내는 건 무리일 테고, 아무래도 부모가 편안하게 느껴질 수 있을 거예요.

바너드 대학을 함께 졸업한 친구 한 명이 있는데, 그는 아직도 부모의 도움이 없이는 어떤 결정도 내리지 못해요. 인생에서 중요한 의미를 지니는 결정 같은 것을 부모님과 상의할 필요가 없다는 이야기는 아니에요. 제 친구는 부모님의 의견이 굉장히 강압적이어서 감히 거스르지 못할 것 같다고 해요. 그래서 친구의 부모님은 아직도 딸을 거의 마음대로 좌지우지하죠. 지금 이 친구는 아무데도 갈 데가 없어서 살기 싫은 어느 도시에 취업해 있는데, 그곳을 떠나고 싶어도 부모가 '진득하게 일해야 한다. 네 생각도 믿지 말아라'라고 한 말 때문에 그대로 눌러 앉아 있어요. 이 친구는 부모님에게 의지하면서 생활의 지혜를 얻고 정서적 뒷받침을 받고 있죠. 나이가 26살쯤 되면 부모님과 떨어져 살면서 자신의 삶을 좀 더 명확하게 알 수 있고, 또 자신의 체험이나 느낌, 욕구도 잘 알 수 있어요. 그는 자신의 뜻을 따르지 않고, 위험을 무릅쓰려 하지 않기 때문에 손해를 보고 있는 셈이죠. 이 친구의 부모님도 위험부담을 싫어해요. 본래 부모님은 자녀를 자신의 삶에서 가장 소중한 존재로 생각하기 때문에 가능한 한 안전 위주로 행동하기 마련이잖아요. 따라서 부모에겐 자녀가 안전하게 행동하는 것이 아무런 부담이 되지 않죠."

4부

다른
방식의
자녀 양육

21장
자아를 되찾다

부모가 이루지 못한 삶보다 부모의 주변과 특히 자녀들에게 더 강한 심리적 영향을 끼치는 것은 없다.

—칼 융Carl Jung

시애틀에 사는 학부모이자 레이크사이드 학교의 대학 진학 상담 주임교사인 캐서린 제이콥슨은 우연한 기회에 중요한 사실 하나를 확인할 수 있었다. 젊은 어머니였던 제이콥슨은 친정어머니에게 전화를 걸어, 아들의 미식축구 경기를 사이드라인 옆에서 보다가 흙탕물이 튀어 옷이 젖어서 추웠다고 불평을 늘어놓았다. 이런 이야기를 들었지만 제이콥슨의 어머니는 별로 동정하는 기색이 없었다. 그리고 이렇게 입을 열었다. "왜 거기에 서 있었는지 모르겠구나. 그렇게 한다고 아이들에게 무언가를 보여 줄 수 있는 것도 아닌데 말이다. 가령 아이들에게 신체 단련이 중요하다는 걸 보여 주고 싶다면 네가 직접 뛰어야지. 또 네가 값지게 생각하는 것이 무엇인지를 아이들에게 보여 주고 싶다면 집에 가서 책을 읽거나 친구와 어울리거나 연극을 보고 와서 그 이야기를 해 주면 되지. 왜 직접 보여 주지 않는 거니? 아이들은 어머니의 그런 행동을 지켜보고 '아, 어머니가 저렇게 인생을 즐기는구나'라고 생각하지. 그러면 아이들도 그렇게 되려고 노력할 거고. 하지만 지금 하던 대로 계속 행동하면 아이들이 성인이 되고 25살쯤 되면 이런 생각을 하겠지. '난 부모님이 인생을 제대로 사는 것을 한 번도 본 적이 없다. 그저 나를 위해 움직이는 것처럼 보였다. 나를 차에 태워 움직이고 한가한 토요일 아침에도 내 주변에 서성거리는 식으로 말이다.'"

중산층이나 중상류층 가정에서는 사회학자 아네트 라로가 말하는 '집중 양육'을 실행하는 경우가 많다. 집중 양육을 하면 빡빡한 가족 일정표 탓에, 그리고 좋은 부모란 늘 자녀와 함께하며 자녀를 위해 움직여야 한다는 믿음과 또 다른 사람들이 자녀를 위해 더 많이 노력해 우리 아이들을 앞지를 것이라는 조급함 탓에, 하루하루가 끝없이 경주해야 하는 다리 같고 또 하는 일마다 모두 중요하게 느껴지는 상황이 벌어진다. 이런 상황에서 부모가 바깥에서 일을 하건, 자녀 양육을 위해 집에서 생활하건, 아니면 이 두 가지의 중간적 형태의 활동을 하건 부모의 마음속에는 이런 생각이 맴돌 것이다. "지금까지 우리 아이는 잘해 왔는가, 그렇지 않다면 그것은 내게 어떤 의미가 있는가. 나는 이제 무엇을 해야 하고, 해결책은 어떻게 찾을까, 그렇지 않아도 정신없이 바쁜 내 생활과 그런 방안의 실행을 어떻게 조화시킬 수 있을까?"

자녀를 돌보는 일이나, 학교 공부 및 방과 후 활동을 돕는 일과 연관된 부담이 부모의 시간표와 가슴속에 무겁게 자리 잡고 있어서 부모들은 자신의 삶을 돌볼 시간 여유가 거의 없다. 자녀 양육 문제를 다루는 월간지 ≪페어런팅≫에 따르면 자녀가 있는 부모의 우울증 발병률은 자녀가 없는 성인들보다 두 배나 높다고 한다. 미국심리학회가 2010년에 조사한 결과에 따르면, 부모의 평균 스트레스 지수는 이들이 건강한 수준이라고 하는 지수보다 두 배나 높은 것으로 나타났다. 버클리에 있는 캘리포니아 대학의 사회학 연구원인 크리스틴 카터Christine Carter는 책『스위트 스폿: 가정과 일터에서 즐거움을 찾는 방법Sweet Spot: How to Find Your Groove at Home and Work』에서, 일하는 부모 중에서 자신이 원하는 것을 모두 이루지 못했다고 응답한 비율은 66%, 가정에서 충분한 시간을 보내지 못한다는 사람은 57%, 여가를 즐길 시간이 없다고 대답한 사람은 46%나 된다고 밝혔다. 언론인 브리기드 슐트Brigid Schulte는 2014년에 펴낸 책『시간에 쫓기는 삶: 모두가 시간이 없는 상황에서 벌이는 일과 사랑, 놀이Overwhelmed: Work, Love, and Play When No One Has the Time』에서 이런 느낌이 계속 이어지는 심리 상태를 '질림the Overwhelm'으로 표현한다. 부모가 이런 우울증이나 심한 스트레스에 시달리지 않더라도 자녀 양육 면에서 과잉보호의 행태를 보인다면 부모 자신의 삶 대신에 자녀를 통해 삶을 사는 방식에 빠져들 가능성이 크다. 이런 삶이 부모는 물론 자녀에게도 유익한 방식은 되지 못한다.

사람은 저마다 인생행로가 있다. 사람은 여러 가지 선택으로 이런 행로를 열고, 많은 경험으로 그 길을 닦아서 그의 꿈을 좇는 방향으로 뻗어 나가게 만든다. 부모의 행로에는 자녀가 끼어들지만 자녀도 그들 자신의 행로를 좇기 마련이다. 따라서 부모의 인생행로는 그것대로 계속 이어 나가야 한다. 부모가 자식을 위해 자식의 행로에 동행한다면 자녀가 자기 효능감, 즉 자신을 위해 무엇인가를 하고자 하는 기본적인 욕구를 충족시키고 강화시킬 기회를 빼앗아 갈 뿐만 아니라 부모 자신의 인생행로를 계속 추구할 기회도 빼앗기게 된다. 부모가 자녀의 성취를 자신의 성취로, 자녀의 행복을 자신의 행복으로, 또 자녀의 인생을 자신의 인생으로 착각하면—이런 혼돈이 어쩌다 한 번씩 일어나는 정도라 할지라도—이번 21장의 내용은 부모에게 각별히 의미가 있을 것이다. 부모가 되더라도 중요한 것은 부모 자신이다. 부모는 자신뿐만 아니라 자식을 위해서도 부모 자신의 인생행로를 충실하게 걸어가야 한다.

조사 결과를 보면, 자녀는 부모를 영웅으로 생각한다. 자녀는 살면서 부덮치는 다른 어느 어른보다도 부모를 더 높이 우러러본다. 부모는 자녀에게 가장 큰 롤모델이다. 그러나 자녀가 자랑스러운 눈길로 바라보는 것만큼 부모는 자부심을 느낄 수 있을까? 또는 부모가 자녀에게 보이는 모습은, 끊임없이 스마트폰이나 태블릿, 또는 컴퓨터나 들여다보고, 자녀에 대한 관심이라곤 숙제를 다 했는지, 점수는 어떤지, 축구장을 오가는 셔틀버스는 제시간에 도착하는지 등에나 신경을 쓰는, 그야말로 근심이 가득하고 스트레스에 찌든 얼굴이 아닐까? 아니면 부모는 자녀에게 인생살이의 지혜를 하나하나 가르쳐 주는 사람으로 비칠까? 즉, 자신에게 만족하면서 자신의 장점을 키우고 자신이 추구하는 가치에 어울리는 활동을 하면서, 동시에 자녀나 다른 사람들과 의미 있는 인간적 관계를 맺을 수 있는 시간을 갖는 사람이 될 것인가? 자녀는 부모가 하거나 하지 않는 온갖 행동을 낱낱이 지켜본다. 캐서린 제이콥슨이 부모의 일차적인 목표와 역할은 자녀 주변에 머물면서 자녀의 온갖 활동과 상호작용을 원활하게 이끌어 주는 것임을 자녀에게 보여 주는 것인데도 그렇게 하지 않고 그 대신 춥고 습기 찬 날 자녀가 뛰고 있는 미식축구 경기장 사이드라인 바로 옆에 서 있었을 때 제이콥슨의 어머니가 지적했던 것처럼, 부모는 자녀에게—부모의 선택과 실천, 추구하는 원칙 등을 통해—성인의 충만한 삶이라는 것이 어떤 것인지를 보여 주어야 한다.

사람들이 인생에서 값지다고 생각하는 일에 먼저 관심을 갖는 것은 이기적인 행태가 아니다. 이는 매우 중요하다. 롤모델 구실을 제대로 하려면 자신을 우선시해야 한다. 이런 말이 얼핏 듣기에 완전히 모순된 이야기처럼 들릴 수도 있다(특히 여성은 흔히 어릴 때부터 자신보다 다른 사람의 욕구 충족을 먼저 배려해야 한다는 식으로 양육되었기 때문에 이런 이야기가 더욱 낯설게 들릴지 모른다). 그러나 최악을 가정한 항공기 구난 지침에 따르면, 다른 사람을 구조하기 전에 먼저 자신의 산소마스크를 착용하는 것이 전반적인 구난 과정에서 가장 중요한 대처방식이다. 금융자산 관리사들도 비슷하게 권고한다. 즉, 자녀의 대학 등록금을 마련하기 위한 예금보다는 부모의 은퇴자금 마련이 먼저라고 한다. 또 20세기의 저명한 심리학자인 칼 융은 부모가 자신의 삶을 잘 이끌어 나간다면, 그렇지 못했을 때 자녀가 부모의 노이로제에 시달리는 일은 없을 것이라고 권유했다. 항공기 구난 지침을 보여 주는 비디오 내용이건, 금융자산 관리사의 충고이건 아니면 심리학계 거장의 권유이건 간에 그 핵심을 한마디로 요약하면 다음과 같다. 사람은 자기 자신을 잘 돌볼 때 가장 큰 능력을 발휘하고, 또 다른 사람들에게 가장 큰 도움을 준다.

이 책에서 지금까지 다룬 문제는 '어떻게 하면 자녀를 성년이 될 때까지 잘 키울 수 있는가' 하는 것이다. 그러나 이번 장에서 던질 질문은 '당신은 온전한 성년인가?'이다. 당신은 자신의 기본적인 욕구 충족에 신경을 쓰고, 자신을 위해 생각하며, 열심히 일하고 또 긴장을 풀 시간을 내고 있는가? 당신은 곧바로 원기를 되찾는가? 당신은 자신의 진로를 설정하는가? 당신은 다른 사람들이 인기 있다거나 가장 좋다고 생각하는 것을 외면하고, 모든 것을 감안해서 자신에게 적합하다고 생각하는 것을 선택하는가? 잠재능력을 잘 발휘하는 사람들의 특성처럼 비치는 이 같은 여러 가지 속성들 중에서 자녀를 과잉보호하는 부모들 대부분에게서 나타나는 것이 독자적 판단 능력이 온전하지 못하다는 점이다. 즉, 다른 사람의 견해와 우려가 대세처럼 밀려들면 자신의 삶을 뒤흔들고 경우에 따라 휩쓸고 가 버리게 놔둔다. 분명 부모들은 일도 자녀 양육도 열심히 한다. 가끔씩 그 열의가 지나쳐 기진맥진할 지경이다. 그렇다면 무엇을 위해 그렇게 열의를 보이는가? 다른 사람들의 노이로제로 강요되다시피 하는 그런 삶을 살기 위해 열심히 일한다면, 긴장을 풀고 즐길 수 있는 여유도, 자신의 기본적 욕구를 충족시키고 또 이런 과정에서 따를 수밖에 없는 어려움을 이겨 낼 수단도 거의 갖지 못한다. 또한 다른 사람들에게 뒤처지지 않거나 자녀의 인생을 자신의 인생처럼 사는 일에 매몰되다 보면 자신의 진로를 설정하는 문제를 돌아보지 못하게 된다.

그렇다면 부모가 본래의 모습을 되찾고 자신이 진정으로 원하는, 사람답고 부모다운 모습을 갖추려면 어떻게 해야 할까? 크리스틴 카터와 바버라 프레더릭슨Barbara Frederickson, 마틴 셀리그먼 같은 긍정심리학 연구자들의 연구 성과와 직접 겪은 내 자신의 경험을 바탕으로 몇 가지 방법을 제시하면 다음과 같다.

더 나은 부모가 되기 위해 자신을 돌보는 방법

1. 자신의 열정과 목표를 찾아내 그에 알맞은 진로를 설정한다. 자녀에게만 지나치게 관심을 쏟으면 아무래도 자신의 열정에 관심을 갖기란 사실 어렵다. 어떻게 생각하든 자녀는 부모가 열정을 쏟을 대상이 아니다. 만약 자녀를 그런 대상으로 취급하면 부모는 자신의 삶에 성취감을 안겨 주게 하는, 지탱하기 어렵고 불건전한 역할을 자녀에게 떠안겨 주는 셈이 된다. 자녀의 관심사를 뒷받침하는 것은 좋은 일이다. 또한 자녀를 자랑스럽게―매우 자랑스럽게―생각하는 것도 좋다. 그러나 부모는 자신만의 열정과 목표를 찾아야 한다. 자신과 자녀를 위해서도 꼭 그렇게 해야 한다.

나는 여러 해 동안 그런 행로에서 크게 벗어난 생활을 하다가 마침내 한 가지 열정의 대상을 찾아냈다. 사회정의 구현이라는 내 관심사를 추구하기 위해 로스쿨에 들어갔던 것이다. 나는 로스쿨에 다니면서 가족법에 관심을 갖고 열심히 공부했고, 방치된 어린이들을 위해 일할 수 있게 되었다. 하지만 다른 사람들이 돈벌이가 괜찮고 높이 평가받는 회사법 쪽으로 쏠리자 나도 마음이 흔들려 결국 그쪽을 선택하게 되었다. 규모가 큰 로펌에 들어가 9개월쯤 일하면서 나는 고혈압이 생겼고, 또 일요일마다 낮 12시쯤 되면 다음 날 다시 회사에 나가야 한다는 생각에 속이 울렁거릴 정도였다(가끔씩 일요일에도 사무실에 나가 일을 해야 했다). 나는 오랜 시간 일을 했지만 그것이 문제는 아니었다. 변호사 활동에 중심이 되는 여러 문제에 별다른 신경을 쓰지 못하는 것이 문제였다. 나는 보수를 많이 받았지만 아무런 목표가 없었다. 이처럼 목적 없이 일하는 것은 아무런 희망이 없는 것과 같았다. 나는 그때 27살이었다.

어느 주말에 나는 뒤뜰에서 울면서 생각했다. "이건 내가 살아가면서 하고 싶다고 생각했던 일이 아니야." 내 삶을 지도로 그려 보면, 나는 중심에서 벗어나 바깥쪽으로 가고 있었다. 더구나 더욱 보람차고 충만한 인생행로가 어떤 것인지 모르는 것이 내 또 다른 문제였다. 나는 그런 행로를 직접 찾아보기 위해 종이 한쪽에는 내가 잘한다고 생각하는 것(능숙한 솜씨)을 머리에 떠오르는 대로 쓰고, 다른 한쪽에는 내가 하기 좋아하는 것(관심사 또는 가치 기준)을 생각나는 대로 죽 적어 놓고, 양쪽을 비교하면서 공통되는 부분을 찾아냈다. 그렇게 하면 의미 있는 활동을 찾아낼 수 있으리라 생각했기 때문이다. 이처럼 비교 검토를 해 보자 내가 사람들과 어울리기를 좋아하고(능숙한 솜씨), 사회 변두리로 밀려난 사람들이 성공하도록 돕는 일을 하고 싶어 한다는 것(관심사 또는 가치 기준)을 알게 되었다. 또한 나는 가족법 전공과 가족법 관련 활동이 나에게 올바른 진로가 될 것이라는 점을 분명하게 깨닫게 되었다. 그즈음에 나는 이미 로펌에 발을 들여놓고 있었지만 그런 로펌 대신에 학생들을 뒷받침할 수 있는 일자리를 찾기로 결심했다. 새로운 일자리를 찾기 위해 3년간 애를 쓴 끝에 나는 스탠퍼드 대학 임시직에 취업할 수 있었다. 스탠퍼드에서 잘할 수 있을 것이라고 생각하는 업무를 실제로 잘하는 것이 확인되면 나는 임시직에서 정규직으로 전환할 생각이었다. 그리고 나는 내 능력을 확인하고, 정규직으로 근무하게 되었다.

이런 과정을 겪으며 나는 내 자신의 열정, 즉 사람들이 인생의 진로를 찾도록 도와주는 일에서 열정을 찾고 이를 과감하게 받아들인 다음 그에 합당한 뜻 깊고 성취감을 느낄 수 있는 일자리를 찾았다. 이처럼 자신이 추구하는 열정의 대상은 취업이나 자원봉사 활동, 취미 활동을 하면서 찾을 수도 있다. 그렇다면 하루 중 이런 열정을 펼치는 데 시간을 얼마나 들이든 그런 열정의 대상을 찾아내기는 했는가? 그렇지 못하다면 이 문제를 곰곰이 생각해 볼 시간을 갖도록 한다. 내가 오래전에 한 것처럼 자신이 잘한다고 생각하는 것과 자신의 관심사와 값지게 생각하는 대상을 목록으로 만들어 비교하면서 이렇게 자문해 보기를 권한다. 즉, 나는 이 세상에서 어떤 사람이 되기를 바라는지(다른 사람의 삶 속에서 자신의 행태가 어떤 모습으로 비치기를 바라는지), 이 세상에서 어떤 일을 하고자 하는지(자신의 마음을 끄는 일의 종류와 수행방식)를 자신에게 물어본다. 그 밖에 지침이 될 만한 다른 문헌이나 자료로는 인생의 교훈을 전하는 여러 전문가들의 저술과 데이터, 연구 결과가 있다. 7권의 베스트셀러를 쓴 바버라 셔Barbara Sher의 『행복한 이기주의자를 위한 긍정 에너지I Could Do Anything If I Only Knew What It Was: How to Discover What You Really Want and How to Get It』부터 마이어스-브릭스 성격유형Myers-Briggs Type(www.myersbriggs.org)이나 '능력들Strengths'(www.gallupstrengthscenter.com)에서 얻을 수 있는 통찰, 그리고 ≪뉴욕 타임스≫ 베스트셀러 작가로서『삶으로 다시 떠오르기A New Earth: Awakening to Your Life's Purpose』를 포함해 여러 저서를 펴낸 에크하르트 톨레 같은 영적 지도자들의 예지에 이르기까지 다양한 자료를 활용할 수 있다. 부모의 열정과 목표는 절대적으로 자신이 원하는 것이어야지, '내 자녀'일 수 없다.

2. 아니라고 말하는 것을 배워야 한다. 부모 자신의 열정을 키우며 살고 싶으면 그런 열정에 맞지 않는 일들을 줄여야 하고, 그러기 위해서는 '아니다'라고 말하는 데 익숙해야 한다. 자녀를 과잉보호하는 부모들은 대부분 이리저리 쫓아다녀야 할 곳이 많다. 현장 학습이나 바자회, 교내 경매 행사, 학부모회, 자선 활동, 지역사회 모임, 사회적 의무, 운동경기 연습 참관, 카풀 등은 적어도 한 번 이상 참가해야 한다. 오해하지 마시기를. 이런 현장 활동은 물론 학교와 지역사회가 잘 운영되는 데 중요한 역할을 한다. 그러나 현장 활동에 필요 이상으로 참여하거나, 또 (다른 사람들에게 뒤지지 않겠다는) 그릇된 이유로 그런 활동에 적극 나서는 데 문제가 있다는 것이다. 캘리포니아 대학의 사회학자인 크리스틴 카터는 행복한 삶을 누리려면 우리에게 가장 중요한 5가지 일에 우리 시간의 95%를 내 줘야 한다고 밝혔다.

따라서 한 걸음 뒤로 물러서서 생각해 보자. 먼저, 열정과 목표를 현새의 삶의 방식에 비춰 본다. 삶의 방식과 맞는가? 맞지 않다면 어떤 변화가 필요한가? 그런 변화는 어떻게 추진해야 할까? 모든 것을 바꿔야 한다고 진심으로 느끼는 것인지, 아니면 다른 사람 대부분이 원하는 수준까지만 바꿔야 한다고 생각하는지 여부를 자신에게 물어 봐야 한다. 학부모회를 회사 이사회처럼 운용하거나, 또 순번에 따라 축구 게임을 벌이는 아이들의 간식을 마련하는 자리를 자신의 가치를 평가하는 투표장처럼 생각하려는 욕구도 이겨 낸다. 이런 활동을 하되, 더 중요한 다른 일을 할 수 있는 시간을 짜내기 위해 '완벽하게'가 아니라 어지간할 정도로만 할 수 있겠는가? 대단찮은 책무처럼 생각되는 일들은 경우에 따라 못 하겠다고 말할 수 있을까? 그러나 자기 대신에 아니라고 말해 줄 사람이 아무도 없다는 사실을 잊어서는 안 된다. 자녀 문제에 관한 일에서 한발 물러서 있고 싶다는 데 대해(또는 그렇게 용기 있게 말한 데 대해) 다른 사람들이 분개하더라도 자신을 옹호하는 입장을 굳게 지켜야 한다. 또 대개 학부모가 감당해야 한다고 인식되는 그런 일을 할 수 없는 이유를 설명해야 할 경우에는 짧은 응답으로 끝내는 것이 더 좋을 경우가 많다. 가령 이런 식이다. "미안하지만 설명할 수 없다"고 말하는 것이다. 종잡을 수 없고 사과하는 듯한 해명은 다른 사람들이 자신의 결정을 지레짐작하게 만들 수 있기 때문에 짤막한 답변이 효과적이다.

3. 자신의 건강을 무엇보다 먼저 생각한다. 사람이 몸과 마음의 건강을 지키지 못한다면 자녀와 사랑하는 사람들, 동료와 친구들에게 별다른 쓸모가 없게 된다. 마지막 신체검사를 받은 때가 언제인가? 건강에 도움이 되는 형태로 먹고 있는가, 몸에 알맞은 운동을 하고 있는가, 생활하면서 불건전한 중독을 끊고 있는가? 스트레스를 줄이는 대신, 명상과 요가를 하며 자아인식을 강화하는 방법을 찾아본다. 이런 생각을 하는 사람들이 있다. "아이가 출전하는 야구 시즌이 끝날 때까지, 그리고 대학 입학 문제가 해결될 때까지는 내가 필요하기 때문에 당장 운동을 시작할 수도, 명상법을 배울 수도, 나쁜 습관들을 끊어 버릴 수도 없어." 이런 사람들에게 나는 이렇게 권하고 싶다. 그런 식의 생각을 떨쳐 버리고 대신 우선순위를

두는 문제─아니면 최소한 우선순위 문제를 다루는 방법이라도─진지하게 고려하라고 말이다. 자신의 산소마스크는 본인부터 먼저 써야 한다는 정신에 비춰 본다면, 이 문제는 다른 모든 문제가 빈틈없이 맞아떨어진 뒤에야 처리할 것이 아니라 이 문제부터 처리해야만 다른 모든 문제도 제자리를 찾을 수 있다.

4. 가장 중요한 인간관계를 위해 짬을 내야 한다. 인간의 체험 문제를 지금까지 가장 오랜 기간에 걸쳐 탐구한 하버드 그랜트 스터디Harvard Grant Study를 주도한 하버드 정신의학자 조지 베일런트George Vaillant는 죽음 직전 상황에서 조사 연구 대상자들을 만나 본 결과, "인생에서 진정 중요한 의미가 있는 한 가지는 다른 사람과의 관계이고, 행복은 곧 사랑"이라는 점을 확인했다고 밝혔다. 사람들은 타인과의 관계에 충분히 관심을 기울이고 있는가? 사람을 만났을 때 서로 눈길을 맞추고, 서로 상대에게 관심을 기울이고 있음을 알게 하며, 하루가 끝나갈 즈음에 (자녀에 국한되지 않은 문제로) 대화를 나누고 상대의 이야기에 귀 기울일 시간을 갖는가? 친밀감을 충분히 느끼는가?

　베일런트가 말하는 사랑이 꼭 낭만적인 사랑일 필요는 없다. 사람은 친구나 이웃, 아이나 다른 친척과도 사랑을 주고받을 수 있다. 베일런트는 "감정이입의 관계를 유지할 수 있는 능력"이 중요하다고 지적한다. 다른 사람들과 감정이입의 관계를 유지하는 것은 자신에게 만족감을 안겨 주고, 주변 사람들 대부분이 중요한 일에 함께 관심을 집중하도록 하는 데도 도움이 된다.

5. 돈 문제에 관한 생각을 자문해 본다. 먼저, 자신이 우리 주변에 많지

않은 부자 축에 드는 사람이라면 돈을 가장 중요시하는지 여부를 자신에게 물어본다. 만약 그렇다면 그건 자신의 선택이니 문제될 것이 없다. 그러나 자녀가 다른 가치 기준에 따라 살고자 한다면 그것도 허용해야 한다. 또한 돈을 다른 무엇보다도 중요시하는 사고방식은 과잉육아를 하는 한 원인이 될 수 있다. 이런 사람들은 자녀도 고소득층에 올라서도록 도우려 할 것이기 때문이다. 특히 자녀가 돈을 벌 수 있는 확실한 길을 좇도록 부모가 밀어붙일 때, 과잉육아가 자녀에게 얼마나 나쁜 영향을 미치는지 잊지 말아야 한다. 훗날 자산을 비교하며 만족해하는 생활방식보다 자녀의 인생이 더 중요하다.

그다음, 우리 주변의 많은 사람들처럼 부자가 아니라면 재정 형편을 진지하게 고려해야 한다. 이런저런 걱정이 많은가? 가령 '우리 아이가 이런 경제상황에서 어떻게 먹고 살까? 아이들이 SAT 최상위권 점수를 받고, 그 점수로 장학금을 받아야 하는데, 그렇게 하지 못한다면 우리가 학비를 어떻게 감당해야 할까? 다른 사람들에게 뒤떨어지는 것이 두려워 개인지도와 사립학교 학비, 여름 캠프 비용 등을 감당하기 위해 필사적으로 경쟁하면서 안간힘을 다하고 있는가?'와 같은 걱정을 하는가? 이런 두려움은 자녀가 사회에서 성공을 거두는 데 별다른 도움이 되지 않을 것이다. 따라서 첫째, 자신에게 의미 있는 일을 찾고, 둘째, 수입 범위 안에서 생활하며, 셋째, 은퇴자금 마련에 신경을 쓰는 등 재정상의 산소마스크를 본인이 먼저 쓴다. 자신의 재정 형편을 들여다보는 것이 두려울 수도 있지만 결국 스트레스의 정도와 두려움을 줄이는 또 다른 효과를 볼 수 있다. 또한 돈 문제를 잘 처리할 수 있게 되면 그것이 본보기가 되어 자녀가 더 잘 살 수 있는 방법을 깨우치게 될 것이다. 자녀의 학자금 상당액을 지원받을 수 있는 자격을 갖추지 못했다면(이에 해당하는지 여부를 함부로 추정해서는 안 된다) 자녀는 학비가 적당한 대학에서도 훌륭한 교육을 받을 수 있다. 학비가 비싸지 않은 주립대학이나 시립대학은 학교의 위세가 대단하지는 않아도 학생들이 뛰어나고 교수진도 훌륭하다. 자녀는 앞날이 창창한 만큼 어느 대학에서나 잘할 것이다. 또한 부모가 모든 일을 잘 처리한다면 아이들은 부모보다 더 잘할 것이다.

6. 친절을 베풀고 고마움을 표현한다. 아니라고 말하는 법을 배우는 것은 매우 중요한데, 왜냐하면 우리가 원하는 대로 살고 싶다면 다른 사람들이 우리에게 요구하는 일을 모두 감당할 수는 없기 때문이다. 그러나 사람들이 언제나 할 수 있는 것—비용을 전혀 안 들이고 시간을 거의 허비하지 않으면서 다른 사람뿐만 아니라 자신에게도 이득이 되는 것—은 다름 아닌 친절을 베풀고 고마움을 표현하는 것이다. 알고 있는 사람에게는 물론, 낯선 사람들에게도 친절을 베푼다. 교통 체증이 심할 때 다른 차의 끼어들기를 허용하거나, 다른 사람을 위해 문을 열어 주거나 아니면 열린 문을 붙잡아 준 사람에게 고마움을 표시하는 것도 좋은 일이다. 계산대 직원이나 바리스타에게 웃으면서 하루 일이 어땠는지 한번 물어보거나, 도움이 필요한 다른 사람—열쇠를 떨어뜨렸거나 종이가방이 찢어졌거나 짐이 너무 많아 자기 집 문을 열지 못하는 사람 등—에게 도움을 준다. 도움의 손길이 필요한 사람을 위해 정기적으로 자원봉사 활동을 하는 등의 큰 친절도 베푼다.

　친절은 '베푸는' 것이지만 고마움은 자신에게 '베풀어진' 친절을 인정하는 것이다. 낯선 사람이건 아는 사람이건 관계없이, 요리사에게 고마움을 표시하고, 수위나 가게 직원, 간호사, 동료, 자녀에게도 고맙다는 뜻을 밝힌다. 누군가가 자신의 하루를 한층 밝고, 아름답고, 수월하거나 덜 힘들게 만들어 주었을 때는 그 사람을 바라보며 고맙다고 말한다. 그때 상대방의 행동을 구체적으로 밝히면서 말한다. 그런 표현은 상대에게 자신이 존중받는다고 느끼게 해 줄 뿐만 아니라 말하는 자신도 더 즐거워진다.

친절함과 고마움은 단순하게 보여서, 즉 너무 단순한 나머지, 보일 듯 말 듯 하찮게 비쳐 그냥 무시해 버리기 쉽다. 그러나 이런 일은 무시해 버려도 좋을 만한 것도 아닐뿐더러 자신의 건강한 삶을 위해서 꼭 필요하다. 크리스틴 카터는 책『아이의 행복 키우기: 행복한 아이로 키우는 10단계 양육법Raising Happiness: 10 Simple Steps for More Joyful Kids and Happier Parents』에서 다른 사람을 돕는 행위가 건강에 미치는 긍정적인 영향을 다룬 수많은 연구 결과를 소개하면서 이렇게 결론지었다. 즉 다른 사람들에게 친절하고 도움을 주는 사람은 통증과 고통을 덜 느끼고, 불안감과 우울증에 덜 시달리면서 건강하게 오래 산다는 것이다. 카터는 또 다른 책『스위트 스폿』에서 캘리포니아 대학의 그레이터 굿 사이언스 센터(개인의 행복과 사회적 유대 강화, 이타적 행위 등에 대한 과학적 이해를 촉진시키기 위한 연구 조직—옮긴이)의 연구 성과를 소개했다. 이 연구 결과에 따르면, 감사하는 마음을 갖게 한 일들을 단 2주 정도만이라도 날마다 적은 사람은 스트레스에서 벗어나는 힘이 더 강해지고, 일상생활에 대한 만족도가 커질 뿐만 아니라 두통과 울혈, 복통, 기침, 목이 붓는 일도 줄어드는 것으로 나타났다고 한다. 오랜 세월 동안 다른 사람들에게 친절을 베풀고 고마움을 느끼게 만드는 일에 주목하면서 그에 관해 이야기를 한다면 인생의 행복감이 더욱 커지고 건강도 좋아질 것이다. 그렇게 된다면 전보다 더 나은 부모 노릇도 하게 될 것이다.

자녀는 슈퍼맨이 아니라 인간다운 모습의 부모를 원한다

12장에서 소개한 퀸이라는 여성을 기억하는가? 슈퍼맘이 되겠다고 안간힘을 다했던 실리콘밸리의 학부모다. 그는 절친한 친구한테서, 비참해 보이는 데다 다른 사람들까지 서글프게 만들고 있다는 말을 듣고 정신과를 찾아 진료를 받은 결과, 불안감에 휩싸여 있고 우울증에 빠져 있다는 진단 결과를 들었다. 퀸은 자녀와 남편, 친구들이 모두 점점 더 성공적인 삶을 누리는 것처럼 비치는 점이 자신의 정신건강을 부실하게 만든 요인이라고 생각했는데, 의사도 퀸과 같은 판단이어서 약을 처방해 주었다. 퀸은 렉사프로Lexapro라는 약을 처방받고, 또 불안감과 우울증 치료제를 처방받아 효과를 많이 본 여성 환자 모임에 참여하기로 했다.

그러나 퀸이 약만큼이나 중요시한 것은, 약 복용으로 일단 불안감과 우울증의 심한 증세를 가라앉힌 뒤에 곧바로 찾아온 생활의 변화였다. "저는 그제야 주변에서 벌어지는 일들을 좀 더 냉정하게 바라보기 시작했고, 어머니들 사이에서 벌이는 경쟁적 게임에서 물러서기로 결심했어요. 학부모회에도 나가지 않았어요. 저는 한 걸음 뒤로 물러선 채 모든 일에 무조건 따르는 것이 아니라 안 되는 것은 안 된다고 분명하게 말하기 시작했습니다. 제 자신이 슈퍼맘임을 입증하려는 안간힘도 포기했죠. 아이들이 자신의 일을 스스로 하게 하면서 실수를 저지르고 그것을 수습하려고 안간힘을 쓰도록 내버려 두었어요. 이런 과정을 통해 저는 전보다 생활에 더 만족하게 되었어요. 저는 여러 책을 펼쳐 놓고 아이들이 선택해 읽게 하는 우리 집 북페어bookfair를 더 이상 하지 않았는데도 아이들은 별다른 관심도 없이 씩 웃을 뿐이었어요. 제가 아이들을 풀어놓고 자신의 일을 스스로 알아서 하도록 만들면서 아이들에게 한결 가까이 다가선 느낌이에요. 제 생각에 이런 변화를 눈치 챈 아이는 (현재 대학 2학년인) 맏이뿐이었어요. 제가 스트레스를 굉장히 받으면서도 일을 많이 떠맡고 있을 때에는 맏이의 일을 제가 몽땅 감당한 것 같아요. 이제는 남편과 많은 시간을 함께 보내기 위해 가사 도우미를 고용하기도 해요. 더없이 즐겁죠. 저는 이제 마음이 평화롭답니다."

그리고 로스앤젤레스에 사는 전 과목 A를 받은 우등생 레이첼도 기억할 것이다. 대학에서도 4.0의 학점을 유지하던 레이첼은 날마다 알코올과 약에 의존하다가 나중에 자살까지 기도하지 않았던가. 이런 끔찍한 일을 겪은 뒤 삶이 크게 긍정적으로 바뀐 사람은 레이첼뿐만이 아니었다. 가족 모두가 수혜자였다. 즉 레이첼의 어머니도 인생을 살아가는 방식을 다시 생각하게 되었다.

레이첼은 다음과 같이 말했다. "제 어머니는 고정관념에 사로잡힌 신경 과민 증세가 심한 유대인 어머니였어요. 제 마음을 사로잡은 것은 제가 바뀌고 제 삶이 다른 모습으로 전환되기 시작하면서 어머니도 바뀌기 시작했다는 사실이에요. 어머니는 모든 것을 좌지우지하는 타입이었어요. 그렇다고 나쁜 의도로 그러는 것은 아니었어요. 모든 문제에 일일이 신경을 쓰는 식으로 사랑하는 감정을 드러냈죠. 그러던 어머니가 저보다 더 많이 변했어요. 제 동생들한테는 모든 일에 더 이상 일일이 개입하지 않았어요. 이제는 다른 부모들에게 아이들을 그대로 내버려 두는 방법을 가르쳐 주고 있어요."

그 뒤 레이첼의 어머니 레아와도 이야기를 나눴다. 주로 딸의 중독 증세를 알고 난 뒤 마음가짐이 어떻게 바뀌었는지, 비슷한 어려움을 겪고 있는 다른 부모들에게 어떤 이야기를 해 주는지 물었다. 레아는 남편과 함께 베이트 추바의 책임자인 해리엇 로세토의 사무실을 처음 찾았을 때 중요한 교훈을 얻었다고 다른 부모들에게 말했다. 큼지막한 책상 너머에 무서운 표정으로 떡하니 앉아 있던 로세토는 레아 부부에게 가장 중요한 것이 무엇이냐고 물었다. 레아는 레이첼이 행복해지기를 바랄 뿐이라고 대답했다. 그러자 로세토는 속을 캐 보려는 듯한 눈길로 레아를 바라보면서 이렇게 충고했다. "자녀가 행복해지기를 바랄 뿐이라고 말하는 것은 자녀에게 엄청난 압박감을 줍니다. 자녀는 자신이 행복하지 않다면 실패한 것으로 생각합니다. 불행한 시간도 괜찮다는 것을 우리 자녀들이 알아야 합니다. 자신의 참된 모습을 만들어 가는 힘겨운 싸움인 셈이기 때문입니다."

　로세토는 자녀의 행복을 목표로 삼는 것은 자녀와 부모에게 다 같이 부정적인 영향을 미치는 이중의 부담이 된다고 충고한다. 그는 이렇게 강조한다. "가족 제도 전체가 바뀌어야 합니다. 자녀는 쾌락을 좇는 데 중독되고, 부모는 자녀의 선택과 행태를 좌지우지하면서 완벽한 인간을 만드는 데 중독되고 있으니, 양쪽의 이런 감성이 조화로워질 리가 없습니다. 가령 자녀가 즐거운 나날을 보내면 부모는 행복하지만 그런 나날을 보내지 못하면 부모는 절망감에 빠집니다. 양자 간의 이런 연결고리를 끊어 버리는 것이 우리의 가족 문제 프로그램에서 좇는 목표입니다. 부모의 안녕은 자녀가 즐거운 하루를 보내느냐 여부에 좌우될 수 없습니다."

　레아는 로세토의 이런 조언과 지혜를 다른 부모에게 전해 주기도 하고, 아직 함께 살고 있는 두 어린 자녀의 양육에도 그대로 활용하고 있다. 그는 이와 관련해 다음과 같이 말한다. "가끔씩 우리는 트라우마라고 생각하는 일들을 자녀들이 겪지 않게 해 줌으로써 자녀가 손쉽게 생활하도록 해 주지만 사실 그런 트라우마가 별로 나쁜 것도 아니에요. 또 아이들이 어떤 문제를 놓고 마음 졸이면서 풀어 나갈 방법을 찾도록 두지 않고 아이들 대신 문제를 해결해 주는 일이 많아요. 아이들이 집 주위에서 소리를 지르면 '아이가 나에게 화가 났구나' 하는 생각이 들고, 무슨 방법을 찾아야겠다는 유혹이 생기죠. 그러나 이제는 아이들이 슬프거나 화를 내도 그냥 봐 넘길 뿐, 달랠 필요가 없다고 생각한답니다."

레아는 로세토가 자신과 자녀의 정체성을 떼어 놓는 일이 중요하다고 지적한 점이 인상 깊었다. 그 때문에 레아는 다른 부모들에게 "자신을 위한 일에 시간을 쓰라"고 역설한다. "내 행복은 자녀의 행복과는 전혀 별개이다." 이것이 가장 바람직한 일이다.

22장
원하는 모습대로 부모 되기

우리는 다른 사람들이 하는 것을 보기 위해 기다릴 필요가 없다.

—마하트마 간디

마하트마 간디Mahatma Gandhi의 유명한 말 중에는 "이 세상에서 보고자 하는 변화가 되라"라는 간결한 말이 있다. 하지만 여기에는 사실 다음과 같이 더 철학적이고 실용적인 의미가 담겨 있다. "우리가 자신을 바꿀 수 있다면 이 세상의 흐름들도 바뀔 것이다. 한 사람이 자신의 성격을 바꾸면 그를 향한 이 세상의 태도도 달라질 것이다.…… 우리는 다른 사람이 하는 것을 보기 위해 기다릴 필요가 없다."

자녀 양육 방식을 바꾸는 것이 사회 전반의 변화를 기다릴 필요 없이 그저 이 책에서 제시한 여러 가지 방법을 받아들이고, 그에 따라 자녀를 키우는 방법을 바꾸는 것처럼 간단하다면 어떨까? 또 다음과 같은 원칙을 좇아 방향을 전환하면 어떨까?

1. 이 세상은 우리가 부지불식간에 믿게 된 것보다 훨씬 더 안전하며, 따라서 우리 자녀는 이 세상으로부터 보호를 받기보다는 그 속에서 성공할 수 있는 방법을 배워야 한다.
2. 점검표와 일정표대로 움직인 어린 시절은 성공을 편협하게 정의 내

리게끔 만들고, 이는 어린이들의 정상적인 발전 기회를 빼앗으며, 심리적 피해로 이어질 수 있다.

3. 어린이는 관심 끄는 일을 파고들고, 스스로 생각하고 행동하며, 시도하다 실패하더라도 다시 시도하며, 또 노력하고 노력해서 터득하는 방식으로 배우고 성장하고 마침내 성공한다.

4. 부모가 자녀 주위를 맴돌면서 순간순간마다 자녀의 일과를 돕는 일을 하지 않는다면 가정생활은 모두에게 한결 풍성하고 보람 있을 것이다.

사람들은 대부분 이런 원칙과 믿음을 좇는 생활이 어떠할지를 상상할 수 있을 것이다. 또한 가족의 일상생활이 그렇게 바뀌고, 새롭게 생활할 수만 있다면 숨통이 크게 트일 수 있겠다는 것을 실감할 수 있을 것이다. 그러나 이렇게 바뀌는 것이 심리적인 측면에서 그렇게 간단한 일은 아니다. 미국 전역 어디에서나 과잉보호라는 자녀 양육 방식은, 사람들이 따라가고 싶을 정도로 인기 있는 아이나, 아니면 해코지나 조롱 또는 따돌림을 당할 것이 두려워 감히 맞서지 못하는 악당 같은 대상이다. 저술가이자 사회학자인 크리스틴 카터 박사는 자녀 양육 방식을 다르게 하고 싶은 사람들도 '무리에서 벗어나는' 두려움을 떨쳐 버리지 못할 수 있다고 지적한다. 그는 『스위트 스폿』에서 어떤 사람이 다른 사람들이 보기에 현 상태의 유지를 위협하거나 위험스럽게 하려는 것처럼 비치거나, 아니면 그들의 가치관에 비춰 볼 때 그냥 어리석게만 비치기 십상인 행동을 하려 한다면 '특별한 용기를 발휘해야' 한다고 말했다. 사실 집과 동네, 자녀가 다니는 학교, 또는 취업해서 활동하는 업계에서, 처음으로 대세를 거슬러 무리에서 벗어나 자녀의 과잉육아를 중단하겠다고 나서려면 간디 식의 대단한 신념과 불굴의 용기가 필요할 법하다. 그렇다면 과연 누가 앞장서는 용기를 발휘할 수 있을까?

다른 사람들과 맞서기: 복잡한 상황에 대처하는 간단한 해답

건강한 삶이란 지역사회에서 다른 사람들과 어우러져 함께 생활하는 것이다. 그런데 지역사회의 일반적인 양육 방식과 다른 방식을 선택하면서도 다른 사람들과 어우러질 수 있을까? 만약 자신이 (독단적인 아닌) 권위적인 부모로서 자녀를 자립심이 강한 젊은이로 키우고자 한다면 언행을 단호하게 하되, 정황을 두루 감안해야 한다. 그러나 다른 부모들의 행태에 대해서는 심리적인 측면에서 분명하게 '아웃'시킬 수 있어야 한다. 자신의 언행은 상대하는 아이들의 연령, 맞닥뜨린 상황, 소신을 밝힐 용의에 따라 달라질 수 있다. 아래의 예문들은 새로운 상황을 포함한 여러 정황에서 알맞게 의견을 밝히는 데 도움이 될 수 있다.

1. 부모가 어떤 판정을 내릴 때. 아이들이 장난감이나 차례 지키기를 놓고 다툴 때는 끼어들지 않는다. 다른 부모가 끼어들려고 다가온다면 점잖지만 단호한 어조로 이렇게 말한다. "제가 구식인지 모르겠으나 아이들이 스스로 다툼을 해결하도록 내버려 두는 것이 더 좋을 것 같습니다. 뒤로 물러서서 지켜보는 것이 힘든 줄 잘 알지만 이런 일로 아이들이 깨우치는 것이 많으리라 봅니다."

2. 부모가 아이들을 차에 태워 가려 할 때. 다른 부모가 자신의 아이를 어느 곳인가로 태워 주려 하지만 자신은 아이가 걸어가거나 자전거를 타고

가거나, 아니면 대중교통 수단을 이용하게 하고 싶을 때는 (점잖지만 명확한 어조로) 이렇게 말한다. "고맙지만 괜찮습니다. 저 아이가 혼자 가게 내버려 두었으면 합니다. 저 아이가 길도 잘 알 거라고 믿고, 저 아이가 자립심을 키울 수 있게 돕고 싶습니다."

3. 자녀가 잊고 온 것을 부모가 가져다줄 때. 자녀가 깜빡하고 가져오지 않은 가방이나 과제물 등을 학교에 가서 찾아와야 한다고 불평하는 학부모의 이야기를 들었을 때는 점잖지만 솔직하게 의견을 밝힌다. 생각이 다르다는 점을 웃으면서 이렇게 표현한다. "저 같으면 아이가 가서 직접 찾아오게 만들겠습니다. 그렇게 하지 않으면 다음번에 잊고 왔을 때도 누가 가져다줄 거라고 생각할 겁니다."

4. 부모가 자녀의 조수처럼 움직일 때. 주변 친구들에게 자신이 자녀의 온갖 일을 대신 해 주는 구실을 중단했음을 알린다. 자녀가 스스로 감당할 수 있는 나이가 되면 자기 일을 직접 하게 하고, 세탁이나 청소도 거들도록 하는 것이다. 가령 이런 식으로 표현한다. "물론 내가 하면 더 빨리, 더 잘할 수 있지만 아이가 이런 일을 직접 하는 법을 배워야 해. 나는 대학에 들어간 자녀의 온갖 잡일도 대신 처리해 주는 그런 부모가 될 생각이 없어!"

다른 방법을 활용할 수도 있다. 즉 친구들과 산책하거나 커피나 칵테일을 즐기거나 아니면 독서회 모임이나 골프장, 학부모회에서 만나 이야기를 나눌 때 자녀가 하찮은 일로 문자를 보내거나 전화를 걸면 주변 사람들이 들을 수 있을 정도로 이렇게 말한다. "얘야 안됐구나. 그래, 그 문제를 어떻게 해결할 생각이지?"

5. 부모가 자녀의 숙제를 대신 해 줄 때. 자녀가 유치원부터 고교 졸업반까지 어느 학년이든, 교사와 의견을 교환할 수 있는 '백 투 스쿨 나이트 Back to School Night(새학년 초에 학생과 부모가 학교에 와서 학교도 둘러보고 선생님과 만나 이야기를 나누는 자리를 말한다—옮긴이)'에서 이런 질문을 던진다. 자녀의 학교 숙제에 부모가 끼어드는 문제에 대해서 교사로서 어떤 방침을 가지고 있는가? 수학, 에세이, 학교 프로젝트 등의 문제가 나올 때 부모의 관여 한계를 어디까지, 또 어떻게 그을 수 있는지 우리가 납득할 수 있게끔 도와줄 수 있는가? 학과목마다 이런 식으로 따지고 들면 찍히는 학부모가 되기 쉽다. 그러나 이런 것을 알 수 있게 하기 위해 누군가가 나서야 하는데, 그 역할이 자신에게 떨어질 수 있다.

부모가 문제를 풀거나, 아이디어를 내거나, 에세이를 대신 써 주는 식으로 숙제를 도와주기를 바라는 자녀에게는 이렇게 말하는 것이 좋다. "나도 전에 4학년, 6학년, 8학년으로 학년이 올라갔지. 이제 네 차례구나." 또 주변 친구들에게는 '숙제 문제'를 처리한 방식을 이런 식으로 알려 준다. "숙제를 대신 해 줄 수는 있지만 그러다 보면 계속 그렇게 해 줘야 해. 나는 아이들이 내가 없으면 숙제를 할 수 없다는 식으로 생각하게 만들고 싶지 않아."

6. 부모가 온갖 허드렛일을 다 해 줄 때. 허드렛일을 스스로 삼냥하게 하는 것이 중요하다는 점을 널리 알린다. 숙제와 교과 외 활동이 부담이 된다고 해서 집안의 허드렛일을 못 하게 해서는 안 된다는 점을 다른 사람들에게 알려야 한다. 허드렛일을 해 보지 않으면 달갑잖은 일을 함께 힘을 합쳐 열심히 하는 방법을 배울 기회가 없다. 자녀가 허드렛일을 어떻게 돕고 있는지를 다른 사람들에게 전한다. 주변 사람들에게서 아이들에게 허

드렛일을 시키는 요령 같은 것도 듣는다.

또한 학부모회나 스카우트 활동, 또는 학부모나 자녀들과 연관된 다른 모임들에 참석했을 때는 이런 발언을 아끼지 않는다. 우리가 이 업무나 활동, 행사, 프로젝트와 관련해 아이들에게 더 큰 책임감을 느끼도록 하려면 어떻게 해야 할까요? 저는 학부모들이 모든 일을 다 하는 동안에 아이들이 그냥 멀뚱하게 서 있도록 만들고 싶지 않습니다.

7. 부모가 자녀의 인생행로를 설정할 때. 사교 모임에서 자녀에 관한 문제를 놓고 서로 의견을 나누는 정황을 상상해 보자. 가령 이런 질문을 받을 수 있다. 자녀가 어디에 관심이 많은지, 아니면 어떤 분야를 공부하거나 나중에 취업 진로를 어떻게 잡고자 하는지 등의 질문을 받는다면 유쾌한 목소리로 이렇게 대답한다. "전 정말 모르겠어요. 전적으로 아이에게 달린 문제죠." 또는 "아이가 무엇을 잘할 수 있고, 무엇을 좋아하는지를 곰곰이 헤아려서 그런 능력과 관심사를 최대한 활용하기를 바랄 뿐입니다." 아니면, "아이는 하이킹, 그림, 독서, 퍼즐, 수치를 좋아하는데, 저로서는 아이가 그런 관심을 어떻게 키워 나갈지 알 수 없으나 그런 관심 영역과 능력을 계발하고자 한다면 아이를 뒷받침해 줄 생각입니다."

다른 사람이 "대학에 진학하기 위해" 자녀가 특정한 활동을 특정한 수준까지 "해야 한다"고 말한다면 미소를 짓거나 한숨을 쉬면서 이렇게 말한다. "우리는 몇몇 대학이 원하는 것이 무엇인지를 예측하고 대비하려는 노력을 중단하고 그냥 우리의 삶을 누리기 시작했는데, 생활이 전보다 훨씬 만족스러워졌습니다." 이런 때 모두가 놀란 표정으로 입을 딱 벌릴 것이라는 점을 예상해야 한다. 그래도 활짝 웃으면서 "농담이 아닙니다!"라고 말해야 한다.

8. 대학을 바라보는 부모의 사고방식이 편협(때로 매우 편협)할 때. '다른 사람들이 그 이름조차 잘 모르는' 괜찮은 대학 5군데를 여러 사람이 모두 외운 뒤 친구나 동료들과 일부러 그런 대학들을 화제로 삼아 대화를 나누다 보면 우리 주변은 물론, 자신의 마음속에서도 이들 대학에 대한 인식이 조금씩 바뀌기 시작할 것이라는 내 이야기가 농담처럼 들리는가? 그러나 농담이 아니다. 나는 이런 것을 한번 시도해 볼 만하다고 생각한다. 우선 대학위원회의 '빅 퓨처Big Future' 웹사이트에 들어가 대화식 탐색이 가능한 툴을 활용한다. '삶을 바꾸는 대학들'도 살펴본다. 알럼니 팩터 리스트에서는 졸업생들이 재정적인 성공과 행복, 또는 지적인 성장과 우정이라는 '궁극적 성과'를 이뤄 낸 대학들을 살펴볼 수 있다. 이런 리스트를 통해 정말 훌륭한 대학을 5~10군데 정도씩 찾아낼 수 있을 것이다. 그러면 (어쩌면 자신을 포함해) '모두'가 자녀를 '보내야' 한다고 생각하는 그런 대학 대신에 이런 대학으로 진학시키는 문제를 곰곰이 생각해 보기 시작할 것이다. 주변의 친구들에게도 이렇게 말한다. "딸이 칼튼이나 휘트먼, 또는 시티 칼리지 지원을 고려한다면 난 아무런 이의 없이 받아들일 거야." 그리고 그런 판단을 내리게 된 이유를 한 가지쯤 설명해 준다.

주의할 점: 그렇다고 자녀가 아무런 대학이나 들어가도 좋다는 말은 아니다. 대학 선택은 자녀의 몫이라는 점을 잊지 말아야 한다. 마음의 문을 활짝 여는 것이 중요하다. 생각을 바꿔 치열한 입학 경쟁과 낮은 합격률로 지원자들에게 큰 고통을 주는, 그런 과정을 거치지 않는 대학들도 부모가 찬성한다는 점을 자녀에게 알려 준다. 또한 대학 지원 과정에서 (우리 같은) 1인칭 복수를 사용하는 버릇을 버려야 한다! 우리가 지원을 하는 것도, 우리가 대학에 진학하는 것도 아니란 점을 잊어서는 안 된다.

끝으로 일부 대학에 지원해서 합격할 가능성이 매우 낮은데도 이를 무룹쓰고 온갖 스트레스에 시달릴 만한 가치가 있느냐고 솔직하게 의견을 밝힌다. 친구들과 이런 문제로 대화할 때는 웃으면서 이렇게 말한다. "경쟁률이 가장 높은 대학들은 자격을 갖춘 지원자를 수천 명씩이나 불합격시켜. 그것이 현실이야. 훌륭한 교육을 받을 수 있는 대학은 그런 대학 말고도 굉장히 많아. 그런데 굳이 그런 대학에 들어가기 위해 온갖 스트레스를 받을 필요는 없다고 봐." 그리고 이런 이야기를 자녀들이 들을 필요가 있다. 따라서 자녀 앞에서 이런 이야기를 자주 할 필요가 있다.

9. 부모가 자녀들의 이야기에 귀를 기울이지 않을 때. 자녀들은 어떤 성과나 결과가 나올 때마다 부모가 스트레스 받는 걸 달가워하지 않는다. 아이들은 있는 모습 그대로 사랑을 받고자 한다. 또한 잘하는 일에는 격려를 더 많이 받고 싶어 한다. 이들은 무슨 일이건 스스로 하고 싶어 한다. 친구들과 만나면 자신이 이런 이야기를 할 수 있는 사람인지 한번 생각해 본다. 우리 아이는 자신의 활동, 고교 때의 학업, 대학 지원, 대학 선택 문제 등에서 부모가 뒤로 빠지기를 바란다. 그래서 그렇게 하고 있다. 그렇게 하다 보니 양쪽이 다 같이 편하고 좋다. 부모 입장에서 이런저런 기대를 갖고 바람직한 가치관을 심어 주고자 애쓰지만 나머지 일은 아이들의 몫으로 스스로 감당해야 한다.

아마도 친구들 중 한 사람쯤은 이렇게 반문할 법하다. "그건 위험부담이 큰 것 아닌가?" 그러나 "그렇게 생각하다니, 정말 멋지다"라고 말하는 부모도 한 사람쯤 있으리란 것도 기억해야 한다. 물론 그렇게 말하는 사람도 흔쾌한 기분은 아닐 것이라는 생각이 든다.

비슷한 생각을 하는 사람들끼리 동아리를 만들어 본다

독자나 나처럼 이제 더 이상은 안 된다는 말을 할 때가 되었다고 생각하는 학부모들이 곳곳에 있기 마련이다. 지금은 이런 사람들이 소수일 것이다. 그러나 그릇되게 생각하는 자녀 양육 방식을 그대로 따라서는 안 된다. 용기를 내서 지금까지와 다른 양육 방식을 선택해야 한다. 이럴 때 여러 사람이 함께 힘을 합치면 옳다고 생각하는 일을 실천에 옮기고 바라는 대로 부모 노릇을 할 용기를 끌어모을 수 있다.

1. 자신의 배우자를 동참시킨다. 다른 사람들과 함께 자녀를 키우고 있다면 건강하고 자립심이 있는 젊은이로 키우는 방법을 놓고 대화한다. 가령 주말마다 자녀의 미식축구 경기를 보기 위해 사이드라인 코앞에 앉아 있는 일을 멈추거나, 다른 자녀들이 공부하는 것을 그대로 따라하기를 강요하지 않거나, 또는 대학 지원 과정에서 '전문가'를 고용해 도움을 받는 일을 중단할 때는 배우자가 자신과 동조해서 다른 사람들의 관행적 행태에서 벗어나는 데 동참하게 될 것이다. 자신의 이런 행동을 뒤에서 수군거리거나 손가락질할 때 자신에게 우군이 있다는 것은 큰 도움이 된다.

2. 생각이 같은 부모를 찾는다. 다른 사람들의 사고방식을 바꿔 놓겠다고 생각할 필요는 없다. 그 대신 자녀 양육 방식이 비슷한 사람들과 함께하려고 노력해야 한다. 따라서 자녀를 올바른 방식으로 키운다고 생각되는 사람들을 찾아본다.

이 같은 노력으로 이미 알고 있는 사람들에 한정되지 않게끔 모임을 계속 확대한다. 만약 자신이 과잉보호를 중단하고 자립심이 강한 젊은이로 자녀를 양육하는 방법을 놓고 모임에서 대화를 시작했다는 사실을 페이스북, 카페, 블로그 등에 글을 올린다면 비슷한 생각을 가진 사람들이 곧바로 동조하고 나설 것이 분명하다. 만약 자신이 앞장서는 타입이 아니라면, 자녀 양육 문제에 관한 이야기를 나누고 싶다는 뜻을 분명하게 밝히면 이를 주도할 사람이 분명 나타날 것이다. 변화가 필요하다면 자신부터 변해야 한다. 그러나 나서는 사람이 자신뿐일 것이라고 걱정할 필요는 없다.

3. 지도적인 인사들과 제휴한다. 웹이나 트위터, 페이스북을 활용해 이 책에서 제기한 여러 주제를 주도하는 전문가들과 연계하는 방법을 찾아본다.

- 자녀에게 더 많은 자유와 독립적인 판단 및 활동을 부여해야 한다는 문제와 관련해서는 리노어 스케너지(블로거이자 저술가, 칼럼니스트로 활동하는 미국 주부로, 9살짜리 아들이 뉴욕 시 지하철을 타고 혼자 집에 돌아오게 한 것으로 큰 논란을 불러일으켰고, 헬리콥터 부모의 자녀 양육 방식과 대비되는 프리-레인지Free-Range 운동의 주창자로 널리 알려져 있다—옮긴이)의 글과 활동을 참고한다(www.freerangekids.com; @freerangekids; FB: Free Range Kids).
- 자녀의 생활에서 놀이와 모험의 중요성을 인식한다는 문제와 관련해서는 마이크 란자의 글과 활동(www.playborhood.com; @playborhood; FB: Playborhood)과 기버 털리Gever Tulley의 글과 활동(www.tinkeringschool.com; @Gever; FB: Gever Tulley)을 참고한다.
- 자녀가 학업을 스스로 감당하는 문제와 관련해서는 제시카 레히(교사이자 저술가로 자녀 교육에 관한 글을 《뉴욕 타임스》와 《애틀랜틱》에 기고하는 칼럼니스트—옮긴이)의 글과 활동(www.jessicalahey.com, @

jesslahey, FB: Jessica Lahey)을 참고한다.

- 학교와 집에서 학업 때문에 받는 스트레스를 줄이는 문제는 챌린지 석세스의 글과 활동(www.challengesuccess.org; @chalsuccess; FB: Challenge Success)을 참고한다.
- 심리적인 측면에서 건실하게 자녀를 키우는 문제는 매들린 레빈의 글과 활동(www.madelinelevine.com), 웬디 모젤의 글과 활동(www.wendymogel.com; @drwendymogel)을 참고한다.
- 자녀에게 동기부여를 하는 방법은 댄 핑크Dan Pink의 글과 활동(www.danpink.com; @DanielPink; FB: Daniel Pink)을 참고한다.
- 자녀들의 생활에 만족감을 더해 주는 문제는 크리스틴 카터(www.christinecarter.com; @RaisingHappiness; FB: Christine Carter)와 바버라 프레더릭슨(www.positivityratio.com) 같은 긍정심리학 분야의 지도적 학자들의 글과 활동을 참고한다.
- 자녀가 자신이 취약하고 온전하지 못하다는 것을 받아들이되, 회복력을 강화하는 문제는 브레네 브라운(@BreneBrown; FB: Brené Brown)의 글과 활동을 참고한다.

4. 이 책의 저자인 나의 활동에 참여한다. 내 블로그(www.deanjulie.com)를 방문해 자신의 이야기와 의견을 공유한다. 페이스북(www.facebook.com/How To Raise An Adult)이나 트위터(@raiseanadult)를 통해 공유해도 좋다. 이 책의 내용을 친구들에게 두루 전하거나 자신의 독서모임에서 이 책을 소개한다.

현실성 확인

과잉보호에서 방향을 바꿔 자녀가 어른이 될 수 있게 키우는 것이 이성적으로 멋지고 근사한 일일 수 있다. 다만, 다른 집 아이들이 저마다 이런저런 활동에 얽매여 있는 탓에 자녀가 함께 놀 친구가 없을 때까지, 또 미식축구 경기 때 경기장 사이드라인 옆에 부모가 없는 경우는 당신의 자녀뿐일 때까지, 또는 자녀가 '삶을 바꿔 주는' 대학에 다니고 있지만 누이의 자식은 하버드 대학에 다니고 있을 때까지만 그럴 수 있다. 이처럼 현실에서 외톨이가 되거나 대하기가 껄끄러운 상황에 놓이면 어떻게 할까?

취약성 전문가인 브레네 브라운 박사는 사람들이 취약성과 공포감, 그리고 이른바 '불확실성의 상징인 고문실'을 경험한다면 감정은 숨김없이 표출된다고 말한다. 이처럼 가감 없는 감정 표출은 사실상 매우 바람직하다. 그는 "위험을 무릅쓰고 불확실성에 맞서며, 감정 표출을 억제하지 않는 것이 취약성이나 다름없는 경우는 찾아볼 수 없다"고 지적한다. 많은 사람들은 완벽해야 할 필요가 있고, 모든 일에 완벽한 것처럼 비쳐야 한다고 느끼기 때문에 그런 경험에 몸을 내맡기거나 그런 감정을 드러내서는 안 된다고 생각한다. 사람들은 다른 사람이 자신을 어떻게 생각하는지에 굉장히 신경을 쓴다. 이런 취약성과 불안감 때문에 자신이 속해 있는 무리와 계속 함께 갈 것이다. 분명 더 좋은 길이 있음을 알고 있을 때조차도 말이다.

자녀가 집에서 함께 놀 친구도 없이 자유 시간을 보낸다면, 부모는 자녀의 삶에서 그런 시간이 왜 필요한지를 잊지 말아야 한다. 먼저, 그 순간을 가족과 함께 보낼 시간으로 활용한다. 함께 책을 읽거나, 퍼즐 놀이를 하거나, 산책을 하거나, 또는 그냥 아무 생각 없이 구름을 바라보며 고마웠거나 기대하는 일 따위를 이야기하며 시간을 보낼 수 있다. 자녀가 둘 이상이라면 무엇인가를 같이 하도록 권한다. 팔로 알토에 사는 브라이언은 자녀들에게 이렇게 말한다. "너희들은 다른 누구보다도 서로 오랫동안 잘 알고 지내야 해. 너희는 함께 시간을 보내야 하는데, 어떤 활동에서 늘 따로 한다면 그럴 수 없을 거야." 아니면 자녀가 스스로 시간을 보낼 방법을 찾아보게 한다. 이런 방법도 상당한 장점이 있다.

미식축구 경기장의 사이드라인에 부모가 없는 것은 당신의 자녀뿐이라면(그러나 장담하건대, 이런 일은 오래 지속되지 않는다. 누군가 다른 부모도 자신을 핑계 삼아 늘 터치라인을 지키지 않을 구실을 찾을 것이기 때문이다) 그런 상황을 이렇게 설명한다. 미식축구가 자녀에게 인상 깊은 체험임은 분명하다. 그러나 미식축구가 자녀에게 중요한 것처럼 부모에게도 일이나 취미, 또는 혼자나 친구와 함께 보내는 시간처럼 생활에서 중요하게 생각하는 일이 많다. 그러나 부모가 꼭 참관했으면 좋겠다고 생각하는 경기가 있다면 자녀에게 몇 가지 꼽아 보라고 하고, 그런 경기에는 사이드라인 옆을 지키도록 한다. 자녀의 미식축구 연습이나 경기를 참관하지 못한 날의 저녁 식사 자리에서는 그 시간에 부모가 무슨 일을 했는지 잊지 말고 이야기한다.

나는 현재 중학생(8학년)인 딸 애버리에게 이런 방식을 쓰고 있다. 애버리는 주말까지 1주일 내내 무용 교습을 받고, 겨울과 봄에는 여러 경연대회에 참가한다. '미식축구 어머니'처럼 '무용 어머니'도 흔히 볼 수 있지만 나는 그런 소리를 들을 정도는 아니다. 나는 딸에게 내가 참관했으면 좋겠다고 생각하는 경연대회나 발표회를 정해 주면 꼭 가겠다고 말했다. 이렇게 의견을 모으자, 발표회 때마다 찾아갔으면 못했을 여러 가지 일을 감당할 수 있게 되었다. 또한 딸이 참관을 희망한 특정한 공연은 어머니와 딸에게 다 같이 매우 특별한 이벤트가 되었다.

자녀가 이른바 삶을 바꾸는 대학에 다니거나 괜찮은 공립 초급대학에서 대학 생활을 시작하고, 조카는 굉장히 유명한 대학에 다닌다면, "그래서 어쨌다는 거야?"라고 말하는 법을 배워야 한다(실제로 그렇게 생각한다면 도움이 될 것이다). 중요한 것은 자녀가 어느 대학에 다니느냐가 아니라 공부하는 대학에서 얼마나 꿈을 활짝 펼칠 수 있느냐 하는 점이다. 이를 위해 대학에 다니는 자녀에게 전화를 걸 때는 가장 만족스럽게 생각하는 것이 무엇이고, 그 이유는 무엇이냐고 묻는다. 또한 가장 좋아하는 연구 분야—미국사 수강이나 생물학 실습, 인류학 세미나 등—와 관련해서는 교수들과 친교관계를 유지하는 것처럼 연구 과정에서 결실을 더 많이 얻을 수 있는 방법을 궁리하도록 격려한다. 나는 학생들에게 늘 이런 충고를 되풀이했다.

이제 막 3학년이 된 어느 학생이 내 사무실을 찾아온 적이 있다. 이 학생은 평균 학점이 4.0이라고 말하면서 자신의 학업 성취도에 굉장한 자부심을 느낀다는 표정이었다. 나는 열심히 공부해 높은 학점을 딴 점을 칭찬한 뒤에 물었다. "그런데 혹시 교수들 중에 학생 이름을 제대로 기억하는 사람은 몇이나 되나요?" 그러자 이 학생은 "음…… 한 사람도 없을 것 같은데요?"라고 대답했다. 나는 이 대답을 듣고 이렇게 말했다. "평균 학점 4.0을 딴 것은 잘한 일이지만, 과제만 열심히 하고 교수들과 교류가 없다면 기울인 노력은 'B'급인 셈이에요. 교수들과 알고 지내면 (강의 주제에 대한 이해가 깊어지고, 상호 신뢰가 쌓이면서, 연구 기회와 나중에 큰 도움이 될 추천서를 받을 가능성이 커짐과 동시에) 대학에서 많은 것을 얻어 갈 수 있어요." 학생들은 '온갖' 대학에서 이런 보답을 받을 수 있지만 종합대학보다는 소규모의 리버럴 아츠 대학에서 그런 보답을 받을 가능성이 더 클 수 있다. 종합대학의 교수들은 '논문을 많이 발표하지 않으면 뒤처진다'는 심한 압박감에 시달리기 때문에 학부생 대상의 강의가 중요함에도 우선순위를 낮게 두거나 뒤로 미루는 경우가 많기 때문이다.

실천하는 사람에 주목하고 감화를 받는다

과잉육아를 중단하고 자녀에게 어른이 되는 법을 가르치겠다고 입으로만 '번지르르하게 말하는 것'과, '실제로 실천에 나설' 방법을 궁리하고 과잉육아를 포기하는 결정을 내리는 것은 별개의 문제이다. 이런 얼리어답터 early adopter들은 다음과 같이 실천한다.

부모기 지녀의 학교 교육에 내해서 적절한 수준에서만 관여한다

모리나는 로스앤젤레스 북부에 있는 작은 도시 산타클라리타에 사는 전업주부이다. 미국 곳곳에 있는 빈곤지역에서 학생들을 가르치는 교육자들은 학부모들이 더 적극적으로 참여해 주기를 바라지만, 산타클라리타의 학교들에서는 학부모들의 참여가 조금도 부족하지 않다. 그러나 모리나는 주변의 많은 학부모들과 달리 자녀의 학부모들이 학교 교육에 적극적으로 나서지 않는다. 그들은 아이들이 학교를 학생들의 영역으로, 그곳까지 어머니의 모습이 어른거리지 않는 곳이 되기를 바라야 한다고 믿는다. "우리 집 아이들은 학교 개방 행사open house에 내가 모습을 보이자 그들의 공간에 내가 나타났다고 흥분하는 기색이었어요. 이들에게 학교는 어머니의 모습이 늘 어른거리는 또 다른 장소가 아니었기 때문이죠." 늘 교문 주위를 맴도는 일부 학부모들의 눈에는 모리나처럼 자녀의 학교생활에 별로 관여하지 않는 학부모의 모습이 '기이하게' 비쳤을 법하다. 모리나는 다른 대부분의 학부모들보다 나이가 많은 편인데, 전화기를 통해 들리는 목소리로 판단해 보면 다른 사람들의 시선이나 평가에는 별로 신경을 쓰지 않는 듯했다. 그들은 자녀의 학교생활과 관련된 활동에 관여하면서 보내는 시간을 줄여 안락한 가정생활을 가꾸고, 운동처럼 자신을 위한 활동에 활용하고 있다. "흔히 우리 같은 사람들을 '가정에만 붙박여 있는 어머니들'로 부르지만 우리가 결코 가정이 될 수는 없어요! 저는 아이들의 학업과 관련된 온갖 광적인 관여로부터 벗어나면서 긍정적이고 행복한 가정을 만들어 낼 시간을 많이 얻을 수 있게 되었죠."

리사는 미니어폴리스 교외의 중·상류층 지역에 거주하는 두 아이의 어머니다. 이 중·상류층 거주 지역은 '활동과 명예를 매우 중요시하고 이를 얻기 위해 경쟁적으로 나서는' 곳이다. 딸이 고등학교 2학년 때 내셔널 오너 소사이어티National Honor Society(미국 전역의 수많은 고등학교에 지부가 설치된 학생 봉사단체로, 학업과 리더십, 봉사활동, 품성 등 4가지 기준에 따라 회원을 선발한다—옮긴이) 가입을 신청하자 리사와 남편은 부모의 도움을 받는 다른 신청 학생과 달리 딸이 모든 준비를 스스로 하기를 바랐다. "딸아이는 봉사활동과 학업 등 모든 기준을 충족시켰지만 한 가지 양식을 빠뜨려 가입을 거부당했어요." 1년 뒤 리사의 딸은 다시 가입 신청을 했는데, 이번에는 가입 절차가 훨씬 까다로웠다. 그래도 가입에 성공했다. 리사와 남편은 딸이 힘든 절차를 밟기 위해 애쓰는 모습을 지켜보기가 안쓰러웠다. "이번에는 지난해처럼 성공을 확신했던 것은 아니었습니다. 그 때문에 딸애는 신청 절차에서 허점을 남기지 않기 위해 그 누구보다도 철저하게 준비했어요. 저는 지난해의 실패에 따른 교훈 때문이라고 생각합니다. 비교적 작고 위험 부담이 거의 없는 실패를 통해 큰 교훈을 배우는 것이 더 낫다는 생각이 들었습니다."

캐럴은 애틀랜타 지역에 사는 두 아이의 어머니다. 그는 자녀들이 다니는 학교에서 학생들의 성적이 나쁠 때 부모에게 그런 사실을 알리는 수단으로 활용하는 전자통보 시스템을 못마땅하게 생각해 그런 통보 내용을 깡그리 무시한다. 그는 그 대신 학업에 어떤 문제가 있는지를 제3자가 아니라 자녀들한테서 직접 듣고 싶어 한다. 자녀들이 희망하는 대학에 지원할 때도 지원 서류나 절차를 살펴보고 싶은 충동을 강하게 느꼈지만 애써 참기로 했다. 그는 지금도 지원 과정에서 대학에 제출하는 여러 편의 에세이를 누군가 성인이 살펴보고 조언을 해 주는 것이 필요하다고 생각했다. "그래서 아이들에게 믿을 만하고 (제가 인정하는) 사람을 찾아서 제출할 에세이들을 검토해 보게 하는 것이 어떻겠냐고 말했지만, 아이들이 지원 과정에서 그들의 품성과 능력을 제대로 보였을 것이고, 대학이 그것을 받아들였다면 그곳에서 학업을 성공적으로 마칠 수 있을 것이라는 믿음이 생겼습니다." 그의 아들이 입학 첫해에 한 수강 과목에서 큰 문제가 생겨 캐럴과 남편에게 전화를 걸어 의견을 구했다. "아들은 우리에게 전화를 걸기 전에 해당 교수와 코치, 조언자, 학장에게 그런 사실을 이미 알리고 의견을 구했다고 말했습니다. 그래서 아들이 대학생활에서도 아무런 문제가 없을 것이라는 점을 알 수 있었어요. 가장 가슴 뿌듯한 순간이었죠."

스포츠와 기타 교과 외 활동을 조화롭게 판단하는 부모

팔로 알토에 사는 브라이언 주위에는 온통 자녀들에게만 관심을 집중시키는 어머니와 아버지들이 많다. "이처럼 자녀를 중심으로 사회생활을 하고, 자녀가 자존심이나 자부심의 전부라면, 나중에 자녀들이 대학에 진학하거나 결혼해 집을 떠난 뒤에는 어떻게 하겠다는 걸까요?" 브라이언과 그의 아내는 '자녀 중심'의 생활 대신에 이들이 말하는 이른바 '가족 중심'의 생활을 하고 있다. 이런 생활을 뒷받침하는 간단한 원칙은 이렇다. "우리는 살아가는 주된 이유를 자녀에게 집중하는 데서 찾지 않는다."

그렇다고 브라이언이 이른바 '청소년 종합 스포츠센터' 같은 곳에 관심이 없는 것은 아니다. 청소년들이 이런 스포츠센터를 활용하면 종목에 관계없이 가족 전체의 가정생활을 좌지우지하게 된다. "딸인 둘째가 클럽 축구를 좋아하지만 해 보라고 할 수가 없습니다. 축구를 잘 못해서가 아니라—아마도 할 수 있을 것이다—매주 세 차례 연습과 한 차례 시합을 하면서 계속 이동해 가족 전체를 괴롭히기 때문이에요. 그래서 1주일에 한 번 연습하고 시합도 1주일에 한 차례 현지에서 갖는 미국청소년축구기구 AYSO에 가입해서 운동하고 있어요. 나중에 나이가 들어 혼자 이곳저곳을 옮겨 다닐 수 있을 때까지는 AYSO에서 뛰기로 했죠."

브라이언의 자녀들은 이처럼 스포츠 등 교과 외 활동에 목을 매지 않기 때문에 주말에는 아무런 활동을 하지 않으면서 집에서 가족과 함께 보낼 수 있다. 브라이언은 "내 친구 중 몇몇 사람은 이런 모습을 이상한 눈길로 바라봅니다"라고 말했다. "우리 집 딸들은 밖에 나가 놀면서 성을 만들고 비디오를 찍기도 합니다. 아이들은 몇 시간씩 춤추고 노래하고 이곳저곳을 돌아다니기도 합니다. 이들은 함께 텔레비전을 보고 산책을 하며, 책을 읽고 놀고 또 숙제를 하기도 합니다. 그러나 제 친구들의 아이들은 개인교사나 코치한테서 학과 공부나 운동을 배우는 데 열중하고 있었죠."

카르멘은 미시간 주 앤아버에 사는 어머니다. 앤아버는 명문 미시간 대학이 있는 대학 도시로, 아이들이 아침 6시에 일어나 차를 타고 한 시간씩 스케이트장으로 달려가는 일을 흔히 볼 수 있는 곳이다. 이들은 30분간 연습한 뒤에 학교로 간다. 엘리트 체육경기를 노리는 단련이다. 카르멘은 모아니면 도라는 식으로 청소년 스포츠 활동에 접근하는 이 방식에 매우 비판적이다. "아이들이 이런 것을 원할까요 아니면 부모가 아이를 위해 이런 방식을 바랄까요? 올림픽 경기 출전이나 하버드 대학 입학을 노리는 것이 이런 활동의 유일한 이유일까요? 그렇다면 그런 까마득한 정상에는 극소수만이 오를 수 있을 텐데, 그렇지 못한 나머지 다수는 어떻게 되는 걸까요? 여전히 그런 온갖 희생을 무릅쓸 만한 가치가 있단 말인가요?"

카르멘은 10살짜리 딸을 생각하면서 이렇게 말한다. "이 아이는 집에서 자유 시간을 많이 갖고 싶어 해요. 그런 시간에 그림도 그리고 놀기도 하겠다는 건데, 과외 활동이 많으면 그럴 시간이 없어요. 그래서 과외 활동을 신청할 때는 꽤 신경을 씁니다. 과외 활동으로는 어쩌면 이동이 잦은 축구 활동travel soccer보다는 레크레이션 축구Rec & Ed soccer가 더 나을지 몰라요. 합창단 활동도 괜찮고요. 아이가 오디션을 거쳐 단원으로 뽑힌 시 차원의 합창단은 연습 일정이 너무 빡빡해서 아이에게 직합하지 않고, 또 음조가 낮은 그룹에서 노래하는 것이 아이에겐 더 잘 맞을 거예요."

카르멘 주변에서는 스포츠가 되었건, 악기가 되었건 조기 교습이나 단련을 시키지 않으면 나중에 그런 노력이 제몫을 발휘할 기회가 사라질 수 있다고 하는 데―또는 그렇게 사람들이 말하는 데―영향을 받아 부모들이 '그릇된 결정'을 내릴 위험성이 있다. 이와 관련해 카르멘은 이렇게 지적한다. "저는 자녀가 꽤 자란 부모들에게 이런저런 것을 물어 실상이 어떤지를 확인합니다. 먼저, 고교 자체나 고교와 연관된 활동, 즉 축구팀이나 오케스트라에 들어가는 데 경쟁이 얼마나 심한지, 어떤 기회를 얻기 위해 활동이나 준비를 얼마나 해야 하는지에 관한 터무니없는 소문들이 꽤 많습니다. 그러나 저는 필요한 정보를 찾으면서 '실상이 어떤 것이냐?' 하는 데 초점을 맞춥니다. 예를 들면, 신입생 축구팀에는 인원이 차지 않는 한 신입생이면 누구나 들어갈 수 있습니다. 선발 과정을 거치고 어지간한 수준의 기량을 닦은 선수들로 구성된 축구활동팀travel soccer team에서 뛰지 않았으면 고교 축구팀의 선수가 될 수 없다는 것도 그릇된 생각입니다. 오케스트라의 경우도 마찬가지고요. 자녀가 다른 아이들보다 실력이 좀 부족해도 그런 활동에 참여해 얼마든지 즐길 수 있습니다. 그런데도 부모들이 서로 주고받는 권유 속에 이처럼 터무니없는 내용들이 많다는 것은 정말 놀랄 만한 일이에요. 이런 사람들을 주변에 두고 싶을까요? 또한 이런 사람들이 우리 아이들 곁에 있는 것이 바람직할까요? 그릇된 이야기로 압박감을 주고 긴장시키는 것은 우리의 가훈에도 어긋납니다."

갖춘 그대로의 모습으로 사랑하고 뒷받침하는 부모

크리스틴은 미시간 주 앤아버에 사는 두 자녀의 어머니로, 맏이는 공립고등학교 2학년에 다니고 있다. 아들은 머리가 뛰어나서, 실행기능 능력이 부족해 쩔쩔매는 것을 빼고는 손쉽게 학업을 이어 나갔다. 그러나 고등학교에 들어간 뒤 학업이 좀 힘들어지면서 공부에 특별한 열의를 보이지 않았다. 그러자 (다 같이 명문 대학을 나온) 크리스틴과 남편은 고민에 빠졌다. 그동안 경쟁이 치열하지만 "이 세상을 아들에게 활짝 열어 줄" 대학을 지원하기만 하면 아무런 어려움 없이 들어갈 수 있을 것이라고 믿었기 때문이다. 크리스틴 부부는 아들이 여전히 별다른 열정을 보이지 않음에도 그가 원하는 대로 어떤 사람이든 될 수 있으며, 또 그런데도 아들이 부끄럽게도 "그런 재능을 썩히고 있다"고 생각하면서 아들에게 "열린 여러 가지 가능성을 계속 열어 놓고자" 했다. 이들은 또한 아들이 학업을 버텨 나가는 데 도움이 되게끔 제공해 왔던 뒷받침과 발판을 제거하기 시작할 때가 되었다고 판단했다. 그러나 이런 뒷받침을 중단하면 아들이 학업을 성공적으로 이어 나가기 어렵겠다는 느낌도 갖게 되었다.

"처음에는 아들이 머리가 뛰어나서 하고 싶은 일은 무엇이든 이뤄 낼 수 있으리라고 생각했어요. 그런데 아직 어린 나이니까 학과에서 평점 C를 받고 나중에 후회할 수밖에 없다는 것을 어떻게 알까요?" 그러나 밤마다 아들의 숙제를 챙기는 번거로운 일이 점차 가족 모두의 신경을 날카롭게 만들고 조화를 깨뜨리기 시작하면서 크리스틴은 "우리가 아들을 몰아붙이고 좌지우지하려 하기 때문에 가족 모두가 괴로진다"는 사실을 깨닫게 되었다. 그는 아들과 비슷한 기질—재능이 있지만 어려움을 겪는—이 있는 자녀를 둔 부모들에게서 자문을 구하다가 회고록 집필자인 카트리나 케니슨Katrina Kenison이 펴낸『평범한 날의 선물: 어느 어머니의 회고록The Gift of a Ordinary Day: A Mother's Memoir』을 읽고 큰 위안을 받았다. 또한 크리스틴이 가장 큰 깨달음을 얻은 것은 같은 지역사회에 살면서 성공을 거둔 사람들의 이야기였다. 이들은 인생행로에서 우여곡절은 있었지만 현재 하고 있는 일은 이들에게 힘을 북돋아 주면서 만족감을 안겨 준다는 것이다. "저는 그간의 진로가 순탄하지 못했던 사람들을 여럿 만났습니다. 고등학교 때 학업 성적이 전 과목 A를 못 받았던 사람, 내가 한 번도 들어보지 못한 대학에 다닌 사람, 대학 1학년 때 낙제한 사람 등이에요. 그러나 제가 무엇보다도 가장 크게 깨달은 것은 고등학교를 졸업하면서 아들과의 관계가 이어지지 못했고, 이제 모자가 다 같이 그런 점을 알게 되었다는 사실입니다. 아들과 관계는 이제 다시 회복되고 있지만 모든 성공이 당장 이뤄져야 하는 것은 아닙니다."

크리스틴은 한때 아들을 몰아붙이지 않는 것이 부모로서 마땅히 해야 할 책무를 포기하는 것이라고 생각했지만 지금은 달리 생각하고 있다. 즉 책임 있는 부모라면 아들이 대학에 들어가기 전에 "스스로 무너져 내리도록" 내버려 두어야 한다고 본다. "사람들이 이런 이야기를 자주 했어요. 우리 아들과 같은 청소년들은 고등학교 내내 발판을 마련해 주거나 뒷받침을 많이 받다가 대학에서 허물어지면 더 좋을 것이 없다고 말이에요. 오히려 고등학교 때 그런 일이 벌어지는 것이 더 낫다는 거예요. 여름학교에 보낸다고 해서 세상이 끝장나는 것도 아니에요. 또한 고등학교를 한 해 더 다닌다고 해서 세상이 무너지는 것도 아닙니다.

　여러 전문가들이 저에게 되풀이해서 들려준 이야기가 있습니다. '아들이 호된 좌절을 겪더라도 다시 기운을 차리고 일어날 것이다.' 그 점에 관한 한 저는 정말 마음을 활짝 열어 놓아야 합니다. 이제 제 아들의 진면목이 드러날 거예요. 어쩌면 아들은 명문 대학에 들어갈지도, 들어가지 못할지도 모릅니다. 나중에 명문 대학 대학원에 들어갈 수도 있습니다. 저로서는 아들이 언제쯤 제정신을 차리고 실력을 발휘할지 모릅니다. 제가 아들을 위해 시간표를 짤 수도 없습니다. 저는 아들에게 여러 문을 활짝 열어 놓음으로써 상황을 통제할 필요가 없게 되었는데, 이런 사실을 알게 되면서 말할 수 없는 해방감을 느꼈습니다. 대학이 인생의 과제를 정해 주지는 못합니다. 아들이 인생에서 무엇인가 놀랄 만한 일을 이뤄 내기 위해서 꼭 명문 대학에 들어가야 할 필요는 없습니다. 또한 아들이 부자나 유명인사, 한 분야의 제1인자가 못 될 수도 있는데 그것도 문제될 것이 없습니다."

　크리스틴은 캘리포니아 주 밀밸리에 사는 네 자녀의 어머니인데, 밀밸리는 샌프란시스코 바로 북쪽에 있는 마린 카운티에 있는 중·상류층 거주지역으로, 그곳은 "사람들이 자녀가 유치원에 다닐 때부터 어느 대학에 보낼지를 걱정하는" 곳이다. 크리스틴의 맏이는 중학생(8학년)인데, 학교 성적이 늘 우수하지만 학교를 별로 좋아하지는 않았다. 그는 부모에게 이렇게 말했다. "전 대학에 들어가기까지 앞으로 4년 동안 스트레스를 받을 일과 대학에서 다시 4년간 스트레스에 시달릴 일에 정말 아무런 흥미가 없고, 또 대학을 졸업하고 취직하는 일도 달갑잖습니다." 아들이 이런 소리를 하는 동안 크리스틴 주변 친구들의 자녀들은 사립고등학교 입학을 지원하고, 나아가 스트레스는 많아도 명문 소리를 듣는 고등학교에서 갖가지 체험을 쌓아 갈 계획을 세워 나갔다. 그러나 크리스틴은 남편과 함께 아들에게 그런 스트레스를 안겨 주고 싶지 않으며, 그 대신 아들이 대안으로 하고 싶은 일을 스스로 생각해 보도록 격려했다. 아들은 현지 공립학교인 타말파이스 하이Tamalpais High 고등학교에 진학하기로 결정했다. 고교 1학년 과정을 끝마칠 즈음 그는 자신이 말하는 이른바 마린 카운티의 '거품bubble'에서 벗어나고 싶다는 생각이 들었다. 2학년에 올라가면서 그가 세운 계획은 모두 전통적인 학교 교육과는 거리가 먼 것이었다. 그는 수업료가 없는 여학생 학교에서 일하기 위해 케냐에서 활동하면서 국립대학교 부설 가상고교를 통해 온라인 수업을 받았고, 다시 뉴욕 시에 있는 국제사진센터International Center of Photography에서 일하기 위해 미국으로 돌아왔다. 그의 어머니 크리스틴은 이와 관련해 이렇게 말한다. "아들을 그냥 내버려 둔 채 전통적인 고교 교육과정을 포기할 위험에 빠뜨리는 일이 쉽지는 않았어요. 하지만 우리는 고향에 있는 학교에서 2학년의 학업 과정을 마치는 것보다 이러한 체험이 그의 인격 형성에 훨씬 큰 도움이 될 것이라는 믿음이 있었기 때문에 그대로 허용했습니다. 우리 아들은 집을 떠나 있는 동안 온갖 일을 스스로 처리하고 해결했어요."

크리스틴 부부는 아들이 집을 떠나 있는 동안 많이 성장했다는 점을 분명하게 느끼고 있지만, 전통적인 학교 교육에서 벗어나기로 한 결정에 후유증이 없는 것은 아니었다. 예를 들면, 타말파이스 하이 고등학교에 3학년으로 복학하면서 몇몇 심화학습 과정에 들어가려 했으나 전년도 한 해 동안의 학습에 공백이 있다는 이유로 허용되지 않았다. 크리스틴은 "많은 학생들은 이런 일이 무릅쓸 만한 가치가 없는 위험이라고 생각합니다"라고 지적한다. 그러나 크리스틴—더욱 중요하게는 그의 아들—은 이런 위험을 기꺼이 무릅썼다. "우리는 아들에게 표준에서 벗어나서 다양하게 체험할 기회와 자율성을 주면 자아와 함께 앞으로 무엇이 되고 싶은지를 좀더 깊이 있게 파악함으로써 인생과 대학, 취업 문제에서 좀 더 나은 선택을 할 것이라고 믿었기 때문에 아들의 결정을 적극 뒷받침했습니다. 저는이런 식의 뒷받침이 자신이 되고자 하는 모습으로 나아가는 아들의 능력을 강화하는 데 도움이 될 것이라고 확신합니다."

모리스는 캘리포니아 주 오클랜드에 사는 목사이자 역사가이며, 다 큰딸의 아버지다. 모리스의 딸이 어릴 때 주변 사람들은 그녀의 재능과 능력을 알아보고, 모리스에게 딸을 경쟁이 심한 유치원에 넣은 다음 아이비리그 대학에 입학시킬 준비를 시작하라고 권했다. 그러나 모리스와 부인 메실레는 딸을 어떤 모습으로 만들기보다는 본래의 모습 그대로 성장하도록내버려 두고자 했다. "저는 자녀 양육의 핵심은 부모의 역할을 끝내야 하는 부분과 자녀의 역할이 시작되는 부분을 가려내는 것이라고 생각합니다. 불안감 없이 지켜보는 것이 매우 중요합니다. 경탄스러움이 그 보답이죠. 저는 딸의 욕구가 과거는 물론, 지금도 여전히 제 자신의 욕구와는 두드러질 정도로 다르다는 점을 알고 있습니다. 딸은 저를 심란하게 만드는환경에서 활력을 보이고, 반대로 제가 활력을 보이는 상황에서는 맥을 못춥니다. 가장 놀라운 것은 저의 의도적인 가르침과는 전혀 무관한 저의 언행에서 많은 것을 배웠다고 말하는 점입니다."

자녀 양육의 가치 기준에 부합하는 동아리를 찾아내는 부모

샌프란시스코에 살면서 두 자녀를 키우는 어머니인 라니는 스탠퍼드 캠퍼스에서 자라면서 두 명문 대학에서 학위를 받은 의사다. 라니 부부는 두 자녀를 키우면서 도심부에 그대로 살고 아이들은 공립학교에 보내기로 결정했다. 그러나 주변의 많은 친구들은 교외로 이사했다. "아이들을 샌프란시스코의 공립학교에 보내면서 살펴보니, 주변 사람들이 대체로 자녀의 과잉보호에 반대하는 사람들이어서 우리 자신의 과잉보호 성향에 제동을 걸 수 있게 되었어요. 우리는 5학년짜리 딸이 일정한 구간을 달리는 일반 노선버스를 타고 혼자 학교를 오가고, 4학년짜리 남동생은 몇 블록 떨어진 모퉁이 고깃집까지 혼자 걸어서 갔다 오는 것을 보고 짜릿한 흥분을 느꼈어요. 남매도 혼자 나다닐 수 있다는 데 흥분하는 표정이고 제대로 준비가 된 듯이 보였습니다."

일부 학부모들은 자녀들이 학업 면에서 느끼는 스트레스를 줄여 주거나 진정으로 중요하다고 판단되는 일에 다시 집중하기 위해 한 학기나 한 학년의 학업을 중단시키는 일이 필요하다고 보기도 한다. 제프 갬블은 팔로 알토에서 굉장한 인기를 끌고 있는 제퍼니라는 여름 캠프의 공동 창업자인데, 바로 그러한 필요성을 느낀 학부모였다. 그는 2014년 부인 테리와 함께 (각각 8살, 11살, 13살이었던) 세 자녀를 데리고 인도네시아 발리로 1년간 이주해서 살았다. 세 자녀는 발리에 살면서 혼자 또는 친구들과 함께 날마다 7~10분 거리의 밀림 길을 걸어 학교에 다녔다. 이 밀림에는 까마득한 높이의 대나무와 야생 바나나, 코코넛 나무가 빽빽하게 들어차 있고, 도마뱀 따위가 좁은 길로 불쑥불쑥 튀어나오는가 하면 우거진 숲이 하늘을 뒤덮어 어두컴컴했다. "우리가 샌프란시스코 만안지구에 살 때는 아이들이 혼자서는 한 블록을 벗어나지 못했지만 이곳에서는 호기심을 자극하는 것을 탐구하면서 독립심을 키우고 있습니다. 첫째와 둘째는 휴대전화인 '발리 폰'으로 우리에게 현재의 위치를 밝히거나 무슨 계획을 세우고 있는지를 알립니다. 이처럼 연락을 하는 조건으로 아이들은 매점과 풀장, 강변이 있는 20에이커의 드넓은 학교 캠퍼스는 물론, 정글도 마음대로 헤집고 다닐 수 있습니다. 또 무엇을 공부할 것인지도 스스로 선택합니다. 한 아이는 스쿠버 다이빙을 배우고, 다른 아이는 양봉을 배우고 있습니다. 숙제를 언제 할 것인지도 스스로 결정합니다. 우리는 뒤로 한 걸음 물러선 채 아무런 간섭도 하지 않습니다. 무슨 일이건 잘하기도 하고 못하기도 하지만 그 속에서 배우는 것이 있을 것이라고 믿습니다. 이것이 자녀 양육상의 과잉보호를 피하려는 우리 나름의 시도죠. 세 아이는 지금 무럭무럭 잘 자라고 있습니다."

전에 팔로 알토에 살았던 매브 그로건과 남편 팻도 비슷한 시도로 두 아들을 데리고 세계 일주에 나섰다. 그때까지 이 부부는 산더미처럼 쌓인 숙제를 끝마치도록 아이들을 닦달했다. 이런 숙제를 충실하게 해야만 좋은 대학에 들어가고 좋은 일자리를 얻을 수 있으리라고 생각했기 때문이다. 그러나 가만히 살펴보니 아이들이 위험 부담을 피하는 경향이 많고, 전반적으로 불확실한 상황에 대처하는 데 어려움을 겪는 것처럼 보였다. 부부는 이런 인식을 바탕으로 6개월간의 세계 여행을 계획하고 실행에 옮겼다. 이와 관련해 매브는 나에게 이렇게 말했다. "우리는 평소보다 위험이 많고 불확실한 상황에 뛰어들기로 결정했어요. 우리는 그런 불확실한 상황에서 아이들이 어떤 선택을 하고 어떤 결정을 내려야 하는지를 스스로 배울 수 있게 해 주고 싶었어요." 이들 부부는 이런 여행을 통해 두 아들과 유대감이 한층 더 깊어졌다. "우리는 개별적인 차원에서 두 아들을 잘 알고 싶었어요. 분주한 일상과 외부와 연결된 갖가지 책무에 시달리다 보니, 가족 간의 자유로운 대화와 느긋하게 많은 시간을 나눌 수 있는 기회를 언제 가질 수 있겠어요?"

장기간의 가족 여행이 끝날 즈음 이들 가족은 또 한 차례 모험적인 결정을 내렸다. 팔로 알토에서 친척들이 사는 오리건 남부 지역의 한적한 곳으로 이사하기로 결정한 것이다. "외적인 일보다는 사람 간의 관계가 우리의 삶에서 더욱 중요해졌어요. 외적인 일은 서서히 줄어들었고요. 우리는 '이 것은 네가 해야 한다'는 식의 지시보다는 선택 문제를 놓고 대화하는 화법을 늘려 나가기 시작했어요. 6개월간의 세계 여행에서 얻은 수확이죠. 사실 스케줄이 빡빡하다 보면 선택 문제를 놓고 대화를 나눌 시간을 찾을 수 없거든요."

선택 문제를 놓고 나누는 대화.

현재 많은 사람들은 자녀 양육하는 데 과잉보호 방식을 그대로 좇고 있다. 이런 양육 방식 외에 달리 다른 방식을 생각하지 못하는 부모들은 스스로 선택한 삶을 살고 있다고 볼 수 없다. 이들은 디수가 우리 대신, 아니 자녀 대신 선택해 준 삶을 그냥 따르고 있는 셈이다.

맺는말

> 일반적 관행에 순응할 것이냐, 이를 박차고 나오는 용기를 낼 것이냐 하는 기로에서
> 고민하는 대학생들이 많은 것처럼, 본래의 마음가짐을 잃은 체제 안에서 최선을 다
> 하기 위해 안간힘을 쓰는 부모도 많다. 그렇다고 우리가 손을 털고 단념해서는 안 된
> 다. 큰 흐름이 아무리 거세더라도 계속 그대로 따를 수는 없다. 자녀가 다른 모습을
> 보이길 바란다면 우리가 이들을 종전과는 다르게 키워야 한다.
>
> ―윌리엄 데레저위츠(사회비평가이자 『뛰어난 양들』의 저자)

나는 스탠퍼드 대학의 신입생 학생과장으로 10년간 일하면서 18~22살의 다른 집안 자녀 수천 명과 함께 부대끼면서 일하는 영광과 특권을 누렸다. 이들 학생이 저마다의 목표를 달성하도록 뒷받침하고, 또 이들이 아직 들어 보지도 못하고 또한 스스로 미처 생각해 보지도 못한 무한한 가능성의 영역으로 뻗어 나가도록 힘을 북돋아 주는 것은 내 일이자 많은 동료들의 일이기도 했다. 조언과 감화로 이들 젊은이들을 이끌어 주려면 이들의 이야기를 주의 깊게 들어 주면서 인내심을 발휘하고 장기적인 안목에서 이해하고 조언하는 마음가짐이 필요했다. 한 인격체가 성년으로 변모해 가는 과정은 훌륭한 결실을 맺기까지 우여곡절을 많이 겪을 수 있다.

나는 해가 거듭될수록 과거에는 비교적 명확했던 사춘기와 성년기의 구별이 점차 희미해지는 것을 목격할 수 있었다. 그 때문에 나는 자녀가 대학생이 되었으니, 학부모는 뒷자리에 앉고 운전석에는 자녀들을 앉혀 대학 생활과 체험을 누리게 하라고 설득하지만 그런 일은 점점 더 어려워졌다. 또한 스스로 모든 일을 감당하려 하기보다는 부모의 관여를 고맙게 받

아들이는 대학생들도 해마다 늘어났다. 어떤 때는 이런 직감 같은 것이 들기도 했다. 무엇인가 잘못되고 있다. 다음 세대가 성인 구실을 할 수단이 없다면 앞으로 우리에게 어떤 일이 벌어질까? 그리고 이런 걱정이 서서히 싹틈에 따라 나는 스탠퍼드 캠퍼스와 다른 대학 캠퍼스는 물론, 내가 사는 지역사회와 내 자식들이 다니는 학교, 우리 가정에서도 어떤 일이 벌어지고 있는지를 면밀하게 관찰하게 되었다. 그 결과 어린 시절로 자연스럽게 이어지는 성장 단계—아이들이 갖가지 능력과 자립심을 키우고 그런 과정을 통해 부모로부터 떨어져 나가면서 독자성을 형성해 나가는 단계—에서 자녀의 안전에 대한 우려와, 팀의 주전 자리나 교내의 특정 교습 자리, 기회 활용, 그리고 부모의 적극적 관여를 통해서만이 누릴 수 있을 듯한 여러 가지 영예 따위에 지나치게 얽매어 있는 것처럼 보였다. 또한 성인이 되도록 부모가 주변에서 얼쩡거리며 보살피고 일을 처리해 주는 행태는 예외적이라기보다는 거의 일반화되었다. 또 사춘기와 갓 성년이 된 젊은이들에게 불안감과 우울증, 그 밖의 정신건강 문제도 늘어나고 있었다.

나는 사춘기와 갓 성년이 된 젊은이들을 굉장히 걱정하는 입장에서 이 책을 집필하기 시작했지만, 집필을 거의 끝낼 즈음에는 부모들을 걱정하는 마음도 굉장히 커졌다. 나는 '저런 부모들'이 문제라고 믿으면서 집필을 시작했지만, 나중에는 행태 면에서 나 자신도 '저런 부모들' 중 하나라는 사실을 발견하고 코가 납작해졌다. 나는 그릇된 것을 조명하겠다는 의욕을 갖고 집필을 시작했지만, 나중에는 상황을 반전시켜 올바르게 바로잡을 수 있는 방법을 배우면서 그런 전반적인 깨우침을 통해 많은 감화를 받았다. 이제 나는 이 책의 원고를 탈고하고 나의 인생 여정을 계속 이어나갈 것이다. 그런 여정 속에는 물론 사랑하는 남편과 함께 두 어린 인격체를 성인으로 키워 내는 일도 포함되어 있다. 나는 책을 집필하는 과정에서 과잉보호의 해독에 관해 많은 것을 배우면서 스스로 좋은 방향으로 변화했다고 생각한다. 이 책을 읽는 사람들도 그렇게 되기를 바란다.

부모는 누구나 자식을 가지려는 꿈을 갖고 있다. 그러나 자식들도 그 자신만의 꿈을 가질 권리가 있다는 점을 잊어서는 안 된다. 자식들은 부모가 헤아릴 수 있는 것보다 훨씬 더 값지고 독특한 면모를 지니고 있으며, 이런 젊은이들이 찾아내야 할 것이 바로 독특한 인격체—즉 자아—이다. 부모는 중대한 일이 벌어질 때마다 자식을 보살펴서 좌절과 고통을 막아 주는 식으로 도울 수 있기를 간절히 바란다. 그러나 이런 도움도 지나치면 해독이 될 수 있다. 과도한 도움은 갓 성년에 접어든 젊은이들이 인생살이를 파악하고 꾸려 나가는 데 필요한 솜씨와 의지, 품성을 갖추지 못하게 만들 수 있다. 젊은이들은 분명 그들 자신을 만들어 가는 주체이지만 21세기를 만들어 가는 주체이기도 하다. 21세기는 사람들이 헤아리는 것보다 개인적이면서도 총체적이며, 잘 알려져 있으면서도 예측하기 어려운 측면이 강한 이중성을 띠고 있다. 이런 상황에서 다음 세대인 젊은이들은 인류가 맞닥뜨린 환경 문제와 사회적 문제 중에서도 가장 해결하기 힘든 것으로 보이는 난제를 감당해야 할 것이다. 그 때문에 이들은 열심히 일하고 노련한 사상가가 되며, 문제 해결사로 나서고 동시에 열성적이고 참여적인 시민과 훌륭한 품성의 사회인, 그리고 어쩌면 스스로 부모 노릇을 해야 한다. 만약 자식들이 부모의 지원이나 후원을 기대하지 않고 자기의 힘으로 이런 역할과 과제를 수행할 역량을 갖춘다면 부모 역할에 성공한 셈이 될 것이다.

그렇다고 부모가 자녀의 일에 수수방관하라는 뜻은 물론 아니다. 부모가 할 수 있고 또 해야 할 일은 많다. 자녀가 슬하에 있을 때는 잘 먹이고 안전하고 양육에 도움이 되는 안식처를 제공하며, 현재의 모습 그대로 사랑하고 이들의 관심사를 뒷받침하며 여러 가지 솜씨와 가치관을 가르쳐 자립심을 키워 주고, 성인으로서 뜻 깊고 성취감을 느낄 수 있는 삶을 누리도록 준비를 갖춰 줘야 한다. 부모는 또 자신의 행복과 안녕을 지킬 책임도 지되, 그런 행복을 자녀의 성취에 연계시켜서는 안 된다. 부모가 자녀와 바람직한 관계를 맺고, 그대로 지속시켜 나간다면 자녀들도 늘 부모의 관점과 판단을 존중하고 나아가 그런 판단을 구할지도 모른다. 그러나 자녀들이 나이가 들면 부모의 뜻대로 움직이도록 만드는 데 지나치게 집착해서는 안 된다. 부모 세대는 곧 리더십의 역할을 자녀들에게 물려줘야 한다. 이런 인계도 굉장한 신뢰와 함께 적절하게 이뤄져야만, 때가 되었을 때 자녀들이 주역으로 나설 수 있을 것이다.

자녀들과 마찬가지로 부모들도 자녀 양육 방식을 포함해 여러 가지 문제에 관해 외부의 조언을 구해야 한다. 학자나 철학자, 임상의사, 이론가, 정신적 지도자, 코치, 저술가, 자녀가 있는 주변 사람들에게서 조언을 구하거나 저술을 읽게 되면 많은 것을 배울 수 있다. 그러나 외부의 조언과 해답을 구하는 데만 너무 치중해서는 안 된다. 부모 자신의 생활 체험과 머리와 가슴속에서 꿈틀거리는 본능적 직관을 통해 얻을 수 있는 지혜가 간과될 수 있기 때문이다. 부모는 다른 어떤 사람보다도 자녀에게서 벌어지는 일과 가정생활의 실제 모습을 가장 잘 안다. 자녀 양육의 온갖 측면에 두루 적합한 해답이란 있을 수 없다. 따라서 언제나 최선의 방법을 찾아내겠다고 하면 제정신을 유지하기가 어려울 것이다. 먼저 자신에게 적절하게 선택할 만한 능력이 있다는 믿음을 가지고 자녀 양육 문제를 대체로 스스로 궁리해 본다. 양육 문제를 다룬 어떤 책을 펴낸 저술가는 그런 책을 너무 많이 볼 생각을 하지 말고 자신을 믿으면서 느긋한 마음으로 심호흡을 한번 하고 내면을 들여다보고 파트너와 포옹하고 자녀를 끌어안으라고 말한다. 그렇게 되면 자녀 양육이라는 문제가 더 이상 어렵고 힘들게 느껴지지 않는다. 이제 요령을 터득한 셈이 된다.

나는 스탠퍼드 대학에 있는 동안 과잉보호의 해독에 관해 강연을 하기 시작했는데 여러 차례 불편했던 순간이 있었던 기억이 난다. 한번은 어느 부모가 "명문 대학 탓이 아니겠어요?"라는 날카로운 질문을 던졌다. 당시 나는 대학 행정업무를 담당하는 간부로서 직책 수행에 몰두한 나머지, 질 문자가 암시한 대학의 과실은 인식하지 못했을 뿐만 아니라 대학이 과잉보호를 조장하는 측면에서 일정한 구실을 하고 있다는 점도 깨닫지 못했다. 그러나 세월이 흐르고 대학에서 물러나면서 한층 폭넓은 시각을 갖게 되었다. 나는 부모가 자녀의 숙제를 대신 해 주고, 시험 성적이 오르게 하거나, 자녀의 '자기소개서'를 매끄럽게 다듬는 데 수천 달러를 쓰는 것이 스탠퍼드나 하버드 같은 대학 책임이라고는 생각하지 않는다. 그러나 이들 대학이나 다른 여러 대학의 사려 깊은 지도자들이 브랜드 엘리트주의와 과장된 선전으로 끌어올린 치열한 경쟁, 그리고 대체로 적절하지 못한 대학 순위 등의 마수로부터 대학의 명성을 끊어 내고, 또한 사소한 차이가 안겨 주는 자기도취증을 더욱 부추길 것이 아니라 지원자의 진정한 지적 능력과 품성을 제대로 평가할 수 있도록 입학 절차를 개편하는 일에 나설 수 있는 가장 적절한 위치에 있다고 나는 생각한다. 입시 경쟁이 가장 치열한 대학들이 이런 일에 나설 수 있다면 아이들과 부모, 그리고 유년 시절 그 자체에 엄청난 기여를 하게 될 것이다. 나는 명문 대학들이 그런 시도에 나서기를 간절히 바란다.

대학 입시제도가 잘못되고 부모들이 어찌해 볼 수 없는 수많은 사회문화적 요소들이 작용하고 있음에도 그동안 부모들은 오늘 밤에는 저녁을,

내일 이른 시간에는 아침식사를 함께 나눌 자녀들을 거느리고 있고, 사회와 세상은 아이들을 잘 길러 내는 일을 부모들에게 의존하고 있다. 이제 부모들이 자녀 주변을 맴도는 다수의 행태에서 벗어나고, 의존성이 아니라 자립심을 길러 주며, 일러 준 대로 하는 행태보다는 타고난 모습 그대로를 뒷받침해 줌으로써 올바른 자녀 양육 활동을 벌이는 나에게 참여해 주기를 바란다. 함께 힘을 합치면 자녀 양육의 추를 반대 방향, 즉 성인다운 모습으로 자녀를 키우는 방향으로 바꿀 수 있다.

감사하는 말

이 책을 쓰는 일은 탐구와 모험, 꿈이 부분적으로 뒤엉킨 개인적인 여정이었지만, 나와 동행하면서 내 앞길을 비춰 주거나 행로에 놓인 장애물을 제거해 준 많은 사람들의 뒷받침이 없었다면 이 책을 펴내지 못했을 것이다.

그 때문에 나의 집필 구상을 신뢰하면서 이를 개념화하고 창안해 완결시키도록 나를 밀고 끌어 준 초면의 사람들과 친구들에게 감사한 마음을 전한다. 2005년에 자녀 양육상의 과잉보호 문제를 다룬 나의 첫 번째 글을 실어 준 《시카고 트리뷴Chicago Tribune》에 감사한다. '챌린지 석세스'의 공동 설립자인 데니스 포프와 매들린 레빈, 짐 로브넬이 내가 초기에 내 의견을 밝힐 수 있는 자리를 마련해 준 데 대해 고마움을 전한다. 2010년 '챌린지 석세스' 행사장에서 자녀 양육상의 과잉보호의 해독을 다룬 내 강연을 들어 주고 짧은 글과 강연을 넘어 책을 집필하도록 권유한 저술가 다니엘 핑크에게도 감사하는 마음을 전한다. 데니스 포프와 매들린 레빈도 책을 쓰도록 권고해 다시 한번 고마움을 전한다. 또한 2012년 산책하던 나를 불러 세운 뒤 자신의 출판 대리인 도널드 램을 나에게 소개하겠노라고 제안한 역사학 은사이자 스탠퍼드 대학 동료인 잭 라코브에게 감사의 뜻을 전하고 싶다. 도널드 램에 대해서는, 출판 제안상의 전반적인 진행 과정에서 차분한 조언을 아끼지 않은 점과 특히 여러 출판사의 거절로 거의 포기상태에 있던 2013년 여름 어느 날, "그런 이야기는 못 들은 것으로 하겠습니다"라는 말로 힘을 북돋아 준 점에 대해 감사하고 싶다.

스탠퍼드 대학 동료였던 롭 라이히는 빌 데레저위츠와 저술가 나탈리 바스질에게 나를 소개해 주었고, 나탈리 바스질은 나를 자신의 출판 대리인인 킴벌리 위더스푼에게 소개시켜 주었으며, 또 킴벌리 위더스푼과 잉크웰 매니지먼트사의 앨리슨 헌터는 출판 제안을 공개경쟁에 붙이는 준비와 그 이후의 처리에 면밀하게 신경을 써 준 점에 사의를 표한다. 헨리홀트 출판사의 바버라 존스와 매기 리처드스, 패트 아이젬만은 가능한 한 내 생각을 반영시키려 애쓴 점에 대해, 그중 특히 바버라 존스에 대해서는 집필과 수정 과정에서 보여 준 따뜻하고 빈틈없는 보살핌과 노련한 편집 작업에 감사를 드리고 싶다.

이 책을 집필하는 데 도움을 준 분들에게도 고마움을 전하고 싶다. 조사팀의 후시부 반살과 앤 에버레드, 레이 마샬, 케이티 멀핑거, 카이라 바르가스, 그리고 이들을 이끌면서 필요한 자료를 빠짐없이 챙기도록 확인하고 점차 늘어나는 세부적인 자료들을 잘 관리한 아만다 윌슨 베르가도에게 감사한다. 2012년도 TED 총회에서 선(禪)에 기반한 자녀 양육을 소개해 나에게 감화를 주고 철학적인 면에 집중하도록 격려한 신시아 첸과, 내가 미처 깨닫지 못한 상황에서 새로운 관련 기사를 일일이 찾아 준 친구 메건 맥스웰, 그리고 캘리포니아 칼리지 오브 더 아츠의 강사진으로 이들이 지도하는 워크숍에 참여해 집필 계획과 원고를 검토했던 주디스 세린, 도디 벨라미, 캐롤린 굿윈, 페이스 애디엘, 톰 바배시, 도나 데 라 페리에르, 글로리아 프림에게도 감사하고 싶다. 2014년 페이스의 크리에이티브 논픽션 워크숍에 참여해 값진 비판과 의견을 내 준 제니퍼 골드스미스, 제인 홀리, 펠리셔 헤이즈, 애널리 라프레지오사, 캔디스 마이어디크, 알리사 몬탄테스, 넬슨 리베라, 패트릭 뉴슨에게도 감사드린다. 도나 브린은 포톨라 밸리에 있는 별장을 내 줘 2014년 봄에 임시 집필실로 활용하도록 해 준 것에 고마움을 느낀다. 팔로 알토의 공유 작업공간Enerspace Palo Alto에서는 2014년 여름과 가을에 걸쳐 원고 추고 작업을 했고, 메이벨웨이 저술가 공동체는 비판과 격려를 아끼지 않아 감사하는 마음이다. 커롤 샘스 호메크(애틀랜타)와 미아 잭슨(댈러스), 저스티나 첸(시애틀), 타라 코슬로프(버지니아 북부)는 각자 자신의 집에서 포커스 그룹을 만들어 준 점에 대해, 그리고 밀레니얼 세대와 학부모, 교육자, 고용주, 성실한 조언자, 심리학자, 연구자, 작가, 기자 등 미국 전역의 150여 명이 인터뷰에 응하면서 내 생각을 일깨우고 뒷받침해 준 데 대해 사의를 표하고 싶다.

스탠퍼드 대학 학부생 수만 명은 학생과장의 업무를 가장 값지게 만들어 주었을 뿐만 아니라 내가 이 주제에 대해 깊은 관심을 기울이게 만들었으며, 나아가 상담 과정에서 자신의 성장을 밝히고, 또 의미 있고 성취감을 안겨 주는 삶을 영위하려는 노력으로 나에게 깊은 감화를 느끼게 해 준 데 대해 고마움을 느낀다.

나를 정신적으로 뒷받침해 준 가족과 친지에게도 감사의 마음을 전한다. 친정어머니 진 리스콧, 시댁의 주디스 헤임스, 브루스 헤임스, 주디 잭슨, 동서 에밀리 잭슨, 고모 웬디 헤임스 핸들러, 그리고 우리 가문의 리스콧 집안, 헤임스 집안, 잭슨 집안, 스누크 집안, 포레스터 집안, 윌리엄 집안, 애버리 집안, 맥다니엘 집안, 웨스트 집안, 스코어 집안, 핸들러 집안, 벤더 집안, 클라인 집안에 두루 감사드린다. 우리 슬하의 남매인 소여 조지와 애버리 미아는 엄마인 내가 자주 집을 비운 것을 참아 주고, 그들의 이야기를 책에 소개하도록 해 주고, 또 이 세상에 완벽한 부모는 없다는 점을 받아들여 주어서 고맙다. 기억력이 좋아지지 않아 고생한 친정아버지 조지와 매우 짧은 기간이나마 의미 있는 삶을 영위하는 방법을 보여 주었던 남동생 스티븐에게 감사드린다. 또 이 책을 집필하는 동안 따뜻한 우정과 후원을 아끼지 않은 많은 사람들, 제시카 암스트롱, 코렌 베키가르, 조 볼러, 수지 브루바커-콜, 웬디 쿡, 뎁 그루엔펠드, 로라 해리슨, 디언 헌터, 브랜던 잭슨, 스튜어트 캐플런, 캐슬린 롱, 조디 나이버그, 빅토리아 오스먼, 스테이시 파슨, 재스민 퀼, 니콜 산체즈, 루크 테일러, 노라 투메이, 미란다 터틀, 엘라인 빌헬름 등에 고마움을 전한다. 집필 기간에 나와 함께 걸으며 건강을 돌봤던 친구이자 코치인 매릴린 마이어스에게도 감사한다. 끝으로 나의 사랑하는 인생의 반려자 댄 리스콧-헤임스에게는 어떤 상황에서도 나를 사랑하고, 내가 어떤 꿈을 꾸던 모두 믿어 주며, 내가 집필에 여념이 없는 동안 가정을 잘 이끌어 주어서 고맙다는 말을 전한다.

옮긴이 후기

미국 가정의 자녀 양육 방식을 다룬 이 책을 보면 누구나 놀랄 법하다. 어떻게 미국과 우리의 현실이 이토록 흡사할까 하는 놀라움이다. 미국에 한동안 살았거나 미국 가정생활의 실상을 잘 아는 사람이라면 모르되, 책자나 영화 또는 텔레비전 드라마 등으로 미국 사회를 무심하게 바라보던 사람들은 자식을 키우는 방식과 자녀의 명문대 진학에 목을 매는 미국 중산층의 행태가 우리 나라 사정과 다르지 않다는 것을 확인할 수 있을 것이다.

흔히 미국 사회는 부모가 자식의 의견을 존중하고 자립심을 길러 주며, 대화와 설득으로 문제를 풀어 나가는 합리적 판단능력과 사고방식을 가르쳐 사회로 내보내는 것으로 알려져 있다. 그러나 실상은 우리와 다름이 없다는 느낌이었다. 경제적 여유가 있는 우리나라 중·상류층 가정이 자녀 뒷바라지에 온힘을 기울이는 것은 미국 사회와 판박이다. 중산층에 좀 못 미치는 가정도 하나나 둘밖에 없는 자녀를 좋은 유아원과 유치원을 거쳐 초·중등학교의 치열한 경쟁을 견디거나 이겨 낸 뒤 유명 대학 입학이라는 거대 장벽을 돌파하고 전문직에 취업해 성공이나 출세 가도를 달릴 수 있도록 뒷받침하는 데 가정의 온갖 자원을 총동원하는 것을 흔히 볼 수 있다.

이 책이 주로 미국 사회 중산층의 자녀 양육 방식을 다룬 점이라는 사실을 잊어서는 안 될 것이다. 저자는 스탠퍼드 대학과 하버드 로스쿨을 나온 여성으로서 스탠퍼드 대학과 실리콘밸리를 지척에 둔 미국의 대표적인 중산층 도시인 팔로 알토에 살고 있다. 이곳은 저자의 지적처럼 '활력과 경쟁, 명예'를 중시하는, 바꿔 말하면 치열한 경쟁을 통해 자신의 역량을 과시하고 성공을 추구하면서 체면을 지켜 나가고자 하는, 여유 있고 경제력을 갖춘 사람들의 거주지이다. 그 때문에 이 지역 가정의 자녀는 어릴 때부터 경쟁으로 내몰리기 십상이다.

저자 자신이 갓 태어난 아들을 스탠퍼드 대학이 운영하는 유명 유아원에 넣을 수 있도록 서둘러 신청서를 제출하는 데 급급했던 나머지, 기저귀 가방조차 챙기지 못한 채 남편을 앞세우고 달려갔던 데서도 그런 치열한 경쟁의 일단을 엿볼 수 있다. 이런 경쟁은 12년의 초·중등 교육과정을 포괄하는 사립학교나 자율학교에서 일찌감치 시작된다. 이때부터 학업 성적에 신경을 쓰면서 등급이 밀리지 않게끔 갖가지 노력을 기울인다. 한번 삐끗해 평점이 떨어지거나 밀리면 만회하기 어려울 만큼 경쟁이 치열하다 보니, 학교 숙제를 챙기는 일에도 부모가 나서는 일이 흔하다. 숙제를 처리한 내용의 수준에 비춰 볼 때 부모의 도움 정도가 아니라 거의 대신 해 주다시피 했음이 뻔히 눈에 보이는데도 교사들은 눈을 감아 버린다. 일일이 따지거나 별다른 조치를 취할 수 없을 정도로 많은 학부모들이 자녀의 학업 성취와 숙제 처리에 깊숙이 관여하기 때문이다.

교과 성적과 숙제 외에도 스펙을 쌓기 위한 다툼도 숨 가쁘게 벌어진다. 대학 입학 전형 과정에 유리하게 작용할 법한 다양한 교과 외 활동에 너도나도 나서는 것이다. 청소년들이 기타나 트럼펫 연주에 푹 빠져 있더라도 부모는 가능한 한 피아노나 바이올린으로 돌려 연주 교습을 받게끔 강제하거나 유도해 지원할 대학의 전형 과정에 조금이라도 유리하게 작용하도록 만들려 한다. 각종 스포츠 활동이나 대학 과정 선행 학습 및 학점 취득에도 앞다퉈 뛰어든다. 이 또한 대학 입학 사정 과정에서 유리한 평가를 받기 때문이다. 사회봉사나 동아리 활동, 각종 대회 참가 경력이나 인턴 활동, 리더십 경험과 수련 같은 교과 외 활동에서도 이른바 스펙 쌓기 경쟁은 치열하게 전개된다. 이런 다툼의 밑바탕에는 다른 경쟁자의 '플러스'가 나에겐 '마이너스'가 된다는 인식이 깔려 있다. 1983년에 미국교육수월성위원회가 미국 어린이들의 경쟁력 약화를 걱정하는 내용의 보고서 『위험해진 나라』를 발표한 이래 연방정부 차원의 교육정책은 "뒤처지는 어린이 없이 모두 1등을 향해 경쟁하자"는 슬로건을 앞세운 채 성취문화를 조장하고 나섰다.

그러나 '전교 1등'도 경쟁이 가장 치열한 미국 12개 대학, 즉 하버드, 스탠퍼드, 예일, 프린스턴, MIT, 컬럼비아, 브라운 등에 절반도 못 들어간다. 이 대학들의 입학 정원을 모두 합치면 1만 5000명쯤 되고, 미국 전역의 공·사립고교가 3만 7000개이니, 전교 1등으로 졸업식에서 고별사를 읽는 학생들도 40% 정도만이 합격할 수 있는 셈이다. "뒤처지는 이 없이 모두 1등 하자"는 슬로건이 얼마나 모순된 것인지를 여실하게 보여 주는 사례다. 그럼에도 '가장 좋은' 명문대를 지향하는 부모의 마음은 집요하다. 그런 대학의 위상과 명성, 가치는 자녀는 물론 부모에게도 큰 자랑거리이자 성공으로 줄달음치는 디딤돌이 되기 때문이다. 그 때문에 부모들은 자녀들에게 한눈 팔 수 없도록 눈가리개를 씌워 놓고 경주마인 양 휘몰아 결승점을 향해 달리게 만들고 있다. 부모가 방향을 잡고 박차를 가하면서 채찍질을 함에 따라 자녀는 이를 악문 채 거의 불가능에 가까운 목표를 향해 혼신의 힘을 다하면서 트랙을 내달린다. 청소년들이 집중력을 강화시킨다는 '학업 약물'에 중독되거나 우울증 등 정신건강의 문제로 고통을 겪고 방황하다가 극단적인 선택을 하는 이유를 여기서 찾을 수 있다.

학부모뿐만 아니라 고교생들도 당연히 명문대 입학에 집착한다. 그러나 대체로 부모처럼 맹목적으로 집착하지는 않는다. 오래전 시사문예 주간지인 ≪뉴요커≫에 이런 만평이 실렸다. 젊은 여성이 입은 스웨터에 "브라운 대학에 다니지만 원래 지망은 예일대였다"라는 글귀가 씌어 있는 모습을 묘사한 내용이다. 브라운 대학도 미국 아이비리그 대학에 들어가는데도 HYP, 즉 하버드, 예일, 프린스턴에 밀린다는 생각에서 예일에 지원했음을 스웨터에 새긴 집착과 아쉬움을 풍자한 만평이다.

이처럼 자녀를 명문 대학에 입학시키고 이를 디딤돌 삼아 출세나 성공의 길로 이끌겠다는 부모의 집착은 자녀 양육 방식에도 크나큰 영향을 미치고 있다. 먼저, 초등학교 고학년부터 숙제에 시달리는 자녀의 짐을 덜어 주겠다는 생각에서 스스로 챙겨야 할 일상사는 물론, 한 가족으로서 함께 감당해야 할 집안 허드렛일까지 부모가 몽땅 해 주는 일이 비일비재하다. 고교에 들어갈 즈음이 되면 집에서 살림을 하는 전업주부의 경우, 자녀의 '몸종'인 양 온갖 시중을 든다. 또한 교과목 하나하나에 대한 관심과 '관리'는 물론, 이른바 스펙으로 불리는 다양한 교과 외 활동의 시간 배분과 활동 현장으로 데려가고 데려오는 뒷바라지에도 빈틈이 있어서는 안 된다.

자녀 양육의 또 다른 문제는 사고 예방에 지나치게 신경을 쓰거나 낯선 사람을 과도하게 경계하는 데서 비롯된다. 특히 낯선 사람에겐 말을 걸지 말고 밖에서 놀 때는 그런 사람들을 잘 살피라고 가르치는 것은 이런 사람들이 자녀를 해칠 의도를 지녔을지 모른다는 걱정 때문이다. 그러나 어린이가 낯선 사람에게 유괴, 납치, 살해될 가능성은 100만분의 1밖에 안 되고 오히려 승마와 승용차 사고로 숨질 가능성이 각각 3배와 60배나 높다는 언론 보도는 조작된 위험이나 악의에 대한 경계심이 얼마나 터무니없는 것인지를 여실하게 보여 준다. 그런데도 핼러윈 축제 때 이웃이나 낯선 사람이 준 사탕에 행여 면도날이나 바늘 같은 것이 들어 있을지 모르니, 함부로 먹지 말고 그대로 들고 와 부모의 검사를 받고 먹으라는 주의는 계속된다.

이런 사회 분위기 속에서 노이로제에 걸릴 정도로 자녀의 안전을 걱정한 나머지, 자녀 곁을 떠나지 못하고 계속 그 주변에서 맴도는 이른바 헬리콥터 부모들이 대거 등장하고 있다. 이런 부모들은 자녀들을 지나칠 정도로 보호하고 보살피는 데 그치지 않고 자녀의 일상에 시시콜콜 끼어든다. 과잉보호와 간섭 속에 부모의 성취 욕구가 자녀의 명문대 입학 준비나 진학 속에 투영되고, 자녀가 이를 수동적으로 따르면서 이들의 본래 열정은 사그라지고 정신건강은 피폐된다. 또한 자녀를 세심하게 보살피면서 명문대 진학 목표를 이루기 위해 온갖 희생을 무릅써야 하는 부모들은 이런저런 스트레스에 끊임없이 시달리면서 기진맥진한다. 이런 노력 끝에 명문 대학에 진학한들, '몸만 성인이 된' 사람처럼, 일상적 삶의 지혜나 요령을 전혀 익히지 못한 '어린아이' 모습을 드러낸다. 이런 과정도 우리의 현실과 거의 판박이어서 놀라울 뿐이다.

저자는 1, 2부에서 현상을 진단하고 무엇이 문제인지를 분석한 뒤 3, 4부에서 대안을 제시하면서 개선방안을 모색하고 있다. 진단과 대안 제시가 큰 틀에서는 타당하지만 세부적인 내용에서는 역시 문화적 차이를 드러내고 있다. 그러나 4부에서 새로운 자녀 양육 방식을 시도하기 위해 먼저 자아를 되찾아야 한다는 지적은 여러 면에서 의미심장하다. 자녀를 잘 돌보기 위해서라도 부모 자신의 열정과 건강, 사회생활을 충실하게 챙겨야 한다는 것이다. 또한 이 세상의 악의로부터 자녀를 지킨다는 생각보다 그 세상 속에서 성공할 수 있는 방법을 가르쳐야 하고, 자녀를 빈틈없는 일정표 속에 몰아넣고 휘몰아 갈 경우 유년 시절의 정상적인 성장과 발전 기회를 빼앗아 정신건강에 해독을 끼칠 수 있다는 점에 유념해야 한다는 지적도 귀담아 들을 만하다.

이제 자녀의 입장에서는 관심을 기울이는 대상이나 분야를 파고들면서 스스로 생각하고 행동하며, 그 과정에서 많은 시행착오와 노력 끝에 숙달로 나아가는 식으로 배우고 성장하며 성공해야 하고, 부모의 입장에서는 자녀 주위를 맴돌면서 그의 온갖 일상을 보살피는 헬리콥터 부모 노릇과 과잉보호를 중단해 집안에 평안과 활력이 넘치게 해야 한다는 것이 저자의 결론이다. 그러나 현실은 이런 타당한 지적과 부딪치는 경우가 많다. 청소년기의 자녀라면 경쟁이 치열할수록 그 상황을 회피하려는 욕구도 그만큼 강하게 느낄 것이다. 이런 상황에서 저자가 제시한 네가지 양육 방식 중 양극단인 무관심형과 독단형을 제외한 권위형과 관용형의 현실적 정황과 연관시켜 볼 때 그런 결론이 그렇게 간단한 문제가 아님을 알 수 있다. 관용형은 자녀에 대한 부모의 요구가 많지 않은 대신, 자식의 요구에 대한 부응성이 높지만 권위형은 관용형처럼 자식의 요구에 대한 부응성이 높지만 자녀에 대한 부모의 요구도 많다. 가령 관용형의 부모가 자식의 뜻대로 희망하고 흥미를 느끼는 관심 영역으로 뻗어 나가도록 방임한다면 그 결과가 대체로 세속적인 의미의 성공은커녕, 취업과 안정적 생활기반을 마련하기 어려운 처지로 내몰리는 경우가 많다. 그 결과 많은 부작용이 따르더라도 치열한 경쟁 속으로 휘몰아 넣지 못한 때늦은 후회를 하는 부모들을 주변에서 종종 볼 수 있다. 이처럼 현실은 당위와 계속 충돌하는 모양이다.

홍수원

옮긴이
홍수원

고려대학교 경영학과를 졸업했다. 합동통신과《경향신문》외신부 기자,《한겨레》논설위원과 편집부위원장을 지냈다. 옮긴 책으로『메가트렌드 아시아』,『세계화 없는 세계화』,『제국의 패러독스』,『버락 오바마의 담대한 희망』,『위대한 길』,『중국의 붉은 별』(공역) 등이 있다.

헬리콥터 부모가 자녀를 망친다
: 자녀를 진정한 성인으로 키우는 법

1판 1쇄 인쇄 2017년 4월 5일
1판 1쇄 발행 2017년 4월 10일

지은이 줄리 리스콧-헤임스
옮긴이 홍수원
펴낸이 조추자 | 펴낸곳 도서출판 두레
등록 1978년 8월 17일 제1-101호
주소 서울시 마포구 마포대로 14가길 4-11
전화 02)702-2119, 703-8781 | 팩스 02)715-9420
이메일 dourei@chol.com 블로그 blog.naver.com/dourei

* 한국출판문화산업진흥원의 출판콘텐츠 창작자금을 지원받아 제작되었습니다.
* 책값은 뒤표지에 적혀 있습니다. 잘못 만들어진 책은 구입처에서 바꾸어 드립니다.

이 도서의 국립중앙도서관 출판예정도서목록(CIP)은 서지정보유통지원시스템 홈페이지(http://seoji.nl.go.kr)와 국가자료공동목록시스템(http://www.nl.go.kr/kolisnet)에서 이용하실 수 있습니다.(CIP제어번호: CIP2017005128)

ISBN 978-89-7443-110-5 13990